JN232981

# メキシコ
# 民族の誇りと闘い

多民族共存社会のナショナリズム形成史

山﨑眞次

新評論

　　　　　　　まえがき


　21世紀の今、世界は経済・軍事大国、アメリカ合衆国（以下、米国）との関係構築に腐心している。冷戦終結後、資本主義国家対共産主義国家という対立の構図はなくなったが、異なる民族を束ねていた求心力の消滅により"国家"の意義が薄れ、世界各地で民族紛争が噴出している。2001年「9.11」の同時多発テロ事件後、米国主導で開始されたアフガニスタンとイラクへの軍事攻撃の是非については各国で賛否両論が戦わされてきた。世界唯一の超大国・米国の外交政策に追従するのか、距離をおくのか、反対するのか、各国の対応は様々である。

　おそらく米国との関係において世界で一番苦慮してきた国はメキシコであろう。世界最大の軍事・経済超大国と隣接するという地政学的要因によって、メキシコはこれまで幾たびも辛酸を舐めてきた。隣国に侵略され、干渉されるたびにメキシコ人の誇りは傷つき、強国と接する運命を呪った。隣国の脅威がメキシコの独特な民族意識を作り出してきたと言っても過言ではない。

　しかし、メキシコ・ナショナリズムの特殊性は「メキシコよ、かくも天国に遠く、かくも米国に近い国！」とよく喩えられる米国脅威論だけでは説明できない。メキシコ近代の民族意識は米国への警戒心に加え、公用語スペイン語、国民の大多数が信仰するカトリックを基盤にした多様な民族の統合により構築されてきたと言える。

　本書は、民族意識や歴史観をめぐるメキシコ史上シンボリックな事件・事象を軸に、メキシコ・ナショナリズム形成のダイナミズムを捉えようと試みるものである。それらの事件・事象は、古代メキシコにまで遡り、人種、民族、宗教、資源問題、国際関係といった観点から拾い出してある。

　15世紀末以降の新大陸では、植民地化の過程において先住民と白人との間にまず混血化が起こり、メスティーソが誕生した。さらに砂糖プランテーショ

ンや銀鉱山の重労働に従事させるためにアフリカから連行された黒人奴隷がそれに加わり、人種の混交が進行した。19世紀に入ると、奴隷制の廃止によって労働力不足が起こり、それを補填するためにアジアから中国人や日本人が契約移民として招来され、混交と多民族化はさらに進んだ。

　多様な先住民族を抱えるメキシコでも同様の混血化現象が進んだ。メキシコは近代国家建設にあたり、混血化し階層化した特異な民族状況を統合する必要に迫られる。そして20世紀のメキシコ革命後は、国民の大半を占めるメスティーソを国民国家の中核に位置づけ、国家の精神的統一をめざした。19世紀末から20世紀初頭にかけて、ディアス独裁政権の下で優遇されていた国内の白人特権階級や各種権益を保障された欧米人は、革命新憲法の下で制限を受けた。一方、先住民インディオは古代文明の継承者として新思潮の文化的拠り所とされた。新しい精神的支柱を模索していた新政府にとって、インディオ文化は欧米文化への対抗軸として大きな意味をもっていたのである。為政者や有識者は古代インディオ文明を賞賛し、社会の周辺者であったインディオの地位向上に尽力したが（インディヘニスモ＝先住民擁護運動）、それは表面的な弱者救済であり、その本当の狙いは、国民国家にインディオを取り込み、同化することであった。

　中央集権的で文化的に均質な国家を作り上げるには、人種的・民族的同質社会の構築だけでは不十分で、宗教による精神的統一がそれに加わればさらに強固なナショナリズムが形成される。メキシコの場合、その精神的支柱となったのはグアダルーペの聖母であった。スペインによって征服された直後の1531年に、メキシコ市北郊のテペヤック丘に顕現したと伝えられるこの褐色のマリアは、植民地時代にクリオーリョ（新大陸生まれのスペイン人）知識人によって教理的正統性を付与され、スペインからの独立戦争では民衆の心の支えとなり、現代に至るまでメキシコ人の守護聖母として崇拝されている。

　メキシコはグアダルーペ聖母を精神的拠り所に、異なる文化をもつ人種・民族集団が団結することによって、米国をはじめとする列強の脅威や干渉に対抗できたのだと言える。しかし一方で、逆説的ではあるがメキシコは多民族が「異なるままに共存する」社会でもある。異なる人種・民族集団それぞれが、国家による民族像、国民像の押しつけに抗い、自らのアイデンティティを求めて今も闘い続けている。様々な苦難に満ちた独特の民族精神形成の歴史そのも

のが、現在のメキシコの多民族共存社会を成立させていると言えるだろう。現在世界各地で頻発する民族紛争を見るにつけ、メキシコという国／社会の在り様は、多民族の共存という点で我々に重要な視座を提供してくれる。

　日本においても、「民族問題など存在しない」と言われた時代は過去のことであって、アイヌ、琉球人、華僑、在日韓国・朝鮮人、在日ブラジル人などの文化的に異なる民族集団がともに社会を構成していることが認識されつつある。公的歴史から排除され、長く表面化しなかった日本の民族問題が取り上げられるようになった背景には、文化的・人種的マイノリティの権利を尊重し、その主張に謙虚に耳を傾けようとする世界的趨勢がある。またこのような動きの一方で、国家の枠を取り払うネオリベラリズム（新自由主義）経済が世界を覆い尽くそうとしている。市場原理がすべてに優先するこの体制の下では、社会の周辺に追いやられているマイノリティの人々はいっそう排除されることになってしまう。こうした時代に、メキシコの多民族・多文化社会は、今後私たちがマイノリティを尊重する社会を模索するうえで、大きなヒントを与えてくれるのではないだろうか。また、角逐を通して鍛え上げられてきたその対米外交方針は、日本が米国との関係構築を検討するための参考になるであろう。

# メキシコ　民族の誇りと闘い❖目次

まえがき　I

## 第1章　ナショナリズムとは何か……………………………9
1　「ネーション」と「ステート」の定義　9
2　ナショナリズムの定義の変遷　11
3　政治的イデオロギーとしてのナショナリズム　22

## 第2章　アステカ族とトラスカラ族の対立：古代社会の部族主義…27
はじめに　27
1　アステカ族の覇権　28
2　アステカに従わなかった国々　35
3　小国トラスカラの社会情勢　38
4　征服者との同盟　45
5　アステカはなぜ滅びたのか　47
結び　49

## 第3章　マルティン・コルテスの謀反：クリオーリョ意識の芽生え…57
はじめに　57
1　エンコミエンダ　58
2　ブルゴス法——支配者の矛盾　60
3　催告——征服の正当化　62
4　インディアス新法——植民者への制限　63
5　バリャドリード論争——インディオは人間か　64
6　オアハカ盆地侯爵領　68
7　後継者マルティン・コルテス　70
8　最高権力者・副王ベラスコ　71
9　侯爵と副王の確執　73
10　謀反　74

    11　陰謀の首謀者は誰か　76
    12　謀反の原因──植民地人のアイデンティティ　81
    結び　82

## 第4章　グアダルーペの聖母顕現に関する司祭ミエルの説教
### ：クリオーリョ主義の台頭 …………………89

    はじめに　89
    1　聖母顕現の奇蹟譚　90
    2　司祭ミエルの説教　95
    3　ボルンダの『解読書』──ミエルの種本　102
    4　ミエルの逮捕と裁判　105
    5　クリオーリョ主義──ミエル説教の意味　112
    結び　115

## 第5章　米墨戦争と英雄幼年兵：反米ナショナリズム …………125

    はじめに　125
    1　19世紀前半における米国の西進　126
    2　米墨戦争　132
    3　開戦の理由　133
    4　チャプルテペック城の攻防　136
    5　「英雄幼年兵」物語の創出　138
    6　英雄幼年兵の遺骨発見　143
    結び　147

## 第6章　外国石油企業の国有化：資源ナショナリズム …………155

    はじめに　155
    1　ディアス独裁政権　156
    2　ディアス時代の石油開発　160
    3　1917年憲法（第27条）と米国の干渉　163
    4　革命以降の石油開発　167
    5　国有化宣言　170
    6　カルデナスのポピュリズム（大衆主義）政治　176

7　国有化以降の資源問題　181
結び　184

## 第7章　エルナン・コルテスの遺骨発見：スペイン主義の巻き返し　193

はじめに　193
1　さまよう遺骨　195
2　コルテスの遺骨発見　201
3　埋葬証明書の出所　204
4　国民の反応――コルテス＝スペイン賛歌　206
5　発掘の意図――没後400年祭の仕掛け　211
6　遺骨、ようやく眠る　213
結び　215

## 第8章　クアウテモクの遺骨発見：インディヘニスモの高揚　219

はじめに　219
1　王の処刑　220
2　独立後のクアウテモク評価――祖国愛のシンボル　225
3　アステカ最後の王の遺骨をめぐる騒動　228
4　調査委員会予備報告書　233
5　新たな論争　235
6　インディヘニスモとメスティーソ主義
　　――均質な「国民国家」へ向けて　237
7　インディヘニスモの社会的影響　245
結び　248

## 第9章　歴史教科書論争：現代ナショナリズムの様相　255

はじめに　255
1　教育改革史にみる歴史教育の変遷　256
2　1992年の歴史教科書論争　260
3　政府側の反駁――ネオリベラリズムという背景　267
4　「68年闘争」のタブーを破る　270
5　ディアス独裁政権の再評価　274

6　論争の結末——新教科書の打倒　279
　　結び　281

# 終章——メキシコ・ナショナリズムが築いた多民族共存社会　…………287

関連年表　300
人名索引　308／事項・地名索引　313

＊本文中、引用内の小文字の〔　〕は筆者による補足である。
＊図版写真は、特に断りのないものは筆者撮影による。

# 第1章 ナショナリズムとは何か

## 1 ▶「ネーション」と「ステート」の定義

　メキシコのナショナリズムを語る前に、「ナショナリズム」についてある程度の定義をしておく必要がある。時代の移り変わりのなかで、「ナショナリズム」という語彙に関する解釈や概念が様々に変遷してきたからである。

　『広辞苑』（第5版）では「ナショナリズム」は、「民族国家の統一・独立・発展を推し進めることを強調する思想または運動。民族主義・国家主義・国民主義・国粋主義などと訳され、種種ニュアンスが異なる」と定義されている。この定義には多分に丸山真男（1914～96）のナショナリズム論が反映されている[1]。日本においてナショナリズム（nationalism）という外来語が少なくとも四つの言葉（民族主義・国家主義・国民主義・国粋主義）に翻訳されてきた背景には、英語のネーション（nation）とステート（State）という二つの語彙を明確に区別せずに用いてきたという事情がある。nation は国民、国家、民族、種族、部族と訳され、一方 State は国家、国、政府、州、領土、国土といった訳語が当てられてきた。nation が国民、民族といった主に人を中心に表す語彙であるのにたいして、State は国家、国といった国体を表現する語彙である。国家は一定の領土とその住民を治める排他的な権力・統治権をもつ政治社会で、近代以降では通常、領土・人民・主権がその三要素とされ、人民（国民）は国家を構成する一要素であると定義されてきた。

　語源的観点から言えば、nationalism は nation から national（国民的、民族的）という形容詞を経て派生した言葉であるが、State からは「国家的な」という形容詞は派生していないし、また「国家主義」を意味する名詞も存在しないために、日本語の「国家主義」を nationalism という語彙で代替せざるを得

なかったのである。本来、nationalism は国民主義や民族主義と翻訳されるべきで、国家が権力を行使して人民を支配する国家主義とは概念が異なるものである。国家主義は、非人格的で合理主義的な国家官僚集団が中央政府で政策立案に携わり、他の民族集団を支配する官僚的統治主義を指す。近代に建設された国民国家の大半は、科学的・技術的能力に優れた官僚に支えられた権威主義体制によって国家を統合した意味で国家主義と言える。しかし、本来ナショナリズムはあくまで人の集合体である国民や民族を主体にした概念であって、機関である国家の統治イデオロギーとは相容れないものである。

　ナショナリズムという用語については、日本政治思想史研究家の橋川文三（1922〜83）が英国王立国際問題研究所（R.I.I.A）による共同研究『ナショナリズム』から引用した次の箇所が参考になる。「ネーションとは人民（ピープル）のことである。イギリスの用語法では事実この二つの言葉は同じものである。デモクラシーの下では、とくに、ネーションは主権の保有者であり、国家（ステート）はその意志を実現するための機関であり、政府はネーションによって任命された国家の管理組織（マネージメント）である。英語のナショナルという語は、しばしば全人民に共通するあるものを意味している」[2]。

　また橋川は、ネーションはさらに別の概念を含みうることも示している。「ドイツでは、ナチオナル〔national〕という語は、英語よりもはるかに感情的な言葉である。ナチオン〔Nation〕という語は、ドイツ人の心の中に、自己の国家をもった、強力で高度に文明化された偉大な民族という印象をよびおこす。そしてナチオナルという言葉は、民族的栄光、民族的統一、国旗などのような高尚な概念のためにのみ用いられる」[3]。このように、言語によってネーションという用語のニュアンスが微妙に異なることも、適切な日本語を当てはめにくい要因のひとつとなっている。また国や地域による差異に加えて時代による歴史的認識の変遷も考慮する必要があり、「ナショナリズム」という語彙の訳語を決定することは容易ではないが、「ネーション」を「国民、民族」、「ステート」を「国家」と翻訳することには問題がないように思われる。では、国民と民族の相違は何であろうか。

　「国民」は国家を構成する成員であり、「民族」は言語、宗教など文化的要素を共有する人間の集団である。これら二つの言葉に類似した語彙として ethnic group（ethnos）がある。「エスニック・グループ（エスノス）」は生物学的

語彙である race（人種）と対立する語で、後天的に形成された言語、宗教などの文化的特徴によって人間の集団を分類したときの単位集団である。初めは文化人類学で用いられた語であるが、近年、政治学、経済学、歴史学の分野でも汎用されるようになった。エスニック・グループは人間を主体とした概念であるだけにネーションとの区別が難しい。しかし、エスニック・グループを国民と訳すことはない。このグループは国家や国境を越えて存在するものであり、一国を代表する政治集団とは認知されていないと解釈できる。彼らは、「国民国家（ネーション・ステート）」形成過程で国家内部に同化・吸収された政治的マイノリティであることが多い。近年隆盛をみせているエスニック・ナショナリズムは、グループの意志に反して半ば強制的に統合された国家からの分離運動、あるいは所属する国家への自治要求運動と言える（p.15 参照）。19世紀末から20世紀中葉にかけて起こった、帝国主義への抵抗・独立を標榜する民族主義とは異なる。

## 2▶ナショナリズムの定義の変遷

では次に「ナショナリズム」という語彙が歴史的にどのように定義されてきたかを振り返ってみよう。18世紀から現代に至るまで、様々な研究者によって、「国民」、「民族」の特徴として共通の政府、一定の地域、共通の言語、共通の起源・民族的性格、共通の宗教、民族感情および民族意識が挙げられてきた。このような既存の民族論が歴史的にどのように形成されてきたかを探り、さらにごく最近の研究にも踏み込んでみる。

**原初的ナショナリズム**　ナショナリズム研究家カールトン・ヘイズ（1882〜1964）は、ナショナリズムを「ナショナリティとパトリオティズムとの融合体」と定義している。ヘイズによれば、ナショナリティとは「同一または同一に近い言語を用い、共通の歴史的伝統を大切にし、独特な文化的社会をつくり、またはつくっていると思っている人々のグループ」であり、一方パトリオティズムとは「古くは自分の住む土地への愛であり、または政治的な指導者や王に対する忠誠であり、またはある場合には、その中に多くのナショナリティを包含する大帝国への忠誠であった」[4]と規定している。パトリオティズムとは本

独立記念日（9月16日、独立戦争の発端となったイダルゴ神父蜂起の日）に行進するメキシコ陸軍。メキシコの「愛国心」は、複雑で波乱に満ちた社会の歴史を反映している

来、個人が生まれ育った故郷やその集団を愛する感情で、一般には郷土愛とか、愛国心と呼ばれる。限定された地域への自然にわきあがってくる愛情であり、国家への愛情に直結するものではない。伝統的共同体の結束と、その集合体としてのより大きな集団への忠誠が融合して「ナショナリズム」が形成されるというヘイズの解釈は、いわば原初的ナショナリズムを指していると言えよう。

**国民国家型ナショナリズム**　歴史的に「国家と国民」に最初に言及したのはルソー（1712～78）であろう。その理念は『社会契約論』に集約されている。彼は従来の民族感情や忠誠心をより抽象的な実体、つまり「政治的共同体＝国家」に移そうとしている。ネーションという言葉は使用していないが、彼が用いた「一般意思」は国家哲学の根本概念であり、それは主権者＝国民の意思を表していた。「一般意思」とは個人の意思を超えたある普遍的・絶対的な意思を意味し、従来のキリスト教的共同体の規範を代替するものに他ならなかった[5]。「一般意思」は「神」に代わるものであり、常に正しく、過ちを犯すことはあり得ないという主張には、いかにも冷徹な学者というより情熱的教育者、宗教家タイプであったルソーらしさが現れている。彼が主権者（国民）の意思を理想化しすぎていることは否めない。ルソーは、血縁・地縁で結ばれた狭い共同体ではなく、もっと広範な「共和国」に対して愛情や忠誠心が向けられるべきだと説いた。この「共和国」理論をさらにつき詰めていくと、恐るべき「祖国愛の原理」に行き着く。ルソーの言う「契約」に基づいて、個人は必要

な場合には「共和国」という全体のためにその生命を投げ出さなければならないのである。そして統治者が国民に向かって「お前の死ぬことが国家に役立つのだ」[6]と「公共の利益」を前面に出すとき、国民はその要求を拒否できないことになるのである。この「国民国家」の理念は、近代以降の「ナショナリズムの時代」を形成していく。山口圭介（1936～）がいみじくも洞察したように、ナショナリズムの時代とは「国民」のアイデンティティがほかのアイデンティティを踏みにじり圧倒する時代である[7]。

　ルソーの理念が具現化されたフランス革命（1789）の影響は全ヨーロッパに及び、ドイツも例外ではなかった。ナポレオン軍占領下のベルリンで、哲学者フィヒテ（1762～1814）は「ドイツ国民に告ぐ」という演題で連続講演を行った。フィヒテはそのなかで、神的で永遠のドイツ的祖国愛の必要性を国民に説き、国家の自立的存続のためには国民が自ら死ぬことも個人の自由が制限されることも否定しなかった[8]。国家のために国民が犠牲になることを容認する点ではルソーとフィヒテは同格である。フィヒテはゲルマン民族と他民族との混血化には寛容で民族の純血性には重きを置かなかったが、「言葉が人間によって作られるよりも、遥かに多くの人間は言葉によって作られる」[9]とドイツ語の重要性を強調した。彼はひとつの民族を「発声器官への同一の外的影響下にあって共に生活し、絶えず考えを伝え合いながら言葉を作っている人々」[10]と仮定している。フィヒテにとってドイツ語の保持と同様に肝要なことは教育であった。彼はドイツの独立を救う唯一の手段は教育であることを力説し、階級を超えた国民全体の教育制度を確立する必要性を語った。フィヒテは占領下のベルリンにおいて、祖国愛を涵養するのは国民教育であると、切に国民に訴えたのである。

　「国民」を定義した最初の思想家は、ルソー同様に共和制民主主義の重要性を説いた宗教史家エルネスト・ルナン（1823～92）であろう。ルナンは『国民とは何か』において、純血の種族の存在を否定し、また、言語が人類学的分割とは一致しないことを論証する。そして国民とは共通の種族、言語、宗教、地理といった条件ではなく、構成員の意志的な同意と連帯によって成り立つ、言わば精神的な原理であると説く。そのような共属意識が成立するためにはある種の神秘性が必要であり、それを「国民とは魂であり、精神的原理である」[11]と表現する。この魂はふたつの要素、すなわち過去と現在によって構成されて

いる。つまり、豊かな記憶の遺産の共有と、受け取った遺産を運用し続ける意志である。彼は種族、言語、宗教といった生物学的・文化的要因よりも、精神性が国民を形成する核であるとみなした。

**大衆ナショナリズム**　英国の歴史家 E.H.カー（1892〜1982）は、「国民」の成立過程を三段階に分類した。第一期は国民が王家と貴族という特権階級からなる時代、第二期はナポレオン戦争に始まる「国民を国家と同一視する」時代であり、第三期は 1914 年以降、労働者が国民に算入される時代である。カーは第三期の特徴について、第一次世界大戦後、「新しい社会層」が国家の実質的な成員として導入されたこと、経済権力と国家権力との新しい結合が成立したこと、そして国家の数が増大したことがナショナリズムの台頭を招いたと解説する[12]。19 世紀の最後の 30 年間における工業の発展、都市人口の増大、労働者の政治意識の自覚、普通義務教育の導入、選挙権の拡張など社会構造の大変化が社会主義的ナショナリズムを生み出したのである。

　20 世紀初頭に勃発したロシア革命（1917）によって、労働者と農民が新興勢力として政治社会に進出し、発言力を増大させた。スターリン（1879〜1953）は『民族とレーニン主義』のなかで、民族を「四つの基本的な特徴の共通性、すなわち言葉の共通性、地域の共通性、経済の共通性、および民族文化の固有な特質の共通性のうちにあらわれる心理状態の共通性を基礎として生じるところの、歴史的に構成された、人々の堅固な共同体」[13] と定義し、民族の基準を独自の国家をもつか否かに置くことに反対している。彼のこの主張は、固有の民族国家をもたない被抑圧民族を真の民族とは決して認めず、自分たちはそれらの人々を統治し抑圧する権利をもつと錯覚している帝国主義者への非難に立脚している。ただ、スターリンの民族論は民族の共通要素の設定において独創性はない。

　フランス革命にネーションの誕生を見た一人に、英国のナショナリズム研究家アンソニー・スミスがいる。彼はナショナリズムとは「ネーション理念を実現したり、支えたりするための行動綱領」と定義し、ネーション理念が最初に明確に宣言されたのはフランス革命であった、とする[14]。国の防衛および国民国家への権利と義務は国王にではなくネーションにたいするものである、という理念が普及したのはフランス革命以降である。複数の民族、文化、言語が存

在していた国に単一言語と国民皆兵を強制して、「国民国家」概念を確立したのはフランスであった。スミスは従来から唱えられてきた、固有の歴史と文化をもち、他と区別される共同体としての「ネーション」の存在を重視する。さらに近年では、国際状況の複雑化、人間の関心の多様化を受けて、スミスは現代のナショナリズムの四要素として「未来像、文化、連帯意識、政策」を挙げる[15]。この四要素によってナショナリズムはファシズム、人種主義、共産主義といった他のイデオロギーからの挑戦を斥け、生き残ってきたというのである。

**エスニック・ナショナリズム**　しかし、人種というカテゴリーがナショナリズムと密接に結びつく場合もある。人種中心主義の源であるエスノセントリズムについて、スミスは「自分たちの共同体こそ中心であり、正しく、優秀であるとする信念」と定義した上で、アフリカの多民族国家における汎アフリカ主義の役割に言及している。汎アフリカ主義は、西洋によって奴隷化されたアフリカの黒人が人間としての自由と尊厳を取り戻すために、長く劣等性の象徴とされてきた「黒い肌」を民族集団の誇りと美として捉え直すことによって、アフリカ黒人種を鼓舞し、連帯感を生み出す運動である。この運動は皮膚の色を共通のナショナルなアイデンティティ形成の源とする。皮膚の色は大量の人々を一挙に同じカテゴリーの中に包括してしまうので、伝統的な地域的単位とその価値を消し去ってしまう。しかし同時に、肌の色は同質性とアイデンティティのしるしとなり、遠心的なエスニック・ナショナリズムの分離主義を克服するという利点も有しているのである[16]。アフリカでは人種というカテゴリーが必ずしもネガティブに作用してはいないと言える。

　ナショナリズムとマルクス主義との関連については、人間の疎外状況からの解放と新たな人間の連帯性の構築をめざす点で、両者は同じ視野をもち、結びついてきたと言える。スミスはマルクス主義的ナショナリズムが定着する条件として、近代化の遅れ、周辺意識、脆弱な政府、他国からの経済的・政治的・軍事的脅威の四点を挙げ、社会発展の展望よりも独立国家形成を重視する観点から採用される場合が多いと解説する[17]。

　また、スミスのナショナリズム論でぜひ触れておかなければならないのは、近年世界各国で台頭している分離主義的なエスニック・ナショナリズムである。北アイルランド、フランスのブルターニュ地方、スペインのバスク地方、カナ

ダのケベックなどで展開されている、武装闘争をも視野に入れたマイノリティの分離主義運動が挙げられよう。その特徴は、公認された明確な国境と相対的に豊かな経済をもち、すでに国民国家建設を終えた国々で運動が起こっていることである。その主な原因は、これらの国におけるマイノリティが、中央政府による過度の政治的集権化に伴う排除と、中央からの経済的搾取を受けつづけてきたことである。これらの運動は巨大国家の枠内での連邦制か自治制を強く要望している。分離主義者たちは、政治的自治とは地域の経済的自立が担保されてこそ初めて実現されると主張する。スミスによれば、今日のナショナリズム運動はもはや君主制や帝国主義的専制にたいする抵抗ではなく、既存の民主的国家にたいする闘争なのである。

エスニック・ナショナリズムについては、石川一雄（1942〜）が多極収差という概念で多元的統合論を主張している。石川は民族が同質な国家のなかに収斂される国家像ではなく、一つの社会のなかに複数の異質なエスニック・グループが承認される市民社会の実現を説く。ベルギー、オランダ、スイス、オーストリアの中欧四カ国がエスニック分断状況にありながら、共同と合意に基づく国家運営で多極共存あるいは区画分断型多元主義と呼ばれるシステムを確立した例を挙げ、交通・通信網の発達は文化的同質化とエスニックの主体性喪失を促すのではなく、むしろエスニックな絆を強化し、国内エスニック集団間の分断を深化させた、とする。人間社会の平準化や均質化は社会的資源の枯渇を促し、願望の充足に向けて競争を激化させる。人間はその相違性ではなくその同一性ゆえに紛争するのであり、紛争は近代化それ自体によって促進される、と石川は断じる[18]。

**想像の共同体**　1970年代末にベネディクト・アンダーソン（1936〜）は「想像の共同体」という概念を新しいナショナリズムの枠組みとして発表した。アンダーソンは「国民」を、「イメージとして心に描かれた想像の政治共同体である——そしてそれは、本来的に限定され、かつ主権的なもの〔最高の意思決定主体〕として想像される」と定義する[19]。「想像の共同体」説の骨子は以下のようなものである。いかなる国民も、みずからを人類全体と同一であると想像することはできないので、「国民」は限られたものとして想像される。国民の概念は、啓蒙主義と革命が神授のヒエラルキー的王朝秩序の正統性を破壊し

た時代に生まれたものであり、「最高の意思決定主体」として想像される。国民のなかにたとえ現実には不平等と搾取があるにせよ、国民のイメージは常に水平的な深い同胞愛を伴って心に思い描かれるから、ひとつの共同体として想像される。そしてこの同胞愛のために、限られた想像力の産物のために数百万の人々が殺し合い、あるいはみずから進んで死んでいったのである[20]。国家への自己同一化はやがて個人の死を超越した永遠の生命という幻想を生み出し、神話と歴史が必要とされる。

　アンダーソンによれば、こうした「想像の共同体」は封建主義の衰退と資本主義の勃興とともに生まれた。第一次世界大戦はハプスブルク、ホーエンツォレルン、ロマノフ、オスマンという大王朝を歴史舞台から退場させ、それ以降は、国民国家が正統的な国際規範となった。そして人民との間に一体感を捏造しようとした王族の公的ナショナリズム——国民と王朝・帝国の意図的合同——に代わり、民衆的ナショナリズムが主流となったのである[21]。

　アンダーソンのナショナリズム論でとりわけ本書の内容と関わってくるのは、クリオーリョ・ナショナリズムの考察である。クリオーリョ（新大陸生まれのヨーロッパ人、特にスペイン人）は帝国行政組織では周辺的な立場に置かれており、既存のシステムでは手に入れることのできない特権を求めていた。しかし、彼らは植民地権力からの独立という点を除いてはすべてにおいて優位な立場にあったのであり、彼らのナショナリズムの起源は、彼らが受けた社会的剥奪と特権との両方にあった。クリオーリョは自分たちの共同体とスペイン本国が共存可能であると想像し、帝国の中核に従属した統一的共同体の建設をめざしたのであり、それまでの従属関係を逆転して宗主国に取って代わろうとはしなかった[22]。アンダーソンはこのようにクリオーリョとスペイン本国人の共属意識の存在を述べながら、一方で、ラテンアメリカのクリオーリョはヨーロッパよりも古くからネーションの意識を発展させ、スペイン語を話さない、多数の抑圧された先住民を国民同胞と意識していたと述べているが[23]、私見によれば必ずしもそうとは言い切れない。本国に従属していたとはいえ白人特権階級であったクリオーリョたち自身の間に共属意識や連帯感が存在したことは事実である。だが、インディオ、黒人、メスティーソ（先住民と白人の混血）等の非白人層とクリオーリョとの間に連帯感があったかというと、そこには疑問が残る。確かにイエズス会の聖職者を中心とする知識階級は、白人と非白人が共

生するラテンアメリカ独自のアイデンティティを模索する知的活動を展開し、国民同胞という意識を鼓舞し、独立戦争の理論的根拠を築いたが、この理論を共有したのは一部のクリオーリョ層に限られていた。少なくともメキシコでは、クリオーリョとその他の階層との共闘関係が構築されるのは、10年以上に及ぶ独立戦争期間中（1810~21）である。

　独立戦争が長期化した原因のひとつは、津波のように戦列に加わってくるインディオ、メスティーソ、黒人などの下層階級にたいするクリオーリョの恐怖であった。自ら独立戦争を始めたものの、バイタリティ溢れる下層階級に特権的地位を脅かされるのではないかと危惧したクリオーリョのなかから、王党軍と手を結ぶ者が現れたのである。つまりクリオーリョは、特権に執着しスペインの君主制に愛着を覚える一派と、共和国の樹立を思い描く一派に分裂してしまったのである。独立達成後、新生共和国の指導者となったクリオーリョ階級が権力闘争に明け暮れ、また、彼らとは異質の階級的マイノリティを国民国家に同化・吸収できなかったことが、19世紀のメキシコの政治的・社会的混乱を招くことになる。こうした歴史的経緯をみても、彼らのなかにマイノリティを「国民同胞」とみなす意識が古くからあったとは思われない（本書3、4章参照）。

**民族の国家への収斂**　社会人類学者アーネスト・ゲルナー（1925〜）は、「国家」を秩序の強制に特定的に携わる制度、「民族」を人間の信念と忠誠心と連帯感とによって作り出された人工物、と定義した上で、「ナショナリズムとは、第一義的には、政治的な単位と民族的な単位とが一致しなければならないと主張する一つの政治的原理である」と説く[24]。換言すれば、ナショナリズムの原理とは政治的単位と文化的単位との収斂ということになる。しかし、民族の数は存立可能な国家の数よりもはるかに多いために、ナショナリズム原理の平和的実現は困難になっているのである。「民族」を「人工物」と定義した点ではアンダーソンの「想像の共同体」と通じるものがあるが、ゲルナーの「農耕—識字政治体」における権力・文化論は斬新である。「農耕—識字政治体」とは、読み書き能力をもつ少数の政治権力者と知識階級が、人口的多数派を構成する非識字者の農民を政治的・文化的に支配する社会である。古代農耕社会において政治権力が文化的力（文字）を利用して、農村共同体を分離・支配する構図

メキシコのデラ・マドリー大統領就任パレード（1982年）

と言える。農耕―識字政治体においては支配者層、被支配者層にかかわらず、文化的同質性よりも差異の方が重視される。ゲルナーによれば、あらゆる手段で様々な社会層が差異化されればされるほど、社会層間の軋轢と曖昧さとは少なくなる。つまり、農耕―識字政治体においては、システム全体が文化的裂け目の水平的な分割線を好むのである。この水平的に成層化された社会システムでは、少数者からなる頂点の下に、もう一つの世界、農民の小共同体が分断されて存在する。横のつながりを断たれたこの小共同体は各々の文化的な差異がきわめて顕著である。国家はこの農民共同体から租税を徴収することのみに関心を示し、文化的同質性を発見し、共同体同士を連帯させることなど思いも及ばない。水平的な文化の裂け目をむしろ顕在化させることによって、特権的な権力保持者の利益が促進されるのである。特権的集団を識別させ差異化させる手段として祭祀言語の独占がある。支配階級は自分たちしか読めない文字を発明することで、読めない被支配者との間に深い溝を作った[25]。この見解は、本書では詳しく触れないが、メキシコの古代民族、特に複雑で難解な絵文字を発明・発展させたマヤ族社会を分析するには一つの武器となるかもしれない。

**古代の部族主義**　ナショナリズムは一般的には近代の産物とみなされているが、政治学者今中次麿（1893〜1980）は「民族」を近代に限らず、中世と古代にも認めるべきだと強く主張した。今中によれば、「民族とは原始的種族社会に対立する、より高位の社会構造であって、一つの血縁によって結合した種族が、更に異なった血縁によって結合した他の種族と結合して、より高位の社会的統

一を完成し、より高次の社会構造を作り上げたものが、民族であることは、社会人類学上の定説であって、今更疑問の余地はない」[26]。今中は民族構成の中枢を「階級と市場」とみなし、この二つの要素は古代社会にも存在したと主張した。さらにヘイズは、ナショナリズムの起源は未開社会にあると述べ、原始的な部族主義（tribalism）も小規模のナショナリズムであるとしている[27]。また、チェコのナショナリズム研究家ハンス・コーン（1891～1971）も、ローマ時代以前のユダヤ人とギリシャ人の間に存在した民族意識のなかにナショナリズムの根源があるとみなした[28]。ナショナリズムの普遍化ないし拡大という問題を考える際に、古代の民族意識がその素地となったという観点には留意すべきである。今中、ヘイズ、コーンの説は、宗教的神権政治を行い、部族の最高神ウイツィロポチトリに守護され、選民意識を抱いていた古代メキシコのアステカ族の民族意識を説明できるかもしれない（本書2章参照）。

**覇権論**　またゲルナーは、高水準の能力をもつ構成員を再生産するには近代的な国家的教育制度が不可欠であると主張する[29]。正当な教育の独占は正当な暴力の独占よりも重要で集権的となる。国家が強制（軍隊と警察）と同意（文化と教育）を組み合わせることによって覇権を構築するという考え方はすでにアントニオ・グラムシ（1891～1937）が提唱しているほか[30]、最近のポストコロニアル（植民地に独立後も残される文化的問題を批判分析する研究動向）研究者の間でもよく言及される。国民統合に教育を利用する手法は、本書でもメキシコ政府の政策として考察されることになるだろう（9章参照）。

**民族自決論**　インドの著名なポストコロニアル研究者パルサ・チャタジー（1947～）は、植民地政府に挑戦した政治的活動としてナショナリズムを捉えた。その際、チャタジーは被植民者が差異と自立を確立するのに役立つ文化的構築物として、ナショナリズムの重要性を訴える。チャタジーによれば、世界は法律、行政、経済、国政からなる物質的で外部的な領域と、精神的で内的な領域（言語、宗教、慣習、家族）に区分される。チャタジーは、物質的世界において西洋が優位であることは認めるが、精神的世界こそナショナルな文化の本質だと主張する[31]。さらに彼は植民地化された第三世界の立場から、南の国の視点から、「近代的であるが西洋的でない国民文化」を作り出すことの肝要

さを説く。チャタジーに限らず、ポストコロニアル研究では帝国主義への抵抗は広義のナショナリズムという文脈のなかで捉えられる。エドワード・サイード（1935～2003）は、ナショナリズムとは「外から侵入してきた帝国に対して、歴史と宗教と言語を共有する諸民族のなかに一致団結した抵抗を組織する力の何たるかを示してくれる」と語っている[32]。長い植民地支配の歴史を経ながらも、いまや「中進国」を自認するメキシコは、チャタジーやサイードの視座にどのように応答するのであろうか。

　グラムシの覇権論を基にナショナリズム論を発展させた論者に西川長夫（1934～）がいる。西川は、国民を統合するには国家主権と国家利益を剝き出しにしたイデオロギーだけではうまく機能しないので、同時に世俗的イデオロギーが必要とされたと説き、文明と文化を、国民を拘束する鉄鎖を覆い隠す花飾りにたとえる。このような統合政策はメキシコにおいてもみられる（9章参照）。国民の物理的な安全や幸福に必要なものを与える機関が「政府と法」であるとすれば、「学問、文芸、芸術」は精神的な支配の有力な手段を提供するのである。これは国民国家の二重の抑圧装置である。

　また文化の概念は、それが先進国の優越的支配的ナショナリズムにたいして途上国が民族的独自性を強調する際の立脚点となるとき、他の国民や民族との共通性よりも差異を強調する排他的な性格を帯びる[33]。文化の差異化を強調する視点はチャタジーやG. C. スピヴァク（1942～）をはじめ、ポストコロニアル論者の特徴であるが、差異化の概念は、それが文化本質主義（異なる文化・文明は互いに相容れず、敵対するとみなす立場）に陥るとき、戦争や紛争を正当化する理論的根拠と化してしまう危険性をも孕むだろう[34]。

**民族虚構論**　小坂井敏晶（1956～）は最近の著書で「民族とは虚構である」という見解を述べている。小坂井は民族の同一性などはじめから存在せず、差異化の運動が同一性を後から構成するのであって、民族の連続性がアプリオリに在るのではないと主張する。また人種は人工的・統計的範疇にすぎず、民族は当該集団の構成員および外部の人間によって生み出される主観的範疇にすぎないと断定する。民族の連続性を維持するための、民族精神、大家族意識、文化的継承性は近代以降に創出・捏造されたもので、社会的に構成される虚構の産物であると結論づけるのである[35]。ただし、民族虚構論については、福井勝義

（1943～）や福田歓一（1923～）らがすでに言及しているので[36]、特に斬新なわけではない。

　「人種」が虚構であるということは早くからハナ・アーレント（1906～75）が『全体主義の起源』のなかで述べている。アーレントは人種主義に基づく種族的ナショナリズムについて、伝統、政治的諸制度、文化など、自種族に属する一切のものを基本的に「血」という虚構の基準によって正統づけ、他種族のそれは否定する排除の概念であるとして非難した。そしてそれが、新しい領土的膨張に加われなかったことと国民国家形成をなしえなかったことの欲求不満が結びついた二つの国、オーストリア＝ハンガリーとロシアで発展した[37]、と指摘している。

　伝統の創出についてはすでにイマニュエル・ウォーラーステイン（1930～）が「伝統は太古の昔からあったというものではなく、そのほとんどは近代世界の産物であり、近代世界を支えるイデオロギーのひとつである」[38]と指摘している。またエリック・ホブズボウム（1917～）は『創られた伝統』のなかで、「伝統とは長い年月を経たものと思われ、そう言われているものであるが、その実往々にしてごく最近成立したり、また時には捏造されたりしたものもある」と述べ[39]、「伝統」とは形式的に制度化されたものであり、あるいは日付を特定できるほど最近に生まれたものであると定義する。

## 3 ▶ 政治的イデオロギーとしてのナショナリズム

　以上、18世紀から現代までのナショナリズム論を通観してきた。ナショナリズム論は多岐にわたるので、本章では注目すべき定義や主だった論者に絞って紹介したが、これらの見解を集約すると、ナショナリズムが近代国民国家の建設と密接に関連していることがわかる。政治的統合を成し遂げ、軍事力を強化し経済的発展を図ることによって、国力を充実させ国家間競争で勝ち残る。これが近代国民国家の目的であり、その戦略のためにナショナリズムが構築され発展していったと言えるのではないか。富国強兵策を実行するには国民国家の建設が不可欠であった。さらに、国家統合に後れを取ったアジア、アフリカ諸国が欧米に侵略され、その植民地となった歴史的経緯を勘考すると、人間の尊厳や自由を守るためには国民国家が一定の役割を担うことは事実であろう。

ネーションが国民あるいは民族を指すとすれば、ナショナリズムという語彙は国民主義もしくは民族主義と訳されるべきである。それを近代以降に限定して捉えるなら、「国民国家の統合、独立、発展を意図する政治的イデオロギー」とみなすことができよう。その際、「国民」とは複数のエスニック・グループから構成されることになる。つまり、先に挙げた、「政治的な単位と民族的な単位とが一致しなければならないと主張する一つの政治的原理」というゲルナーの定義が最も簡潔にナショナリズムを表現していると思われる。

　そして、近代ナショナリズムは三つの型に分類される。まず、①複数の民族の政治的統合を意図する国民国家型である。この型にはさらに二種類があり、ひとつは一民族が他の複数の民族を支配し国家を建設する場合、もうひとつは拮抗する複数の民族が統一国家を指向する場合である。次に、②外国の支配からの独立をめざす民族独立型で、この型には三類型がみられよう。すなわち18世紀末から19世紀初頭に勃発した新大陸での独立戦争、第一次大戦前後の大王朝からの独立運動、第二次大戦後のアジア・アフリカ・ラテンアメリカを中心とする第三世界の植民地独立運動である。最後は、③民主的国民国家からの分離を目的とするエスニック分離型である。しかしこれら三型が常に類型化可能なわけではなく、二型もしくは三型が複雑に絡み合った例もあることを当然考慮すべきである。

　2章以降では、本章で整理した理論的流れを敷衍して、メキシコ社会において表徴した顕著なナショナリズムを具体的に検証する。

注

1 「ナショナリズムは本来きわめてエモーショナルでかつ弾力的な概念であるため抽象的に定義することは困難である。それは民族主義、国民主義、国家主義というように種種に訳されて、それぞれある程度正当なしかし何れも一面的な訳語とされているところにも反映している」。丸山、下巻、295頁。
2 橋川、12～13頁。
3 同、13頁。
4 世界経済調査会、714頁。
5 ルソー、31～35頁。
6 同、54頁。
7 山口、8頁。

8　フィヒテ、122、124、137〜138頁。
9　同、55頁。
10　同、56頁。
11　ルナン、42〜64頁。
12　カー、3〜39頁。
13　『スターリン全集』第11巻、366〜368頁。
14　スミス、10頁。
15　同、12頁。
16　同、150頁。
17　同、201〜202頁。
18　石川、iii、11〜15頁。近代国家とエスニック・グループの関係については、加藤普章が、集団間の対立と紛争を「ヨコの緊張」、国家の普遍主義と集団の利害・権利との衝突を「タテの緊張」と図式化した定義が参考になる。吉川・加藤、165〜167頁。
19　アンダーソン、24頁。
20　同、24〜25頁。
21　同、188頁。
22　同、316〜317頁。
23　同、95頁。
24　ゲルナー、1頁。
25　同、16〜20頁。
26　今中、93頁。
27　世界経済調査会、715頁。
28　同、734〜735頁。
29　ゲルナー、58頁。
30　グラムシ、1981、376〜377頁、428〜429頁。次の一節には、国家が教育によって国民をいかに巧妙に馴化・支配するかが語られている。「ブルジョア青年は実際に生活し闘う前に、学校で自己の階級精神に飽和され、実生活と経験のなかに姿を現わすように形づくられ鍛えられ、既成の観念によって、すでに闘争の構えができ、すでに支配者たることをわきまえた支配者の枠組にはめこまれている。…労働者階級は搾取され抑圧される階級である。それは科学的知識を系統的に奪われている。…労働者は自己の知識を決して高く評価せず、逆に低く評価するようになっている。労働者はいつでも自分が実際よりもずっと無知であり無能力であると思いこんでいる」。グラムシ、1979、104〜105頁。
31　Chatterjee, 1986, p. 3；1993, p. 26.
32　サイード、2巻、57〜58頁。
33　西川、202頁。
34　文化本質主義については、サミュエル・ハンチントンの「文明の衝突」論を徹底批

判したフランスの哲学者クレポンの著作を参照。
35　小坂井、4、13、30頁。
36　福井は、選び取れないはずの出自や創世神話も実際は選び取られてきたのであり、その結果民族という虚構の世界が形成されたと推論し、福田はステートもネーションもネーション・ステートもすべてフィクション（擬制）であると主張する。川田・福井編、306、329頁。
37　アーレント、170～171頁。
38　ウォーラーステイン、104～105頁。
39　ホブズボウム、9～10頁。

**参考文献**

アンダーソン、ベネディクト／白石さや・白石隆訳『増補 想像の共同体』NTT出版、2001。
アーレント、ハナ／大島通義・大島かおり訳『全体主義の起源』第2巻（全6巻）、みすず書房、1972。
カー、エドワード・H.／大窪愿二訳『ナショナリズムの発展』みすず書房、1973。
Chatterjee, Partha, *Nationalist Thought and the Colonial World*, The United Nations University, 1986.
─────, *The Nation and its fragments*, Princeton University Press, 1993.
クレポン、マルク／白石嘉治編訳『文明の衝突という欺瞞』新評論、2004。
フィヒテ、ヨハン・G.／石原達二訳『ドイツ国民に告ぐ』玉川大学出版部、1999。
ゲルナー、アーネスト／加藤節監訳『民族とナショナリズム』岩波書店、2002。
グラムシ、アントニオ／獄中ノート翻訳委員会訳『グラムシ獄中ノートⅠ』大月書店、1981。
─────／重岡保郎他訳『グラムシ政治論文集3』五月社、1979。
橋川文三『ナショナリズム』紀伊國屋書店、1994。
ホブズボウム、エリック・J.／前川啓治・梶原景昭他訳『創られた伝統』紀伊國屋書店、1992。
今中次麿『政治学序説』有斐閣、1951。
石川一雄『エスノナショナリズムと政治統合』有信堂、1994。
川田順造・福井勝義編『民族とは何か』岩波書店、1988。
小坂井敏晶『民族という虚構』東京大学出版会、2002。
丸山真男『現代政治の思想と行動』上下巻、未来社、1957。
西川長夫『地球時代の民族＝文化論』新曜社、2001。
ルナン、エルネスト／鵜飼哲訳『国民とは何か』河出書房新社、1997。
ルソー、ジャン・ジャック／桑原武夫・前川貞次郎訳『社会契約論』岩波文庫、岩波書店、1954。
サイード、エドワード／大橋洋一訳『文化と帝国主義』全2巻、みすず書房、2002。

世界経済調査会編『ナショナリズムの研究』世界経済調査会、1956。
スミス、アンソニー／巣山靖司監訳『20世紀のナショナリズム』法律文化社、1995。
スターリン全集刊行会訳『スターリン全集』全15巻、大月書店、1980。
ウォーラーステイン、I.／川北稔訳『史的システムとしての資本主義』岩波現代新書、岩波書店、1985。
山口圭介『ナショナリズムと現代』九州大学出版会、1998。
吉川元・加藤普章『マイノリティの国際政治学』有信堂、2000。

# 第2章 アステカ族とトラスカラ族の対立
## ：古代社会の部族主義

### はじめに

「歴史家のなかにはインディオがスペイン人を手助けした理由を深く精査することなく、スペイン人征服者に協力してアステカを滅ぼしたトラスカラ族を裏切り者呼ばわりするものもいる[1]。しかし外国人への協力はほぼ全部族に及んだのであり、スペイン人到来時の特有な政治社会状態の結果であることに彼らは気づいていない」[2]。サルバドール・チャベス・アイオエは、一部のアステカ中心主義の歴史家たちをこのように批判した。チャベスが指摘したように、アステカ帝国に反感を抱いていた国々がスペイン軍に協力・同盟した理由を解明するには、後古典期後期（1200～1521）のメソアメリカ[3]に存在した部族国家、領土拡張主義、従属関係、朝貢制度を把握する必要がある。

アステカは当時いくつも存在した軍事国家のひとつであったが、次第に勢力を拡大し、他の独立国家を征服してメソアメリカに覇権国家を打ち立てた。従属国の民は国家存続の代償として、アステカの首都テノチティトランに過度の物品の納入を強いられた。表向きは武力を恐れて服従していたが、苛烈なアステカの圧政に、水面下では抑圧者に対する怨嗟の声が渦巻いていた。しかし、メソアメリカのすべての国がアステカの軍門に下ったわけではない。帝国の版図内で峻烈な攻撃に耐えながら辛うじて独立を維持していた国もあった。アステカの都から100kmほど東に位置したトラスカラもそのひとつであった。トラスカラ族は50年以上もアステカと戦闘状態にあり、執拗な敵の攻撃を凌ぎ、なんとか独立を保持していたが、その周囲は帝国に包囲されていた。近隣諸国との交易を阻止されたために、生産したトウモロコシを他国に搬出できず、メキシコ湾岸の熱帯産品である綿布、ケツァル鳥の羽、ジャガーの毛皮、カカオなどを手に入れる道を閉ざされていた。特に、生命維持に不可欠な塩の入手は困難をきわめ、その困窮ぶりはつとに有名であったらしく、新大陸を紹介した

歴史書にも掲載されている（3節で後述）。ルソーも『社会契約論』にトラスカラ族の塩欠乏の逸話を書き留めている[4]。

　従属国も独立国も一様に覇権国に対して不満を抱いているこの一触即発の状況下に、東の海から大船で外国人が到来したのである。白い肌をした異国人たちは初め金銀財宝の獲得を目論んでいたが、遭遇した未知の土地に分裂の芽を見て取ると、この土地を征服するという誘惑にかられた。司令官エルナン・コルテス（アステカの征服者）に率いられたスペイン軍がテノチティトランへ進軍する道中、アステカを憎む部族がしきりに陣地を訪れ、協力を申し出た。外国人は彼らの目に、自分たちを圧政者から解放してくれる救世主に映ったのである。

　本章ではアステカ支配下の古代社会における政治社会状況を把握するためにまず、アステカ帝国の成立と非従属国の社会情勢を概観し、次にそのなかでも特にスペイン人に協力的だった小国トラスカラを検証する。そこにみられるであろう古代の部族主義は、メキシコ・ナショナリズムの原型とみることもできるだろう。

## 1 ▶ アステカ族の覇権

**都市国家テオティワカンの興隆と衰退**　新大陸の文明圏は二つに大別される。マヤやアステカ文明が開化したメソアメリカ圏と、チブチャ、ティワナコ、インカなどのアンデス文明が栄えた南米圏である。二大文明圏には共通の文化的要素もあるが、それぞれ独特の地域的文化要素を持ち、それらが採集狩猟を経済基盤とする非文明圏との識別を容易にしている。文字を例にとると、メソアメリカでは高度で複雑な絵文字が発達し、南米ではインカ族がキプと呼ばれる結縄を使用していた。キルヒホフが命名した考古学的区分であるメソアメリカは、現在のメキシコ北部からコスタリカ北部に至る地域を指し、西北部、中央高原、メキシコ湾岸、オアハカ、マヤの5つの文化圏に区分される。

　メソアメリカではおよそ紀元前2千年頃からトウモロコシ、カボチャ、インゲン豆を栽培する定住農耕生活が始まり、余剰生産物のおかげで農民以外の専門職が生まれ、徐々に階級社会が形成されていった。小さい村落が次第に統合され大きな集落に変容し、最後には都市が登場した。メキシコ中央高原で最初

に生まれた都市はテオティワカン（「神々の都」の意）である。都市中枢部の面積はおよそ 20 km² に及び、その人口は約 8 万人と見積もられている[5]。この古典期（300〜900）を代表する都市は紀元前 2 世紀頃に建設が始まり、4 世紀には太陽と月のピラミッドや「死者の道」など主要な宗教建造物を完成し、一大祭祀センターとなった。一辺 230 m、高さ 65 m の壮大な「太陽のピラミッド」は、膨大な労働力の動員を可能にした強大な国家権力の存在を象徴している。この覇権国家の統治制度の特色は、役人、戦士、商人といった特権階級を従えた神官集団が指導者として国を治めたことである。テオティワカンは 7 世紀頃まで中央高原で栄華を誇り、周辺の小都市ばかりではなく、遠隔地のグァテマラに栄えたマヤ文明圏のカミナルフユやティカルにまで進出し、これらの衛星都市を支配した。

　テオティワカン以前に存在した先古典期の文化はこの都市に吸収されて開花し、その果実はこの都からメソアメリカ各地に伝播された。壮大な太陽と月のピラミッド、楽園を描いた極彩色の壁画、ヒスイや黒曜石を材料にした装飾品、オレンジ色を基調とした多様な土器、トラロクやケツァルコアトルを崇拝した宗教観[6]、神々を称える音楽や舞踊などまぶしいばかりの絢爛たる文化はメソアメリカの人々を魅了し、各地からの巡礼者が絶えなかった。テオティワカンこそ中米文明圏に咲いた大輪の花と言える。

　この古典期最大の都市国家は 6 世紀後半から衰退を始め、カミナルフユやティカルといった地方経営の拠点を失う。7 世紀半ば頃、テオティワカンが滅びると、メキシコ中央高原には神官に代わって戦士が国の実権を握る政治状況が生まれる。そのさきがけとなったのが現モレロス州西部のショチカルコとトラスカラ州のカカシトラである。ショチカルコは幾重にも石垣を張り巡らした城砦都市として丘の上に建設された。無防備な平地に発達したテオティワカンとは明らかに都市の立地条件が変化している。都市の中心にある神殿の基壇には、羽毛に覆われた巨大な 8 匹の蛇（ケツァルコアトル神）のレリーフが描かれている。うねる蛇の間には、テオティワカンでは見られなかった、束ねた矢をもつ戦士の像が刻まれている。このような好戦的な要素から、ショチカルコがテオティワカンの神権政治から戦士中心の政治へ移行する過渡期の城砦都市であったことが読み取れる[7]。また蛇のレリーフの他にも、暦日が刻まれたケツァルコアトル神を表す 3 本の石碑が発見されている。ショチカルコの人々は

太陽のピラミッド

テオティワカンで発見されたヒスイの仮面 　　テオティワカンのケツァルコアトル神殿

羽毛に覆われた八匹の蛇を描いたショチカルコのケツァルコアトル神殿のレリーフ

カカシトラのジャガー戦士と鳥戦士の壁画。左がジャガー、右が鳥戦士で、対になっている

ケツァルコアトルを金星の神として、トウモロコシを人間に与えた豊穣の神として、また、時の神として崇拝していた。ショチカルコの知識人たちはテオティワカンで生まれたケツァルコアトル神の宗教体系を確立し、メソアメリカで最も影響力のある神へと変容させたのである。

　一方、カカシトラの宮殿の漆喰壁には、身体を切断され真っ赤な血を流して横たわる死体や、極彩色の頭飾りをかぶり、ジャガーの毛皮に身を包んだ戦士団が鳥の頭飾りをつけた戦士たちを追い詰める場面が描かれている。マヤのボナンパックの壁画を髣髴とさせるこの凄惨な戦闘場面は、当時、激しい領土争いや権力闘争が行われていたことの証である。この時代に興隆した城砦都市として、他にもプエブラ盆地のチョルーラやトルーカ盆地のテオテナンゴがある。

**トゥーラの宗教戦争**　10世紀に入ると、北方の採集狩猟民族が南下し、高度な農耕文明を吸収して、トゥーラ・シココティトラン（以下、トゥーラと表記[8]）に都を定め、神官団の宗教的支持を背景に職業戦士団が国の実権を掌握する政治体制を確立した。この新しい民族はトルテカ・チチメカ族と呼ばれ、テオティワカンの高度な文明を受け継いだトルテカ族と、弓矢を武器とする北方の採集狩猟民チチメカ族から構成されていた。トゥーラにはケツァル鳥の羽を材料にして羽飾りをつくる羽細工職人、自由自在に粘土をこねて多様な土器を製作する陶工、色鮮やかな漆喰画を描く絵師、ヒスイや黄金で宮殿を建設する工人が集っていたとサアグンは記録している[9]。この後古典期前期（900〜1200）の中心都市には様々な文化を携えた人々が周辺から集まり、異民族社会

が構成されたが、その宗教は二派に分かれた。農耕、文化、芸術を振興するケツァルコアトル神（羽毛の蛇）信仰と、好戦的なテスカトリポカ神（「煙を吐く鏡」の意）信仰である[10]。

テオティワカン時代にさかのぼるケツァルコアトル信仰はショチカルコで確立され、トゥーラで完成された。トゥーラにはケツァルコアトルを名乗るトピルツィンという神官が実在し、生贄を禁ずる平和的宗教で善政をしいたが、他国の侵略を主張する戦士たちは獰猛な神テスカトリポカを擁して、ケツァルコアトルに対抗したと言われている。この内紛に敗れた羽毛の蛇は東の海（メキシコ湾）に去って行ったが、その際、悪政を続ければ必ずいつか戻り、王座を奪還するという予言を残した。この予言は語りつがれ、500年後、東の海に出現した征服者エルナン・コルテスは、ケツァルコアトルと間違われるという幸運を得る。「ケツァルコアトルの再来」に意気消沈したアステカ王モクテスマ2世は戦う前に戦意を喪失し、それがアステカ滅亡の原因のひとつになるのである（後述）[11]。

トピルツィン＝ケツァルコアトルがトゥーラから逃れた後、テスカトリポカ派の戦士集団は近隣の小国を征圧し、中央高原に一大軍事国家を築き上げた。トゥーラの神殿の壁を装飾するピューマや鷲のモチーフや巨大な戦士の石像は、この都市を支配した人々の好戦性を物語っている。

**アステカ族の登場** 新たな北方の蛮族の侵入や内乱によって、1150年頃トゥーラが滅亡すると、メキシコ中央高原は後古典期後期（1200〜1521）に入る。この時代の政体は前時代の軍国主義が国家宗教によってさらに強化され、大神官が軍事力を掌握して国を治める神権軍事体制である。この政治制度を具現化したのがアステカ帝国である。トゥーラの滅亡直後は大小の都市国家が各

トゥーラの戦士石像

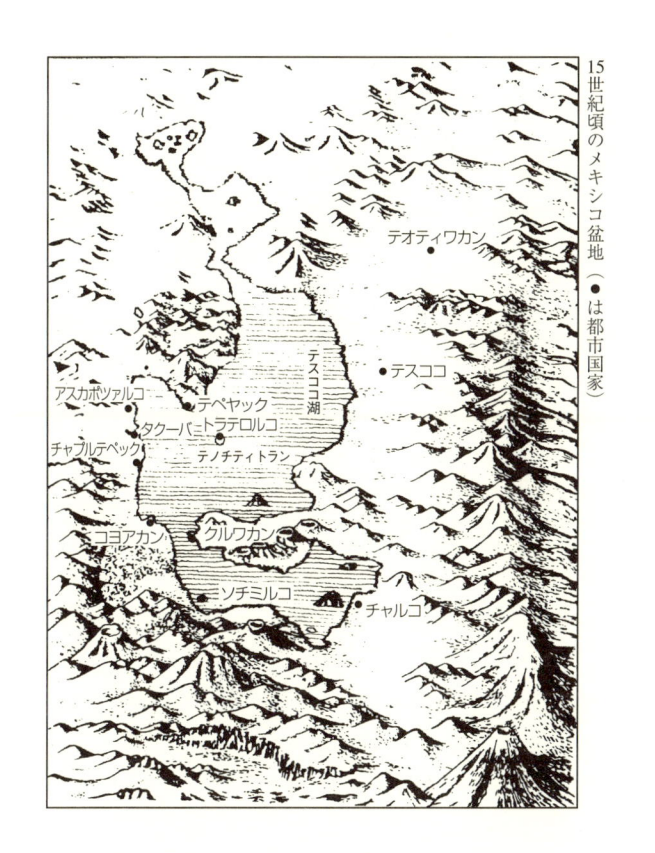

15世紀頃のメキシコ盆地（●は都市国家）

地に群雄割拠し、戦国時代の様相を呈した。メキシコ盆地でも大小の都市がしのぎを削る状況下、盆地の中央に位置するテスココ湖の北西部を支配していた都市国家アスカポツァルコが次第に勢力を拡大した。誰にも顔を知られていない一部族が盆地に入り込んできたのはちょうどその頃である。後にメキシコの南半分を征服して大帝国を建設するアステカ族の登場である。

　アステカ族ははるか昔、メキシコ北部のアストランの住人であった。アストランの所在については現在のナヤリ州、サカテカス州、ハリスコ州など、いくつかの説が唱えられたが、いまだに定説はない[12]。12世紀頃、彼らはこの出生地を後にして年月をかけてゆっくりと南進した。この旅の間、彼らの守護神であるウイツィロポチトリは、部族の指導者たちの前に度々現れ、様々な助言を与えた[13]。ウイツィロポチトリは戦の神、太陽の表象として彼らに崇められていた。アステカ族はトゥーラを経て、13世紀にはメキシコ盆地に入ったが、

第2章　アステカ族とトラスカラ族の対立　33

地味の豊かな湖畔にはすでにいくつもの部族が住み着いていた。彼らはいったんチャプルテペックに落ち着くが、すぐにアスカポツァルコの攻撃に合い、クルワカン近くの湖南に避難した。しかしクルワカンの王も新参者の来訪を快く思わず、彼らを毒蛇が多数生息する地に追いやった。ところがアステカの民は蛇を見つけると嬉々として捕え、食料にしてしまったので、クルワカンの招かれざる客を追放する計画は失敗した。

　その後、アステカ族はクルワカン人のもとで兵士や農奴として働くようになり、両部族の交流が深まると、姻戚関係が出来上がっていった。この頃ウイツィロポチトリは、クルワカン王の娘テテウイナンを女王として崇めたいと偽り貰い受け、生皮を剥いで生贄として捧げよ、という邪悪な計画を彼の民に囁いた。娘を生贄にされた王は激怒し、この野蛮な民の皆殺しを命じた。追いつめられたアステカ族が守護神に導かれるまま湖の小島に逃げ込むと、彼らはそこで息を飲むような光景を目撃した。鷲がサボテンの上で蛇を貪り食っていたのである。この象徴的場面こそウイツィロポチトリの以前からの予言であった。ウイツィロポチトリは、「蛇をくわえた鷲がサボテンの上に降り立っている土地こそ、アステカ族の約束の地である」と告げていたのである[14]。アステカ族がこの湖上の小島テノチティトランに定住を決めた記念すべき年は1325年頃とされている。都市国家テノチティトランの誕生である。

　彼らはその後水深の浅い湖をチナンパという水上農園で徐々に埋め立てて土地を増やし、血縁的農村共同体（カルプリ）の絆を強化していった。その間、盆地で最大の勢力を誇るアスカポツァルコのテパネカ族の傭兵としても働き、その勇猛果敢ぶりを発揮して勢力を伸張させた[15]。しかし、テパネカ族はアステカの繁栄を苦々しく思い始め、無理難題を吹っかけて彼らを迫害し、滅ぼそうとした。そこでアステカ族は遂に立ち上がり、やはり虐げられていたテスココ族と同盟を結び、テパネカ族を逆に滅ぼした。テソソモックによると、その勝利は「1の火打石の年」（1428）のことである[16]。その後、テノチティトランはテスココ、タクーバ両国と三国同盟を結成し、アステカ帝国を樹立した。帝国はメキシコ盆地内を平定すると、盆地の外に目を向け、漸次近隣諸国を征服し、その覇権は東はメキシコ湾、西は太平洋、北はタラスコ王国との国境、南はグァテマラにまで及んだ。

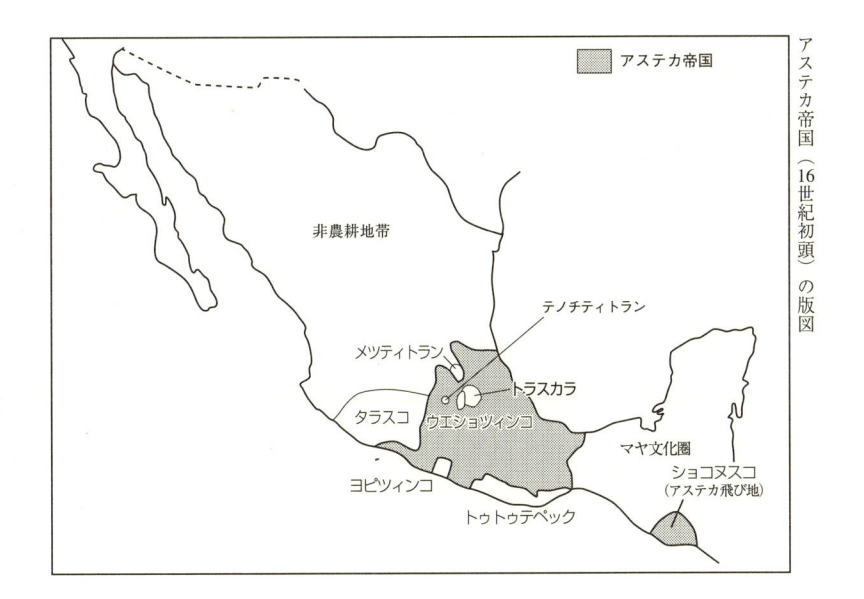

アステカ帝国（16世紀初頭）の版図

## 2 ▶ アステカに従わなかった国々

**タラスコ**　タラスコ族の支配は、現在の地名で言えば、西は太平洋岸のコリマ州から山岳地帯の湖沼の多いミチョアカン州を経て東はメキシコ州にまで及び、アステカとの国境に沿って砦が構築されていた。現在のトルーカ市の近郊に位置するタシマラでは数度の戦闘が行われ、いずれもアステカ側の敗北に終わっている[17]。クリーカーベルクによれば、トルーカの高台に建設された砦は樫の丸太で頑丈に防備されており、同種の砦が両国の境に延々と連なっていた[18]。

　アステカはこの銅製の武器を使用する強敵の征服を断念し、堡塁を築くことで防衛に専念した。植民地時代に編纂された『ミチョアカン事物記』によれば、タラスコはカソンシと呼ばれる首長や神官、行政官などの支配階級と、農民、漁師、職人、奴隷から構成される被支配階級とに区別された階級社会であった[19]。支配者層は生産管理と生産物の再配分を担い、政治、経済、軍事、宗教の各分野で指導的地位にあった。タラスコは自国内の治世を優先し、兵力を温存する戦略をとり、タシマラ戦役後はアステカとの軍事的摩擦を最小限に留めた。

第 2 章　アステカ族とトラスカラ族の対立

**メツティトラン**　メキシコ市から北北東およそ150 km、現在のイダルゴ州に位置したメツティトランは、アステカ帝国の北辺にあり、帝国に包囲されていた。この小国の住人はメスカ族と呼ばれ、テスココ王朝の末裔で17世紀の歴史家イシュトリルショチトルによれば、北方の蛮族チチメカ族を始祖とし、アステカの同盟国テスココと戦闘した記録がある[20]。デイビーズは『アステカ帝国内の独立国』のなかで、メスカ族はトトナカ族と姻戚関係にあると推測している[21]。ガブリエル・チャベスが1579年に記した『メツティトラン事物記』によれば、周辺の住民はメツティトランをこの地域の盟主と仰ぎ、アステカ族の襲撃に備えた国境の砦に兵士や兵糧を調達していたという。またチャベスは、スペイン軍の到来時、メツティトランはアステカからの独立を維持していたと記録している[22]。ドゥランはメツティトランが他のアステカの敵国同様、モクテスマ2世の即位式典に招待されたことを記している[23]。このことは、アステカが外交的にメツティトラン国の独立を認めていたことを証明している。

**ウエショツィンコ**　ウエショツィンコはメキシコ市の南東およそ75 kmに位置し、東側をトラスカラと接していた。ヒメネス・モレノによれば、ウエショツィンコ族は元来、メキシコ盆地南部に居住していたアコルワス族と血縁関係にあり、14世紀頃にプエブラ盆地に移住し、そこでチョルーラを征服し、15世紀半ばまで同盆地の覇者であった[24]。しかし、アステカが西からその勢力範囲を拡大し、東からはトラスカラが進出したことによって、バーロウが指摘するように、その地位は名目的なものにすぎなくなった[25]。16世紀に編纂された『ウエショツィンコ納税台帳』は、テクトリと呼ばれる首長職から平民であるマセワレスまで区分された階級が存在したことを記録している[26]。同台帳はアステカとの戦闘には触れていないが、イシュトリルショチトル、ドゥラン、テソソモック、トルケマーダらが指摘したように、アステカの式典に招待されたことを記録しているので、独立国として認められていたことになる[27]。

**ヨピツィンコ**　ヨピツィンコはメキシコ市から南に約300キロ、現ゲレロ州の太平洋岸にあった。サアグンはその住人ヨピ族について、彼らが赤い顔料を塗っていたので"赤い種族"と呼ばれ、「不器用、無知、粗野であり、砂漠地帯の住人であるオトミ族より劣る」と記述している[28]。中心地のマリナルテ

ペックは考古学者ホセ・ガルシア・パヨンの発掘によってその重要性が指摘されている[29]。アステカはモクテスマ1世の治世（1440～69）にこの地に遠征し、アウイソトルの時代（1486～1502）に本格的な侵略を行った。熱帯産品であるカカオがアステカの征服欲を誘ったという見解にたいして、デイビーズはアステカによるゲレロ州太平洋岸の征服は隣接するタラスコを封じ込める戦略だと分析する[30]。

　ヨピツィンコはアステカ軍の攻撃に合いながらも征服されることはなく、辛うじて独立を維持した。アウイソトルの即位式典や首都の大神殿落成式にヨピツィンコが招待されたとドゥランが記録していることからも、ヨピツィンコの独立は確認される[31]。また、トルケマーダが記しているように、モクテスマ2世の時代（1502～20）に200名のヨピ族が捕虜とされたことは、スペイン人到来直前まで両者間に戦闘が継続されていたことを示している。ヨピ族は宗教儀式を司り、軍事司令官を兼務したカシーケ（部族長）を頂点とする部族社会を構成していた[32]。彼らがアステカからの独立を維持できた理由のひとつは、その好戦的な軍事組織にアステカが手を焼いたことが挙げられるが、たいした特産物も生産しない痩せた土地に物質的魅力を感じなかったことのほうが大きいであろう。

**トゥトゥテペック**　トゥトゥテペックはメキシコ市からおよそ450km南東、現オアハカ州の沿岸部一帯をその領土としていた。考古学者のベルリン、ピニャ・チャン、マヌエル・ガミオの発掘調査によって後古典期後期のミステカ系の彩色土器が発見されている[33]。アルフォンソ・カソはコロンビーノ古文書を解読して、「8の鹿」と呼ばれた11世紀半ば頃のミステカの王が青年期をトゥトゥテペックで過ごしたと解釈している[34]。この地が考古学・歴史学的にみて、現オアハカ市を中心に栄えたミステカ系文化の影響下にあったことは疑う余地がない。アステカのアウイソトル王はミステカ地方に遠征した際にトゥトゥテペック国境まで迫り、周辺を平定後、トゥトゥテペック地方を包囲したので、その後両者は厳しい戦闘状態にあった[35]。

　この地域の村落がトゥトゥテペックに朝貢し、また兵士を提供していたことは、16世紀半ばに記された『アモルテペケ事物記』の記載により明らかである[36]。また、同じく16世紀半ばの『コカウテペケ事物記』によれば、トゥ

トゥテペックの支配者たちは家臣を徴税吏や裁判官として各村落に派遣したが、地元の有力者を村長に任命することもあった[37]。トゥトゥテペックはミステカ語の他にサポテカ語やナワトル語を話す人々も共存していた異種混交社会で[38]、広い領土には朝貢を課したいくつもの村落を抱え、軍人を頂点とした階級制度が確立していた。これらのことから独立した政治国家として存在していたと言える。

## 3 ▶ 小国トラスカラの社会情勢

**前身**　トラスカラ族はその昔、テオチチメカ族と呼ばれており、後古典期前期（900〜1200）、他のナワトル語系の部族同様にメキシコの北西部から徐々に南下し、ヒロテペック、トゥーラ、クアウティトランを経て、1208年にメキシコ盆地のテスココ湖東岸に定着した[39]。しかし、先住民のアコルワス族とテスココ族はテオチチメカ族の繁栄を快く思わず、新参者を追放しようとしたので、血みどろの戦闘が繰り広げられた。イシュトリルショチトルによれば、数度の戦闘で敗北を喫したテオチチメカ族は盆地から追放された[40]。彼らは湖沼地帯を後にして東に向かい、アメカメカ、アトリスコ、チョルーラを経て、1380年にテペティクパックに至り、この地の先住民であったオルメカ＝シカランカ族から土地を奪った[41]。その後テペティクパックに定住し、都市が栄え始めると、隣接するウエショツィンコは侵入者の存在を敵視し、当時メキシコ盆地の支配者であったテパネカ族の支援を得て1384年に戦端を開いたが、テオチチメカ族に完膚なきまでに打ちのめされた。高みから戦況を窺っていたテパネカ族はウエショツィンコの敗北を見ると、彼らを見捨て、兵を引いてしまった[42]。

　トラスカラの4地方のうち最初に建設された都市であるテペティクパックの開祖はクルワテクトリと言われている。テオチチメカ族はその後、テパネカ族、テスココ族、アコルワス族、アステカ族などの近隣部族と友好関係を構築することに努めて領土を徐々に拡大し、他の3地方、オコテロルコ、ティサトラン、キアウイットランを100年余りかけて獲得し、トラスカラ国が成立した。その結果トラスカラは、西はアコルワカン、南はウエショツィンコ、チョルーラ、テペヤカ、北はサカトラン、東はイスタクマシュティトランと国境を接することになった。ウエショツィンコを除いて他はすべてアステカの従属市か同盟国

である。トルケマーダはその版図を東西 15 レグア（1 レグアは約 5.5 km）、南北 10 レグアと記述しているので[43]、それほど広い地域を支配していたわけではない。モトリニアは彼らがテオチチメカ族の時代から中央高原の支配言語であるナワトル語を話していたと記録している。領内にはオトミ語やピノメ語を話す少数民族も居住していた[44]。

**政体**　トラスカラの 4 地方には各々自治権があり、それぞれの首長によって統治されていた。しかし、戦時における総司令官の任命、戦略や動員兵力数の決定など、国全体に関わる議案については一堂に会して解決策を審議した。この部族会議は各地方の 4 名の首長と貴族で構成され、彼らが権限を握っていたので、トラスカラの政体は寡頭貴族体制であったと言える。貴族は世襲制で土地を所有し、農民はその土地を耕作する義務があった。4 地方で構成されたこの部族国家は、権力が一極に集中することはなく、各地方が祭祀センターと行政府をもち、首長と貴族がそれぞれの住民を直接支配していた[45]。

**社会**　土地はテキトルと呼ばれる農民共同体に分割されていた。テキトルとはナワトル語で"労働"を意味し、納税単位であると同時に労役単位でもあった。アステカ社会の血縁的農業共同体カルプリに相当する。テキトルはさらにトラカと呼ばれる下部単位から構成されていた[46]。1556〜57 年に実施された人口調査の記録『トラスカラ台帳』によれば、オコテロルコ、ティサトラン、キアウイツトランの 3 地方には 119 のテキトルが存在した。この台帳はナワトル語で記述され、マセワル（平民）とピピル（貴族）に区別された社会階級と成人男性（18〜52 歳）の総人口が記載されている。当時の成人男性人口は 32,262 人で、そのうちマセワルが 93% を占め、ピピルは 7% であった[47]。

　寡頭支配者層であるピピルは上からトラトアニ、テウクトリ、ピリ、テイシュウイの 4 階級に分かれていた。トラトアニは最高指導者で各地方に 1 名ずつ存在した。コルテスに率いられたスペイン人がメキシコに上陸した 1519 年当時、各地方のトラトアニ 4 名のなかでも、ティサトランのシコテンカトルとオコテロルコのマシシカツィンの 2 人が実質的権限を握っていた。第 2 番目のテウクトリの地位に就くためには一定の義務が課せられた。一連の宗教儀式を通過し、寺院で奉仕しなければならない上に、財の分配や豪華な宴会の饗応に

よって貴族と平民を満足させる必要があり、かなりの出費を強いられるので、誰もがこの地位に就けるわけではなかった。テウクトリには土地つきの住居と農民が割り当てられた。テウクトリに帰属する農民（トラルマイトゥル）は畑を耕作して貴族に税を納める義務があり、賦役にも駆り出された[48]（後述）。テウクトリは一族郎党を扶養する義務を負い、死亡した場合その相続者はその義務も引き継いだ。第3番目のピリは一般的に貴族を表現する呼称であり、トラスカラではトラトアニやテウクトリの血縁者ではあるが、その地位に就けなかった人々を指した。ピリは貴族として扶養される権利をもち、土地と土地から上がる収穫物を授与された。ピリはさらにピピルツィン・ウエルモクイルトノワとピピルツィンに分類され、前者は後者より裕福で地位も高かった[49]。第4番目のテイシュウイは貴族の最下層階級で平民に近く、ナワトル語で"父の家の孫"という意味である[50]。テウクトリやピリの縁者で、特定の家に属し、鳥や花や狩猟の獲物を帰属する高位の貴族に納め、労役に従事する義務があった。

　これら4階級の人々の子弟は教育機関で部族史の暗唱、絵文字と数字で記された租税台帳や暦の読み方を教えられ、非識字者である農民階級とは文字の所有という点において明確に差異化されていた。

　納税と労役を義務づけられた被支配者層のなかにも階級が存在した。植民地初期の1548年に作成されたトラスカラ市会の記録によれば、テキトルに所属する平民マセワルはマセワリ・アチ・パクティカとマセワリ・ウエル・モトリニアの二者に大別され、ナワトル語で前者は"小金持ち"、後者は"極貧"という意味である。その他にも前述したトラルマイトゥルという階級があり、貴族の土地を耕作し納税する義務の他、労役や館の家内労働にも従事した。ソリータの記録によれば、トラルマイトゥルは土地に縛りつけられ、土地とともに貴族の世襲財産であった[51]。トラルマイトゥルはアステカ社会のマエケに相当する農奴で、私有地をもたず、移動の自由も制限されていたと推測される。

　社会の最下層に位置づけられたのは奴隷である。トラスカラ社会の奴隷は戦争捕虜や囚人で、宗教儀式の生贄にされたり、商品として売買されたりした。彼らは主人の労働力として畑作や家事に従事したと思われるが[52]、奴隷に関する史料が限られているので、詳細は明らかではない[53]。

　トラスカラは国土が狭く人口が少なかったので、アステカ社会ほど多様で複

雑な階級社会に発展することはなかったが、上述のように支配者層（首長、大小貴族）と被支配者層（農民、農奴、奴隷）に分割された一定の階層社会を成していた。ゲルナーが指摘するように「水平的分割線」によって成層化された社会であり、差異化を図ることで社会階層間の軋轢を軽減したと言える（1章 p.18〜19 参照）。

**宗教**　トラスカラ族は他の部族同様に多神教で、先祖伝来の神々を崇拝していたが、アステカ族が崇めていた神々を自部族の宗教に包摂することもあった。歴史家ムニョス・カマルゴによれば、トラスカラの神話に次のような物語がある。太古に二つの世界が破壊された。巨人が住んでいた第一世界は洪水によって滅び、第二世界はハリケーンによって滅亡し、人間は猿に変身してしまった[54]。アステカの神話にも類似の物語があり、過去に四つの世界が滅亡し、第五世界は大地震によって破壊されると予言されていた。両者の宇宙観が酷似しているのは、トラスカラがアステカの宇宙観を積極的に導入したからである。他部族の宗教を採り入れることは古代メキシコ社会では珍しいことではなかった。ムニョス・カマルゴが紹介しているもう一つのトラスカラの神話、太陽と月の物語をみてみよう。太陽が一日の仕事を終え、休息するために西の空に姿を消すと夜が訪れ、月が現れる。月が欠け月光が鈍くなるのは、月が眠りに入ったしるしであり、二つの天体は夫婦であると信じられていた[55]。一方アステカの神話では、太陽と月はお互いに殺しあう天敵である。宗教の混交が起こる際に、それぞれの部族の宗教・神話の細部が必ずしも一致するわけではないことがわかる。

　トラスカラの守護神はカマシトリと呼ばれ、狩猟と戦争のシンボルである。その像は木製で、長髪に羽の王冠をかぶり、額は黒く塗られ、鼻柱に石の鼻飾りを通し、3本の矢の飾りが施された腕輪をつけていた。上腕部には兎の毛皮をつけ、右手には食べ物の入った小籠を、左手には弓矢をもっていた[56]。また、トラスカラの伝説によれば、カマシトリは白人で金髪であったという説もある[57]。これは1節で述べたケツァルコアトル白人説を思い起こさせる。一方、クラビヘロはカマシトリがアステカの守護神ウイツィロポチトリに相当すると考えている[58]。16世紀前葉に新大陸で布教を行った聖職者（ドミニコ会士）であり、歴史家でもあったラス・カサス（3章参照）は、トラスカラの守護神が

第2章　アステカ族とトラスカラ族の対立　41

カマシトリと呼ばれ、この神にたいして3月に生贄を捧げる盛大な儀式が挙行されたことを記録している[59]。ムニョス・カマルゴはそれ以外の神々について、アステカ族が崇拝していたショチケツァル、チャルチクエエ、ショチテカシワトルなどの神々をトラスカラでも信仰していたことを書き残している[60]。これらの神々を祝福する祭礼では、戦場で捕えた捕虜を生贄に捧げた後で食用に供したことが記録されている[61]。この習慣は神聖な生贄を食することによってわが身を清め、神の恩恵に与ろうという願望の現れである。

**軍事組織**　アステカと恒常的な戦争状態にあったので、トラスカラの軍事組織は小国ながらかなり整備されていた。指揮系統が明確で兵員は充実しており、部族会議で任命される総司令官は4地方の首長に限らず、勇敢で軍才があれば首長以外の貴族からも選ばれた。スペイン軍を迎え撃つ際に任命されたのはティサトランの老練な首長シコテンカトルの息子であった[62]。ムニョス・カマルゴは先スペイン期の軍事組織について次のように記述している。軍の最小単位は20名から構成される小隊で、その上には100名の中隊、さらにその上部には400〜1000名の大隊が組織されていた。各隊は小隊長、中隊長、大隊長によって指揮された[63]。アンギアーノによれば、トラスカラ軍の編成は労働単位と一致し、20進法を採用していたという[64]。20進法はトラスカラに限らずメソアメリカでは普遍的な数学単位であった。20名の各小隊兵士は平時には家族とともに農業に従事し、有事の際には軍務につく屯田兵であったと推測される。

前述したように1556〜57年の『トラスカラ台帳』には、3地方で32,262人の成人男性（18〜52歳）数が記載されている。したがって1地方平均およそ1万人の成人男性がいたことになる。当時調査されなかったテペティクパックにも同様に1万人いたと仮定すると、4地方で

絵文書に描かれたトラスカラの戦士

約4万人の兵員が動員できた勘定になる。この人口調査は征服戦争（1519〜21）後35年経てから実施されているので、戦争の間に戦死したり、疫病で死んだり、あるいはグァテマラやハリスコ、コアウイラに遠征・植民した兵士の数を加えると全兵員数はさらに増える。少なくとも当時のトラスカラ軍は4万人以上の兵力を抱えていたことになる。当然これだけの兵員を統率するための効率的軍事組織が確立されており、その制度は青年たちに軍事教練を施すことによって維持されていた[65]。

**司法制度**　訴訟は部族会議で行われ、4名の首長はもとより貴族も裁判官として裁判を司った。泥酔、姦通、窃盗の罪を犯すと死刑を宣告された[66]。罰を重くすることによって、若者が堕落して悪習に染まることを防止しようとしたのである。ソリータは姦通者を厳しく処罰した例を記録している[67]。窃盗については征服者コルテスが興味深い目撃談を残している。あるインディオがスペイン人から物を盗んだところ、その泥棒はすぐ逮捕され、市場に引き出されて罪状を読み上げられた後、公衆の面前で棍棒で撲殺されたという。コルテスはその逮捕のスピードと裁きの厳格さに驚いている[68]。また、若い男子は20〜22歳の婚期を迎えると妻を探す許可が与えられた。もし見つけられない場合は虎刈りという不名誉な髪形にされるので、ほとんどの成人男子が結婚した[69]。結婚を半ば強制化することによって若者たちを落ち着かせ、社会の安定化を図ったのである。

　トラスカラはアステカと常時戦闘状態にあったので、日頃から兵士の士気を高めておく必要があった。精神的弛緩や逸脱を許さないよう、峻厳な法で集団的緩みを引き締めたのである。法を犯すことは即、厳罰を意味した。アステカに包囲されていた小国の想像を絶する緊張状態がうかがわれる。

**商業**　コルテスは、オコテロルコの市場には毎日3万もの人々が集まり、物々交換によって売買を行っていたと記録している[70]。クラビヘロはカカオ豆、綿布、羽軸に詰められた砂金が貨幣として商取引に使用されていたと述べているが[71]、国がこの3品を貨幣として認可し、流通させていたわけではなく、物々交換の際の利便性から民衆が便宜的に使用していたにすぎない。

　トラスカラの特産物は何と言ってもトウモロコシであった。「トラスカラ」

の語源は「トルティーリャ（トウモロコシから作るパン）の場所」であり、多くの歴史家たちがこの地のトウモロコシの高い生産量に触れている。その他にはプルケ（地酒）と繊維の原料となるリュウゼツラン、赤の染料に使用されるエンジ虫が主な特産物として挙げられる[72]。

　トラスカラの商人たちは、アステカによって交通が遮断されていたにもかかわらず、監視をかい潜ってメキシコ湾岸に下り、搬送したトウモロコシ、プルケ、染料を、熱帯産品の金、綿、衣類、蜂蜜、蠟、鳥の羽と交換した[73]。コルテスはトラスカラに入城したとき、粗末な金細工品しか贈られなかったため、この小国が決して豊かでないことに気づいた[74]。多くの史料が、モクテスマ１世の治世（1440〜69）に湾岸に至る道が遮断された後、トラスカラに塩が欠乏したことを記している[75]。メンディサバルはトラスカラ領内に岩塩坑は存在しなかったとしているが、クエリャル・ベルナルは、トラスカラ族はアステカによる遮断後も、塩化物と炭酸塩の混合物であるテケシキテを用いて味付けをしていたと推測している[76]。いずれにせよ天然の塩はメキシコ湾岸地方から交易によって獲得する以外になかったが、アステカはその道を遮ったのである。ロペス・デ・ゴマラは、トラスカラはモクテスマ１世に湾岸での塩の交易の許可を懇願したが、拒否されたので、隣国のミステカから秘密裏に購入したと記述している[77]。モクテスマは、トラスカラに塩を搬入したり売買したりした者は極刑に処すと命令していた。法を犯してまでトラスカラと塩の交易を継続する者がいたのである。トラスカラの民が天然塩なしで食事する習慣は、スペイン人がアステカのくびきを断ち切るまで続いた。スペイン軍がアステカに協力したチョルーラ人を虐殺したときに従軍したトラスカラ兵は、衣類や奢侈品の略奪に奔走したが、特に塩を保管した倉庫に殺到したという[78]。

　コルテスがトラスカラを取り込もうとしたとき、トラスカラの住民は綿の衣類や贅沢品はもちろんのこと、生命維持に不可欠な塩さえも欠乏していた。当然、交通・交易の遮断によってこのような苦しみを強いたアステカにたいして、敵愾心を燃やしていたに違いない。彼らがスペイン軍に協力したのには、相応の理由があったと言える。

## 4 ▶ 征服者との同盟

**スペイン軍の到来**　1519 年、コルテス率いる約 500 名のスペイン軍が現在のベラクルス州の海岸に上陸して間もなく、コルテスはセンポアラという町の首長に招かれた。首長はアステカの日頃の横暴ぶりをコルテスに必死に訴えた。この地域の住民はトトナカ族で、長年にわたりアステカに朝貢を強いられていたのである。ある日、コルテスはアステカの徴税吏が横柄な態度で、トトナカ族から過酷な税を取り立てる現場に遭遇した。「加勢するからあいつを捕えて痛めつけてはどうか」というコルテスの助言に従い、トトナカ族の首長は徴税吏を捕まえた。ところがこの狡猾な征服者は、助言しておきながら捕縛されたアステカの役人をこっそり逃がしてやり、その際、非はトトナカ族にあり、自分はアステカの味方であると耳打ちした[79]。メキシコに上陸したばかりのコルテスは現地の政治状況を的確に把握できていなかったので、支配者と被支配者いずれとも友好関係を構築しておく必要があった。その上で正確な情報を入手し、具体的な戦略を練ろうとしたのである。

　その後いよいよスペイン軍はアステカへ向かう。センポアラを発ち、一路首都テノチティトランに向かう行軍の途中、アステカの使者が幾度か訪れ、首都訪問を思い止まるように説得する。しかしその際使者がもたらした金・銀の贈答品の豪華さに目がくらんだスペイン軍は、かえってスピードを速めた。一方、アステカに従属する国々の使者もコルテスの陣営を訪れ、アステカと敵対するトラスカラを経由した方が安全であると説いた。結果、スペイン軍はこの旅程を採用したが、トラスカラでは外国人の軍事力がどれほどのものか計りかねて、彼らを歓迎するか、迎撃するかで部族会議の議論は二分されていた。ティサトランの若き指導者シコテンカトルは外国からの侵入者との徹底抗戦を主張したが、オコテロルコの首長マシシカツィンは同盟策を提案した。そこで折衷案が採用された。トラスカラの傭兵で国境を警備しているオトミ族に攻撃させ、外国人の力量を計り、もしオトミ族が負けた場合は戦闘をしかけた責任をオトミ族に転嫁し、身の保全を図ろうという案である。また、もし「白い人間」たちがオトミの攻撃に敗れるようであれば、同盟を結ぶ必要はなく、国外に追放すればよいだけのことであった[80]。

**コルテスの策略**　オトミ族は国境沿いの砦テコアック周辺でスペイン軍に襲いかかったが、初めて見る馬と騎兵、それに銃火器に圧倒され、あっけなく敗北した。部族会議の議決に従えば、和議を提案する手はずだったが、総司令官のシコテンカトルは納得せず、トラスカラ正規軍による攻撃を主張して譲らなかった。結局、外国人との全面戦争に突入した。コルテス軍はツォンパンチンコの激戦を制覇したが、捕えた多くの捕虜を丁重に扱い、トラスカラの心証をよくしようとした。しかし、トラスカラ軍は和平に応じず攻撃を続行した。彼らはスペイン人は太陽神によって守護されていると思い込んでいたので、太陽神の効力が失する日没後に夜襲をしかけたが、用心深く夜も武具をつけたまま仮眠をとっていたスペイン軍の返り討ちに合ってしまった。夜襲が失敗すると、トラスカラもさすがに敵の強力な軍事力を認めざるを得なかった。コルテスはこの機を逃さず使者を送り、これまでの敵対行為を水に流し同盟しようと打診した。しかし、もし和平の提案を拒絶するなら、町を征服・破壊し、全住民を白刃の下にさらすと脅迫することも忘れなかった。まずは敵を懐柔にかかり、できなければ武力に訴える。これはコルテスの常套手段である[81]。

それまでのアステカへの恨みもあり、結局トラスカラはコルテスの懐柔に屈し、スペイン軍への協力を約束した。コルテスがトラスカラに入城すると、首長たちからいずれも粗末な金細工品や鳥の羽を贈られた。その時、彼は臆面もなく「トラスカラの贈り物はほかのどの地域のものにも勝る」と答え[82]、外交官としての才能も発揮した。また、アステカ軍との戦闘を前にして、「自分たちの名誉のために戦うように」とトラスカラ兵の士気を鼓舞することも忘れなかった[83]。アステカとの闘いでは、戦闘が終わるたびに戦利品をトラスカラをはじめ同盟したインディオに分配し、またある程度の略奪も許した。先住民にヨーロッパの価値観を押しつけず、戦後の略奪と戦利品の分配がこの地の習慣であることを尊重したやり方は、コルテスの政治家としての才覚の一端を物語っている。アステカから奪った戦利品を分配することでトラスカラを物質的に満足させ、同時に積年の恨みを晴らさせるという精神的満足感も与えたのである。

コルテスは時には脅迫で、時には外交官ばりの雄弁で、またある時には戦利品でトラスカラ族を手なずけ、アステカ征服に利用した。トラスカラを取り込

む上で、政治的・外交的・軍事的才能に恵まれたコルテスの個人的資質が大いに貢献したと言える。

## 5 ▶ アステカはなぜ滅びたのか

スペイン人がメキシコに上陸したとき、38の部族がトウモロコシ、インゲン豆、綿布、宝石、金、ジャガーの毛皮、鳥の羽などの朝貢品をアステカに納めていた[84]。各地方に駐屯するアステカ軍はこれらの物品を遅滞なく納税させるためにしばしば従属国の民を威嚇した。そのような隷属状態に苦しんでいたときに、メキシコ湾岸にアステカと対抗できる外国人が現れたというニュースが伝えられると、先住民たちは「白い肌の人間たち」を救世主あるいは解放者とみなし、スペイン軍のもとに複数の部族が馳せ参じた。外来者の軍事力と、白い肌に髭をたくわえた奇異な風貌から、前述のように人々は彼らを大昔東の海に去って行ったケツァルコアトル神と同一視した。スペイン軍がセンポアラからテノチティトランまで進軍する途中、トラスカラの他にも通行路にあたるウエショツィンコ、アメカメカ、イスタパラーパでは住民がモクテスマ2世の圧政を訴え出た。彼らは、ようやく予言が実現し、ケツァルコアトルが支配者のくびきを取り払ってくれると思ったのである。

アステカは従属国に軍を駐屯させ徴税吏を派遣するだけで、その国の政体を変更することはしていなかった。また各部族の習慣や宗教に干渉して廃止や改宗を強要することもなかったので、ある程度の自治権と伝統文化は保証されていた。広大に見えてもアステカは中央集権的に統一された帝国ではなく、自治権をもつ朝貢国と独立国が混在した巨大な部族国家に近かった。したがって求心力となるような強い忠誠心は存在しなかったのである。文化的精神的共属意識が存在しない組織は、たとえ武力で一時的に抑え込まれてはいても、何かのきっかけで分裂するものである。その引き金となったのがスペイン人の到来であった。才気煥発なコルテスは帝国が一枚岩でないことを即座に看破し、内部の不満分子を焚きつけた上で彼らを味方につけ、効率的に征服を達成した。成功の原因はコルテスの才覚やスペイン人の軍事力に負うところが大きいが、アステカ帝国が本来的に内包していた組織としての脆さが瓦解を助長したことも明記すべきである。

ケツァル鳥の羽で作られたモクテスマ2世の頭飾り（国立民族学博物館）

（左）アステカ族の生贄の台。台の上に仰向けに寝かされた生贄は肢体を四方から押さえつけられ、心臓を抉り出された
（右）生贄から取り出した心臓を入れる容器

　また、兵数10万とも20万とも言われるアステカ軍が延べ2000人のスペイン軍に敗れた原因は銃火器の有無ばかりではなかった。メキシコのインディオは、守護神ウイツィロポチトリに捧げる生贄の生け捕りを目的とする「花の戦争」に慣れていたので、殺戮を旨とするヨーロッパの戦術に対抗できなかったのである。戦場では敵を殺すよりは生け捕るほうが格段に難しい。インディオたちは神同士の争いの具現化が現実の戦争だとみなしており、彼らにとって戦争は宗教の延長上にあった。この世は神の意思によって動かされているので、彼らの日常生活には隅々まで宗教が浸透し、それが戦争観にも反映されていた。

スペイン人とアステカ族の死力を尽くした戦闘は、ヨーロッパと新世界の軍事的攻防戦であるだけでなく、ふたつの異なる宇宙観の闘いでもあった。

結び

　ヨーロッパ人到来以前の古代アメリカ大陸では、アステカ帝国やマヤの都市国家が栄えていた。アステカ帝国の内外にはタラスコ、メツティトラン、ウエショツィンコ、トゥトゥテペック、ヨピツィンコ、トラスカラが独立軍事国家として存在した。これらの大小の国家は政治、宗教、司法の中心地をもち、一定の領土を所有し、首長と貴族が支配階級として国を統治していた。なかでもトラスカラは長らくアステカの暴挙の被害に苦しんでおり、この大帝国への敵愾心を燃えあがらせていた。

　一方、アステカに征服された国々も、過酷な税をはじめとするアステカの圧政にたいする反感を募らせていた。コルテスがこの帝国に内在する政治的統合性の欠如と住民の不満に気づくのに時間はかからなかった。スペイン人は、帝国内にすでにあった分裂状態を助長する触媒の役目を果たしたにすぎない。圧政者からの解放を求める住民の協力を得て、スペイン軍は膨大な兵力を有するアステカ軍を打ち破ることに成功した。

　アステカには政治的統合も「国家＝帝国」への帰属意識も生じていなかったのであり、当然「国家」への忠誠心は薄かった。忠誠のないところに「裏切り」はないし、いくつもの部族がスペイン人に協力を申し出たことからも、トラスカラ族だけに裏切り者の汚名を着せるのは適切ではない。

　しかし、コーンやヘイズが主張するように、原始的な部族主義もナショナリズムの一種と仮定すれば（1章 p.19～20 参照）、アステカ族やトラスカラ族など個々の部族主義は広義のナショナリズムの範疇に加えられるであろう。また今中説によれば、アステカ帝国は異なる血縁が結合した高位の社会的統一を完成し、より高次の社会構造を作り上げていたので、民族と認められよう。近代的「国民国家」は存在しなかったが、各部族が共通の宗教、言語、習慣を保持し、合議制の独立国家を形成していたことを考慮すれば、ナショナリズムという用語は適切ではないにせよ、部族主義的共属意識は古代社会に確実に存在していたと言える。

## 注

1 トラスカラ族のスペイン人への協力を快く思わない歴史家としては、ブスタマンテ、ペレス・マルティネス、クエバスがいる。Bustamente, pp. 40–44；Pérez Martínez, p. 193；Cuevas, p. 136.
2 Chávez Hayhoe, T.II, pp. 242–243.
3 メソアメリカはアメリカ大陸の古代文明圏を表す歴史・考古学用語で、現在のメキシコ北部から中米のコスタリカ北部までを含む。本章1節 p. 28 も参照。
4 ルソー、76頁。
5 Millon, pp. 57–78.
6 テオティワカンの二大神、トラロクとケツァルコアトルはともに雨神であったが、ケツァルコアトル神殿が意図的に破壊され、埋められた痕跡から、ケツァルコアトル派がトラロク派との宗教闘争に敗れたのではないかと推測される。Matos Moctezuma y Müller, p. 39. ちなみに「ケツァルコアトル」(ナワトル語) はマヤ・ユカテカ語ではククルカン、マヤ・キチェ語ではグクマツ、サポテカ語ではボタン、トトナカ語ではタヒンと各地の言語で言い換えられており、メソアメリカでは普遍的な神であった。
7 Saenz, p. 81；Noguera, p. 33.
8 トゥーラの語源 tular はナワトル語で葦原という意味であるが、比喩的に葦が密生するように人が多い場所、つまり「都市」を表した。トゥーラ・シココティトランは「シココティトラン市」を意味する。しかし、この都市は傑出したトルテカ族の都であったために、いつしかトゥーラという略称が普通名詞としてではなく、地理的固有名詞として文書や伝承のなかで使用されるようになった。
9 Sahagún, pp. 595–597.
10 ヒメネス・モレノによれば、トゥーラ社会は建築や彫刻にすぐれた工人集団であるノノアルカ族と北の蛮族トルテカ・チチメカ族の両部族から構成され、前者はケツァルコアトル神を、後者はテスカトリポカ神を崇拝していた。Jiménez Moreno, pp. 29–30.
11 トゥーラに実在した神官トピルツィンは「1の葦の年」に生まれたので、セ・アカトル・トピルツィン (1の葦の王子) と呼ばれていた。中央高原の古代人たちは4つの絵文字 (家、兎、葦、火打石) と13の数字を組み合わせた1周期52年の暦を用いていた。トピルツィンが生まれた「1の葦の年」が西暦何年に該当するかについては様々な説があり、843年、935年、947年の3説が有力である。

　　トピルツィンの政権奪還の予言は代々伝承され、アステカの王モクテスマ2世はアステカ暦「1の葦の年 (1519)」に予言通り現れた髭面の白人コルテスを伝説の神官と錯覚したのである。先住民たちは戦場でスペイン軍と戦う前にすでに精神的に敗れていたのである。しかし、ケツァルコアトル白人説を唱えているのはトルケマーダだけで、サアグンもドゥランもケツァルコアトルが白人とは言っていない。ケツァルコアトル白人説は、スペイン人到来以前にヨーロッパ人が新大陸にキリス

ト教を伝道していたという考えを広めたい後世の歴史家や聖職者による創作である可能性が大きい。Torquemada,T. I, p. 255 ; Sahagún, pp. 724-734 ; Durán, T. I, p. 9 ; Prescott, p. 599.

12　Jiménez Moreno, p.65.
13　Tezozomoc, *Crónica Mexicáyotl*, pp. 36–39.
14　Tezozomoc, *op. cit.*, pp. 64–65 ; Durán, T. I, pp. 44–45.
15　Jiménez Moreno, p.71.
16　Tezozomoc, *op. cit.*, p.109.「1の火打石の年」については注11参照。
17　Oliveros, pp. 118–119.
18　Krikerberg, p. 362.
19　*Relación de Michoacán*, pp. 173–174, 197–198.
20　Ixtlilxóchitl, T. I, pp. 412, 429.
21　Davies, p. 48.　デイビーズの推測はイシュトリルショチトルの記録とも一致する。
22　Chávez, pp. 531–532.
23　Durán, T.II, p. 411.
24　Jiménez Moreno, pp. 4, 7. ヒメネス・モレノによれば、チョルーラ人が敗北したのは1359年。
25　Barlow, 1948, p. 147.
26　Dyckerhoff, pp. 157–177.
27　Ixtlilxóchitl, T.II, pp. 79, 157 ; Durán, T.I, pp. 33, 72, 85, T.II, pp. 433–434 ; Tezozómoc, *Crónica mexicana*, pp. 612–613 ; Torquemada, T.I, pp. 160, 183–184, 187.
28　Sahagún, p. 608.
29　García Payón, T.V, pp. 342–346. マリナルテペックからは3つの球技場が発掘された他、多様なトルテカ系の土器が出土している。
30　Davies, p. 167.
31　Durán, T.II, p. 324.
32　Torquemada, T.I, p. 608.
33　Berlín, p. 13 ; Piña Chan, pp. 65–76 ; Gamio, pp. 3–4.
34　Caso, p. 23.
35　Durán, T.II, pp. 359–360, 428–431.
36　Berlín, p. 21.
37　*Ibid.*, pp. 21–22.
38　Paso y Troncoso, T.VI, pp. 115–176.
39　Torquemada, T.I, pp. 256–268 ; Clavijero, p. 63 ; Motolinía, p. 8 ; Ixtlilxóchitl, T. I, p. 412.
40　Ixtlilxóchitl, T.II, pp. 30–31.
41　Muñoz Camargo, pp. 49, 53. 編者のチャベロの説。
42　*Ibid.*, p.64. 編者のチャベロの説。クラビヘロは別の見解をとり、ウエショツィンコ・テパネカ連合軍の攻撃にたじたじとなったテオチチメカ族はテスココ族に保護

を求め、彼らの援軍のおかげで勝利したとしている。Clavijero, p. 65.
43　Torquemada, T.I, p. 276.
44　Motolinía, p. 186. ギブソンによれば、ピノメ族はオルメカ=シカランカ族とともにトラスカラ地方の先住民であった。一方、オトミ族はトラスカラ族に次ぐ人口を有し、両者の混血化も進んでいた。オトミ族は主に辺境の防備を担っていた。Gibson, pp.1–2.
45　Clavijero, p. 65 ; Zorita, p. 10 ; Torquemada, T. I, p. 276 ; Sahagún, p. 769.
46　Anguiano, 1976, pp. 122–123.
47　*Ibid*., pp. 123–126.
48　*Ibid*., pp. 150–152.
49　*Ibid*., pp. 135–147.
50　Muñoz Camargo, p. 105.
51　Zorita, p. 113.
52　Muñoz Camargo, pp. 190–191.
53　Moreno, pp. 68–69. トラスカラ社会の奴隷に関する記録は少ないが、アステカ社会の奴隷については豊富な文献が残されている。アステカ社会では債務、売買、犯罪、戦争によって生まれる4種類の奴隷が存在した。戦争奴隷は生贄にされるという苛酷な運命が待ち受けていた。その他の奴隷は比較的自由で、家族や財産の所有が認められ、債務の完済や自己の買い戻しによって、再び自由民となれた。*Ibid*., p.32
54　Muñoz Camargo, p. 153.
55　*Ibid*., p. 131.
56　Cuellar Bernal, p. 50.
57　Muñoz Camargo, p. 244.
58　Clavijero, p. 65.
59　Las Casas, p. 88.
60　Muñoz Camargo, p. 54.
61　Díaz del Castillo, p. 136.
62　Clavijero, p. 314 ; Díaz del Castillo, pp. 108–109 ; Sahagún, p. 732.
63　Muñoz Camargo, pp. 15–16.
64　Anguiano, 1979, p. 297.
65　ちなみにアステカ社会では、貴族の師弟にカルメカック（貴族の師弟のための学院）で読み書きや宗教教義と同時に指揮官養成用の軍事教育を行っていた。また平民の師弟には、各村落に設置されたテルポチカリと呼ばれる教育センターで軍事訓練が施された。
66　Cuellar Bernal, p. 54.
67　Zorita, p. 56. オコテロルコの首長マシシカツィンの姻戚で、多数の村と家臣を擁するある有力な貴族が姦通の罪を犯した際にも死刑が宣告された。4名の首長と全貴族が集まり協議した結果、貴族といえども法を破ることは許されないとの判断が下

されたのである。
68　Cortés, pp. 41–42.
69　Clavijero, p. 207 ; Las Casas, p. 71.
70　Cortés, p. 41.
71　Clavijero, p. 527.
72　*Ibid*., p. 65.
73　Torquemada, T.I, p. 277.
74　Cortés, p. 40.
75　López de Gómara, T.I, p. 179 ; Torquemada, T.I, p. 199 ; Clavijero, p. 132 ; Prescott, p. 195.
76　Mendizábal, p.117 ; Cuellar Bernal, p.65.
77　López de Gómara, T.I, p. 188. オリベーラも、トラスカラ族はミステカ族と友邦関係にあり、彼らから塩を入手していたとしている。Olivera, p. 186.
78　Solís, p. 149. ロペス・デ・ゴマラも、スペイン人は金、銀、豪華な鳥の羽を略奪したが、トラスカラ兵は衣類と塩の獲得に狂奔したとしている。López de Gómara, T.I, p. 197.
79　Clavijero, pp. 307–308.
80　*Ibid*., pp. 314, 371, 398 ; Díaz del Castillo, pp. 263–264, 332.
81　Prescott, pp. 202, 210.
82　*Ibid*., p.215.
83　Torquemada, T.I, p. 526.
84　Barlow, 1949, 地図 8。

**参考文献**

Anguiano, María, "Estratificación social en Tlaxcala durante el siglo XVI," *Estratificación social en la Mesoamérica prehispánica*, INAH, 1976.

――――――――, *División del trabajo y Tributo en Tlaxcala a mediados del siglo XVI*, Sociedad Mexicana de Antropología, 1979.

Barlow, Robert, "El derrumbe de Huexotzinco," *Cuadernos Americanos*, Año VII, Vol.XXXIX, Los Talleres de la Editorial Cultura, 1948.

――――――――, *The extent of empire of the Culua mexica*, University of Calirornia Press,1949.

Berlín, Heinrich, *El Códice de Yanhuitlan y otras investigaciones mixtecas*, Imprentas L.D.S.A., 1947.

Bustamante, Carlos María de, *Necesidad de la unión de todos los mexicanos contra las asechanzas de la Nación Espanõla y liga europa, comprobada con la historia de la antigua República de Tlaxcallan*, La Imprenta del Aguilar, 1826.

Caso, Alfonso, *Interpretación del Códice Colombino*, Sociedad Mexicana de Antropología, 1966.

Chávez, Gabriel de, "Relación de la provincial de Metztitlán," *Colección de documentos inéditos*,

Imprenta de Farías y Companía, Madrid, 1865.

Chávez Hayhoe, Salvador, *Historia de sociología de México*, 2 tomos, Edición Chávez Hayhoe, 1944.

Cortés, Hernán, *Cartas de Relación*, Porrúa, 1976.

Cuellar Bernal, René, *Tlaxcala a través de los siglos*, B.Costa-Amic, 1968.

Cuevas, Mariano, *Historia de la Nación Mexicana*, Porrúa, 1967.

Clavijero, Francisco Javier, *Historia antigua de México*, Porrúa, 1976.

Díaz del Castillo, Bernal, *Historia de la conquista de Nueva España*, Porrúa, 1976.

Davies, Claude Nigel, *Los señoríos independientes del imperio azteca*, INAH, 1968.

Durán, Diego, *Historia de las Indias de Nueva España e islas de Tierra Firme*, 2 tomos, Porrúa, 1967.

Dyckerhoff, Ursula, "La estratificación social en Huexotzinco," *Estratificación social en la Mesoamérica prehispánica*, INAH, 1976.

Gamio, Manuel, *Inspección de las zonas arqueológicas en la Costa Chica, Oaxaca*, INAH, 1954.

García Payón, José, "Estudios preliminares de la zona arqueológica de Temelincan," *México antiguo*, Vol.V, 1940–41.

Gibson, Charles, *Tlaxcala in the Sixteenth Century*, Stanford University Press, 1967.

Ixtlilxóchitl, Fernando de Alva, *Obras históricas*, 2 tomos, Instituto de Investigaciones Históricas, 1975–77.

Jiménez Moreno, Wigberto, *Notas sobre historia Antigua de México*, SAENA, 1956.

Krikerberg, Walter, *Antiguas culturas mexicanas*, FCE, 1976.

Las Casas, Bartolomé de, *Las Indias de México y Nueva España*, Porrúa, 1974.

López de Gómara, Francisco, *Historia de la conquista de México*, 2 tomos, Editorial Pedro Rebredo, 1943.

Matos Moctezuma, Eduardo y Florencia J.Müller, "La cultura teotihuacana," *Los pueblos y señoríos teocráticos,* Primera parte, INAH, 1975.

Mendizábal, Miguel de, *Influencia de la sal en la distribución de los grupos indígenas de México*, Imprenta del Museo Nacional de Arqueología, Historia y Etnografía, 1928.

Millon, René, "Extensión y población de la ciudad de Teotihuacán en sus diferentes períodos : un cálculo provisional," *XI Mesa Redonda, Teotihuacán*, Sociedad Mexicana de Antropología, 1966.

Moreno, Manuel, *La organización política y social de los aztecas*, INAH, 1962.

Motolinía (Toribio de Benavente), *Historia de las Indias de la Nueva España*, Porrúa, 1973.

Muñoz Camargo, Diego, *Historia de Tlaxcala*, Ed.Facsimile anotada por Alfredo Chavero, 1966.

Noguera, Eduardo, *Guía para visitar las principales Ruinas Arqueológicas del Estado de Morelos, Tepoztlan, Xochicalco*, T. XXI, SEP, 1929.

Olivera, Mercedes, "El despotismo tributario en la región de Cuauhtinchan-Tepeaca," *Estratificación social en la Mesoamérica prehispánica*, INAH, 1976.

Oliveros, José Arturo, "El Occidente de México," *Los señoríos y estados militaristas*, INAH, 1976.
Paso y Troncoso, Francisco de, *Papeles de Nueva España*, Editor Geografía y Estadística, 1905–1906.
Pérez Martínez, Héctor, *Cuauhtémoc*, Leyenda, 1944.
Piña Chan, Román, *Algunos sitios arqueológicos de Oaxaca y Guerrero*, RMEA, 1960.
Prescott, William, *Historia de la conquista de México*, Porrúa, 1976.
*Relación de Michoacán*, Balsal Editores, Morelia, 1977.
ルソー、ジャン・ジャック／桑原武夫・前川貞次郎訳『社会契約論』岩波文庫、岩波書店、1954。
Saenz, César, *Xochicalco Temporada 1960*, INAH, 1962.
Sahagún, Bernardino de, *Historia general de las cosas de Nueva España*, Porrúa, 1975.
Solís, Antonio de, *Historia de la conquista de México*, Porrúa, 1973.
Tezozómoc, Hernando Alvarado, *Crónica mexicana*, Porrúa, 1975.
―――――――――――――――, *Crónica Mexicáyotl*, UNAM, 1975.
Torquemada, Juan de, *Monarquía indiana*, 3 tomos, Porrúa, 1975.
Zorita, Alonso de, *Los señores de la Nueva España*, UNAM, 1963.

# 第3章 マルティン・コルテスの謀反
## ：クリオーリョ意識の芽生え

### はじめに

　前章で述べたように、アステカ帝国の征服はエルナン・コルテスが部族神ケツァルコアトル（羽毛の蛇）に勘違いされたことで始まった。この狡猾な侵略者は、圧倒的な銃火器の威力とヨーロッパの効率的戦略を駆使して1521年8月13日に帝国を滅ぼした。延べ約2000人の兵力でその数十倍の敵を打ち破ることができた背景には、アステカに搾取されていた部族や敵対する国の協力とともに、帝国が内包していた分裂状態があった。しかし、征服の最大の功労者はスペイン人兵士たち自身であった。彼らは大半がスペイン南部の貧しい農民や郷士で、畑の売却や親族からの借金によって渡航資金を工面していた。16世紀初頭のイベリア半島では、イスラム教徒に対する800年に及ぶ再征服運動（国土回復運動）が1492年のグラナダ陥落で完了し、兵士は失業状態にあったが、新大陸発見で新たな需要が生まれた。余剰の兵士や農民たちは天の配剤とばかり、一攫千金を夢見て大西洋を渡った。俗に"コンキスタドール"（征服者）と呼ばれる彼らは、全財産と一命を賭してアメリカ大陸の発見、征服、植民に参加したのである。

　スペイン王室は、西回りで東洋に到達するクリストファー・コロンブスの計画にはなんとか資金を提供できたが、イスラムとの戦争で財政は逼迫しており、新大陸征服・植民事業に資金を供出できる経済的余裕はなかった。王室は当時、単に発見、征服、植民の許認可状を発行する機関にすぎなかった。これらの事業に要する費用はほとんど、征服者の個人的負担に依存していたのである。征服者たちは自己資金で船を建造・調達し、武器や馬や食糧を購入した。未知の大陸に上陸後は、勇猛な先住民と命がけで戦うばかりではなく、熱帯の高温多湿な気候や風土病も克服しなければならなかった。従軍した兵士たちの記録には艱難辛苦に耐えた征服戦争の赤裸々な体験が語られているが、自分の生命と

財産を賭けたからこそ征服と植民を達成できたのであり、もし王室が公費で組織した軍隊であったら、未知の大陸であれほどの事業を短期間に成功させることは不可能だったに違いない。

本国は彼らの功績に報いるためにエンコミエンダ（後述）を授与したが、征服直後からインディオの虐待や奴隷化など様々な問題を抱えていたエンコミエンダ制に良心的聖職者たちから反対の声が上がり、制度廃止の勅令が出された。植民者たちはエンコミエンダなしには生計を維持できなかったので、当然いっせいに怨嗟の声が上がり、植民地各地に不穏な動きが広まった。

本章では、征服者の二代目にあたる人々に芽生えつつあった、本国人とは異なるクリオーリョ（植民地生まれのスペイン人）意識を探ることとする。まず植民地体制確立の経緯を整理した上で、60名以上が起訴され、エルナン・コルテスの嫡男マルティンが首謀者として罰せられた、本国にたいする謀反事件を検証する。

## 1 ▶ エンコミエンダ

スペインによる新大陸の発見、征服、植民の事業はカリブ海の島々から始まった。1492年にコロンブスが西インド諸島に到達するとヨーロッパは大航海時代に入る。その後、メキシコのアステカ帝国（コルテス、1519〜21）につづいてペルーのインカ帝国（ピサロ、1531〜33）が征服され、さらに周辺地域が平定されていった。征服事業の進行に伴い、従軍した兵士たちは王室にその報償を要求するようになった。苦難に耐えた彼らにすれば当然の権利であった。しかし、予想をはるかに下回る量の貴金属しか発見できず、一攫千金を目論み渡航してきた人々の夢は次第に失望へと変わっていった。コロンブスは王室の歓心を買おうと金銀財宝発見について誇大報告をしていたので、人々は期待に胸をふくらませ新大陸に来ていたのである。彼らの不満に応えるために代替案として浮上したのが「エンコミエンダ」である。エンコミエンダはイスラム教徒との戦時下にイベリア半島で生まれた制度で、功績のあった臣下に対し、国王が奪回した土地の統治と一時的保有を認めたことに始まる。再征服運動で功績のあったサンティアゴ、カラトラバ、アルカンタラの騎士団に下賜された場合は、各騎士団がその所属メンバーに土地の統治を委託し、所有を認可した。

（左）スペイン・バルセロナ港のコロンブス銅像。彼の西回り航路にちなみ、西を指している
（右）コロンブスが大西洋横断で旗艦としたサンタ・マリア号のレプリカ。バルセロナ港

　スペイン中世の法典『シエテ・パルティーダ（七部法典）』によれば、エンコミエンダ内の住人の身分や租税額をエンコメンデロ（土地を委託された人物）は変更できなかった[1]。法的には国王が一時的に土地を家臣に委託する制度であるが、エンコメンデロは次第に権利の永代化を求めるようになり、世襲が慣習化していった。
　新大陸のエンコミエンダ制は、発見、征服、植民で功績のあった征服者や植民者にたいして、インディオが住む土地の管理を委託する制度である。エンコメンデロたちはインディオを労働力として使い、彼らから税を徴収する権利を付与されていたが、その代わりにインディオを教育し、カトリックに改宗させるという義務を負った。
　コロンブスがアメリカ大陸に遭遇した翌年の1493年、ローマ教皇アレクサンドル6世はスペイン国王の要請を受けて、翌年に大教書を発布し、すでに発見された土地や将来発見される土地をスペイン国王に贈与し、先住民の教化と改宗を委託した[2]。この大教書は後述するように、スペインが新大陸の所有権を主張する根拠となった。エンコミエンダ所有者に、インディオの賦役権を付与する一方でインディオの教化・改宗の義務を課したのは、この大教書、ひいてはバチカン（ローマ法王庁）の理念を反映させた結果であった。
　イベリア半島同様に、新大陸のエンコミエンダは厳密に言えば土地の所有ではなく委託であり、土地にたいする用益権の承認であった。しかし、法的用益

第3章　マルティン・コルテスの謀反

権は実質的所有権へ変質していった。エンコミエンダの獲得は、新大陸に渡ってきた身分の低いスペイン人にとって、貴族の仲間入りをするという夢が叶うことを意味した。たとえ本国と違って治める住民はイスラム教徒ではなくインディオであっても、領民には変わりなく、労働力つきの土地を所有する身分は、広義には特権を授けられた封建領主に相当した。エンコミエンダは征服者や植民者を経済的に支えるだけではなく、彼らに社会的地位の上昇という精神的充足感をも与えるものだったのである。故郷を捨てたイダルゴ（郷士）や農民にとって、富とステータスを約束するエンコミエンダの取得こそ労苦への報償であった。自ら手を汚さなくてはならないきつい肉体労働から解放され、農地や鉱山でインディオをこき使う有閑階級に立身出世できたのである。また、弱いインディオを助け、国王陛下のために軍人として働くことは中世の騎士道精神に適っていた。当然、エンコミエンダを失うことは、経済的特権の剥奪のみならず社会的地位の喪失も意味していた。

　エンコミエンダは財政難に苦しむ手元不如意の王室にとっても、新たな出費をすることなく征服の功労者に報いる好都合な制度であった。だが植民地の平定が進むにつれ、法の整備と社会秩序の安定が焦眉の問題となり、王室は新大陸の経営・管理に本腰を入れ始めた。

## 2▶ブルゴス法──支配者の矛盾

　新世界にエンコミエンダ制を初めて導入したのはコロンブスである。入植直後、彼はエスパニョーラ島（西インド諸島中部、大アンティル諸島の島。現ドミニカ共和国とハイチ）のスペイン人植民者の要求を認めて、インディオから金や綿などを税として徴収することに同意した。しかし、島で産出される貴金属や農作物の量は乏しく、この物品による貢納制度はほとんど機能しなかった。食糧不足や生活苦から、島を統治していたコロンブス兄弟（クリストファーと弟のバルトロメ）への不満が高まり、フランシスコ・ロルダンに率いられたスペイン人植民者が蜂起した。コロンブスはこの反乱を鎮めるためにロルダンの要求を受け入れて、土地の譲渡とインディオの賦役を認めた。こうしてコロンブスが1499年、農園や鉱山の労働力として300人のインディオを植民者に割り当てたのが、カリブ海におけるエンコミエンダの始まりである[3]。

コロンブス兄弟の統治能力を疑問視したスペイン王室は、有能な行政官を植民地に派遣する必要性を感じた。そこでイサベル女王の命令を受けたニコラス・デ・オバンドが、2500名のスペイン人を率いて1502年、インディアス[4]（新大陸の植民地の総称）の初代総督としてエスパニョーラ島に着任した。スペイン王室は植民地の住民をおしなべて法的に女王の臣下とみなしていたために、オバンドはインディオを王室が直轄するという訓令を実行しようとしたが、植民者の反対で失敗した。そこでオバンドは1503年、島の政情不安を一掃し秩序を確立するために、勅令によりインディオをスペイン人植民者に分け与える許可を得た。王室はこの勅令によってインディオの強制労働を正式に承認したことになる。勅令にはその場合インディオに日給を支払うという義務が明記されていたが[5]、遵守する植民者は皆無で、インディオは奴隷のごとく酷使され、彼らの多くが過労、疾病、絶望から死んでいった。このような苛酷な先住民の状況を目撃したドミニコ会士モンテシノスは、1511年末のエスパニョーラ島でのミサで、スペイン人を前代未聞の殺戮と破壊を行う大罪人として糾弾した。モンテシノスの告発を受けて、王室は本格的にインディオの保護と植民者への対応を審議した。翌12年から13年にかけてフェルナンド王の治世に公布されたブルゴス法は、エンコミエンダの規制と搾取されるインディオの保護を目的としていた。この法律でスペイン人は、インディオは生来怠惰で悪に染まりやすいという理由から、彼らを一カ所に集めて自分たちの生活を間近で見せ、敬虔なキリスト教徒の生き方を模倣させようとした。そのためにスペイン人は食糧や家屋を準備し、カトリックの教義をインディオに教え、女性と子どもを保護する義務を負った。また、改宗・布教活動のために教会を建設する必要があった。一方インディオは、このブルゴス法によってスペイン人のもとでの9カ月の労働奉仕を義務づけられた。さらに1年の残り3カ月も放逸に過ごさないように労働が奨励され、スペイン人の農園や鉱山で働く場合には賃金を受け取ることができた。このような「文明化政策」によってインディオに自治能力が備わった場合には、スペイン人の保護を離れ、スペイン王室の臣下として租税を納入するだけでよしとされた[6]。しかし、ブルゴス法はインディオの自由とエンコミエンダの制度化という矛盾したことを謳っていたので、植民者によって都合のいいように拡大解釈され、インディオの保護とエンコミエンダの規制という肝心の点は遵守されなかった。

## 3 ▶ 催告——征服の正当化

　ブルゴス法を定めた会議ではインディオの自由とエンコミエンダの制限が主なテーマであったが、法学者や神学者は新大陸発見当時から燻(くすぶ)っていたスペインのインディアス所有の権原についても審議し直し、教皇アレクサンドル6世が大教書によってスペイン国王に新大陸を贈与したことを植民地支配の法的根拠として改めて位置づけた。しかし、この大教書は新たに発見された土地の住人を虐待することが目的ではなく、彼らをキリストの崇高な教えに導くことを本意としているはずだった。バチカンは、偶像崇拝に堕している先住民を改宗させ、「未開の地」にカトリックを広めることを条件にスペインの新大陸進出を認めたのである。

　しかし、現実にはインディオの改宗という宗教的理念の実現よりは、彼らを搾取し、土地を占拠するという植民者の物質的欲望が優先された。法と現実の乖離を埋め、征服戦争を正当化し、征服者の良心の呵責を軽減するために考え出されたのが「催告」である。催告とは、「全世界を支配し、全世界に君臨する教会および教皇」によって贈与された土地を、スペイン国王が教皇に代わり支配することを相手（インディオ）に通告する文書であった。この文書は天地創造を説くことから始まり、キリストの崇高なる教えが聖ペテロに受け継がれたことを根拠にローマ教皇の権威に言及する[7]。そして、その教皇から贈与された権限によってインディアスの支配者となったスペイン国王の臣下となり、なおかつキリスト教に改宗することをインディオに求めたのである。もし先住民が承諾せず、反抗する場合は、財産を奪われ、妻子もろとも奴隷化されても、その罪はスペイン人兵士にはなく、先住民自身にあると明文化されていた[8]。突然村に現れた外国人から、意味不明な「催告」を楯に、「抵抗すれば奴隷化する」と脅されたインディオの驚愕や狼狽は想像に余りある。当然のことながら、通訳によって朗読された「催告」の文言を理解できるインディオはひとりもいなかった。ずいぶん乱暴で一方的な降伏勧告状であるが、このような形式主義・手続き主義はスペイン人の律法至上理念を反映していると言える。

## 4 ▶ インディアス新法──植民者への制限

　エスパニョーラ島とキューバ島の平定を完了した征服者たちは西の未踏地の探検に乗り出した。1517年、フランシスコ・エルナンデス・デ・コルドバがユカタン半島に上陸し、翌年、フアン・デ・グリハルバがメキシコ湾岸を探検した。彼らの報告によって広大な陸地と民度の高い住民の存在が明らかになった。1519年、エルナン・コルテスは500名の兵士と16頭の馬を10隻のカラベラ船に分乗させ、キューバから西へ出航した[9]。ベラクルスに上陸後はアステカ帝国の首都テノチティトランをめざし、首都では皇帝モクテスマ2世を捕虜にしたが、先住民の凄まじい反攻を受けた。しかし、トラスカラ族などの応援を得て21年アステカ帝国を滅ぼすと（前章参照）、コルテスはこの地を「ヌエバ・エスパーニャ（新スペイン）」と命名し、当面、彼が事実上のメキシコの支配者となった。しかし、植民地の不安定な政情を懸念したスペイン王室は、1528年、メキシコに聴訴院（アウディエンシア）を創設し、初代長官にヌニョ・デ・グスマン、次にセバスティアン・ラミレス・デ・フエンレアルを派遣し、1535年にはヌエバ・エスパーニャの初代副王としてアントニオ・デ・メンドーサを任命した。

　ヌエバ・エスパーニャでもカリブ海の島々同様に、征服の功労者にはエンコミエンダが与えられた。大陸でもエンコミエンダ領に住むインディオの苛酷な状況は繰り返され、スペイン人の暴虐極まる行状は心ある聖職者によって本国に報告された。このような告発はペルーなど他の植民地からも寄せられた。王室の最大の関心事は、エンコメンデロに搾取される臣下のインディオを保護し、社会の安寧を築くことと、植民地の富を効率的に確保することであった。そのために1542年、「インディアスの統治ならびにインディオにたいする正しい扱いとその保護を目的として、国王陛下が新しく制定された法令」（以後「新法」と表記）の公布に踏み切った。この法令は40条からなり、初めの20条は、植民地行政を統括するインディアス諮問会議の組織と司法・行政機関である聴訴院の任務について述べ、第21条からインディオの身分と処遇を扱っている。この植民法の主要な目的は三つあった。第一に、いかなる理由にせよスペイン人によるインディオの虐待と奴隷化を禁止すること、第二に、新たなエンコミ

エンダの下賜禁止、第三に、従来二世代に許されていたエンコミエンダの世襲化を廃止し、所有者が死亡した場合はそのエンコミエンダそのものを廃止することである（第30条）[10]。世襲を禁止することによって、空白地となったエンコミエンダは自動的に王室の所有となり、その結果、王室は国庫の増収を期待できたのである。

　エンコメンデロたちの執拗な陳情によって、1545年にはこの第30条のエンコミエンダ廃止条項は撤回されたものの、新法の条文は植民者の利益を根本的に損なうものであった[11]。征服者が血と汗で獲得した権利を侵害する新法が公布されると、ペルーでは征服者の大反乱が起こり、国王の代理人である副王ブラスコ・ヌニェス・ベラは1546年、ゴンサロ・ピサロ率いる征服者軍の捕虜となり、首を刎ねられた。また、リオ・デラ・プラタ（現在のアルゼンチン）では前線総督として本国から赴任していたアルバル・ヌニョスが投獄された。

　一方ヌエバ・エスパーニャでは1544年、司教のスマラガと副王のメンドーサが、激昂して抗議するエンコメンデロたちの声をなんとか鎮めた。しかし同年、エンコメンデロから構成されるメキシコ市会は代理人のアルフォンソ・デ・ビリャヌエバとゴンサロ・ロペスに「新法は実行不可能」という陳情書を託して本国に派遣した[12]。その際、フランシスコ会、ドミニコ会、アウグスチヌス会の修道士3名が同行したことは、修道会も新法に反対であったことを物語っている。

## 5 ▶ バリャドリード論争──インディオは人間か

**ラス・カサスの奔走**　すでに述べたように、まずエンコミエンダに反対の声を上げたのは良心的な聖職者たちであった。告発の嚆矢となったのはドミニコ会士モンテシノスであったが、虐待されるインディオの保護を粘り強く王室に訴え、1542年の「新法」制定に大きく貢献したのはラス・カサスであった。ラス・カサスはエスパニョーラ島やキューバ島に自身エンコミエンダを所有する司祭であった。しかし、インディオの悲惨な状況に心を痛めていた彼は、旧約聖書外典の『集会の書』第34章にある「不正の獲物を供物にするのは、〔主を〕侮ることである。悪人の供物を主は受け入れない」[13]という言葉に突き動かされて回心し、インディオの救済者となることを決意した。それはエンコメ

(上)ラス・カサスが赴任した現チアパス州サン・クリストバル・デ・ラス・カサスに建てられたサント・ドミンゴ教会
(右)ビトリアが講義したスペインのサラマンカ大学

ンデロの仇敵となることを意味し、スペイン人入植者から彼ほど憎悪された聖職者もいない。ラス・カサスはクマナー地方（現ベネズエラの東）における平和的植民計画が失敗すると、自戒を込めて1522年、ドミニコ会士となり、インディオの保護者としての本領を発揮し始める。1537〜38年にベラパス地方（現グァテマラ）で実施した平和的改宗活動では一定の成果を上げ、キチェ・インディオの改宗に成功した[14]。

インディアス諮問会議の議長ロアイサ枢機卿のような国王の側近にまでエンコメンデロたちの影響力が及んでいたことに不快感を覚えた国王カルロス5世は、1543年、清廉潔白な人柄に信を置いていたラス・カサスをメキシコのチャパ（現チアパス）の司教に推薦し、植民地におけるスペイン人の権力乱用の摘発とインディオ保護を託した[15]。チャパで奴隷同然の境遇に苦しむインディオを救済しようとするラス・カサスにたいして、植民者は敵意をむき出しにして脅迫を行ったので、ラス・カサスはこの地を後にせざるを得なかった。彼に反発したのはスペイン人植民者ばかりではなかった。その徹底したエンコミエンダ廃止論とインディオの平和的改宗への理念に違和感を覚える布教者も植民者に同調した。

エンコミエンダの存続とインディオの自由という矛盾するテーマについて、植民地のエンコメンデロ、官僚、聖職者から本国の王室に多数の報告書や陳情が寄せられた。植民者が提出した文書は当然のことながら、新法の一時停止か

撤廃とエンコミエンダの恒久化を願うものであった。しかし、聖職者の多くも、粗野で無知で偶像崇拝を止めないインディオにはスペイン人の家父長的保護が必要であると考え、エンコミエンダ制の維持に賛成した。教会関係者が賛成した裏には、彼ら自身もエンコミエンダを下賜されていたという経済的理由があった。インディオの魂を救うべき聖職者が、インディオの搾取なしには生計を維持できなかったのである。

**王室史官セプルベダの反論**　ラス・カサスがインディオ保護のために本国と植民地で奔走しているときに、スペインのサラマンカ大学では神学教授のフランシスコ・デ・ビトリアが、1493年のローマ教皇の大教書に関する論文を執筆していた。ドミニコ会士のビトリアは、信仰と理性の統一を説くトマス・アクィナス[16]の神学を根拠に、教皇が全世界に世俗的支配権を有しているとしてもそれは霊的支配だけで、その権力を世俗の君主であるスペイン国王に委ねることはできないと主張した。それゆえ魂の自由なインディオが教皇の支配権を認めないからという理由で、彼らに戦争をしかけて、その財産を奪うことはできないと論証した。そして、インディオに正当に武力を行使できるのは、インディオがスペイン人の旅行や通商の自由を認めない場合、布教の自由を認めない場合、改宗したインディオを部族の支配者が偶像崇拝へ引き戻す場合、とした。このようにビトリアはインディオへの武力行使に厳しい条件をつけ、法的・神学的に教皇と国王の権能を限定するとともにインディオの保護を打ち出し、サラマンカ学派の創始者となった[17]。

　新法のなかで特に物議を醸したのは「戦争によってインディオを奴隷化することはできない」という第26条であった。インディアス諮問会議は征服戦争が正当であるかどうかという問題と、反抗したインディオを奴隷化できるかという問題について徹底的に審議する必要性を痛感していた。そこで1550年、スペインのバリャドリードで征服戦争の是非に関する新たな規定を行う会議が王命によって開かれた。この会議には学識豊かな14名の聖職者、法学者、神学者が審議官として出席した。この論争の主役となったのはインディオを擁護するラス・カサスと、征服戦争を是認する王室史官セプルベダである。論争は2人が14人の審議官の前で別々に自説を陳述する形式で行われた。セプルベダはアリストテレスの『政治学』で展開される奴隷論を根拠に、「劣等なイン

ディオ」の奴隷化と反抗するインディオへの戦争を正当化した。彼はインディオの偶像崇拝と粗野な本性、カトリックの布教の必要性、先住民の中の弱者保護という4つの理由によって征服戦争の正当性を主張した。これにたいしてラス・カサスは、聖書に出自が書かれていなくとも、インディオもスペイン人と同様に理性をもつ同じ人間であると主張し、彼らの奴隷化と征服戦争に断固として反対した。そしてインディオには文明化の能力が備わっているという理由から、平和的手段による改宗を提案した。このラス・カサスとセプルベダとの間で戦わされた「バリャドリード論争」は、インディオの人間性、インディオとスペイン人の平等・不平等という問題が、新大陸の植民地体制の整備を機に初めて議論された出来事であったと言える。

「インディオは人間か否か」という問題提起は新大陸発見当初からなされていた。当時の学問的根拠となる聖書にインディオに関する記述がないことが混乱を助長する原因となった。インディオは一体何者でどこから来たのか。聖書に出自の記されていないインディオは人間ではない、だから家畜同様に彼らを酷使できるというのがエンコメンデロの言い分であった。インディオを自分たちとは違う、人間以下の生物に差異化することによって奴隷化を正当化し、同時に良心の呵責を免れようとしたのである。

**エンコミエンダの変質**　ラス・カサスの代表作『インディアスの破壊に関する簡潔な報告』やその他の論文が出版されたのにひきかえ、セプルベダの著作には印刷許可が下されなかったことを考えれば[18]、インディオ奴隷論は受け入れられなかったようにみえる。だが、王室は全面的なエンコミエンダ廃止にはついに踏み切らなかった。新法の公布やバリャドリード論争によってインディオの保護とエンコミエンダ廃止を企図したものの、ヨーロッパの覇権掌握を目論む王室は、莫大な戦費を植民地から捻出せざるを得なかったからである。ラス・カサスのようにインディオ保護のためにエンコミエンダ廃止を唱える意見は少数派で、エンコメンデロは言うに及ばず、多数の聖職者が制度の維持に賛成した。エンコメンデロたちは国王と宮廷の有力者を味方につけるために執拗に陳情を繰り返し、多額な献金を行った。その効果は前述した1545年の新法第30条の撤回に現れている。しかし皮肉なことに、エンコミエンダはインディオの労働力に依拠した制度であったために、疫病や過酷な労働でインディ

オ人口が激減した16世紀末には存続が困難になっていった。エンコミエンダに代わって、16世紀末から植民地の土地所有制度の基盤となるのは、大規模な土地を集積したアシエンダ（荘園）である。

　王室はエンコミエンダの廃止条項（新法第30条）は撤回せざるを得なかったが、新規エンコミエンダの下賜禁止条項を楯にエンコミエンダの増大に歯止めをかけることはできた。その上、16世紀後半になると、王室行政官によるエンコミエンダの租税額の査定が厳格になり、エンコメンデロは従来のようにインディオから無制限に税を徴収できなくなり、彼らの収入は一定の制限を受けるようになった。また、本国政府はエンコミエンダの世襲化をできるだけ制限するような法律を制定していった。このような王室の漸次的介入やインディオ人口の激減によって、エンコミエンダ制は徐々に衰退していったが、植民地時代を通じて生き残り、19世紀初頭に植民地がスペインから独立するまで、辛うじて存続した。しかし植民地時代後期のエンコミエンダは、王室がエンコミエンダを失った植民者の遺族に与える短期的給付や有力な貴族に支給する年金を意味するようになり、征服から植民の時期とは大きく変質したものとなった。

## 6 ▶ オアハカ盆地侯爵領

　アステカを征服したエルナン・コルテスは、スペインの片田舎の郷士という卑賤な身分から、メキシコ征服の功績を評価されてオアハカ盆地侯爵、サンティアゴ騎士団員、ヌエバ・エスパーニャの軍事司令官、太平洋提督という4つの称号を授与された。そのなかでも侯爵の称号は、単に貴族の名誉職を意味するだけではない。称号に伴う封土はメキシコ内の7箇所にまたがる11,550 $km^2$ という広大な地域に及び、ほぼ日本の秋田県の面積に匹敵する[19]。その上、この封土には代官と聖職者の任命権と刑事・民事の裁判権も付与されていたので、ヌエバ・エスパーニャ内に確立された半独立国家の観を呈していた[20]。公式には22の町村に住む23,000人のインディオが侯爵領の住人であったとされているが、この数字は過小評価されたものだった。当時、世帯主は1戸当たり1ペソの人頭税を支払う義務があった。租税調査によれば、1560年に侯爵領では34,672ペソが納入されていたので、1世帯4名の家族構成と仮定すると

（左）生地スペインのメデジンに建つエルナン・コルテスの銅像
（右上）現モレロス州クエルナバカに遺るコルテス宮殿。コルテスはここからオアハカ盆地侯爵領を支配した
（下）コルテスとマリンチェ（オロスコ作、サン・イルデフォンソ美術館の壁画）

34,672×4＝138,688 人が居住していたことになり、さらに記載漏れを考慮すると 208,032 人と推定されている。1567 年には租税収入が大幅に増加しており（74,842 ペソ）、449,052 人（記載漏れを含む）の住民がいたと推計されている[21]。当時の中級官吏の年棒がおよそ 200 ペソ、雄牛 1 頭の価格が 3 ペソであったことを考えると、侯爵領から上がる収入は莫大な金額であったことがわかる。しかもこれらの収入は王室に届出されていたインディオの人頭税だけであり、領内で独自に生産する砂糖、小麦、染料、酒類、衣類、食肉、鉱物等の儲けは含まれていない。広大な面積に数万のインディオが居住するこの小国家

第 3 章 マルティン・コルテスの謀反　69

を前にして、植民地当局ばかりか本国の為政者たちも対応に苦慮した。王室はコルテスの生存中から彼の強大な権力と財力を恐れ、侯爵領に様々な制限を加えた。コルテスの半生は王室から承認された諸権利を守ることに費やされた。

## 7 ▶ 後継者マルティン・コルテス

　マルティンはエルナン・コルテスとフアナ・デ・スニガの嫡子として1532年ヌエバ・エスパーニャに生まれた。マルティンには3人の姉妹の他に、父エルナンが愛妾のインディオ女性ドニャ・マリーナ（マリンチェ）との間にもうけた同名のマルティンと、ドニャ・エルビラを母とするルイスという2人の異母兄がいた。一家は1540年にスペインに帰国し、マルティンは貴族の子弟として宮廷で教育を受け、フェリーペ王子（英国の王女メアリー・チューダーと結婚）の小姓を務めた。その間、王子に随行して対フランス戦争やオランダ戦役にも従軍した。1547年、父親が王室との争いの末、傷心のうちにスペインで没すると、当時まだ15歳だったマルティンには複数のスペイン有力貴族が後見人としてつけられたが、25歳になると爵位を相続し、第二代オアハカ盆地侯爵となった[22]。1562年、マルティンは長男をスペインに残し、妻アナ・ラミレス・デ・アレリャーノ（後見人の一人アギラル公爵の娘）と2人の兄を伴いメキシコに渡った。大西洋を横断し、同年末にユカタン半島に上陸すると、妻のアナが第二子ヘロニモを出産した。翌春、侯爵一行がメキシコ市に近づくと、到着を待ちきれない人々がチョルーラまで出迎えにやって来た。市では盛大な宴が何度も開催され、特に熱狂した征服者第二世代たちはマルティンを国王並みに歓迎した[23]。このような熱烈な歓迎を受けたのは、初代侯爵エルナン・コルテスが彼らの父たちの征服の功績に報いて、エンコミエンダを授けたからである。また、1542年に公布された前述の「インディアス新法」によって、エンコミエンダの世襲が制限を受けたこともその理由のひとつであった。

　メキシコの征服と平定がほぼ終了した16世紀後半以降、王室は征服者に与えた様々な特権の廃止と制限を図ってきた。自分の命と財産を賭けて征服事業に参加した植民者たちは、新大陸の経営が軌道に乗るや諸特権を剥奪にかかった本国にたいして不満を募らせていた。両者の均衡が危うくなった時期に登場したのがマルティンであった。王室に疎外感を抱き始めた征服者や植民者が、

王室に唯一対抗しうる権力者コルテスを失った失意のなかで、二代目侯爵の出現を劣勢挽回の好機と捉えたのは当然の成り行きであった。

インディアスのスペイン人のなかには、上記のような恵まれたエンコメンデロの他に、エンコミエンダを下賜されなかった、不遇な征服者の子孫たちも存在した[24]。彼らは先代亡き後も王室にたいしてエンコミエンダの下賜を申請した。また、副王に代官（コレヒドール）のような官職の斡旋を依頼したが、いずれも回答は思わしくなかった。16世紀半ば、エンコミエンダ所有者も非所有者も本国の治世にたいする不満を抱き、クリオーリョ社会全体に形容しがたい怨嗟が鬱積していた。

## 8▶最高権力者・副王ベラスコ

16世紀におけるスペインの新大陸植民地は、北のヌエバ・エスパーニャと南のペルーの2つの副王領に分割されていた。この南北の副王領は広大で、とても2人の副王の行政能力で対応しきれるものではなく、補完機関として各副王領に3つの聴訴院（司法・行政機関）が開設された。ヌエバ・エスパーニャにはサント・ドミンゴ、メキシコ、グアダラハラに聴訴院が設置され、後に4つ目のフィリピンが追加された。副王は植民地における行政の長であるとともに、聴訴院長官、教会副総代、太平洋総督、財政長官、軍総司令官を兼務した。初代のメンドーサ時代には、エルナン・コルテスが軍総司令官に就任したが、第二代副王にはこの軍事権も付与された。副王とは、言ってみればスペイン王に代わって広大な新大陸の植民地を統治する最高権力者であった。本国で植民地行政を統括するインディアス諮問会議は、副王の権力が強大であることを認識しており、植民地権力の一極集中を避けるために本来は司法機関である聴訴院にも行政権を付与し、両者を互いに牽制させた。権限の曖昧さは両者の相互干渉を招き、300年にわたる植民地時代において、両者はしばしば対立し、植民地の社会不安を助長する原因ともなった。権力分散化によって副王の一極支配は防止され、本国の意図は一応達成されたが、司法と行政は連携せず、遠隔統治という地理的障害も重なって、植民地行政は緩慢で非能率的なものとなった。

本国の命令を忠実に実行することが副王本来の職務であったが、ことは簡単

には運ばなかった。副王は植民地在住のクリオーリョの利益も考慮する立場にあったからである。本国の政策と植民者の利益が対立する場合は、しばしば両者の利害を調停する能力が必要とされた。

　第二代副王ルイス・デ・ベラスコがメキシコに着任した1550年は、エンコメンデロたちが本国の官僚的政策に不満を高めていた微妙な時期であった。彼がまず取り組んだ課題はエンコメンデロたちの特権を制限することであった。王室は虐待・搾取される臣下のインディオの保護を副王に託した。エンコメンデロたちはより大きな利益を上げようと、インディオに法定以上の税と労役を課したために、インディオのなかには過労で死亡したり、絶望して自殺する者が多く出ていたのである。

　ベラスコは新法を遵守すべく、インディオの奴隷化、無賃金人足化、過重労役・租税等の禁止に着手した。しかし、カルロス5世が打ち出した人道的インディオ保護政策は一方では植民地の労働力を減少させ、植民地経済の停滞を生み出し、自由民となったインディオの流民化というジレンマを抱えていた。そして過酷な労働や疫病で減少した労働力を補填するために、アフリカの黒人奴隷の導入という新たな問題を生み出すことになる。

　ベラスコはエンコメンデロにたいして新法の遵守を要請したが、一方で彼らの貧困ぶりを憂慮し、代官や裁判官の職をあてがおうとした。しかし、1553年の時点で2000人もの求人者がおり、供給できる職は200しかなかった[25]。

　じわじわと特権剥奪を試みる副王にたいして征服者の第二世代（クリオーリョ）たちは、マルティンを副王と対抗できる彼らの擁護者とみなし、かつぎ上げようとした。マルティンも侯爵領の居住者数や租税額になにかと干渉してくる行政府に不満をもっていたので、彼とクリオーリョの利害は一致した。マルティンは貧窮したクリオーリョ救済のため、1563年頃に設けられていた400の官職のうち100の官職を彼らに回すこと、また、代官の任命権を自分に付与することを願い出ている[26]。

　マルティンはエンコメンデロたちから送られる大げさな追従に気をよくして、副王の失政をフェリーペ2世へ書簡（1563年10月）で報告している。この書簡で、植民地の為政者たちはこの地の事情に疎く、インディオの納税者は44万人以上いるのに国庫には15万ペソしか納入されていない、とベラスコの為政を批判し、折りよくメキシコ滞在中であった巡察吏バルデラマに調査させる

べきだと進言している[27]。

　巡察は王室が植民地の実情を独自に調査するために設けられた制度であり、国王に任命された巡察吏は植民地全体を巡察し、勅令や法令が現地官吏によって公正に施行されているかどうか、実地検分をした。副王は巡察吏の調査には全面的に協力する義務があった。巡察吏の具体的な任務は、インディオから王室に納められる税額の調査、インディオの実情調査、エンコミエンダの税額の公正な査定、それに植民地行政官の実態検分で、不正・腐敗を発見した場合は国王に報告する義務があり、国王から絶大な調査権を委譲されていた。そのような職務上の性格から、植民地行政官、特に副王との間柄は決して良好なものではなかった。

　バルデラマは、官吏たちがインディオから不当に税を徴収した上、それを私物化し、国庫に損害を与えていると報告している[28]。また、洪水と疫病で荒廃したメキシコ市の復興と再入植が大幅に遅延しているとして、副王の公共事業への取り組みの拙さを批判している。このようにバルデラマは副王領における行政上の数々の異常を王室に報告し、植民地政府の不正を暴き、副王が親族に便宜を図るために行った免税措置によって王室財政が損害を被っている状況を告発した。その一方で、侯爵領の租税の増額を承認するという、マルティンには有利であるが法的には不公平な裁定を下している[29]。このような巡察吏の報告が副王ベラスコの心証を害したことは容易に想像される。

## 9 ▶ 侯爵と副王の確執

　侯爵マルティン・コルテスと副王ベラスコは植民地時代のメキシコを代表する貴顕であり、なにかと張り合うことが多かったが、両者の確執は、巡察吏バルデラマがメキシコに到着した際、侯爵が副王を差し置いて先に彼を迎えてしまったことに始まる。このとき、意気投合した侯爵と巡察吏は連れだってメキシコ市に入城し、その2人を副王が出迎える形になった[30]。それ以来、ベラスコは決してコルテスを許さず、両者は犬猿の仲となった。バルデラマが居心地の良い侯爵館に逗留を決めこみ、両者の仲が親密になるにつれ、ベラスコとコルテスの仲は険悪なものとなり、ベラスコとバルデラマは疎遠になっていった。

　マルティンは頻繁に宴、舞踏会、競馬、騎馬槍試合などを開催したので、彼

第3章　マルティン・コルテスの謀反　73

の権勢と財力に植民地貴族が群がり、コルテス派を形成するようになった。マルティンは所用で外出する際には必ず槍持ちに先導させて、側近と小姓を従え、豪華な行列を仕立てた[31]。通行人は正装した植民地貴族の行列に見とれたので、マルティンの名誉欲はいっそう高まった。彼が用いた慣行や作法はスペイン国王に匹敵するものであり、ヴィンセントが指摘するように、マルティンは自身を伝統的スペイン貴族とみなしていた[32]。

マルティンは取り巻きを引き連れて街を散策する習慣があったが、途中で出会う者には同伴を半ば強制したので、侯爵の散歩に付き従う者が増えていった。一方、コルテスの鼻持ちならない挙措を苦々しく思う植民者たちもおり、彼らはベラスコのもとに集まり、副王派を形成した。両派が街角で鉢合わせし、口論から刃傷沙汰に発展するという事件もあった[33]。

取り巻きに囲まれ、副王にまで一目置かれる状況で増長したコルテスは、国王の印章に匹敵する、家紋と冠が刻まれた豪華で大型の銀印を作った。しかし、侯爵ではなく"公爵"の文字が刻印された不遜な印章を副王は認めず、印章を保管した上で、詳細を国王に報告した[34]。その副王も侯爵、巡察吏、クリオーリョとの対立や職務上の過労から、1564年7月末に没した。植民地最高行政官の死亡による政治的空白を埋めるためにバルデラマが全権を掌握し、3名の聴訴官が彼を補佐した。この機に、クリオーリョで構成されるメキシコ市会は副王制を廃止して、聴訴院の長にバルデラマを、軍総司令官にマルティンを任命する議案を国王に提出した[35]。「新法」の公布以来、わだかまっていたクリオーリョの不満が一気に噴出し、本国との関係を見直し、距離を置こうとする考えが表面化したのである。そして、次の副王着任まで2年3カ月の政治的空白が生まれたことによって、クリオーリョたちの陰謀が進行する結果になった。

## 10 ▶ 謀反

エンコメンデロたちは日頃からマルティンの屋敷に出入りし、副王をはじめとする官僚の横暴ぶりや王室の冷淡な処遇を侯爵に訴えた。そんな折、侯爵邸で催された仮装舞踏会で、アステカ王モクテスマの衣装を身にまとったアロンソ・デ・アビラを筆頭にインディオ貴族の扮装をしたエンコメンデロたちが、亡父愛用の甲冑をつけて登場した侯爵を恭しく出迎え、「エルナン・コルテス

のテノチティトラン入城シーン」を再現した。アビラが侯爵夫人に金と羽の王冠を被せようとすると、時を移さず出席者から夫人の戴冠を喝采する声が上がった。この行為は、侯爵がメキシコの王となることを暗示していた[36]。

　反乱の陰謀は副王ベラスコの存命中から企てられていたが、本格的な謀議はこの仮装舞踏会の直後に練られた。侯爵とふたりの兄（マルティンとルイス）、それにヒル、アロンソのアビラ兄弟、バルタサルとペドロのケサダ兄弟が陰謀の中心であった。彼らは聴訴院の裁判官を暗殺して、侯爵をヌエバ・エスパーニャの王に奉じる計画を立てた。この陰謀に加担したとみられるクリオーリョたちは、クリストバル・デ・エスピノサ、フランシスコ・デ・レイノソ、チコ・デ・モリーナ、ルイス・デ・カスティーリャ、ペドロ・ロレンソ・デ・カスティーリャ、エルナン・グティエレス・アルタミラーノ、ロペ・デ・ソーサ、アロンソ・デ・エストラーダ、アロンソ・デ・カブレラ、ディエゴ・ロドリゲス、アントニオ・デ・カルバハル、フアン・デ・バルディビエソ、フアン・グスマン、ボカネグラ兄弟、ルイス・ポンセ・デ・レオン、フアン・デ・ビリャファニャ、フアン・デ・ラ・トーレなどで、いずれも著名な征服者たちの二世たちである[37]。彼らはお互いに婚姻を通じて姻戚関係を構築し、植民地社会に多大な影響力を及ぼしていた。これら二世たちのなかで中心となって策動したのがアロンソ・デ・アビラである。彼の父は先代のコルテスが信頼を置いた勇敢な兵士で、コルテスのホンジュラス遠征に従軍した人物だった。

　彼らの計画した筋書きとは次のようなものであった。聴訴院が開催される金曜日に複数の小隊に分かれて副王庁の門を破り、武器庫を占拠する。その後、第二隊は聴訴院に侵入し、聴訴官と巡察吏のバルデラマを殺す。彼らを殺害したら、学士のクリストバル・デ・エスピノサが大聖堂の鐘を鳴らして合図し、故副王の息子ルイス・デ・ベラスコや官吏の邪魔者を殺す。そして聴訴官の死体を広場に晒すことによって、メキシコの司法機関が消滅したことを民衆に知らせる。同時にスペイン王の権威を証明する文書をすべて焼却する。その後マルティンの異母兄ルイスはベラクルスに、マルティンはサカテカスに、フランシスコ・デ・レイノソはプエブラに直行し、各地を占領する。侯爵は王に選出され、召集された議会が王を承認する。一方、聖堂首席司祭チコ・デ・モリーナはローマに向け出発し、教皇に侯爵をメキシコ国王として承認するように求める。その際フランスを通るので、フランス国王と交易関係を構築する。また、

エスピノサはスペインのサン・ルーカスに行き、秘密裏に侯爵の長男をメキシコに連れ帰る。最終的にメキシコに君主制が確立され、全領土がクリオーリョに分配される[38]。

　この一連の計画は、もし侯爵に父の豪胆さが備わっていたら、おそらくは成功し、メキシコの歴史は変わっていたかもしれない。だが二代目はむしろ小心な人物であり、王座か処刑台かという二者択一を一度も真剣に考えなかった。アロンソは二代目には危険を顧みない大胆さが備わっていると買い被り、侯爵邸でカモフラージュの宴を開きながら、説得しようとした。エスピノサも必死に説得を試みたが成功しなかった。マルティンは取り巻き連中の甘言に一時的には自尊心をくすぐられたが、父ほどの力量や度量に乏しく、王室にたいして自ら謀反を企てるほどの胆力はなかったのである。しかし、いったん事を起こせば、侯爵も家名にかけて反乱の先頭に立つはずだとアロンソは判断した。だが、マルティンは交わされた重大な密約を回避しようとした。彼にとって、エンコメンデロで構成される軍を率いて反乱を起こし、爵位を賭けてヌエバ・エスパーニャの王になろうと企てることはあまりにリスクが大きすぎた。マルティンはぐずぐずと決断を先延ばしにした。狭い植民地社会にこの陰謀計画が漏洩するのは時間の問題であった。

## 11 ▶ 陰謀の首謀者は誰か

**マルティン派の逮捕**　1566年3月、巡察吏のバルデラマは本国に帰国した。侯爵の理解者が去ったこの好機を逃さず、ベラスコ派は反撃を開始した。聴訴官のひとり、ビリャロボスは密かに陰謀の探索に着手し、故副王の息子ルイス・デ・ベラスコとビリャヌエバ兄弟は陰謀告発の訴状作成にとりかかった。身の危険を感じた被疑者たちは、罪を逃れるためにわれ先に調査に協力した。聴訴官たちは、侯爵、侯爵の2人の兄、アビラ兄弟、聖堂首席司祭チコ・デ・モリーナおよび疑わしいエンコメンデロたちを、スペインの支配を脱し侯爵をヌエバ・エスパーニャの王に戴こうとする反逆罪で告発した。

　オソリオ・イ・カルバハルによれば、1566年7月16日、侯爵は本国から送付された勅令の開封の立会人として聴訴院から呼び出しを受けた。侯爵が出頭すると、聴訴官のセイノスが「王命による囚人である」と突然宣言した。する

とマルティンは「何の罪だ」と聞きとがめた。セイノスは答えた。「国王陛下への反逆罪である」。侯爵は「嘘だ。余は裏切り者ではないし、余の家系で裏切り者が出たこともない」と反論したが、感情を抑えて、帯刀していた剣を渡した[39]。2人の兄マルティンとルイスに次いで、アビラ兄弟、チコ・デ・モリーナも逮捕され、収監された。被疑者と目された多くの有力者が家系、国王への忠誠度、財産の多少にかかわらず、自宅謹慎の処分を受けた。スアレス・デ・ペラルタは、最初に密告したのはバルタサル・デ・アギラルであると記している[40]。当初、恐る恐る植民地の有力者たちを告発・逮捕した聴訴官たちにとって、神妙に縛につく罪人たちの態度は予想外であったろう。

　アビラ兄弟の裁判は7月18日に開始され、性急な審理の後、財産没収の上での斬首刑が宣告された。彼らの屋敷は破壊された上に、塩がまかれ、不名誉な標石が立てられた。8月3日夜、盛装したアロンソと地味な服装のヒルは大広場に引き出された。黒幕に覆われた処刑台の階段を、司祭に伴われ、2人はたじろぎもせず登った。豪胆なアロンソが罪を告白すると、首切り役人が首を切り落とした。オロスコ・イ・ベラは『侯爵の陰謀録』でこの訴訟に言及し、兄弟の感動的なまでに潔い態度について語っている。ヒルは斬首される際に、自分は弟のアロンソが憎悪されていたために処刑されるのであって、無実であると告白した。兄は陰謀に加担していなかったが、弟が危険な謀反に巻き込まれたのを止めることができなかった責任を感じて罪に服したのだ、として、オロスコ・イ・ベラはヒルを事件に無関係としている。2人の首は市庁舎の正面に鉤で吊るされたが、遺体は聖アグスティン教会に埋葬され、全市民が兄弟の死に哀悼の意を表した[41]。

**証言**　首謀者のアロンソ・デ・アビラは逮捕後すぐに有罪判決を受け処刑されたために、彼自身の証言はほとんど残されていない。しかし後日行われた侯爵の裁判では、故副王の息子ルイス・デ・ベラスコをはじめ、副王派のアグスティン・デ・ビリャヌエバ、副王派に通じたバルタサル・デ・アギラル、検察側の証人となったペドロ・デ・アギラル、バルタサル・デ・ケサダ、クリストバル・デ・エスピノサほか、多くの証人がアロンソについて証言している。それらの証言に基づいてアロンソが何を意図していたのか検証してみよう。アロンソは謀議を認めており、自分たちは侯爵をメキシコの王に擁立して、スペイ

ンから独立し、新王から任命されたクリオーリョ貴族が封建的領主として君臨する社会の建設を計画した、と述べた。仮装舞踏会の2日後、アビラ邸で、聴訴官たちを暗殺し権力を掌握するという具体的な反乱計画の密談を行ったらしい。しかし、侯爵を反乱のリーダーにかつぎ上げようとしたものの、侯爵は躊躇してなかなか参加を決断しなかったので、侯爵が不参加でも決行しようと考えていた。侯爵は、スペインは彼の父の功績によって、新大陸という広大な植民地を獲得できたのであるから、自身がメキシコの支配者になる正当な権利を有しており、そのため反乱に賛同していたとアロンソは理解していた[42]。しかし、アロンソには侯爵がなぜ反乱の首謀者になることをためらうのか理解できなかった。そこで侯爵が反乱を敢行しないなら、自分が率先して決起すれば、侯爵も加わらざるを得なくなると判断した。しかし、一方でアロンソは、侯爵には植民地有力者の知人、友人が多かったので、裏切られる可能性も念頭に置いていた。アロンソはアステカの首都テノチティトランが陥落した8月の聖ヒッポリュトスの祝日を反乱の決行日に想定していた。また、その日は金曜日で、その理由は聴訴院の開催日なのでその日なら聴訴官を一網打尽にできると考えたからである[43]。

　次に侯爵マルティン・コルテスの証言を検証する。侯爵の裁判は1566年8月に開始された。侯爵は弁護士にアルバロ・ルイスを任命し、検察側の尋問に備えた。侯爵を告発した検察の証人は22名に上った[44]。有罪を主張する検察にたいして侯爵は、陰謀は巷間に流布した飛語であり、自分がそのような計画に加担するはずがないと罪状を全面的に否認した。侯爵の有罪を主張する証人にたいしては、侯爵は検察側の証言は悪意に満ちており、彼を陥れようとするベラスコ、エスピノサ、アギラル、ビリャヌエバたちの陰謀である、と一貫して反論した。また、以前から侯爵に反感を抱く証人たちは逆恨みから偽証しているし、証人のなかには、侯爵を失脚させようとする者たちによって脅迫されて偽証した者もいる、と証言の信憑性を否定した。弁護士は検察に対抗するために88の質問状を作成し、31名の弁護側証人を立てた。侯爵はエンコミエンダ世襲化廃止の噂が流れたときに、動揺した人心を鎮め、本国に植民地の実情を伝える訴状作成に尽力し、エンコメンデロの権利を擁護したとして、自身の植民地社会への貢献を強調した。侯爵は副王をはじめかなりの植民者に妬まれていたので、敵も多かったが、国王に忠実で植民地の治安維持に寄与したとい

う侯爵擁護の声も上がった[45]。敵は姻戚関係を利用して侯爵を攻撃し、そのなかでもベラスコは侯爵の天敵であったとして、副王側を非難する証人もいた。

一方、この陰謀は計画的なものではないという証言も出た。エンコメンデロの土地や財産を守るために、エンコミエンダの世襲制を国王に訴える嘆願書の作成過程で自然に発生・発展したものであるというのだ[46]。その議論には侯爵、兄のルイスとマルティン、密告したアギラルも加わっていたが、侯爵自身は質の悪い"冗談"と言っていた、と弁護側の証人ミゲル・デ・アルバラドは証言している。その間、侯爵は聴訴官たちが自分に嫌疑を抱いているという風聞を耳にしてはいたが、自分はベラスコや聴訴官ビリャロボスの友人であるから心配する必要はないし、巡察吏のバルデラマも同様に友であるから、彼らの自分に対する画策など信じなかったと答えた。スアレス・デ・ペラルタは、侯爵は初めから謀反する気はなかったが、アロンソたちの計画は聞いていたと述べている[47]。

**結末** マルティンはアロンソから謀反の計画を打ち明けられ、メキシコ王に即位することには乗り気であったが、逡巡し最後の一歩を踏み出せなかった。マルティンは父エルナンが獲得した植民地の指導者になることは当然と考えていた節があるので、エンコメンデロたちの反乱には正当な理由があるとみなしていたと思われる。最終的には証拠不十分で無罪の身となるが、マルティンが謀議に参加していたことは事実であろう。

ファルセス侯爵ガストン・デ・ペラルタが本国で副王に任命されるとともに、裁判は終結に向かう。オロスコ、セイノス、ビリャロボスの3聴訴官がそのまま訴訟を継続していたら、さらに大勢の加担者が処罰されていたであろう。1566年10月19日にメキシコに到着した新副王は、混乱した社会の鎮静化と人心の掌握を第一義とし、それ以上犠牲者を出すことを禁じたが、聴訴官たちは副王を無視して、マルティンの異母兄ルイスに死刑を求刑した。しかし、副王はルイスの処刑を中止させた上、侯爵のマルティンを釈放させ、本国で裁くことを決定した。マルティンは聴訴官セイノスが故副王ルイス・デ・ベラスコの親友であり、彼の妻の叔父に当たるという理由で裁判官を罷免することを申し立てた。セイノスに代わりオセゲラが任命され、ビリャロボスもアラルコンに代えられた。しかし、本来、副王と聴訴院は独立した機関で、副王が聴訴院

の裁決に干渉することは禁じられていた。聴訴官たちは直ちに副王の本国への報告書を奪った上で、副王の越権行為を本国の国王フェリーペ2世に報告した。

　1567年2月22日、副王の前で、侯爵マルティンは国王に忠誠を誓い、スペイン行きのフロータ（船団）に乗船することに同意した。帰国後50日以内にインディアス諮問会議に出頭し、罪状の申し開きをすることになった。順風を待ち、4月末に兄のルイスと共にベラクルス港を後にした。帰国後、侯爵はマドリード近郊のトレホン要塞に移送され、1572年10月まで幽閉された。国王は侯爵にたいして、アフリカのオランでの軍役、メキシコとスペイン宮廷からの追放、5万ドゥカードの罰金を科した[48]。侯爵がオランに渡ったかどうかは定かではないが、解放された彼は再婚した後、1589年8月13日に没した。失意と後悔に満ちた晩年であったに違いない。侯爵領は1567年に没収されたが、その後74年までに、徐々に土地や租税権がコルテス家に返還された。侯爵領の刑事・民事の裁判権は1593年まで剥奪された状態が続いた。

　一方、インディアスでは残された被疑者たちが次々と刑に処されていた。副王のやり方に反発した聴訴官たちによる副王非難の書簡を読んだ国王は憤慨して、1567年7月15日の勅令で副王ファルセス侯を罷免し、新たにムニョス、ハラバ、カリリョの3聴訴官を派遣した。ハラバは途中カナリア諸島で死亡したので、残りの2人だけがベラクルスに上陸したが、すでにマルティンとルイスは同年4月にスペインへ出航した後だった。メキシコ市に到着すると、ムニョスはファルセス侯が放免した全員の再逮捕を命じたので、既設の監獄では間に合わず、新たに牢獄を建設し、64名の容疑者に有罪の判決を下した。侯爵の兄のマルティンは綱とくびきで締め上げられた上に、水攻めの惨い拷問にあったが、罪を認めなかった。クリストバル・オニャテとゴメス・デ・ビクトリアは、1546年ペルーで副王が殺された血なまぐさい事件（p.64参照）をヌエバ・エスパーニャに伝え、反乱を煽動した罪で死刑を宣告され、1568年1月8日に処刑された。同日、検察側に有利な証言をしたペドロとバルタサルのケサダ兄弟にも陰謀の加担者として死刑が宣告され、翌日刑が執行された。4人とも取り乱すことなく、堂々と死の瞬間を迎えた。凄惨な拷問に耐え、罪を認めなかった侯爵の兄マルティンは1月20日、反逆罪を言い渡され、スペインに流罪となった。その際、1000ドゥカードの罰金と護衛の費用を負担させられた[49]。

非情な聴訴官ムニョスは民衆の反感を買い、このまま任期が継続されると民衆が反乱を起こす危険があると判断され、フェリーペ2世は植民地の世論を考慮して彼を更迭し、新たにビリャヌエバとバスコ・デ・ブカを任命した。彼らは1568年の聖週間に到着し、ムニョスに更迭を伝えた。ムニョス、カリリョ、それにベラクルスで船を待っていたファルセス侯爵の3名が乗船し、本国へ向かった。到着後、国王との謁見でファルセス侯爵にたいする誤解は解けたが、ムニョスは人心を不安に陥れた罪を叱責された。フェリーペ2世は征服の功労者の子孫たちが被っている経済的困窮を考慮して、1568年、新法を再修正し、エンコミエンダの所有を承認した。そして同年、第四代副王にマルティン・エンリケスを任命した。

## 12 ▶ 謀反の原因——植民地人のアイデンティティ

　シンプソンは、ヨーロッパでの絶え間ない戦争で弱体化した本国には植民地の反乱を鎮圧する効果的援軍を緊急に派遣する余裕はないこと、王室財政が極度に疲弊していること、巡察吏バルデラマの愚かさ加減、聴訴院の煮え切らない態度、折悪くベラスコが死亡したことなどが陰謀を助長したと分析している[50]。

　裁判での証言を総括すると、国王に提出するために新法の廃止を訴える訴状を侯爵邸で推敲するうちに、話が盛り上がり、いっそのことマルティンを王に立てて、本国から独立しようということになった可能性が高い。当初は予期しなかった結論に達したのであり、いわば瓢箪から駒というのが、意外に事の真相かもしれない。世間知らずの御曹司たちの火遊びが昂じて謀反という大それた計画に発展した可能性は否定できない。

　しかし、第二代オアハカ盆地侯爵をメキシコ国王に擁立し、スペインから独立を図る計画は、征服者や植民者の第二世代（クリオーリョ）が本国への同一性と帰属性を否定する事件であったとみなすことができる。クリオーリョが宗主国への自己同一化を拒否したことは、「植民地人のアイデンティティ」誕生とみなせるであろう。クリオーリョが本国から離反した理由はいくつか挙げられる。その第一は、艱難辛苦の末に本国に植民地の富をもたらしたのは前世代や自分たちであるという心理的要因である。ペニンスラーレス（本国人たち）

は沼沢地に踏み込むことも、風土病に悩まされることもなく、また藪に潜む獰猛な先住民の待ち伏せに合うこともなかった。クリオーリョたちは、苦労だけ強いておいて果実は楽々と手に入れる本国人に我慢がならなかったのである。第二は、収入源であるエンコミエンダの世襲が新法によって廃止されるという経済的要因である。クリオーリョたちは先代の特権を世襲した二代目で、子孫にも半永久的に特権が譲渡されることを当然視していた。彼らにとって新法は正当な権利を剥奪し、存立基盤を否定するものであった。インディオを労働力として利用し、農園や鉱山からできる限りの利益を上げようとするエンコメンデロにとって、新法の実施は承服しがたいことであった。第三は、平定後に本国から任命された官僚や高位の教会職はスペイン人ばかりに占められ、クリオーリョ階級が除外されていたという政治的要因である。植民地におけるクリオーリョの社会的地位は本国人より低く、常にスペイン人の後塵を拝さなければならなかった。クリオーリョが政治的名誉職に就ける機会は少なく、彼らの自尊心が満たされることはなかった。副王、聴訴官、司教、修道会院長たちが、征服戦争の辛酸を舐めていないにもかかわらず、植民地の主(あるじ)面をすることに植民者たちは納得できなかった。第四は植民地が本国から遠隔の地にあるという地理的要因である。当時の船舶は大西洋を往復するのに最低でも半年、気象条件が悪い場合は1年以上かかった。メキシコの行政官から問題解決の指示を仰ぐ書簡がスペインに送られると、対応策が国王とインディアス諮問会議の官僚たちによって入念に審議され、解決策がみつかると勅令や法令が公布された。これらの通達は同じ航路を逆に辿って植民地に届けられたが、メキシコに到着する頃には、現地の状況が変化し、本国で作成された法令では適切に対処できなくなっているという事態が度々起こった。距離が時間を空費するのである。本国の監督・指導が十分行き届かないことが、植民者の自由な言動や裁量を許し、ひいては本国からの独立心を生じさせた。「服すれど従わず」という至言が生まれる所以である。

## 結び

アグスティン・ヤニェスは、遊び感覚や夜会の戯言程度の認識で謀反を語るクリオーリョたちにちやほやされて喜んでいた、無分別なマルティンに事件の責任の大半があると指摘している[51]。ヴィンセントは、16世紀のエンコメンデ

ロたちの意識はスペイン貴族のもので、メキシコの独立を真摯に考えていたとは思えないと述べている[52]。確かに、青年期をスペイン宮廷で過ごしたマルティンの意識はスペイン貴族のものであったにちがいないが、本国を知らない征服者第二世代は自分たちをメキシコ生まれの植民地貴族と認識し、新法施行によって本国から既得権を剥奪されることに危機感を抱き、謀反を企てたのであって、彼らには本国への帰属意識や本国貴族との同族意識は希薄ではなかっただろうか。彼らは本国との同化を希求したが、本国は彼らの存在を植民地統治の障害とみなし、拒否したのであり、クリオーリョの反抗はそこに起因している。

　しかしながら、クリオーリョ第一世代のアイデンティティの萌芽が見られるとは言っても、その感情や思想をナショナリズムと呼ぶことは適切ではあるまい。マルティンの事件をのちの1810年の独立戦争勃発と同次元にみなすルイス・ゴンサレス・オブレゴンのような研究者もいるが[53]、両者には大きな隔たりがある。侯爵をメキシコ王に擁立しようと動いたのは首都在住の一部のクリオーリョたちであり、地方のクリオーリョたちは謀反に参加しなかった。また、エンコミエンダを所有しない多数の貧しいクリオーリョたちも積極的に参加しなかったので、植民地のクリオーリョ社会全体に同族意識が構築されていたわけではない。しかし5章で後述するように、独立戦争には植民地の至るところでクリオーリョが参加し、またメスティーソ（先住民と白人の混血）、インディオといった下層階級に属する人々も蜂起したのである。その根底には自由、平等、私有財産の権利等の理念が流れていたが、マルティンの反乱の動機は一部の征服者の個人的利益追求と特権の維持にあったから、大衆的運動には発展しなかったのである。もし反乱が成功していたら、ヌエバ・エスパーニャのインディオたちは、己の快適な生活だけを追求する新しい封建領主たちによって奴隷のごとく酷使され、より劣悪な環境に置かれていたであろう。脆弱で貴族化した二代目御曹司に、たとえば過酷な拷問にも決して屈しなかった異母兄マルティンの豪胆さが備わっていたら、反乱は成功していたかもしれない。先住民のマリンチェを母とする兄マルティンは新大陸のメスティーソの祖であり、彼の存在感は後世のメキシコ社会の中核となる逞しい混血の将来を予見させる。

　マルティン事件が投げかけたクリオーリョたちの異議は、植民地時代に表面化することはなかったが、地下のマグマとして噴出する潜在的危険性を常に孕

んでいた。アンダーソンは、クリオーリョ共同体は植民地末期に生まれたと指摘しているが[54]、クリオーリョ共属意識の核は、利害の対立する本国政府と植民地人が争ったこの16世紀中葉にすでに芽生えていたと言える。

注

1　Vincent, p. 14.
2　Hanke, 2002, p. 25. スペイン・サラマンカ大学の神学教授マティアス・デ・パスは「インディオにたいするスペイン国王の支配に関して」という論文で、「現世におけるキリストの代理人であるローマ教皇は、全世界にたいして直接の世俗的支配権を有する」と述べた。*Ibid*., p. 28.
3　*Ibid*., pp. 19–20.
4　周知の通り、コロンブスはアジアをめざして航海し、西インド諸島に到達したときも「インディアス」(当時のヨーロッパで漠然と東アジアを指した)だと信じ、終生この誤った信念を変えなかった。以後ヨーロッパ人が発見、征服、植民した地域はすべてインディアスと呼ばれた。
5　Hanke, *op.cit*., p. 20.
6　*Ibid*., pp. 24–25.
7　十二使徒の筆頭である聖ペテロは、最後にローマでネロ帝の迫害を受けて殉教したと伝えられ、カトリックでは初代ローマ法王とみなされている。
8　Hanke, *op.cit*., p. 35.
9　Cortés, p. 18.
10　シンプソンはスティーヴンスとルーカスによって編集された英語版(Stevens, Henry & Fred Lucas, *The New Laws of the Indies,* The Chiswick Press, London, 1893)を参照しているために、エンコミエンダの廃止を規定した条項を35条としている。Simpson, 1982, pp. 129–131. 本書ではサバラに依拠して30条とした。サバラはGarcía Icazbalceta, pp. 204–219を引用している。Zavala, pp. 79–80. 研究者によって「新法」の条文番号が異なるのは、1542年11月20日にバルセロナで公布された「新法」原文には番号が振られておらず、単にアイテムが羅列されていたことに起因する。
11　Zavala, p. 89.
12　*Ibid*., p. 83.
13　Hanke, *op.cit*., p. 21.
14　*Ibid*., p. 79.
15　*Ibid*., p. 94.
16　トマス・アクィナス(1225頃~74)はイタリアのドミニコ会士で神学者・スコラ哲学者。ドミニコ会の神学研究に多大な役割を果たし、列聖された。アリストテレスの哲学をキリスト教的に発展させ、信仰と理性の調和を説いた。

17 Hanke, *op.cit*., p. 151. ラス・カサスは、スペイン人がインディアスに留まる正当性は「かの地の国王やもともとの君主を妨げることなく、またそこに住む人びとの自由を損なうことなく、福音を広めること」にあると考えていた。そのためラス・カサスにとってビトリアの理論は微温的に映った。クラーク＆ノイマン、140頁。
18 Hanke, *op. cit*., p. 129.
19 García Martínez, p. 161. メキシコ内ではケレタロ州の面積に匹敵する。なお、1560年まで侯爵領であったテワンテペック地方の面積はここには含まれていない。
20 スペイン王室は新大陸の発見や征服に功績のあった多くの臣下にエンコミエンダや紋章を付与したが、裁判権も併せて付与したのは先住民王家の子孫（インカの末裔サンティアゴ・デ・オロペサ侯爵とアステカの末裔モクテスマ伯爵）を除けば、コロンブスの子孫のベラグア公爵とコルテスの2例しかない。Díaz Cadena, p.IV.
21 García Martínez, p. 166.
22 Vincent, pp. 107–108.
23 Suárez de Peralta, p. 5.
24 Hanke, *op. cit*., p. 104. インディアスに居住する16万人のスペイン人のうち、エンコミエンダを付与されたのは4000人にすぎない。
25 Hanke, 1976, T.I, p. 129.
26 Tateiwa, p. 20.
27 Osorio y Carvajal, p. 30. バルデラマは副王査問のためにマルティンを警吏長に任命している。Suárez de Peralta, p. 180.
28 Tateiwa, p. 30.
29 Vincent, p. 120.
30 *Ibid*., p. 118.
31 Orosco y Berra, p. 25.
32 Vincent, p. 26.
33 *Ibid*., pp. 123–124.
34 Riva Palacio, pp. 382–383.
35 Osorio y Carvajal, p. 32.
36 Orozco y Berra, pp. 35–36. 仮装舞踏会が開かれたのは1566年3月と推定される。
37 Cavo, p. 121.
38 Osorio y Carvajal, pp. 39–40.
39 *Ibid*., p. 47.
40 Suárez de Peralta, p. 20. メキシコ市生まれのスアレス・デ・ペラルタは、マルティンの陰謀の同時代に生きたクリオーリョで、貴重な体験を記録に残した。
41 Orozco y Berra, pp. 3–18, 32–35. スアレス・デ・ペラルタは、ヒル・デ・アビラが無実を主張したことには触れていない。Suárez de Peralta, pp. 40–49.
42 Vincent, pp. 156, 160.
43 *Ibid*., pp. 158, 163, 165. バルタサル・デ・ケサダは、当初反乱の決行日は1566年3

月の聖週間前とされていたが、延期された、と証言している。Vincent, p.168.
44　*Ibid*., pp. 181-182.
45　*Ibid*., pp. 220-223.
46　*Ibid*., p. 138.
47　Suárez de Peralta, p. 17.
48　Vincent, p. 260. ドゥカードは 16 世紀末までスペインで使用された金貨で、その価値は変動した。この当時 1 ドゥカードが 375 マラベディス、1 ペソが 450 マラベディスで換金されていたので、1 ドゥカードは約 0.8 ペソに当たる。
49　*Ibid*., p. 259; Osorio y Carvajal, pp. 54-60.
50　Simpson, 1966, p. 131.
51　Suárez de Peralta, prólogo, p.xix.
52　Vincent, p. 248.
53　Osorio y Carvajal, p. 70.
54　アンダーソン、316〜317 頁。

**参考文献**

アンダーソン、ベネディクト／白石さや・白石隆訳『増補 想像の共同体』NTT 出版、2001。
Cavo, Andrés, *Los tres siglos de México durante el gobierno español*, Jalapa, 1870.
クラーク、イアン＆アイヴァー・B. ノイマン／押村高・飯島昇藏他訳『国際関係思想史』新評論、2003。
Cortés, Hernán, *Cartas de Relación*, Porrúa, 1976.
Díaz Cadena, Ismael, *Libro de tributo del Marquesado del Valle, texto en español y náhuatl*, Biblioteca Nacional de Antropología e Historia, 1978.
García Icazbalceta, Joaquín, *Colección de Documentos para la Historia de México*, T.II, Porrúa, 1971.
García Martínez, *El Marquesado del Valle : Tres siglos de régimen señorial en Nueva España*, El Colegio de México, 1969.
Hanke, Lewis, *The Spanish struggle for Justice in the Conquest of América*, First Southern Methodist University Press edition, Dallas, 2002.
―――――, *Los virreyes españoles en América durante el gobierno de la casa de Austria, México*, 7 tomos, Ediciones Atlas, 1976.
Orozco y Berra, Manuel, *Noticia Histórica de la Conjuración del Marqués del Valle, Año de 1565 -1568, formada en vista de nuevos documentos originales y seguida de un estracto de los mismos documentos*, Edición del Universal, 1853.
Osorio y Carvajal, Ramón, *La conjura de Martín Cortés y otros sucesos de la Época Colonial*, Secretaría de Obras y Servicios, 1973.
Riva Palacio, Vicente, *México a través de los siglos*, T. III, Editorial Cumbre, 1981.

Simpson, Lesley Byrd, *The Encomienda in New Spain*, University of California Press, Berkeley, 1982.

―――――, *Many Mexicos*, University of California Press, Berkeley, 1966.

Suárez de Peralta, Juan , *La conjuración de Matrín Cortés y otros temas*, UNAM, 1945.

Tateiwa, Reiko, *La rebelión del marqués del Valle : Un examen del gobierno virreinal en Nueva España*, Centro de Estudios Latinoamericanos, Universidad de Nanzan, 1997.

Vincent, Victoria, *The Avila−Cortés Conspiracy : Creole Aspiration and Royal Interests*, University of Nebraska, 1993.

Zavala, Silvio, *La Encomienda indiana*, Porrúa, 1973.

# 第4章 グアダルーペの聖母顕現に関する司祭ミエルの説教
## ：クリオーリョ主義の台頭

はじめに

　毎年12月9日から12日にかけて、メキシコ市の北のはずれにあるグアダルーペ大寺院（1976年建設の新寺院）で挙行されるグアダルーペ祭は、西欧文明と新大陸のインディオ文明が混交したメキシコ独特の祝祭である。寺院内では荘厳なパイプオルガンが鳴り響くなか、院長をはじめとするメキシコ宗教界の貴顕が参列し、厳粛なカトリックのミサが催される。その一方で、寺院前の広場では全国から集まった信徒会の信者たちが見守る輪のなかで、古代アステカの民族衣装を纏（まと）ったインディオが、古代の笛や太鼓に合わせて舞踊を披露する。祭はグアダルーペの聖母の祝日を祝うものであり、聖母像を売る露店が立ち並ぶ参道では、熱心な信者が跪きながら寺院までにじり寄っていく姿が見られる。膝頭に血が滲み出るのも構わず彼らは一心に進む。この大寺院にはこの祭日に限らず、メキシコ国内ばかりか他のラテンアメリカ諸国からも連日様々な人々が参拝に訪れる。メキシコの聖母崇拝は大寺院の敷地内に限られた

メキシコ市北郊、テペヤックの丘から見たグアダルーペの新寺院（1976年建設）と旧寺院（1706年建設）（手前）

89

ことではない。邸宅の門柱や各家庭の祭壇にはたいてい聖母像が飾られ、車の運転席の上には交通安全のお守りとして像が張りつけられている。また、メキシコの歴史を振り返ると、時代を画した事件によくこの聖母像が登場する。1810年にスペインからの独立戦争が勃発したときに、指導者の司祭ミゲル・イダルゴが反乱のシンボルとして掲げたのが聖母像であったし、1910年のメキシコ革命でサパタ農民軍が軍旗としてかざしたのも、やはり聖母像であった。近代以降、大衆が蜂起するときにその精神的拠り所となってきたのがこのグアダルーペの聖母であったことを思えば、聖母信仰がメキシコの内なる道徳律として強い影響を与えてきたことは明白であり、メキシコ人のナショナリズムとアイデンティティを知るうえで避けては通れない存在なのである。

現在までグアダルーペの聖母について多数の論文や著書が著わされてきたが、本章では植民地期、特に独立直前の18世紀末に、クリオーリョたちが聖母に関してどのような意識を抱いていたかを考察する。そのために、クリオーリョ司祭ミエル師がグアダルーペ参事会教会で行い、メキシコ宗教界に物議を醸した異端的説教を中心に論を進める。

## 1 ▶ 聖母顕現の奇蹟譚

**顕現譚の概要**　時は征服戦争が終わり、新大陸の植民地体制が整備されつつある時期であった。1531年12月9日、インディオのフアン・ディエゴは、メキシコ市のトラテロルコにあるサンティアゴ教会のミサを聞くために、市の北部にあるテペヤックの丘の麓を歩いていた。すると、快く響きの良い音楽が聞こえてきたので、丘の上の方に目をやると、虹のかかった白く輝く雲が見え、そこから彼を呼ぶ声が聞こえてきた。そこで急いで頂上まで登ってみると、そこにグアダルーペ聖母像とそっくり同じ姿をした女性を見た。女性はにこやかな表情で彼に尋ねた。「愛するかわいい我が子、息子のフアン・ディエゴよ、どこに行くのだ？」フアンは聖母のミサを聞きにサンティアゴ・トラテロルコ教会に行く途中であると答えた。すると女性は言った。「息子よ、私はおまえがそのミサを聞きに行こうとしている聖母で、真の神の母マリアである。おまえが私を見たこの場所に寺院を建ててほしい。私はここで、慈悲深い母としておまえやすべてのインディオや私を求める者たちすべてに我が慈悲を示すであろ

聖母顕現の場面を描いた壁画。テペヤック礼拝堂

う。…メキシコの司教の許へ行き、この場所に寺院を建てることは我が意思であることを伝えよ」。フアンはすぐにその意に従い、司教スマラガの館に行き、見聞したことを司教に話したが、司教は彼の話を俄かには信じなかった。フアンはテペヤックに戻り、貧しいインディオの自分ではまともに取り合ってもらえないので、司教に信用されるような立派な身分の方を使いとして送るようにと聖母に懇願した。しかし聖母は「おまえこそ私の意に添う使者であるから、明日、もう一度司教の許に行くように」と命じた。翌10日、再びやってきたフアンにスマラガは、聖母であるという確たる証拠を見せるように言った。みたび丘に戻ったフアンがそのことを聖母に伝えると、聖母は明日ここに来れば証拠の品を渡すと答えた。ところが、フアンが家に戻ってみると、伯父のフアン・ベルナルディーノが天然痘に罹り瀕死の状態だったので、翌日は聖母の許に行くことができなかった。その夜、死を覚悟した伯父は、終油の秘蹟を受けたいので、トラテロルコの教会に行き司祭を呼んでくるように甥に頼んだ。12日の早暁、聖母との約束を破ったことに良心の呵責を覚えたフアンは丘の麓を遠回りしてトラテロルコへ向かっていた。その途中に聖母が現れたので、やむなくフアンは事情を話した。すると聖母は伯父が病から快癒すると告げたので、

フアンは感謝し、聖母の命に従うことを申し出た。聖母は丘の頂きに登り、そこに咲いている花でティルマ（マント）をいっぱいにしなさい、と命じた。フアンが季節はずれに咲いている色とりどりの花を摘んで戻ると、聖母は花を手に取り、ティルマの上に撒いた後でそれを畳み、これを司教の許へ持っていくように言った。フアンが持参したティルマを司教が開くと、花が落ちてティルマの上には聖母の像が浮かび上がった[1]。その後テペヤックの丘に寺院が建てられ、そこにマントは保存された。

　以上が「聖母グアダルーペの顕現」として世に伝わる"奇蹟"の概要である。現在までこの奇蹟譚に関して図像学、聖像学、宗教学、神学、歴史学、民俗学、文学等の見地から夥しい数の論文が執筆されてきたが、ここでは特に「顕現の有無」について、18世紀までに著わされた主要な論文や記録・報告書に絞って論点を整理し、考察してみよう。

**16〜17世紀前半：顕現譚以前**　1575年、副王マルティン・エンリケスは「テペヤックの聖母信仰」について、国王に次のように報告している。「1556年からテペヤックに祠があり、そこに聖母像が安置されている。ある病気の牛飼いが祠に通って治癒したことが巷間に流布して、聖像への民衆の信仰が高まり、スペインのグアダルーペ聖像に似ていたことから、グアダルーペの名称がつけられた」[2]。

　前章で言及したマルティン・コルテスと同時代人のクリオーリョ、スアレス・デ・ペラルタは、副王エンリケスがメキシコ市に赴任する途上でテペヤックを通過した際に、岩山の間に顕現したという話も含めて、霊験あらたかなグアダルーペ聖母が多くの奇蹟をなしたことを記述している[3]。しかし、インディオのディエゴに関しては一言の記録もない。

　1556年9月6日、ドミニコ会士のメキシコ第二代司教アロンソ・デ・モントゥファルは、聖母マリアとテペヤックにおけるその存在について説教した。8日、その説教に反発して、フランシスコ会管区長フランシスコ・デ・ブスタマンテが声を上げる。彼は副王や聴訴院長をはじめ植民地政府貴紳が参列する説教の席で、テペヤックのマリア信仰に関して次の点を指摘し、司教と教会当局を激しく攻撃した。①描かれた絵や彫られた像ではなく、その像によって象徴されているものを崇拝すべきである。②インディオにはまず神への信仰を教

えるべきである。聖母は神の母にすぎず、彼女自身は神ではない。③聖像が奇蹟を起こすとインディオに信じさせるのは誤りである。虚偽の奇蹟を流布する者は罰する必要がある。④証人のアロンソ・サンチェス・デ・シスネロス[4]によれば、聖像はもともとマルコスと呼ばれるインディオによって描かれたものであり、奇蹟など起こすはずがない。⑤ロレトの聖母信仰[5]と異なり、テペヤックの信仰は確たる裏づけがなく、根拠なしに提起されたものである[6]。

　この論争の背後にある司教とフランシスコ修道会の確執は、トリエント公会議（1545〜63）で定められた「聖職者はおしなべて司教の管轄化に置かれる」という規定に理由があった。フランシスコ会は司教への帰属を快く思わず、規定に服しようとはしなかった。また王室も教区担当の在俗司祭を修道司祭より優遇することによって、植民地教会の位階的組織化を図り、植民地の政治的安定を図ろうとしていた。カルロス5世がモントゥファルをメキシコの第二代司教に任命したのは、このドミニコ会士が国王の意向を理解し、植民地の教会権力強化に積極的に取り組む人物と見込んだためである。フランシスコ会が組織化を目論む植民地教会権力に抵抗したのは、以上のような政治的理由以外に、インディオへの布教活動とその理念の相違があった。秘蹟、聖体拝領、儀式を重要視する司教にたいして、フランシスコ会は肖像・祈禱を信じず、原始キリスト教信仰への回帰を唱えるエラスムス哲学に依拠した布教を実践していた。このように両者は教会の組織化と教義においては対立しており、インディオの聖母信仰に関して見解を異にしていた。しかし「聖母顕現の奇蹟」については両者ともまったく触れていない。

　先スペイン期のアステカの宗教に最も通じていたフランシスコ会士ベルナルディーノ・デ・サアグンはグアダルーペの聖母について次のように指摘する。テペヤックに「トナンツィン（神の母）」へ奉献された寺院が存在し、"我らの聖母グアダルーペ"として遠方から多数のインディオが崇拝に来ている。しかし「トナンツィン」にはナワトル語の語義からすれば"我らの母"という意味しかなく、"神の母である聖母"なら正しくは「ディオス・イ・ナンツィン」と呼ばれるべきで、トナンツィンという誤った名称が偶像崇拝の口実となっているという[7]。しかしサアグンも顕現については一言も触れていない。サアグンはテペヤックの聖母信仰にはキリスト教独自の信仰はほとんどなく、先スペイン期のコアトリクエ・トナンツィン（アステカの地母神コアトリクエ）の延

長線上にあるものと考えた。サアグンは、スペイン人到来以後もメキシコに根強く生き残っていた土着宗教の処女像・地母神像信仰がキリスト教の聖母信仰と習合する過程を同時代に見聞し、実感した聖職者のひとりであった。

　同じくフランシスコ会士のフアン・デ・トルケマーダは大部な古代・植民地史『インディアス王国論』を著したが、そのなかでグアダルーペ信仰や寺院の起源に関して特に頁を割いてはいない。巡礼者たちはテペヤックのグアダルーペ寺院よりもティアンキスマナルコのフアン・デ・バウティスタ寺院を訪れていた、と記録しているだけである[8]。当然のことながら、顕現譚についての記録はない。

聖母グアダルーペ像

　その他のフランシスコ会士年代記者、モトリニア、オルモス、メンディエタもグアダルーペの聖母顕現について記録を残していない。また征服によって蒙ったトラウマからインディオを救済しようとして、彼らの権利を守るために尽力し、インディオの擁護者と呼ばれたメキシコ初代司教スマラガ（フアン・ディエゴからマントを受け取ったとされる人物）、ヒエロニムス会のガンテ、ミチョアカンにユートピア実践を試みた司教キロガ、ドミニコ会のラス・カサスらも、顕現譚については何らの言及もしていない[9]。

　以上の16世紀から17世紀前半に記述された史料に依拠すれば、1530年代かそれ以前に、聖母マリアに奉献するためにテペヤックという特別な場所に礼拝堂が建てられ、完成した礼拝堂は"我らのグアダルーペ聖母"へ捧げられ、16世紀後半以降巡礼の中心となり始めたと要約できる。しかし、スアレス・デ・ペラルタの記録を除いて聖母が顕現したという記録は残されていない。ではいつ頃からグアダルーペの奇蹟譚が歴史文書に登場するようになったのであろうか。

**17世紀末以降：顕現譚の発祥**　本節冒頭で紹介したような顕現譚が人口に膾炙するようになったのは特に17世紀末以降のことである。それに貢献した人

物として、フランシスコ・デ・ラ・マサは、神学士ミゲル・サンチェス、テペヤックの礼拝堂付き司祭ラッソ・デ・ラ・ベガ、博覧強記の言語学者ルイス・ベセラ・タンコ、イエズス会士フランシスコ・フロレンシアの4名を挙げ、"グアダルーペの四福音史家"と呼んでいる[10]。サンチェスは『ヨハネの黙示録』第12章に登場する女性とメキシコの聖母伝を緻密にしかも大胆に比較対照することによって、聖書解釈学の観点から、スペインのカトリックの影響を脱したメキシコ固有の聖母の正統性を主張している。また、ナワトル語で書かれたベガの著作『ニカン・ポモワ（ここに語られる）』には、聖母顕現譚が詳細に語られている。この著作に関しては、ベガが著者であるかどうかについて疑問が投じられてきたが、その後の聖母顕現譚の起源となった作品であることは間違いない。タンコはテペヤックの聖母顕現を証明する文書が存在しないことを嘆き、彼自身が耳にしたり、収集したりしたインディオの史料をもとに、言語学の豊かな知識を生かして、顕現譚を単なる"伝説"から"科学的に実証された歴史"に変えようとした。フロレンシアは豊富な神学的知識によって聖母に関連する伝説、詩、歌謡を材料に顕現の実証を試みたが、最終的には実証よりも聖母への信仰を称揚した[11]。

「四福音史家」が聖母顕現に関する著書を上梓した意図は、サンチェスが「この地が征服されたのは、そこに聖母マリアがグアダルーペ聖像に顕現するためであった」といみじくも言っているように、ヨーロッパやスペインとは異なる新大陸独自の聖母を所有し、特にクリオーリョの精神的柱石を構築することにあったと言える。彼らの著述が実を結び、以後グアダルーペ聖母顕現譚は「事実」としてメキシコ宗教界に根を下ろす。グアダルーペの聖母は、1737年には首都メキシコ市の、次いで46年にはヌエバ・エスパーニャの守護聖母に宣言され、法王ベネディクト14世もそれを承認したのである。

## 2▶司祭ミエルの説教

前章でみたように、植民地生まれのクリオーリョたちは、宗主国スペインから派遣されてくる貴族や高位聖職者が享受している政治的・宗教的特権から除外されていた。これにたいする彼らの積年の不満や反感は爆発寸前であり、何とかして本国の桎梏から解放され、本国とは異なるメキシコ的なものを希求す

る雰囲気が 18 世紀のヌエバ・エスパーニャには満ちていた。その精神的不平・不服は、政治的独立といった過激な形態ではいまだ発露してはいなかったが、クリオーリョの知的エリートたちは様々な方法で自己主張を始めたのである。本節ではその好例として、18 世紀末に行われた司祭ミエル（1763～1827）の説教を考察する。

**ミエル師という人物**　セルバンド・テレサ・デ・ミエルは 1763 年、メキシコの北部モンテレイ市で生まれた。その後、副王府の首都メキシコ市に上り、16 歳のときにドミニコ会の修道士となった。学僧時代のミエルは抜群の成績で、27 歳の若さで神学博士となる。修行時代を終えると、メキシコ市のサント・ドミンゴ修道院で哲学を教える一方、説教師としても活躍し、その才気煥発な説教は信者の評判を呼んだ。そしてミエルがメキシコの世上に一気に名を馳せることになるのが、1794 年にグアダルーペ参事会教会で副王や大司教をはじめとする植民地貴顕の面前で行ったグアダルーペの聖母に関する説教である。その異端的説教の詳細については後述するが、要するに、グアダルーペ聖母はインディオのフアン・ディエゴのマントではなく、十二使徒のひとり、聖トマスのマントに顕現したという、従来の定説とまったく異なる仮説を発表したのである。ミエルはこの異端的新説のためにメキシコを追放され、スペインの修道院に幽閉されるが、そこを抜け出し、自分の説が正しいことを証明するためにヨーロッパ各地を逃亡しながら調査を続けた。さらにその逃亡生活のなかで聖母顕現に関して調査するうちに、宗主国スペインと植民地メキシコの従属関係に疑問と憤りを覚え、メキシコ独立の正統性に関する数冊の著作を発表した。彼の作品はのちに独立戦争を開始したメキシコの同胞に独立の理論的根拠を与えたのみならず、メキシコ人の勇気の源泉ともなった。帰国後は、メキシコ皇帝となったイトゥルビデ（アグスティン 1 世、在位 1822～23）を厳しく非難し、共和制を唱えた。

　では多少なりともミエル師のプロフィールに迫るために、歴史家アルフォンソ・フンコの著書『とてつもないミエル師』の中からその人物評を挙げてみる。フンコは客観性を装うためにフランシスコ・バネガス（司教・歴史家）とルーカス・アラマン（政治家・歴史家）のミエル評を紹介する。バネガスはミエルについて「多才、多弁かつ大胆。スペインとアメリカ合衆国において波乱万丈

の人生を送り、民主主義的思考を身につけ、君主制主義者のイトゥルビデの恐るべき敵となった」と語る。一方アラマンは「ミエル師は正反対の性質の最も不思議な混合であった。果敢な共和主義者で君主制の敵である一方、貴族好きでメキシコのすべての最も著名な貴顕と姻戚関係にあり、アステカの王クアウテモクティン〔クアウテモクの尊称〕の末裔と推測されていた。…ボルティモアの司教に任命されたと思わせたり、衆目を浴びる独特の衣装を着用していたが、この軽妙で風変わりとも言える性格はいかなる場所でも歓迎された。イトゥルビデ帝国への反対を公言し、この新しい君主に痛手を負わせる手強い敵となった」[12]と評している。

　フンコはバネガスとアラマンも含めて、伝記作家と注釈者たちが客観的判断をなおざりにしてミエル師の自画自賛的な空想を鵜呑みにしてきたと批判する。「ミエル師は洗礼のときは赤ん坊に、結婚式では新郎に、葬儀では死体になりたがる人物である。どこでも物事の中心で軸になる必要があった。時にはそのようになり、彼は陶酔したが、ほとんどの場合そうではなく、そのときは自分が中心であるかのように話を創作した」[13]。フンコのミエルにたいする容赦ない舌鋒は延々と続く。フンコのミエル評のみに拠ることはできないが、ミエルの自己顕示欲の強い性格について正鵠を射た意見ではあるだろう。一方、モンテレイ出身の作家アルフォンソ・レイエスは、次のように同郷のミエル師の人間的魅力について語っている[14]。「一度ならず読者は生来の雄弁家に欺かれるのである。この人物は何と明敏に行動し、性急に思考し、容易に論じ、著述できるのか！ それほどの切れ者だからこそ隙を窺って遁走するのだ。目や耳に入ったことを素早く飲み込めるのだ。そのうえ平気で危険に身を晒す。だからこそ人を魅了する作家なのだ」。このように、ミエル師は毀誉褒貶の激しい人物である。しかしいずれにせよ強烈な個性の持ち主であり、メキシコの独立に大きな影響を及ぼしたことは間違いない。

　ではいよいよ、一大物議を醸したミエルの説教を、オゴルマンが編集した『ミエル全集』[15]を基礎資料にして検証する。

**説教の概要**　1794年12月12日（グアダルーペの祝日の最終日）、グアダルーペ参事会教会で、メキシコ大司教アロンソ・ヌニェス・デ・アロ、副王ブランシフォルテ侯爵等、ヌエバ・エスパーニャの宗教界・政界の重鎮列席の下、ミ

エル師はグアダルーペの聖母信仰に関する説教を行った。その論旨は次の4点に絞られる。

1) 聖母像はフアン・ディエゴのティルマにではなく、十二使徒のひとり聖トマスのマントに現れたものである。
2) 今から1750年前、グアダルーペ聖母像はすでに新大陸においてつとに高名で、聖トマスの布教によってはやキリスト教徒となっていたインディオによってテナユカ山[16]〔メキシコ市北辺の山〕の頂で崇拝されていた。そこに聖トマスが寺院を建て、像を安置したのである。
3) すぐに背教したインディオたちは像を毀損したが、抹殺することはできなかった。聖トマスはそれを隠した。征服後、天の女王〔聖母のこと〕はディエゴの前に顕現し、寺院建設を依頼し、スマラガの許へ持っていくようにと古い像を渡した。
4) このように聖母像は1世紀初頭[17]の絵であり、生き身の聖母マリア自身が布に直接その身を刻印されたものであるから、保存状態を見てもわかるように筆致は人間の技術を超越している。

ミエルの聖母顕現に関する仮説の大胆さは、紀元1世紀初頭、キリストの死後間もない頃に、使徒聖トマスがメキシコに渡来してキリスト教を布教したという主張と、生き身のマリア自身が（フアン・ディエゴのティルマではなく）聖トマスのマントにその姿を刻印したと解釈した点である。

ミエルはまず4案を提議するに至った前提について以下のように述べている。新大陸にはスペイン人が到来する前から、キリスト教の十字架に酷似した十字の印や、女神の処女懐妊や布教者のことなど、キリスト教の教義や慣習を想起させる痕跡が残されていた。オアハカ地方のメッティトランにはタウ（T字）十字架が遺されているし、女神の処女懐妊については、コアトリクエ（アステカの地母神）が羽毛の玉を身につけただけでウイツィロポチトリを懐妊した神話が挙げられる。キリスト教の布教者については、ケツァルコアトルと呼ばれる髭をはやした白人の僧が、トゥーラに20年間住んでいたと述べた歴史家トルケマーダの記述から証明される。

ミエルはまた、1790年末にメキシコ市の中央広場地下から発見された巨石記念物「アステカの暦」が古代メキシコを知るうえで重要な鍵を握っていると

スペインのエクストレマドゥーラ地方にあるグアダルーペ寺院。グアダルーペ聖母像のもととなった聖像が祀られている

指摘する。この巨石記念物には、天地創造、アダムの死、ノアの誕生、人類の堕落、大洪水、箱舟の建造、バベルの塔の建設、イエス・キリストが死亡した年月日と時間、救世主の死後に起こった超自然的日食など、聖書の言葉が刻まれている以外にも、キリストの死後起こった地震から生き延びた12名がメキシコ人の祖先となったことが記録してある、とミエルは解釈した。以下4つの提議についてミエルがどのような理論を展開しているか詳しく検討してみよう。

**第1提議** ミエルはグアダルーペ聖母像が描かれたのは聖トマスのマントであってフアン・ディエゴのものではないと主張する理由を次のように展開する。ディエゴのマント説を否定するのは、誤った伝承から人々を解放するためであるとして、インディオの絵文書を基にしたルイス・ベセラ・タンコの見解を引用して、以下のように力説する。「インディオがスマラガ司教の前でマントを広げたときではなく、それ以前に聖像はすでに描かれていた。そして聖母はディエゴに、司教以外の何者にもそれを見せないようにと命じた。タンコは聖母がマントに花を添えるときに、天使に像を描くように命じたと推測しているが、私は思いつきも推測もしない。私はそこにインディオの手稿に見られる表現を読み取った。インディオの絵文書の表現で奇蹟と関連するのは Omomachiotinextiquis というナワトル語の言葉で、これは『教義によってわれらに教えられたことが今発見された』という意味であり、像は発見されるために現れたのである」。ミエルの仮説は過去のスペイン語の文献だけではなく、イン

ディオによってナワトル語と絵で記された土着史料にも拠っていることがわかる。

　また、スペインのエクストレマドゥーラ地方のグアダルーペ像とは似ていないのに、スペイン人がどうしてインディオの崇める聖像をグアダルーペと呼ぶようになったかについては、エクストレマドゥーラ地方で聖母像が発見された経緯がメキシコの場合と似ており[18]、征服者の多くはこの地方の出身者だったので、故郷の聖母顕現譚に着想を得たからであると述べている。

　ミエルは第 1 提議の締めくくりとして、過去のクリオーリョ歴史家や作家によって支持されてきた「聖トマス＝ケツァルコアトル説」に言及する。トルケマーダが記録したトゥーラの神官は東方教会の僧のような裾の長い法衣を着用し、英明、貞節で、真夜中に起床して苦行を行っていた。この聖職者は人間や動物の生贄、戦争、殺人、窃盗、暴力を禁じ、テナユカ山で聖なる教えを説いていたが、背徳した信者に憤り、「将来スペイン人が到来し、この地を支配するだろう」という予言を残して立ち去った。そしてミエルはこの人物が十二使徒のひとり聖トマスではないかと推測する根拠のひとつとして、「トマトラン（トマスの水辺）」という場所の存在を主張している。

　ミエルは古代メキシコにスペイン人到来以前からキリスト教が布教されていたという説について詳しくは語っていないので、補足が必要であろう。聖トマスの新大陸布教に最初に言及したのは 16 世紀の年代記作家ディエゴ・ドゥランである。彼はその著書『ヌエバ・エスパーニャのインディアス史』の冒頭で、聖マルコの世界布教説に依拠して、新大陸にも使徒の福音伝道があったに違いなく、インディオが聖人と崇めていた神官トピルツィン（2 章参照）を聖トマスではないかと推測している[19]。16 世紀後半から 17 世紀前半にかけて土着史料を精力的に収集したイエズス会士フアン・デ・トバルは、トピルツィン、ケツァルコアトル、パパという 3 つの異なる名称で呼ばれていた聖人による太古におけるキリスト教の布教を記録している[20]。その後、ポルトガル人のイエズス会士マヌエル・ドゥアルテが聖トマスとケツァルコアトルを結びつけ、その仮説に依拠してメキシコ大学教授のシグエンサ・イ・ゴンゴラが提唱し、イエズス会士フランシスコ・ハビエル・クラビヘロらクリオーリョ知識人やイタリア人歴史家ロレンツォ・ボトゥリニも言及しており[21]、18 世紀末にはかなり人口に膾炙した学説となった。

**第2提議**　ミエルによれば、インディオは神の存在ばかりか三位一体、受肉、聖体の秘蹟や聖体拝領、懺悔、四旬節の断食等のキリスト教の儀式や習慣も知っていた。しかし、聖トマスによって教えられたこれらキリスト教の教義は時の経過とともに歪められ、スペイン人が到来したときには変質していた。インディオはスペイン軍の守護神であるサンティアゴ（聖ヤコブ）が出現するのを見ても脅えることはなかったが、テペヤックの戦闘で聖母グアダルーペが現れ、埃で彼らの目を眩ませると、驚愕して降伏の交渉の席についた。インディオは、過去の背教の罪のため、聖母がスペイン軍の味方をして自分たちを懲らしめたと思ったのである。このエピソードは、インディオがすでに聖母を認識していたことを表しており、新大陸における古代キリスト教の存在が証明されるとミエルは主張した。

**第3提議**　ミエルはインディオの背教の証拠として、テテウイナンの生皮剥ぎの事件を挙げる。これは、アステカ族がクルワカンの王からその娘テテウイナンを「女王として崇めたい」と偽って貰い受け、彼女の皮を生きたまま剥ぎ生贄にしたという血生臭い物語である（2章 p. 34 参照）。この話はトルケマーダをはじめ、幾人もの16、17世紀の歴史家たちが書き記している[22]。この物語に登場する Teteuinam de Culhuacan は"クルワカンの王の娘"ではなく、"クルワカンの教父〔トマスのこと〕の聖母"と解釈すべきであるとミエルは主張する。トマスがクルワカンの総司教であったときにアステカ族がトゥーラに現れ、トマスの布教によって改宗し、女王である聖母（クルワカン山のテオテナンツィン＝インディオの女神）を崇拝するためにその像をトマスに求めた。その後アステカ族は背教し聖像を抹殺しようとしたが、できなかった。トマスは聖像を崇拝するためアステカの寺院を訪れたとき、香炉の煙が充満するなかでアステカ族が犯した聖像への冒瀆を知り、これら冒瀆者にたいする天の救いを求める旅に出発した。ミエルがクルワカンのテテウイナンの寓話を以上のように解釈するに至ったのは、おそらくトルケマーダの以下の記述を根拠にしていると思われる。「ケツァルコアトル〔＝トマス〕は立ち去るにあたり、背教者たちによる冒瀆を恐れて、金・銀の細工品、聖器、祭壇用具を焼却し、チャルマ〔メキシコ市近郊にある聖地〕の聖母や不思議な十字架等、聖なるものを隠し、

スペイン人が来来すれば、おそらくそれらが発見されると予言した」[23]。

**第4提議**　聖母の右足の上に見える"やっとこ"もしくは数字の8らしきものについて、画家のカブレラはこれが神秘的なもので、聖母が無原罪の御宿り（受胎）のインフラオクタバ（受胎から8日間の祭事期間）[24] に現れたこと、あるいは8番目の奇蹟を示していると言っているが、ミエルはそれは偽りであるとする。ミエルはこの表象を、聖トマスがインド東海岸のコロマンデル[25] のメリアポールで布教していた頃に使用していたシリア・カルデア文字[26] であり、聖母の裾に聖トマス時代の聖書の言葉が刻印されたものとし、絵は紀元1世紀初頭のものであるという結論を出している。

　聖トマスのインドでの布教に関しては、4世紀頃シリア・カルデア文字で書かれた『聖トマス言行録』に、トマスがインド王の娘を洗礼したために槍で突き殺されたという伝承に基づいたと思われる歌謡がいくつも残されている。ポルトガルのインド到来以降生まれたこれらの歌謡や伝承によれば、聖トマスはアラビアからインド西岸（コチン近郊）に紀元50年12月に到着し、布教、改宗活動を行いながら東岸に渡り、メリアポールでバラモン僧の怒りを買い、52年12月12日に槍で殺され、その遺体はメリアポールに埋葬された[27]。

　ミエルは当然『聖トマス言行録』を読んでいたであろう。そうでない場合は、マニラ経由でメキシコを訪れたポルトガルやスペインの宣教師たちからこの殉教伝承を直接耳にしたか、あるいは彼らが残した記録に目を通したと思われる。

## 3▶ボルンダの『解読書』──ミエルの種本

　ミエルは4つの提議を陳述する際に、トルケマーダ、ボトゥリニ、タンコ等の学説を盛んに引用しているが、それは過去の著名な歴史家の名を連ねることで、説教に権威づけをしているにすぎない。ミエルが説教の論旨を構築するために実際に依拠した文献は、学士イグナシオ・ボルンダが1792年に著わした『アメリカ先住民象形文字解読書』[28] という草稿である。この『解読書』は、ナワトル語の寓話と象形文字を結びつけることによって先スペイン時代の巨石記念物に刻まれた言葉を解読したもので、「副王への書簡」、「国王への報告書」、「指針の鍵」、「解読の手引き」、「注釈（a）〜（j）」、「予備メモ」等の手稿か

1790年に発見された、アステカの太陽の暦

ら構成されている。ボルンダは長年ナワトル語の研究に従事しているうちに、16世紀の手稿や出版物のなかに、多くが比喩的表現である象形文字の特徴を無視した根本的誤りが観察されることに気づいた。そこで彼は、1790年と91年にメキシコ市で発見された3つの巨石記念物、コアトリクエ像、アステカの暦、ティソック（アステカの王、在位1481～86）像に刻まれた象形文字を解読した。そこで新たな発見があったので、解説ノートを綴じて、国王に献上しようとした。ボルンダは、大地と死の女神コアトリクエの像にはアステカの都テノチティトランの建設、アステカ帝国への諸国からの貢納、帝国の創設者たちの出身・家系、首都の破壊の状況と原因を読み取った。「太陽の暦」とも呼ばれるアステカの暦には世界の創造から5280年までの年譜[29]、ティソックの像には大神殿への奉納が記録されていると解釈した。しかし、あまりに異端的内容であるため、結局国王への献上は思い止まった。

またボルンダは「国王への報告書」のなかで、600年ごとに月・太陽の方向によって訪れる日食の配列と、720年ごとの彗星の出現が「太陽の暦」に記されており、これはノアの大洪水後の定住、洪水前の大陸での居住、律法の行使、キリスト教の信仰を表している、と記している。

草稿に含まれている「ミエル宛て短信」では、聖トマスの布教に関して、ボトゥリニが引用するオアハカのトナラ修道院に伝わる聖トマス伝承とメツティトランのT字の十字架について触れ、巨石記念物は聖トマスが西暦55年にキリスト教布教の印に残したもので、スペイン人が1515年にユカタンに到着し

たことで確認されたように、一度インディオの背教によって忘れられた福音は再び新世界に戻るべきであるということを表している、と解説している[30]。

「解読の手引き」には、新世界における聖トマスの布教はケツァルコアトル神話やグアダルーペ聖母像と関連があることが述べてある。

「注釈 (e)」では、クルワカンの王女テテウイナンの寓話には、聖トマスのマントに奇蹟的に刻印された聖母像が背教したインディオによって冒瀆されたという寓意が隠されていると解釈した。

「予備メモ」の第4節では、1世紀半ば頃メキシコに聖母像が残され、その直後聖トマスがインドのコロマンデルで殉教したことが、コアトリクエ像とアステカの暦にシリア・カルデア文字で記されていることを証明しようとしている。

以上が『解読書』の概要だが、オゴルマンはボルンダが『解読書』を執筆した動機を次の4点にまとめている[31]。

①ナワトル語にたいする無知はシンボルや寓意の性質を根本的に知らないことから来る。この言語はアジアの言語と類縁関係にある。逐語的解釈は誤解を招くだけであり、象形文字の意味に精通し、表象されているものを発見するための"鍵"こそが不可欠で、伝承、習慣、石碑、地理学的名称、古代史の足跡、土着文化に関する知識と組み合わせた上での理解が必要である。ボルンダはそれを追究した。

②ナワトル語を32年研究してきたボルンダにとって、コアトリクエ像とアステカの暦という2つの石碑の意味を解読することが次のテーマであった。

③ボルンダは、アメリカ大陸への聖トマスの布教と、彼がケツァルコアトルと同一人物であるという民間伝承を歴史的・科学的に実証しようとした。彼は暦を聖トマス自身が残したものと考えた。

④ボルンダは聖トマスによる新大陸での布教とグアダルーペ聖母の顕現伝承を結合することを試みた。巨石記念物の解読と古代の儀式・習慣・記念碑・語源学の解釈から、聖母像は生き身の聖母が使徒のマントに刻印された奇蹟であり、太古のものであることは疑う余地がない。像はフアン・ディエゴによって摘まれたバラ[32]で描かれたのではなく、聖母が古い像のありかをディエゴに示したのであり、その像がスマラガ司教に示された、とボルンダは考えた[33]。

オゴルマンの『解読書』分析によって明らかにされることは、ミエルの説教

のほとんどが、ボルンダの長年にわたるナワトル語研究の成果を踏襲した、というより剽窃したもののように映ることである。しかし、"剽窃"という言葉は不適切であろう。というのは、ミエルは説教の草案を練るにあたり、事前にボルンダと4度面談し、助言を受けているからである。ボルンダは画期的ではあるが異端的な自分の新説を国王に報告することには躊躇したが、ヨーロッパの新しい思想の息吹を求め、自己探求をしていたクリオーリョ仲間には打ち明けていたのである[34]。ボルンダの新説を聞いたミエルは、それがメキシコ独自のグアダルーペ信仰の確立に寄与すると確信し協力を求めたのであり、説教は言わば2人の合作とも言えるのである。

## 4 ▶ ミエルの逮捕と裁判

**ミエル逮捕さる** ミエルの説教は、グアダルーペ顕現伝承の核心部分を覆し、教会の権威を失墜させるものとして叫弾された。メキシコ大司教アロンソ・ヌニェス・デ・アロは、ミエルの説教がよほど腹に据えかねたのであろう、説教の翌日（12月13日土曜日）、ミエルの裁判を本人の弁明を聞くことなく大司教教会裁判所で開始した。起訴状は以下の通りである。「大司教、並びに本王国の副王閣下ブランシフォルテ侯爵、聴訴院長官、その他の裁判官列席の下、長年容認されてきたグアダルーペ伝承に関してミエル神父が行った説教を事由として、ミエル神父に説教認可状の使用停止と説教の禁止および、実施した説教を調査のために大司教教会裁判所に提出することを命ずるものである」。同日午後、おそらく大司教の命を受けたのであろう、首都聖堂告解師ウリーベ博士がグアダルーペ参事会教会に赴き、ミエルの裁判の件で協力を求めた。大司教の意を迎え、14日にはドミニコ会管区長ドミンゴ・ガンダリアスがミエルの僧房に来て、説教の停止を通告し、説教認可状の返還を要求した上に、件（くだん）の説教のメモを渡すように求め、ミエルは命に従った。続いて参事会は16日の会合で、聖母グアダルーペ顕現は確かな事実であり、その像が改宗者ディエゴのマントに刻印されたことはローマ法王庁によっても承認されているとし、ミエルの説教の内容をことごとく否定した。さらに18日の会合では管区長ガンダリアスが次のように述べ、ドミニコ会士のミエルを擁護することなく大司教にひたすら阿（おもね）っている。「正規の説教で撒き散らした異常で奇妙な物語にた

いして、ミエル博士の説教認可状をただちに停止された猊下に感謝申し上げます。これは父から子へと変わりなく受け継がれ、かつローマ法王庁によって承認された伝承を破壊する行為であります。説教の産物が敬虔なカトリック教徒を誘惑し、不信心者や放蕩者を勇気づけることに手を貸さないことを願うものであります」。さらにメモ以外に説教の草案も提出するよう要求されたので、ミエルは記憶を頼りに作成した8枚の草案を手渡したが、外出禁止令に従わなかったので、管区長によって監禁され、僧房に保管していたすべての文書を押収された。また、不本意ながら説教の提議を撤回する文書と大司教および教会への従順の意を示す文書を認めなければならなかった。これら一連の処置を受けてミエルは、説教は聖母伝承を否定したのではなく、擁護するために行ったと弁明した[35]。また外出したのは管区長が禁止しなかったせいであると主張している。監禁については、正当な理由がない限り、また裁判なしに修道士を逮捕することはできないし、理由があっても当人が著名で逃亡の恐れがない場合は逮捕できない、と修道士の免責権を主張し、僧房にあった文書を無断で押収された上に弁明の機会も与えられず弁護人も任命されなかった手続き上の不備に抗議した。また提議内容の撤回は強制されたものであり、従順の意を示す文書に署名したのは拘留の苦痛に耐えられなかったからであると強調している。

　裁判開始から約1カ月後、ミエルは大司教宛てに次のような書簡を認めている。

　　高名なる猊下：猊下のご命令で逮捕されてから、それ以前の15日の監禁も含めますと今日で20日になりますので、猊下の正当なお怒りはすでに収まられたかと推察致します。猊下の父のようなご慈悲を賜るために足下に跪き、拙僧が誤りを犯したことを告白し、平にお許しを請い願います。どうか必要な措置をお取り下さり、適切と判断される十分な償いをお命じください。猊下のご寛恕を期待し、猊下のご健勝を神にお祈り致します。

　　　　　　　　メキシコ・聖ドミニコ会帝国修道院　1795年1月17日
　　　　　　　　猊下の卑しい従順な僕、修道士セルバンド・デ・ミエル[36]

　ミエルが大司教の怒りを鎮め、監禁の解除を必死で求めている心情が伝わっ

てくるが、腹の中では、「悪意に満ち、その高位の職務履行には不適で、高慢で専横、執念深い上に憎悪に動かされやすく、この国生まれのインディオやクリオーリョを軽蔑している」[37] と大司教を蛇蝎のごとく忌み嫌っていた。

一方、ボルンダも事件に巻き込まれていた。草稿の引き渡しを拒否して刑務所に収監された彼は、徹底した恭順の意を示して、副王宛てに次のような書簡を書き送っている。「…私は神父のミエル博士を存じませんでしたし、かつて彼を訪ねたこともありません。私が地域の古い事柄についてメモを所有していることを彼がどうして知ったのかわかりませんが、四たび、いずれも午後拙宅を訪れ、〔私のメモから〕彼の説教を練るのに適した部分を採用しました。そのときそれらには専門書の裏づけが必要なことを申しました。そのメモは私の考えを認めたものですが、説教に使用するかどうかは私の関知せぬところで、博士の判断によるものです…」[38]。

国王に新説を披露することは慎重に控えたのに、つい長年の研究の成果を見ず知らずの神父に得意満面に話したばかりに、とんだ巻き添えを食ってしまったというボルンダの困惑、事件への関わりを回避しようとする姿勢がありありと伝わってくる書簡である。

**教会の反論**　検閲官に任命されたウリーベとオマーニョはボルンダの『解読書』とミエルの説教メモおよび草案を仔細に比較検証し、ミエルの4つの提議とその根拠となったボルンダの説に逐一反論する報告書を大司教に提出している[39]。この報告書は分量が多いので、その主要な論旨だけを要約して以下に示す。

**第1提議への反論**　聖トマスが新大陸に来て布教したという可能性はないことはないが、かなり疑わしい。聖母マリア像は聖トマスのマントに誰かの手によって描かれたのではなく、聖母マリア自身がその身体を触れて刻印したとみなすことは限りなく異端に近く、大妄想である。タンコの"Omomachiotinextiquis＝教義によってわれらに教えられたことが今発見された"というナワトル語の解釈を引用して、フアン・ディエゴの畳まれていたマントがスマラガの面前で広げられたときに初めて"像が発見されるために出た"としているが、これはこじつけである。また、もしミエルとボルンダが言うように、ギリシャ正教の総主教が着用するような赤い十字の模様がついたマントを聖トマスが使

用していたのなら、そのようなマントに聖母像が刻印されるはずはない。聖トマス＝ケツァルコアトル説は学識者のシグエンサ博士らが唱えたが、千のお伽噺とひとつの時代錯誤から織り上げられた作り話である。トマトラン（Toma-tolán）は本来"トマトのある所"という意味であるが、ボルンダの解釈にかかると、atl（水）と tomé de Tomás に分割され、"トマスの水辺"という意味になる。このような空想的で、突飛で、空しい根拠の上に『解読書』の理論は立てられている。また巨石記念物にはキリストが死亡したときに世界的大地震と異常な日食が起こったことが記録されているという主張に関しては、キリストは太陰暦3月の14日か15日に死んだのに、死亡日を新月の第3日とするのは、異端ではないにせよ異端に限りなく近い。巨石記念物には反駁の余地のない聖書が刻まれているという点については、聖書は証明の必要なく神によって啓示された無謬のものであって、反駁の余地のない証拠など不要であり存在しない。これこそ両者とも気が狂れている何よりの証拠である。

　　第2提議への反論　ミエルの説教によれば、キリストの死後この大陸は大洪水で破壊され、12人だけがテナユカ山に避難することができ、この12人からメキシコ人の子孫が生まれたという。その5年後、聖トマスが来訪し、当地に20年滞在した後に、東洋へ渡ったというが、トマスが来た頃、メキシコには何人の人間がいたのか？　テナユカ山の12人だけであろう。20年後、トマスが去ったときにも、100人もいなかったであろう。このような状況で、両者が言うようにどうしてトマスが8000人の神官に寺院で命令できるのか？　トルケマーダによれば、ケツァルコアトルは追放され、祖国ウエウエトラパンから596年に逃亡した。その後104年間南へ放浪しトヤンツィンコに落ち着いたが、20年でこの地を放棄し720年にトゥーラを建設した。このようにケツァルコアトルの神話は、少なくとも聖トマスの時代より700年後である。よって、聖母像が1750年前にキリスト教徒のインディオによってテナユカの山頂の寺院で崇拝されていたという主張は虚偽である。

　　第3提議への反論　背教したインディオが聖母像を毀損したことが、どうしてテテウイナンの皮剥ぎの神話的寓話と結びつくのか？　表現法の違いがこのような明白な寓話の解明を妨げてきたとミエルは言うが、なんという錯乱であろう。歴史の良識の欠如したなんと大胆不敵で冒瀆的な人間であろうか。タンコが、画布に描かれた聖像はこれまでにも傷み、将来にも傷むかもしれないと

言っていることは真実だが、それはグアダルーペ聖母顕現の有無の議論とは関係がない。神は並外れた摂理によってこの像を2世紀半以上も時間と自然の被害から保護されてきた。ボルンダの説によれば、大洪水を逃れたアステカ人は25年間で12人だったはずで、この人数ではクルワカンの味方をしてソチミルコと戦争をし、またクルワカン人と同盟を結ぶだけの部族を構成できないであろう。聖トマスはトゥーラを去るときに、グアダルーペ像やキリスト像を隠したとボルンダは言っているが、どのような根拠があるのか。偏執狂が自分自身を納得させるか、狼や鶏の類を納得させるためだけに弄するこじつけである。彼の妄想のうち最も馬鹿げたものは偶像ウイツィロポチトリの解釈である。ボルンダによれば、ウイツィロポチトリとは"左側に刺(とげ)を持つもの"という意味で、チャルマで崇められている、十字架にかけられた大昔のキリスト像のことだという。主が左側にどんな刺をもっているというのか。「刺」とはキリストの槍傷を暗示しているのであろうが、この偶像は左右に刺も傷もないし、またキリストの傷は左側ではなく右側にある。このように両者の支離滅裂な妄想のひとつひとつを列挙すればきりがなく、狂気を発見するだけである。

　**第4提議への反論**　「聖母像の衣服の腹部を締めている紐の結び目はナワトル語で tlalpilli と言うが、これは"大地の主"という意味で、つまりイエス・キリストの比喩である。これは聖母がイエス・キリストを妊娠していることを意味する」というボルンダの妄想は、ドン・キホーテが羊の群を軍隊と、風車を巨人と錯覚したのに等しく、異端以外のなにものでもない。また「聖母が踏んでいる月は新月の第3日を表し、土色は救世主が死んだ正午の日食を意味する」と示唆しているが、救世主の死は新月の第3日ではなく、満月の日である。この像は、太陽が日食で闇に覆われたときに、月に隠れた太陽から洩れ出ている光を背に受けた聖母の栄光と光輝を示していると解釈すべきである。その他にも、月の下に描かれている幼児は、キリスト死亡時に滅ぼされた巨人たちの後に生まれた中背のインディオと永遠の教会を意味するとか、聖母の王冠はキリストの受難を示しているとか、ボルンダが列挙するばかげた隠喩は留まるところを知らない[40]。

**裁判の結末**　このように、検閲官たちはミエルの説教とボルンダの『解読書』を当時の神学者の学識で厳密に分析し、逐一反論している。その批判の主な矛

作家でありメキシコ大学教授（数学・天文学）でもあったシグエンサ・イ・ゴンゴラ（1645～1700）

先は、グアダルーペ像の説明に用いられているナワトル語の音声学的根拠の不合理さ、聖トマス＝ケツァルコアトル説の虚偽性、巨石記念物に刻まれた象形文字の解釈の独善性に向けられ、顕現伝承史に異を唱える者の罪を列挙し罰することによって、従来の正統な伝承を擁護・強化しようとしている。32年もナワトル語の研究に勤しんできたボルンダは、巨石記念物の発見によってその解読の鍵が与えられたと狂喜し、17世紀以降クリオーリョ知識人によって唱えられてきた聖トマス＝ケツァルコアトル説を主な根拠としてグアダルーペ聖母像に関する新説をまとめた。検閲官たちはそうした彼の学問的根拠そのものを否定したわけである。

　いやしくも説教師の認可状を有する前途有望な神学博士が、異端的学説を唱えたからといって弁明の機会も与えられず、即座に教会裁判にかけられたのは、多分にミエルの苛烈な性格と、尊大で教会に批判的な日頃の言動が原因であった。しかしそれだけではなく、教会側には18世紀末に顕著になってきた、聖母顕現を解釈し直そうとするクリオーリョ知識人たちの新しい動きを阻止する意図もあった。ボルンダの『解読書』を賞賛し、ミエルの説教を創意に富んだ思想として歓迎する人々がいることを検閲官は指摘し、その元凶は前世紀の学者シグエンサ・イ・ゴンゴラであるとしている。彼が聖トマス＝ケツァルコアトルの新大陸布教説を唱えていなかったら、マヌエル・ドゥアルテもカブレラ・イ・キンテロもボルンダも、お互いに模倣し合うことなく、奇抜な考えを書き記しもしなかったとして、ヌエバ・エスパーニャのクリオーリョの間で最も影響力のあった碩学を批判したのである[41]。検閲官はまた、「説教師たちが民衆に過ちや醜聞の種を蒔いた場合は、司教は彼らにたいして、法に則り一般的あるいは特殊な特権をもつ修道士を裁くことができる」[42]と定めたトリエント公会議の決議を楯にミエルを裁こうとしている。このことにも、修道士の逸脱行為を防止し、教会を守ろうとする姿勢が窺える。また、スペインのサラゴーサのピラル聖母信仰[43]が確固たる伝承に依拠していることを例にとり、

「現代〔18世紀〕において傲慢な哲学者たち[44]は節度を失い、民間の信仰伝承は民衆の錯誤であり、ほとんどの奇蹟信仰は軽々しい迷信であるとみなし、教会や伝承にたいして払われるべき尊敬や崇拝が失われつつある」と指摘して、危機感を募らせている。

検閲官による報告書は次のように結ばれている。説教師がキリストの代理として聖なる真実を教えるべき神聖な説教台で、1794年12月12日に行われた説教は、夢と妄想と不条理の産物であり、その起源と根拠は錯乱した空想である。これが真実の歴史を裏切った空虚でばかげた寓話であることを大衆に知らしめるために、布告か司教教書の発令を要求して、ミエルの処罰を求めるものである。またボルンダは、悪意や邪悪な意図はもっておらず、セルバンテスの空想上の英雄〔ドン・キホーテ〕にすぎない。したがってその説の誤り故に有罪とする必要はない。

検閲官の報告書提出を受け、検閲長官が起訴状を作成し、3月21日、大司教によって判決が下された。ボルンダは以後、確たる根拠を欠く奇蹟について執筆すること、聖母について語ることを禁止された。ミエルはローマ法王庁も承認した伝承にたいして不敬かつ虚偽の説教を行い、民衆の信仰心を混乱させたが、自説の撤回と謙虚な謝罪を申し入れ、過ちを全面的に告白したことが「配慮され」、次のように処罰が決まった。教授・説教師・告解師の職務を永遠に剥奪された上、本国サンタンデル司教区のカスティーリャ地区カルダス修道院に10年間の幽閉を宣告されたのである[45]。

情状酌量されたとはいえ、ボルンダに比較してミエルへの処罰の峻烈さはどうであろう。判決文の「配慮」という言葉が空々しい。「撤回」と「謝罪」というくだりは、大司教が強制したのではなく、ミエル自身から申し出たことを強調したいためであろう。元来、聖母顕現に関する異端的新説はボルンダの発想であり、ナワトル語に門外漢のミエルは彼の解釈を借用して説教を練り上げたにすぎない。この量刑の相違は、大胆にも大司教や副王らヌエバ・エスパーニャの貴顕の面前で従来堅持されてきた聖母伝承に異を唱えた不敬な態度と、ミエルの常日頃の傲慢な言動や他人を容赦なく攻撃する苛烈な性格に起因すると言える。この裁判劇はミエルと大司教ヌニェス・デ・アロの個人的な確執に端を発していると解釈できないこともない。

## 5 ▶ クリオーリョ主義——ミエル説教の意味

**植民地人の苦悩**　ヌエバ・エスパーニャの教会当局は顕現の奇蹟を堅持しようとし、一方ミエルはそれを覆す異端的新説を唱えたとして処罰されたが、実は両者とも顕現の奇蹟があったという点では一致しているのである。大きな違いは年代の設定で、教会側は聖母顕現を1531年とし、ミエルは1世紀初頭に推定している。この見解の相違はどこから生じたのか。ミエルは植民地宗教界の長である大司教ヌニェス・デ・アロの面前でなぜ大胆にも新説を開陳したのか。雄弁家で自己顕示欲の強いミエルが晴れの舞台で貴顕紳士の注目を浴びようとして、立場と場所を弁(わきま)えず、つい軽率な言を弄したという面もあるが、ドミニコ会きっての神学博士、当代一流の説教師があえて新奇な説を述べた背景には、メキシコの民族性に関わる重要な事情があったのである。

　新大陸は16世紀初期にスペインに征服され、植民地となったメキシコの統治は本国から派遣されてくる貴族や高級官僚が担い、植民地で生まれたスペイン人＝クリオーリョには政治的立身出世の道がほとんど閉ざされていたことはすでに前章で述べた。経済界では大荘園主、貿易商、鉱山主等、彼らにも成功の道は開かれていたが、政界と同様に宗教界でも、クリオーリョが修道院長、修道会管区長、司教、大司教等の高位聖職者に任命されることは稀であった。当然のことながら、下・中位聖職者を占めるクリオーリョと少数の本国人高位聖職者との軋轢は次第に激しくなった。クリオーリョはインディオでもメスティーソでもなく、ガチュピン（本国人への蔑称）と同じ白人であるにもかかわらず、宗主国から派遣されてくる官僚や司教が本国人であるという理由だけで彼らの後塵を拝さなければならず、名誉と官位から遠ざけられた差別感に苛まれていた。その思いは才能に恵まれ、秀でたクリオーリョにことさら強かった。クリオーリョには、血を流してアステカ族と戦いスペイン本国に膨大な植民地の富をもたらしたのは我々の祖先ではないか、本国の国庫収入を支えているのは植民地ではないか、教会の金箔の祭壇は我々の喜捨の賜物ではないか。クリオーリョにはこうした自負心があった。16世紀半ばに露見したマルティン・コルテスの謀反はクリオーリョ第一世代の不満の爆発であった。つづく17世紀初頭、副王ヘルベス、大司教セルナ、聴訴院の三者の政治的対立から

発生した暴動では、機能が麻痺した副王庁に代わって4千人のクリオーリョで編成された民兵軍が暴徒を鎮圧し、クリオーリョ階級はその存在感を示した[46]。本国がヨーロッパで他の列強との戦闘に苦しんでいる間、ヌエバ・エスパーニャのクリオーリョ層はペニンスラーレス、インディオ、メスティーソを結ぶ核として着実に地歩を固めていたが、彼らの存在感が大きくなればなるほど、相対的に彼らの社会的地位の低さが顕著になり、焦燥感は募るばかりであった。

　植民地支配体制は政争、暴動、汚職、人種差別、疫病、インフレ、凶作等の問題を抱えながらも表面上は安定し、根底から覆される危機的状況ではなかった。だが、水面下ではクリオーリョ知識人たちが自己を模索する思想的葛藤を繰り広げていた。本国人との差別感から発した不満は、次第に本国人とは異なるアイデンティティを求める渇望へと変わっていった。クリオーリョとは一体何者なのか。スペイン人なのか、メキシコ人なのか。本国生まれのスペイン人と異なるとすれば、どこが違うのか。どこに違いを求めればよいのか。我々は彼らより劣等なのか。そのようなクリオーリョ階級の苦悩を、愛国心と聖母信仰を結びつけることによって取り除き、精神的解放感を与えたのは当時の知識人階級であった。前述のシグエンサ・イ・ゴンゴラやフアナ・イネス・デ・ラ・クルス、フアン・ホセ・エギアラ、クラビヘロ、ホセ・ホアキン・フェルナンデスら同邦の学者、聖職者、作家、詩人たちである[47]。

**教会の思惑**　そのような一部のクリオーリョ知識人の活動とは別に、民間の聖母信仰は徐々に確立されていった。1629年テペヤックからメキシコ市に移送された聖母像は洪水から市を救う守護神として認知され、また頻発するペストや風疹など疫病からの救済者として次第に篤い信仰の対象となっていった。聖母顕現に関しては17世紀後半以降、"グアダルーペの四福音史家"（サンチェス、ベガ、タンコ、フロレンシア）と呼ばれるクリオーリョ聖職者たちが、それまで漠然と信じられてきたグアダルーペ顕現伝承を、『黙示録』の独自の解釈や実証的歴史学に基いた学問的根拠によって立証し、聖母信仰に正統性を与えた。彼らの著述によって教会当局も次第に聖母顕現説を受け入れ、グアダルーペの聖母はメキシコの守護神となった。ラファイエが「グアダルーペ聖母が顕現したのは1531年でも1556年でもなく、1648年〔サンチェスの著作発表年〕と1649年〔ベガの著作発表年〕である」[48]と指摘するのもあながち誇張では

ない。"グアダルーペの四福音史家"こそ、メキシコのアイデンティティを形成した先達と呼べるであろう。

　植民地のカトリック教会はスペインのピラル聖母信仰と同様の奇蹟譚をメキシコでも承認することによって、植民地でのカトリック信仰を強化しようとした。その意味ではクリオーリョ知識人たちが自らのアイデンティティ確立のために唱えた聖母顕現説を利用したことになる。教会にとって一度公式に認めた伝承を無傷のまま保持することが肝要で、その変更は容認されないし、また疑問を差し挟むことも許されないことであった。したがって教会当局は、どのような意図であれ、公的権威によって承認された見解に異を唱える者には何らかの制裁が必要であると判断していた。

**ミエルが求めたもの：「メキシコ人」のアイデンティティ**　王室と教会にとって、サンティアゴ（聖ヤコブ）信仰やピラル聖母信仰のような聖人崇拝、奇蹟譚が新大陸に流布すること自体はなんの危険もなく、むしろ奨励すべきことであった。しかし新大陸独自の使徒信仰が広まり、しかもそれが土着の多神教のなかで最も重要な神のひとつであるケツァルコアトルと結びついて民間信仰となることは看過できないことであった[49]。公的伝承を守ることは単に民衆に精神的安寧を与えるためばかりではなく、スペイン王室の礎として奉仕する伝統的カトリック教会の正統性を守り、権威を強化することでもあった。ミエルは、そのように本国の支配の道具として利用される聖母ではなく、クリオーリョ、インディオ、メスティーソから構成される「メキシコ人」の精神的支柱となるような聖母を求めたのである。彼はスペイン人とメキシコ人を平等化し[50]、本国と競合できる聖母信仰を作りだし、スペイン王室が掲げる植民地支配の正統性の根拠を無効にしようとした。サンティアゴがピラル柱の上に立つ聖母像でスペイン人を改宗させたのなら、聖トマスがグアダルーペ聖母像でインディオを改宗させたとしてもなんの不思議もなかった。カトリックが普遍的世界宗教であるなら、ヨーロッパやスペインと対等な聖母の顕現が新大陸にもあってしかるべきだった。そして、対等であるためには、古代神ケツァルコアトルは聖ヤコブと同様にキリストの使徒でなければならなかった。十二使徒のなかで適格者は、アジアで殉教した聖トマス以外に考えられなかった。新説の証明に没入していたミエルは、新大陸には聖トマスと推測されるキリストの使徒が残した痕跡や、

キリスト教の教義や秘蹟と類似したインディオの習慣が至るところに観察されることに歓喜し、使徒がアジア―メキシコ間を往復したという仮説をそれほど荒唐無稽なものとは思わなかった。

　ミエルは民衆の精神的指導者とみなされる聖職者の立場から、スペインとまったく対等の聖母信仰をメキシコが所有することによって初めて、メキシコ人はそれまで苛まれてきた不平等感から解放され、本国人から精神的に自立することができると考えた。そうしてこそ、スペイン人とは異なる独自の祖国愛をもつメキシコ人が誕生するのであり、その中核となるのはクリオーリョであると確信していた。ミエルは、クリオーリョ主導のメキシコのナショナリズム、すなわち「クリオーリョ主義」形成の一翼を担った一人と言える。そして、アンダーソンが指摘するように、「大西洋のこちら側で生まれてしまった」運命共同体の精神、植民地に培われたクリオーリョ階級の理念は、メキシコのナショナリズムの萌芽と位置づけられる。

### 結び

　「奇蹟」とは人知を超越した現象であり、人間が残した史料の調査に基づく歴史学の見地からなしうることはその有無を論ずることではなく、その有無を証言する史料が依拠するところの伝承や記録を考証することであろう。この視点に立てば、1531年にグアダルーペの聖母がフアン・ディエゴの前に顕現したという伝承は、少なくとも16世紀には存在していなかったと言える。16世紀後半の史料にはテペヤックの丘に建てられた寺院にグアダルーペ聖母像があり、インディオが信仰していたという記録は残されているが、スアレス・デ・ペラルタの不明瞭な記録を除けば奇蹟を記した聖職者、歴史家、役人はいない。17世紀以降、度重なる洪水の被害に悩まされていたメキシコ市を救う守護神として、また疫病の救済者として次第に民衆の間にグアダルーペ信仰が高まり、"グアダルーペの四福音史家"が聖母顕現伝承に学問の根拠を与えてから、単なる民間信仰が公式の信仰へ昇格していき、植民地教会も正式に承認した。そのような公式見解に真っ向から反論を唱えたのがミエル師である。彼の仮説はボルンダの見解を借用したものであったが、1世紀前のクリオーリョ聖職者たちが聖母とフアン・ディエゴというインディオを関連づけることによってメキシコ独自の聖母像を所有しようとしたのにたいして、ミエルは聖母と十二使徒

のひとり聖トマスを結びつけることによって、スペインやヨーロッパとまったく対等な、本国の支配の道具ではない、「メキシコ人」の精神的支柱としての聖母像を所有しようとした。

　学説的には、聖母、聖トマス、ケツァルコアトルの三者をつなぎ合わせる考えはミエル独自の発想ではない。16～17世紀前半のドゥラン、トバルの使徒新世界布教説や、17世紀後期のイエズス会士ドゥアルテの聖トマス＝ケツァルコアトル新大陸布教説を土台にして、そこにシグエンサ・イ・ゴンゴラを中心とするクリオーリョ知識人たちがグアダルーペ聖母顕現を結びつけ、次第に培われてきたものである。ミエルはそれら過去に積み上げられてきた民族精神を発揚する学説を凝縮して、植民地ではタブー視されていた見解を大胆にも公表したにすぎない。あのような説教が可能であったのは、ミエルの立場を積極的に支持する隠然たるクリオーリョの知的グループの存在があったからである。ヨーロッパの啓蒙主義の影響を受けたクリオーリョ知識人の間に、よりメキシコ的なものを追求しようとする知的転換、クリオーリョの本国人からの差異化という画期的な意識変革が生まれていたのである。18世紀末の植民地にはミエルの反スペイン的思想が結実するだけの十分な土壌があり、19世紀初頭にはその果実が熟し、クリオーリョ司祭ミゲル・イダルゴのスペイン政府打倒の叫びによって、独立戦争の火蓋が切られることになる。ブローディングが指摘するように、聖母グアダルーペこそ、スペインにたいする共通の反乱によって大衆とクリオーリョ・エリートを結合するために喚起されたヌエバ・エスパーニャの守護神であり母であった[51]。聖母は反乱を正当化したのである。アンダーソンに依拠するならば、メキシコにはグアダルーペ聖母を精神的核とする「想像の共同体」が存在したと言えるであろう。

　クリオーリョ主義の形成に大きな役割を果たしたミエル師のその後の人生も、波乱に富んだものだった。ミエル師は幽閉後間もなくカルダス修道院を逃亡し、身の潔白を証明するためにマドリードのインディアス諮問会議に再審査を請求した。諮問会議や王立歴史アカデミーで無罪を主張したが、大司教ヌニェス・デ・アロの裏工作によって妨害されたので、ピレネーを越えてパリに向かった。その後、ローマ、ナポリを経て、再びスペインに入国するが、マドリードで捕われてセビーリャに護送された。そして再び逃亡しカディスを経てポルトガルへ越境する。ナポレオン軍がスペインに侵入すると、ポルトガルに徴兵に来て

いたラグーナ将軍率いるバレンシア義勇軍に従軍司祭として志願したが、ベルチテで捕虜となる。釈放されて、1811年英国へ向かい、14年、ロンドンに滞在中、ホセ・ゲーラのペンネームで書き綴っていた『ヌエバ・エスパーニャ革命史』を出版した。その後、困窮と病のためにパリへ移るが、15年にナポレオンが復帰したので、パリに来ていたルーカス・アラマンに助けられて再び英国へ逃亡した。翌年、スペイン人革命家フランシスコ・ハビエル・ミナの遠征隊に加わり、リバプールを出航し米国に向かった[52]。東海岸のノーフォーク、ボルティモアからガルベストンを経由して、17年ついにタマウリパス州のソト・ラ・マリナに上陸し、実に22年ぶりに祖国の土を踏んだ。だが、メキシコの独立を阻止しようとする王党軍の捕虜となり、メキシコ市の異端審問所に移送された。3年間の獄中生活を送る間に『アポロヒア（弁明書）』を執筆した。さらにベラクルスのサン・フアン・デ・ウルア要塞に転送され、そこで『メキシコ人への手紙』を執筆した。その後移送されたキューバのハバナから米国へ逃亡するが、1822年、米国フィラデルフィアでイトゥルビデ（この時は副王軍大佐）とゲリラ隊長ゲレロの間で実質的独立宣言である「イグアラ綱領」が署名されたことを知り、帰国の途につく。しかし、メキシコの独立を認めずサン・フアン・デ・ウルア要塞に立て籠もっていたスペイン軍に捕縛された。司令官のダビラ将軍はミエルが反イトゥルビデ派であることを知り、解放したので、ようやく独立した祖国に自由の身で帰国を果たすことができた。1822年7月15日、議会で演説する機会を与えられたミエルは、メキシコには共和制が相応しいが、代議制の原則が損なわれないことを条件に帝政を是認するという政治的見解を示した。さらに1794年の説教に触れ、自分が聖母伝承を否定したという印象を人々がもったのは勘違いで、自分は従来の伝承を守り、さらに踏み込んで称揚したのだ、と28年前の事件を総括した[53]。その直後、アグスティン1世として皇帝に即位したイトゥルビデは、背教者と忌み嫌っていたミエルを逮捕し、サント・ドミンゴ修道院に収監した。しかし、イトゥルビデが失脚するとミエルは解放され、1823年にヌエボ・レオン州の代議員に再選された（最初の選出は前年の逃亡中）。翌24年、ミエルも草案起草に参画したメキシコ連邦共和国憲法が公布され、翌年、グアダルーペ・ビクトリアが初代大統領に選出された。27年、スペイン軍最後の橋頭堡であったサン・フアン・デ・ウルア要塞が陥落した。スペイン本国人がメキシコから追放され、

新国家の土台が次第に固められる状況を肌で感じながら、ミエルは同年 12 月 3 日、彼を「百歳の子ども」と評した友人のミゲル・ラモス・アリスペに見守られて、64 歳で没した。まさに波乱万丈の生涯であった。

注
1 紙幅の制約上、Veytia, pp. 2–9 の要約を掲載した。
2 Enríquez de Almanza（1575 年 9 月 23 日の項）.
3 Suárez de Peralta, p. 232.
4 ブスタマンテの説教に心証を害したモントゥファルはテペヤックの聖母信仰に関する調査を命じ、証人が召喚された。その証言記録が *Información* として残されている。シスネロスはその証人のひとりである。当時の在俗司祭と修道司祭の対立と聖母信仰の萌芽を知るうえで貴重な史料である。Nebel, pp. 138–140; Noguez, pp. 90–91.
5 ロレトはイタリア中部のアンコーナ近郊にある巡礼地。11 世紀末、十字軍がエルサレムを奪還した後、兵士たちが聖地の建築材をイタリアに持ち帰り、ナザレにあった聖家族の家のレプリカを建てた。しかし、ロレトの人々の間では家が天使たちによって空を飛んでロレトに運ばれてきたと信じられ、現在でも巡礼者の訪問が絶えない。
6 Noguez, pp. 89–91.
7 Sahagún, T. III, p. 352.
8 トルケマーダは「300 レグア〔約 450 km〕離れたグァテマラからも巡礼に訪れ供物を捧げていた」と記録しているが、サアグンはグァテマラからの巡礼には触れていない。ちなみにトルケマーダは『インディアス王国論』を執筆するにあたりサアグンの著書を参考にしているので、類似した描写が随所に見られる。Torquemada, T. III, p. 357；Sahagún, T. III, p. 353.
9 Nebel, pp. 142–144.
10 De la Maza, p. 54. デ・ラ・マサの著書はグアダルーペ聖母の歴史と聖像学を研究する上で、基本文献となっている。
11 4 人の著作はいずれも顕現譚研究には不可欠の史料である。ベガのナワトル語の著作『ニカン・ポモワ』については、彼自身が巧妙に典拠に触れるのを避けているために、本人が執筆したものなのか、収集したインディオの手稿に加筆して出版したものなのか明らかでない。現在までこれについて様々な推測がなされてきた。インディオの原作者としては、トラテロルコ学院でサアグンのナワトル語のインフォーマント（情報提供者）として協力したアントニオ・バレリアーノ説が有力である。
12 Junco, pp. 18–20.
13 *Ibid*., p. 22.

14 Reyes, prólogo xx.
15 オゴルマンがミエルの著作に注釈を加えてまとめた作品で、ミエルの著作以外の文献(「裁判記録」、後述するボルンダの『解読書』、トラッギアの「マドリード王立歴史アカデミーへの報告書」等)も掲載され、ミエル研究に不可欠な基礎史料と言える。Mier, 1981. しかし編者が紙幅の制約と簡潔さを考慮して割愛した箇所が多く、「裁判記録」は Hernández y Dávalos, pp. 5–132 を、ボルンダの『解読書』は León, pp. 195–351 を参照の必要あり。
16 ミエルはナワトル語の知識がないために、後述するボルンダの文献を十分に理解して説教を練り上げたわけではなかった。そのため内容に事実誤認があるばかりか、引用する地名も正確ではない。説教を初めから最後まで入念に読んでみると、ミエルはテナユカ山をどうやらクルワカン、あるいはコアテペックと措定しているようである。
17 ミエルは説教で聖母顕現は 1 世紀初頭に起こったとしているが、聖トマスは 1 世紀中葉の人物である。
18 スペインのグアダルーペ聖母顕現譚の概略は以下のようなものである。エクストレマドゥーラ地方、カセレスの年老いた牛飼いヒル・コルデロは迷い牛を探して森に分け入り、3 日目に川辺で牛を発見したが、すでに死んでいた。皮を剥ごうと牛の胸にナイフで十字の切れ込みを入れると、牛が生き返った。そのとき聖母マリアが現れ、コルデロに次のように言った。「町に戻りお前が見たことを司祭に話し、彼に牛の死体のあった場所の下の岩を掘るように伝えなさい。掘るとそこから私の像が出てくるでしょう。その場所から像を動かさず、祠を建て発見した像を安置しなさい」。グアダルーペという名称は、アラビア語の「隠れた川」に由来し、聖母が顕現した場所が森の奥の川辺だったことに因む。
19 ドゥランは、トピルツィンは東方から到来しインディオに布教したが、「妖術師」のケツァルコアトルとテスカトリポカの罠に落ちたことを恥じ再び東方へ姿を消した聖人、と記し、歴史上の人物トピルツィンと、神や妖術師とみなされていたケツァルコアトルを区別している。Durán, T. I, pp. 9–15.
20 Tovar, p. 73.
21 Sigüenza y Góngora, 1898, pp. 126–166. 編者ラミレスは聖トマス＝ケツァルコアトル説を最初に唱えたのは、当時の通説のようにシグエンサ・イ・ゴンゴラではなくイエスズ会士のマヌエル・ドゥアルテであると推測している。このポルトガル人修道士はフィリピンのマニラに赴任後メキシコに渡り、14 年後再びマニラに戻る際に、自説を記した草稿をシグエンサ・イ・ゴンゴラの手元に残した。ドゥアルテがインドにおける聖トマスの布教と殉教についての伝承を収集していた可能性は大いにある。彼は自身の太平洋横断とメキシコのケツァルコアトル伝説に着想を得て、聖トマス＝ケツァルコアトルの新大陸布教説を提唱したと推測される。また、ラファイエはラミレスの説に依拠して同じ説を唱えている。Lafaye, pp. 265–271. クラビヘロは征服前のキリスト教布教説には同意していない。Clavijero, pp. 152–153. ボトゥリ

ニは1736年から7年間メキシコ各地を訪れ、主にインディオによって記された先スペイン期の絵文書、地図を収集し、メキシコ古代史を研究した。その研鑽の結晶である『新インディアス概史』(Idea) には、彼が収集した古文書のカタログ (Catálogo) が添付してある。ボトゥリニはシグエンサ・イ・ゴンゴラの著書が日の目を見ていないこと、聖トマスの布教を裏づけるオアハカの十字架の絵を彼自身が所有していること、インディオは聖トマスのことをケツァルコアトルと呼んでいたことなどを列挙し、グアダルーペ顕現と聖トマスを結びつけた。Boturini, Idea, pp. 156–157; Catálogo, pp.43, 50. シグエンサ・イ・ゴンゴラは聖母が司教館でディエゴとスマラガの前に顕現したことや、ここに語られる手稿の原作者がインディオのアントニオ・バレリアーノであることを指摘している。Sigüenza y Góngora, 1960, pp. 61–65.

22　Torquemada, T. III, p. 176. サアグンとドゥランは、アステカの神のひとつ、生贄から剝いだ皮を身につけて踊る再生と春の神シペ・トテックについて記録している。テテウイナン物語は古代社会で広く信仰されていたこのシペ・トテック神に依拠していると推測される。Sahagún, T. I, p. 65 ; Durán, T. I, pp. 95–97, 100.

23　Torquemada, T. III, p. 83.

24　この場合は無原罪の御宿りが12月8日であるからそこから8日目の16日までの期間を指す。

25　コロマンデル沿岸のマドラスには現在でもSt. Thomas Mount (聖トマス山)、San Thomé Cath (聖トマス聖堂)、Mylapore (マイラポール) といった地名が残されている。

26　シリア・カルデア文字は、紀元前13世紀頃のシリア・パレスティナ地方にその起源を遡るアラム語系の文字。アルファベットのn, m, s, tに相当するシリア・カルデア文字が数字の8に似たやっとこの形をしていることからミエルはこの推論を導いたのであろう。

27　中近東とインドにおける紀元1～4世紀頃のキリスト教布教活動に関しては、聖トマスと聖バルトロメの名が挙がっているもののその全容は曖昧模糊としている。聖トマスの中近東での布教については、小アジアやパレスティナでの布教やエデッサ (メソポタミア北西) に残された墳墓についての記録はあるが伝説の域を出ていない。Fliche-Martin, T. II, pp. 196, 290, 583, 590. 聖トマスの死を7月3日とする「トマスの歌」や、埋葬地をエデッサとする伝承もある。Brown, pp. 43–51.

28　元来、ボルンダの手元にあった草稿は、ミエルが説教のために逮捕された際に裁判資料としてボルンダが副王に提出したものと、ミエルに貸与したものの2部に分割された。『解読書』本体は「副王への書簡」、「国王への報告書」、「指針の鍵」、「解読の手引き」、「注釈」、「予備メモ」、「ミエル宛て短信」で構成されており、他に『解読書』の内容には直接関係しない「聴訴院への報告書」、「グレゴリオ・ガルシア著『新世界の布教』の要約」が含まれているが、整然と項目ごとに綴じられているわけではなく、丁が錯綜し混然としている。ルーバ公爵とニコラス・レオンの編

になる2版があり、前者が整然さを欠き、脱漏が随所にみられるために再編したのが後者であるが、ページの整合に必ずしも成功しているわけではない。オゴルマンは「雑然さ、錯綜した説明、論旨展開の不明快さ、語源学的奇抜さと理解を超える語句に満ちた文章の難解さにおいて『解読書』に比するテキストを見つけることは容易ではない」と述懐し、その理由を次のように述べる。まずボルンダは副王を介して国王へ提出しようとした報告書に、積年の研究成果である象形文字の解読法だけを述べ、聖トマスの新世界における布教、聖トマス=ケツァルコアトル説、聖母像に関する新説を陳述することを逡巡した。そのため言い控えた本来の目的を「指針の鍵」、「解読の手引き」、「注釈」、「予備メモ」で爾後補足したため、全体の整合性が失われたというのである。

29　ボルンダはアステカの暦の解読にあたり、イタリア人の歴史家であり古文書収集家のボトゥリニの論文を参考にしている節がある。Boturini, 1990, pp. 232–249.
30　ボルンダはスペイン人のユカタン半島到着を1515年としているが、実際にはエルナンデス・デ・コルドバが半島に到着したのは1517年である。
31　Mier, 1981, T. II, pp. 94–95.
32　マントに描かれた花については、「いろいろな花」とする説と「バラ」と限定する説がある。
33　Mier, T. II, pp. 68–107.
34　ボルンダの知人でクリオーリョのドミニコ会士マテオス神父が、ミエルをボルンダにひき合わせた。Ibid., T. I, p. 27.
35　Mier, 1946, T. I, pp. 15, 21.
36　Mier, 1981, T. II, p. 53.
37　Ibid., T. I, p. 35.
38　ボルンダは説教の15日前にもミエルが訪れたこと、ミエルがナワトル語の複合的意味や寓意に精通していなかったことも合わせて証言している。Ibid., T. II, pp. 43, 60–61. なお、ミエルは説教の依頼を受けたのは17日前で、草案を推敲する十分な時間がなかったことを告白している。Hernández y Dávalos, p. 7.
39　報告書を作成したのはウリーベで、オマーニョはウリーベが書き上げた報告書に赤子のように同意しただけであると、ミエルは皮肉っている。Mier, 1946, T. I, p. 91.
40　Mier, 1981, T. II, pp. 139–150.
41　検閲官のウリーベは、聖トマス=ケツァルコアトルの新大陸布教説の提唱者をシグエンサ・イ・ゴンゴラとほぼ断定しているが、注21で述べたように最初の提唱者はドゥアルテである可能性が高い。また、検閲官は教会の功労者カブレラ・イ・キンテロについては直接名を出すことは控え、「『新大陸、インド、中国、日本の布教者、豊かな羽をもつ知的鳥、ヨーロッパのフェニックス、使徒聖トマス』の著者の司祭」と言うに留めている。Mier, 1981, T. II, pp. 116,170. カブレラ・イ・キンテロの著作の原題は以下の通り。*Féniz del Occidente, ave intelectual de rica pluma, el Apóstol Santo Thomas, Predicador de el Nuevo Mundo, Missionero de ambas Américas, de la In-*

dia, la China y el Japón.

42　Mier, 1981, T. II, p. 173.
43　スペインのサラゴーサに伝わる聖母信仰。聖母マリアが十二使徒の一人ヤコブ（サンティアゴ）の前に現れ、信仰の礎となる柱（pilar＝ピラル）を授けたという伝説に基づく。伝説の概要は以下の通り。紀元40年、スペイン東部のアラゴン地方へやってきたヤコブは、エブロ河岸の町サラゴーサで多くの住民の改宗に成功した。1月2日の夜、ヤコブが住民と川辺で休息していたところ、どこからともなく「アヴェ・マリア」を歌う天使の声が聞こえてきて、大理石の柱の上に聖母が顕現した。聖母は、自分を必要とする信者の願いを神にとりなし、神の恩寵をこの世で実現したいので、自分の立っている柱のあたりに教会を建てるようヤコブに頼んだ。ヤコブが承知すると聖母は消え去り、後に柱が残された。ヤコブと弟子たちはすぐに教会の建設にとりかかった。完成直前にヤコブは教会名を「聖母ピラル教会」とするように弟子たちに言い残してパレスティナへ戻っていった。
44　超自然的な神秘性を少なくとも人間の思考の次元からは払拭しようとする理神論に立ち、「光の哲学」を説いたヴォルテールなど、18世紀の啓蒙主義哲学者を指す。
45　Mier, 1981, T. II, pp. 178–180.
46　Israel, pp. 139–163.
47　Nebel, p. 161. イネス・デ・ラ・クルス（1651〜95）はヒエロニムス会尼僧、詩人・作家。エギアラ（1695〜1763）は神学者、異端審問官、著名な書物収集家。フェルナンデス（1776〜1827）は作家、自由主義的新聞 *El Pensador Mexicano* を創刊。
48　Lafaye, p. 340.
49　*Ibid*., p. 282.
50　ミエルは古代インディオ文明を賞賛したが、それはガチュピンへの憎悪がすべての感情に優先したためであるとラファイエは指摘している。*Ibid*., p. 275.
51　Brading, p. 647.
52　Alessio Robles, p. IX–XV.
53　メキシコのグアダルーペ聖母顕現伝承について調査を依頼された啓蒙主義者フアン・バウティスタ・ムニョスは、顕現は歴史的根拠のない寓話にすぎないという結論を1794年に王立歴史アカデミーに報告していた。Muñoz, pp. 219–224. アカデミーはムニョスの見解とミエルの説教についての報告書を作成したアカデミー会員のビセンテ・ゴンサレス・アルナオの意見に依拠して、ミエルは血気にはやって慎重さを欠いた説教を行ったが、そのことによって有罪とすることは不当で、法の庇護に値するとして、ミエルを無罪とする結論を出した。しかしこの報告書は裁判ではとり上げられなかった。幽閉後の逃亡生活のなかで、ミエルはムニョスの報告書やスペイン啓蒙主義の懐疑的思想に影響を受け、自由主義的思想家へと変貌し、ついには聖母顕現を否定するに至る。しかし、祖国に帰還してみると、クリオーリョ意識の中核であったグアダルーペ聖母は、独立後の新生国家の神聖な守護神となっていたので、顕現否定に至った内面の葛藤を同胞に吐露することはためらわれた。1822

年の議会演説では新しい祖国の不可侵なシンボルへと昇華した聖母信仰を否定することはできず、沈黙を守らざるを得なかったのである。

## 参考文献

Alessio Robles, Vito, *El pensamiento del Padre Mier,* Secretaría de Educación Pública, 1944.

Boturini Benaduci, Lorenzo, *Historia General de la América Septentrional*, UNAM, 1990.

―――――――――――――, *Catálogo del Museo Histórico Indiano, Idea de una nueva historia general de la América septentrional*, Imprenta de Juan de Zuñiga, Madrid, 1746.

Brading, David A., *Orbe indiano*, FCE, 1993.

Brown, L. W., *The Indian Christians of St. Thomas*, Cambridge University Press, 1956.

Clavijero, Francisco Javier, *Historia antigua de México*, Porrúa, 1991.

De la Maza, Francisco, *El guadalupanismo mexicano*, FCE, 1992.

Durán, Diego, *Historia de las Indias de Nueva España e islas de Tierra Firme*, 2 tomos, Porrúa, 1967.

Enríquez de Almanza, Martín, *Carta del virrey de la Nueva España*, México, septiembre 23, 1575, en Cartas de Indias, Ediciones Altas, Madrid, 1974.

Fliche-Martin, Valencia, *Historia de la Iglesia*, 1978.

Hernández y Dávalos, J. E., *Colección de Documentos para la Historia de la guerra de Independencia de México de 1808 a 1821*, Nendeln, Liechtenstein, 1968.

Israel, Jonathan I., *Razas, clases sociales y vida política en el México colonial 1610–1670*, FCE, 1980.

Junco, Alfonso, *El Increíble Fray Servando, psicología y epistolario*, Editorial Jus, 1959.

Lafaye, Jacques, *Quetzalcóatl y Guadalupe*, FCE, 1977.

León, Nicolás, *Bibliografía mexicana del siglo XVIII*, T. III, Imprenta de la viuda de Francisco Díaz de León, 1906.

Mier, Servando Teresa de, *Obras Completas I–II*, El heterodoxo guadalupano, estudio preliminar y selección de textos de Edmundo O'Gorman, UNAM, 1981.

―――――――――――――, *Memorias de Fray Servando*, 2 tomos, Monterrey, Nuevo León, 1946.

Muñoz, Juan Bautista, *Memoria sobre las apariciones y el culto de nuestra señora de Guadalupe de México*, Memoria de la Real Academia de la Histoira, T. V, Madrid, 1817.

Nebel, Richard, *Santa María Tonantzin Virgen de Guadalupe*, FCE, 1996.

Noguez, Xavier, *Documentos guadalupanos*, Un estudio sobre las fuentes de información tempranas en torno a las mariofanías en el Tepeyac, FCE, 1995.

Reyes, Alfonso, *Memorias de fray Servando Teresa de Mier*, Editorial América, Madrid, 1917.

Sahagún, Fray Bernardino de, *Historia general de las cosas de la Nueva España*, 4 tomos, Porrúa, 1956.

Sigüenza y Góngora, Carlos de, *Pluma rica, nuevo Phénix de Occidente*, Bibliografía Hispano Americana Septentrional, Adiciones y Correcciones por José Fernando Ramírez, Imprenta de

El Tiempo, 1898.

――――――――――――――, *Piedad heroyca de don Fernando Cortés*, Colección Chimalistac, Madrid, 1960.

Suárez de Peralta, Juan, *Noticias históricas de la Nueva España*, Dirección General de Publicaciones del Consejo Nacional para la Cultura y las Artes, 1990.

Torquemada, Fray Juan de, *Monarquía indiana*, 7 tomos, UNAM, 1975–83.

Tovar, Juan de (Manuscrit Tovar), *Origines et croyances des indiens du mexique*, Akademische Druck u. Verlagsanstalt, Graz, 1972.

Veytia, Mariano Fernández de Echeverría y, *Baluartes de México*, Edición Facsimile, Guadalajara, 1967.

# 第5章　米墨戦争と英雄幼年兵
## 　　　：反米ナショナリズム

はじめに

　メキシコの近代詩人アマード・ネルボの「チャプルテペックの殉教幼年兵」は、"ほころびかけた蕾が凍てつく風に命を奪われるかのように、英雄幼年兵たちは侵略者の弾丸に倒れた"と始まる。この詩は、1847年、米墨（米国―メキシコ）戦争（1846～48）で祖国に命を捧げた6名の幼年兵を称えるために詠まれたものである。ネルボは幼年兵たちをアステカの鷲に喩え、軍人としての義務を遂行した愛国的な行為を賞賛し、彼らの栄光を切々と歌っている。ネルボたらずともおよそメキシコ人であれば、幼年兵にたいする一抹の感傷は誰しも抱くところである。

　1821年にスペインから独立を達成し、新しい国家建設をめざしていたメキシコにとって、隣国に国土の過半を奪われたこの戦争のダメージは領土だけの問題ではなかった。この戦争を機にメキシコ国民の間には、人種、文化、社会、政治、経済のあらゆる分野において米国とは競合できないのではないかという

米墨戦争時、激しい攻防戦がくり広げられたチャプルテペック城に建てられた幼年兵の銅像

強い危惧が生まれた。自国の将来への不安と自国民への猜疑心がやがて欧米への劣等感、憎悪、憧憬へと変化していくことはメキシコ人心理学者サムエル・ラモスの分析するところである[1]。

　1997年には戦役150周年を記念するいくつかの企画が立案された。その一つが内務省と国立古文書館後援による記念史料集の発行である。「祖国防衛」、「チャプルテペック防衛史料」と題した上質紙刷りの豪華な2巻には、19世紀半ばのメキシコ市の地図、当時の市内風景、戦闘場面を描いた油絵、軍人の肖像画・経歴・手記、英雄幼年兵の入学証明書などが収められている[2]。この記念史料集に限らず、近年メキシコ人研究者による米墨戦争に関する論文が相次いで発表されている。米軍によって打ちのめされた忌まわしい過去に正面から取り組むことを拒否し、できれば忘却の彼方に留めおこうとしてきたメキシコ人に、戦後150余年を経てようやく冷静に過去と向き合う精神的余裕が生まれてきたことがその大きな理由であろう。

　本章は米墨戦争と英雄幼年兵について、米・メキシコの研究者の論文を下敷きに、筆者なりの見解を展開し、反米ナショナリズムの形成を考察するものである。従来の米国側の見解は、「マニフェスト・デスティニー」（西部進出は神の意志による明白な運命とする考え方）に基づく大陸西進運動は、米国人に民主主義と経済的繁栄を約束する正義の実践であり、その結果勃発した米墨戦争の原因は、平和的解決を拒否した傲慢で非民主的なメキシコ政府にあるとみなすものが主流であった。米国の歴史家は自国の防衛戦説を主張し、原因をメキシコ人の好戦性に帰して、当時の米国大統領ポークの開戦を正当化している。この主張にたいして、米墨戦争を「米国の干渉戦争」と呼ぶメキシコ人の研究者がどのように反発し、また国家によって英雄に祭り上げられてきた幼年兵について歴史家としてどのような評価を下しているのかを検討する。

## 1 ▶ 19世紀前半における米国の西進

**米国の膨張主義政策**　19世紀はアメリカ合衆国の膨張主義の時代と言われている。米国はその常套手段としてまず外交交渉により外国の土地購入を打診し、交渉が軌道に乗らない場合は入植者と結託して社会不安を助長させ、住民の安全を口実に軍を派遣したり、武力を背景に威嚇することで新たな領土を獲得し

てきた。その不幸な犠牲者となったのは、履行する気のない条約を結ばされ、土地の不当な収奪の結果、先祖伝来の土地を追われた先住民である[3]。

　独立を達成した1783年、米国の東部13州の領土は約230万 $km^2$ であった。その後、1803年にフランスからルイジアナを購入し、さらに1819年、スペインとアダムス＝オニス条約を締結してヌエバ・エスパーニャとの国境を策定したことによって、その面積はおよそ463万 $km^2$ となり、ほぼ倍増した。この米国の西進による領土拡大の原因の一つは第二次英米戦争（1812～14）である。英国の対仏海上封鎖が米国のヨーロッパ貿易を著しく阻害したことがこの戦争の発端であった。しかし、戦争によって外国製品の輸入が激減したことが、北東部の木綿工業発達の契機となった。戦後不況にも見舞われたが、保護関税運動や関税法の制定によって乗り切り、英国への経済的依存から脱却することができた。戦後、ヨーロッパからの移民は増加の一途を辿り、労働力は過剰なほどになった。その余剰労働力は新天地を求めて西へ向かった。交通・運輸網の拡充は東部の工業製品を西部へ、西部の農産物を東部へ輸送することを容易にした。一方、英国を顧客とする南部の綿花プランターは自由主義貿易の立場から関税の引き上げには反対であったが、綿花作付け面積拡大のための土地を必要としており、やはり西へ向かった。こうして合衆国の西進は進み、1840年代にはミシシッピー河を越えた。この大河を渡るとメキシコ領テキサスは目前である。

　メキシコがスペインからの独立を達成する2年前の1819年、米国はスペインとの間に前述したアダムス＝オニス条約を締結し、フロリダを獲得するとともに、メキシコ湾に注ぐサビーン川から、レッド川、アーカンザス川を通って、北緯42度線とつながる国境を定めた。米国はこの当時からアジア貿易を見据え、サン・フランシスコやサン・ディエゴの良港を有するカリフォルニアに目をつけていた。

　18世紀末の米国の人口は400万人であったが、1810年には750万人、1830年には1300万人と増加の一途をたどり、1845年にはついに2000万人に達した[4]。この爆発的人口増はヨーロッパからの多くの移民が押し寄せたことに起因する。新天地を求めて米国にやって来た大量の移民は米国東部から、土地を求めて南西部に向かった。また、いったん南部に落ち着いた移民たちも新たな綿花栽培用の土地を確保するためにミシシッピー河の対岸ルイジアナへ移動し、

さらに西にある人口過疎地テキサスの広大な土地を虎視眈々と狙っていた。

**テキサス問題**　植民地末期のテキサスには、集落といえば修道会が建設した伝道村のサン・アントニオ、ラバイア、ナコドーチスなど数村しかなかった。各集落には形ばかりの砦が建設されていたが、わずかな守備兵は慢性的な給料の遅配と度重なる守備隊長の交代に悩まされながら、頻発するアパッチ族とコマンチ族の襲撃を防がなければならなかった。

　独立当時のメキシコの国土はおよそ 443 万 km² （独立直後メキシコ帝国に参加した中米の 50 万 km² を除く）で、現在の国土の 2 倍以上を占めていたが、人口は 11 年間に及ぶ独立戦争で労働人口の約半分に相当する 60 万人を失い、1830 年当時で約 600 万人であった。独立直後のテキサス地方は住民がわずかな上に、財政も破綻した惨憺たる状態で、人と財源を必要としていた。このような人手不足に悩むテキサスの状況を踏まえて、新政府はまず 1821 年、帯同する奴隷を解放するという条件で外国人（その大半は米国人であった）の入植を認める植民法を公布し、1823 年には奴隷売買の禁止、奴隷の子供を 14 歳で解放すること、カトリック教徒であることという条件をつけた植民法を公布した。しかし、テキサスにプロテスタントのアングロサクソン系住民が大挙押し寄せた結果、テキサスがアングロサクソン化することにメキシコ政府は強い懸念を抱き始めた。

　このような政治的社会的に不安定なテキサスに一攫千金を求めて現れた外国人の一人がモーゼス・オースティンである。モーゼスはスペイン王室のアングロサクソン系移民誘致策に呼応して、1820 年にルイジアナからテキサスに渡り、テキサス州知事に 300 家族の入植を申請した。翌年、彼の申請書は認可された。その最大の理由は、テキサスはアパッチ族やコマンチ族といった戦闘的インディオの攻撃に恒常的に悩まされていたので、人口希薄地域の安定化のためにひとりでも多くの入植者受け入れを必要としていたからである。しかし、その権利を享受したのは亡き父の意思を継いだ息子のスティーヴンであった。スティーヴン・オースティンは 1821 年 8 月に 16 名の米国人を率いてルイジアナからサン・アントニオに到着した。テキサス州知事はオースティンの申請に応え、植民者 1 人当たり 640 エーカーの土地を分配すること、またその妻には 320 エーカーを、息子には 160 エーカーの土地を分配する計画書を承認した。

スティーヴン・オースティンの計画書承認には、生涯善良なカトリック教徒であること、スペイン王室に忠誠を誓うこと、君主制を支持すること、という父モーゼスに課されたと同じ条件が付けられた[5]。メキシコがスペインから独立すると、オースティンはスペイン王室によって付与された権利を新政府に承認してもらうためにメキシコ市に向かった。首都ではテキサスの地図作成、コロラド川の運航障害となっているゴミや泥の除去、インディオの平定計画を披露し、新政府首脳と友好関係を構築した。テキサスに戻ったオースティンは積極的に移民計画を推進し、インディオを撃退して治安の維持に貢献したので、その行政手腕を認められ、1823年にはテキサス地方の民兵司令官に任命された。しかし、共和国政府が公布した1824年の新しい行政区画令によって、テキサスは西にあるコアウイラ州に組み入れられ、行政・司法の中心はコアウイラの州都サルティーリョに移された。中央政府の決定によってテキサスがコアウイラに従属させられたことにたいして、米国人を中心とするテキサス人の不満は高まった。このときからテキサス人はコアウイラから分離して、独立した州を形成しようと強く望むようになった。

　1826年、オースティンはナコドーチスに入植した米国人エドワーズ兄弟の反乱をメキシコ政府軍と協力して鎮圧した。その功績が評価され、翌年、沿岸貿易促進のためにガルベストン江周辺に500家族の入植を許可され、28年、さらに同地に300家族の入植が認められた[6]。このようにオースティンをはじめとする米国人入植者は着々とテキサス社会に地盤を築き、メキシコ人と共存したが、彼らとメキシコ人の間には解決できない問題が横たわっていた。それは入植者が帯同する黒人奴隷であった。メキシコ政府の奴隷解放政策に対して、オースティンは、奴隷はスペイン帝国法に基づいて導入され、家庭の下僕であり売買の対象ではないことを主張して、解放令の対象外にすることを申請した。執拗に奴隷解放を要求する州政府にたいして、奴隷所有者はテキサス入植前に、自由の身になるまで所有者のもとで働くという契約書を奴隷と取り交わし公証人のもとで署名した。外国で作成された契約書であるから州法に違反しないというのが奴隷所有者の言い分であった。しかし、スティーヴン・オースティンはテキサスをメキシコから独立させるという過激な政治信条をもっていたわけではなく、連邦国家内でのメキシコ人とアングロサクソン系米国人の共存を唱えていた。オースティンのようなメキシコ連邦共和国の枠内に留まろうとする

第5章　米墨戦争と英雄幼年兵　129

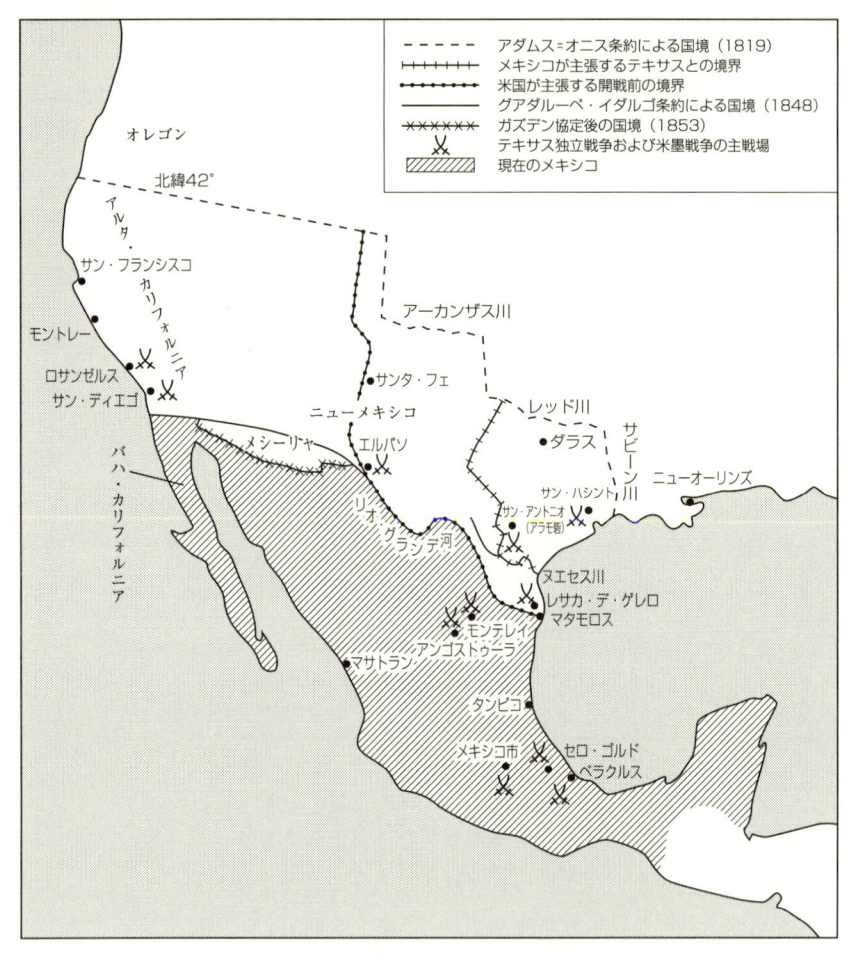

米墨戦争前後のメキシコ—米国の国境線

　米国人入植者にたいして、宗教、言語、習慣などの文化が異なることを理由にメキシコからの独立を主張する植民者もいた。
　メキシコ政府はインディオの攻撃と米国の拡張主義から領土を防衛するのに急ぐあまり、外国人の違法行為を見逃した。入植者のほとんどはカトリックではなく、奴隷を移入し、メキシコ人の名義人に取得させた土地の投機に走った。このような不安定な国境地帯の状況に加えて、1829年、米国大使ジョエル・ポインセットがテキサスを500万ドルで購入する提案をしたので、米国のテキ

サスへの進出を懸念したアナスタシオ・ブスタマンテ政権の外務大臣ルーカス・アラマン（前章でミエルの逃亡を手助けした人物）は、1830年4月、植民法を公布した。その骨子は新たな外国人の入植と奴隷の持ち込みを禁止することと、過疎地の植民を促進するために貧しいメキシコ人家族と囚人を入植させることであった。

**テキサスの独立** 1830年、テキサスのサン・フェリペの政治集会ではテキサスのコアウイラからの分離が可決され、1833年、テキサスは連邦政府が実施した自由主義的改革によって、独立した州に昇格を果たした。1830年の植民法の公布後も米国人を主とする外国人入植者は無軌道に土地を開発し、商人たちは密貿易に血道を上げたためにメキシコ官憲との争いが絶えず、両者の間の緊張は日増しに高まるばかりであった。そして遂に1835年7月、反乱が勃発する。独立主義者に転向したオースティンは民兵軍を率い、義勇軍を指揮したサム・ヒューストンとともに独立戦争を開始した[7]。同年11月には州内のコロンビアで開かれた政治集会で中央集権主義を掲げるメキシコ政府との決別を宣言した。そして翌36年2月、ダヴィッド・バーネットを大統領に、ロレンソ・サバラを副大統領に選出し、独立を宣言した。1824年の独立憲法が謳った連邦主義が中央集権主義を規定した「国家基本法」によって変更され、テキサス住民の政治的自由が侵害されたことが独立の表向きの要因である。メキシコ大統領サンタ・アナがこの反乱を鎮圧するために政府軍6千を率いてテキサスに出兵し、テネシーから駆けつけた伝説的開拓者デビー・クロケットらが立て籠るアラモ砦を襲撃し、これを殲滅したことは米国側の喧伝によってよく知られるところである。しかし、メキシコ軍はサン・ハシント河畔で休息中にヒューストンに率いられたテキサス軍の急襲を受け、サンタ・アナは捕虜となり、テキサスの独立を承認するベラスコ条約を結ばざるを得なかった。その後、メキシコと米国の間ではテキサスの処遇をめぐり白熱した議論が展開されるが、米国が1845年にテキサスの独立を承認したことで、テキサスの米国への併合は時間の問題となった。

## 2 ▶ 米墨戦争

　米国は大陸・海洋国家の確立をめざして領土拡大を展開したが、その目的を達成するために常に武力を行使したわけではない。1803年、フランスからルイジアナを購入したときのように、メキシコの北部地域を当初はメキシコ政府との金銭交渉によって取得しようとしていた。テキサスでの敗戦後ワシントンに滞在中だったサンタ・アナに、米政府はカリフォルニアを350万ドルで購入する提案をしている。また、カリフォルニア北部とニューメキシコを2000万ドルで購入する打診もしている[8]。オレゴンとカリフォルニアの獲得に関心を持つ東部人や連邦主義派のホイッグ党は、テキサスの併合はメキシコとの戦争を意味し、奴隷制に固執する南部農業州の勢力強化につながると危惧し、併合に反対した[9]。

　だが、「テキサス併合、オレゴン再占領」をスローガンに反墨・反英感情を煽って大統領に当選した民主党のジェームズ・ポークは1845年、議会で併合を決定した。米国側が開戦も辞さない態度でテキサス併合を決定したことで、両国には開戦の気運が高まった。

　当時のメキシコの政界では、連邦制と信仰の自由を掲げる自由主義者と、中央集権主義とカトリックを国教とすることを標榜する保守派が激しく政権闘争を繰り広げていた。自由主義者は模範国家としていた米国の侵略に戸惑いを覚えながらも、保守派から政権を奪回するために開戦を主張した。また、保守派がスペインの王室を招聘して君主制復活を画策したことも自由主義者たちの反発を募らせていた。サンタ・アナの失脚後、暫定大統領に就任したエレーラは当初開戦を唱えたが、国力、軍備、兵の士気などを冷静に分析し、外交交渉による平和的解決策に転じた。エレーラは、米国の支持を求めユカタン半島で蜂起した自由主義の旗手ゴメス・ファリアスの鎮圧を優先した。しかし、強力な中央集権政権樹立を掲げる保守派のパレーデスに政権の座を追われた。パレーデスは侵入した米軍を撃退するためにサン・ルイス・ポトシに駐留していたが、踵を返しエレーラに反旗を翻したのである。好戦的な軍人から構成されたパレーデス政府は、先制攻撃は控えていたが、米国側のザカリー・テイラー軍がメキシコが国境と考えていたヌエセス川を渡り、リオ・グランデ河に進駐した

ことで、開戦は必至となった[10]。この米軍のお定まりの挑発に乗ったメキシコ軍は発砲し、1846年4月25日、両国は戦争状態に入り、5月9日、レサカ・デ・ゲレロで最初の本格的戦闘が行われた。ポークは5月11日の議会で「我々は調停のあらゆる手段を講じたが、メキシコは合衆国との国境を越え、米国の領土で米国人の血が流された」と事実を歪曲した演説を行い、議会に対メキシコ戦の宣戦布告を承認させた[11]。

　よく訓練された米軍は装備も優れ、士気は高く、カリフォルニア、リオ・グランデ河、メキシコ湾の三方から進攻し、瞬く間に海・陸でメキシコ軍を席捲した。8月にはロサンゼルス、モントレー、アルタ・カリフォルニアを、11月にはタンピコを占拠した。1847年3月、ベラクルス近郊に上陸したスコット将軍指揮下の1万3千の米軍は、艦砲射撃と陸上からの包囲砲撃によってベラクルス港を陥落させ、メキシコ市をめざして進軍した。ハラパ近郊のセロ・ゴルドではサンタ・アナ率いるメキシコ軍と激戦の末これを破り、プエブラを経て、開戦から1年4カ月後の1847年8月にはついにメキシコ盆地に侵入し、パディエルナ、チュルブスコでメキシコ軍を破った[12]。1846年末に大統領に復帰していたサンタ・アナは英国とスペインに和平調停を依頼したので、米国はニコラス・トリストを使者に立て、アルタ・カリフォルニア、ニューメキシコ、バハ・カリフォルニアの割譲とテワンテペック地峡の通行権を条件とした和平案をメキシコに提案した[13]。メキシコはこの提案を拒否し、和平交渉は頓挫した。戦闘が再開され、市の西方、モリーノ・デル・レイの激戦では米軍はこの地を占領したものの、損害は甚大で、800の兵員を失った。スコットは低下した士気を鼓舞するためにも、メキシコ市の象徴とも言えるチャプルテペック城の攻略を決意した[14]。

## 3▶開戦の理由

**メキシコの弱み**　元来、米墨戦争に関する論文は、開戦の原因論と脆弱なメキシコ政府論という二つの観点から執筆されたものが多い。ジャスティン・スミスは、メキシコの政治家とインテリは傲慢な態度を取り、あらゆる平和的調停を拒んだためにポークは開戦を決意し、議会に宣戦布告を承認させた、と開戦の責任を一方的にメキシコ政府に押しつけた[15]。一方ジーン・ブラックは、メ

第5章　米墨戦争と英雄幼年兵　133

キシコは自国の弱点を知悉していたので、エレーラもパレーデスも開戦を欲せず、あらゆる手段で平和的解決を図ろうとしたが、米国人の人種差別主義にたいする恐れがメキシコ人に開戦を決意させたと結論づける[16]。フレデリック・マークは『米国史におけるマニフェスト・デスティニーとミッション』の中で、米国は早い時期からリオ・グランデ河を国境と想定していたとして、米国の拡張主義路線が戦争を誘発したと述べている[17]。また、グレン・プライスはメキシコを挑発するために陰謀を画策したポークの戦争責任を明示し、彼を非難している[18]。米国を擁護し、責任を一方的にメキシコに押しつけるスミス説に対して様々な反論が展開され、米国人研究者の中からもブラック、マーク、プライスのようにスミス説に異を唱える歴史家が現れ、現在では戦争の主原因は米国の拡張主義であるとする説が主流である。

　米国人に隣国に不正な戦争を仕掛けたという負い目があるとすれば、メキシコ人には国土の過半を喪失した屈辱的な敗北を振り返りたくないという忘却願望があった。しかし、近年、自国に深刻な影響を与えた戦争を真摯に見直す動きが生まれた。最近のメキシコ人研究者の論調は、戦争の根本的原因は米国の拡張主義にあり、直接原因は米国によるテキサス独立の承認と併合であり、事態を悪化させたのがカリフォルニアへの進攻であるという見方が趨勢である[19]。米国はメキシコの弱みにつけ込み、貪欲な領土拡大の野望を達成したとして米国の非を詰る被害者意識は今も消えてはいない。「メキシコの弱み」とは独立直後の混乱した状況、特に連邦主義を掲げる自由主義者と中央集権主義を標榜する保守派の政争に因を発する政治的混乱を指す。メキシコは内に政治的対立、外に米国の侵略というまさに内憂外患の状態にあった。

　この戦争は単に国家と国家の軍事的衝突ではなく、異質な民族と文化の確執でもあった。米国はマニフェスト・デスティニーを根拠に自分たちの人種的・精神的優越性を確信し、その制度、価値観を過信し、彼らの信条と恩恵を他の世界にも拡大することにほとんどなんの疑問も抱いていなかった。ラテンアメリカに関しては次のような台本を準備していた。①植民地時代の制度を破壊し、米国のものに代える。②カトリックによって押しつけられた精神的秩序を破壊する。③伝統と文化でラテンアメリカとつながるヨーロッパ諸国を切り離す[20]。メキシコ人がこれをアングロサクソンのラテン系アメリカ人種にたいする挑戦、かつラテン文化の破壊とみなしたのは当然であろう。

メキシコ人が、米国の攻撃は単に自国にだけ向けられたものではなく、アメリカ大陸すべての人種と文化に向けられたものと解釈し、ラテンアメリカ民族と文化を防衛することは歴史的運命であると自覚するに至ったとしても不思議はない。米国が正義・平和・自由を謳いながら奴隷制を墨守し、先住民の土地を奪うことは論理の矛盾であり、開戦は国土防衛のためだけではなく奴隷解放のためでもあり、正義はメキシコにありとするメキシコの知識人もいた。メキシコ軍が南部諸州に侵攻すると同時に黒人奴隷を解放すれば、米国の自由主義者たちの賛同と軍事的協力を獲得できると楽観的な意見を述べる者もいた。実際、ホイッグ党の急進派は対墨戦争を南部奴隷州の拡大につながると憂慮し、開戦に徹底的に反対した。さらに米国のテキサス併合への法的疑問も俎上に上った。メキシコ人は、併合は明白な米墨間の条約違反であり、ニューメキシコとカリフォルニアへの侵攻は国際法の原則に違反するものとみなした[21]。

**メキシコの誤算**　米墨間の緊張が日増しに高まっていくなか、ヨーロッパの列強が事態を静観していたわけではない。米国との間にオレゴンの国境問題を抱える英国、米国のラテンアメリカ進出に神経を尖らせていたフランス、旧植民地に王政復古を狙うスペイン、この三国の中でも特に英国は事態の成り行きに多大な関心を示し、米墨両国に大きな影響を与えた。
　英米両国は19世紀初頭よりオレゴン領有問題で対立していた。1823年にヨーロッパ諸国のアメリカ大陸への干渉を排除すべく発せられたモンロー宣言の狙いの一つは、英国のオレゴン進出を牽制することにあった。全オレゴン獲得のキャンペーンを打ち上げて大統領に当選したポークは、開戦も辞さずという強硬な姿勢で執拗に英国との交渉に臨んだが、英国側の譲歩を引き出すには至らなかった。結局、北緯54度40分を国境とする全オレゴン領有を諦め、46年、カナダとの国境を北緯49度に定めた妥協的解決を図った[22]。米国が妥協した最大の理由は、メキシコとの開戦を控えていたからである。もし米墨戦が勃発した場合、米国にとってオレゴン領有に執着する英国の参戦は最も憂慮すべきことであった。両面戦争は何としてでも回避しなければならなかった。米国は北（英国）と南（メキシコ）を比較して、北と譲歩し、南へ全神経を集中する道を選択したのである。
　一方メキシコは、米国との折衝には、オレゴン問題で米国と鋭く対立し、独

立したテキサスを米国にたいする緩衝地帯とすることを画策していた英国の軍事的経済的支援や仲介が必要だと考えていた。そこでロンドンの駐英大使館とメキシコの駐墨大使館を通して英国政府に支援と調停を要請した。しかし、米国のテキサス併合を阻止できなかった英国は、メキシコ政府に国境を米国の主張するリオ・グランデ河とすることを迫った。英国が米国寄りの政策へ転換したことはメキシコにとって大きな誤算であり、痛手であった。

　メキシコの誤算は英国の外交政策の変更ばかりではなかった。徹底的に議論すると紛糾してしまうが、いったん合意に達するや一致団結する米国人の国民気質を見誤り、米国北部の奴隷廃止主義者との連帯によって交渉を有利にすることが可能だと錯覚したことである。虚しい議論を重ねるだけで、建設的合理的な結論に達しないメキシコ人とは大いに異なり、米国人は国家としての総意を作り上げて開戦に踏み切ったのである。また、激戦の末にスペインから独立を勝ち取ったという自負が過信を生んだことも敗因となった。しかし、独善的な理論と主義を高らかに掲げ、武力を後ろ盾に着々と自国を蚕食し追い詰める隣国に対する憎悪と敵愾心が、開戦に慎重な国内外の意見を凌駕し世論の本流となったのは、無謀とはいえ、無理からぬことであった。

## 4 ▶ チャプルテペック城の攻防

　開戦から約1年5カ月経った1847年9月12日午前5時、24インチ大砲、8インチ曲射砲、10インチ迫撃砲によるチャプルテペック城塞に対する米軍の砲撃が開始され、午後7時まで続いた。スコットはメキシコ軍を欺くために3日前から陽動作戦を展開し、攻撃目標が市の東側にあるメキシコ軍哨舎だと思わせた。米軍司令官は兵員温存のために、沼沢地が広がり攻略の困難な市の東側よりも、攻め易い西と南からの攻撃を採用した。城塞の司令官ニコラス・ブラーボは敵の作戦を察知し、軍最高司令官である大統領サンタ・アナに至急援軍の派遣を要請したが、敵の意図に気づかなかったサンタ・アナは後述するように結果的にこれを無視した。チャプルテペック城は植民地時代に副王の別荘として建設され、1843年に陸軍士官学校が移転されてきたが、元来、要塞としての機能は具備していなかった。そのような脆弱な建築物でありながら、「盆地の丘の上に聳える堅固な城」という誤った認識が人口に膾炙していた。

チャプルテペック城（現在は国立歴史博物館となっている）

　当時の士官学校長のマリアノ・モンテルデ自身が「その構造も強度も通常の攻撃に耐えうるものではなく、立地は孤立しているためどこからでも接近を可能にする弱点がある」と述懐している[23]。高台にあることで格好の攻撃目標とされ、9月12日の14時間に及ぶ砲撃は効果覿面で、城塞の建造物は大部分が破壊された。この攻撃を受けて城兵の士気は著しく阻喪し、脱走兵があとを絶たなかった。開戦以来約17ヵ月、ほとんどが負け戦であったことも兵士の士気を落とす原因になっていた。ブラーボは12日朝の防備体制を城兵832名、大小10門の砲と報告しているが[24]、これら城兵の大半が脱走したと推測されている。サンタ・アナはブラーボの欠員補充要請に対して、いったんはサン・ブラス歩兵大隊を派遣したが、ブラーボに連絡することなく丘から撤退させた[25]。

　13日早朝、米軍司令官スコットは砲撃の直後7千の兵に攻撃命令を出し、ピロー指揮下の第3師団が西から、キットマンとシールドに率いられた第4師団が南から徐々に城に迫り、さらに北から第1師団、東から第2師団が包囲した。サンタ・アナはようやく敵の意図に気づき、ブラーボの援軍要請に応えようとしたが、城内

小学2年生用の歴史教科書（1914年）に掲載された幼年兵のイラスト

第5章　米墨戦争と英雄幼年兵　137

ではなく城下にランヘル旅団を送った。同旅団所属のサン・ブラス歩兵大隊は米軍の第4師団と激突し、指揮官のシコテンカトル中佐は戦死した。この援軍もしかし、敵軍の総攻撃が開始されると退却命令が出された[26]。城内では米軍の猛攻の前に兵士は戦意を喪失し、捕虜となった者が大半であったが、そのなかで勇敢に戦い抜いた兵士たちもいた。数名の幼年兵もその中に含まれる。幼年兵たちは年少を理由に戦端が開かれる前に退去を命令されたが、その内のおよそ50名が服従せずに城内に留まっていた[27]。幼年兵のなかには白兵戦で敵兵と果敢に戦った者もいた[28]。しかし、彼らの捨て身の戦いも虚しく遂に城塞の上に星条旗が高々と翻り、城は陥落した。10時には決着した約1時間の短い戦闘であった。この戦いの最中、幼年兵の一人が、侵入してきた米兵に軍旗を奪われると思い、掲揚台から下ろした旗を身に纏い城壁から身を投げたとされる。彼を称える顕彰碑まで建設されたこの逸話をめぐっては、様々な論議が交わされてきた。メキシコの歴史の教科書にも必ず登場するこのような「愛国心に燃えた幼年兵」は、果たして実在したのであろうか。

## 5 ▶ 「英雄幼年兵」物語の創出

**幼年兵参戦の記録** 1952年9月、祖国の英雄として荘重な慰霊塔まで建設された幼年兵[29]は、アグスティン・メルガル、ビセンテ・スアレス、フェルナンド・モンテス・デ・オカ、フアン・エスクティア、フランシスコ・マルケス、フアン・デ・ラ・バレーラの6名である。デ・ラ・バレーラ（20歳）を除き14〜16歳の年少者であったとされる。籠城した約50名の学生の内で上記の6名が攻防戦で戦死したとみなされている。そして前述の「軍旗を身に纏い身を投げた」幼年兵はエスクティアだったと言われている。

　チャプルテペック城の攻防戦に参戦した兵士の名は5つの記録に残されているが、最も信憑性が高いとされているのが1848年7月1日付の『司令官閲兵録』である[30]。この日、敗戦後初めて士官学校の活動が再開され、1847年9月初旬に城内にいた幼年兵の名前が調査・記録されたのである。敗戦後"最新の"城兵名簿と言える。このリストには戦没者として、マルケス、モンテス・デ・オカ、スアレスの3名の名は記載されているが、残り3名の幼年兵の名はない。『士官学校と1847年9月のチャプルテペック防衛戦』という軍事記録を

1947年に著わした参謀本部大佐サンチェス・ラメゴは、当時中尉のデ・ラ・バレーラは工兵隊入隊のために士官学校を除隊していたという理由で、またエスクティアについては単なる記載ミスとして、メルガルについては除隊していたが迫り来る米軍に抵抗すべく緊急に再入隊したために正式な記録はないとして、それぞれの「記載漏れ」を注釈している。興味深いのは幼年兵を称賛するサンチェス・ラメゴ自身が、エスクティアの存在そのものは否定しないものの、彼が軍旗を身に纏い城壁から飛び降りたというエピソードを、なんら証拠がない空想的な逸話として否定していることである[31]。サンチェス・ラメゴ以上に幼年兵礼讃に熱心な歴史学者のカレーニョは、エスクティアとメルガルに脱走の疑いがかけられていることに反論して、前者は予算不足のために除隊扱いになっていたこと、後者は城外の恋人に会いに行ったために点呼時に不在であったことを未記載の理由にし、2名は実際には参戦し殉死したことを仄めかしている[32]。

　士官学校長モンテルデが戦役功労者顕彰のために国防省に提出した1848年9月6日付の「士官学校高官・士官・学生・雇用者報告書」[33]には、エスクティア（Escutia）以外の5名の戦没者名は記載されている。サンチェス・ラメゴはその理由を、別の幼年兵の名エスコントリア（Escontria）と誤記したのではないかと推測している。また、これ以外にも誤りが数か所に散見される原因を、消失した原本を復元したときに誤植があったのではないかとして植字工に帰している[34]。公式の記録に6名すべての名前が登場するのは、1851年9月16日に行われたミゲル・ミラモン[35]の演説である。しかしこの演説のテーマは独立記念日であり、チャプルテペックの幼年兵の武勲は二次的に言及されたにすぎない。52年9月に校長のモンテルデが行った演説が、6名の幼年兵の功績を初めて公式に称えたものになる。「…年少でありながら、軍規に強制されることなく、共通の不幸に無関心な者たちの代わりに戦列に参加し祖国のために犠牲になった」[36]。しかしその後、53年以降56年まで幼年兵への称賛の声がぷっつり聞かれなくなる。これは、サンタ・アナが再び政権に復帰したからである。この独裁者は、幼年兵の放つ光輝が自分を日陰の存在にすることを恐れたのである。56年にサンタ・アナが失脚すると、再び幼年兵への讃歌が徐々に始まる。そして、71年9月14日、卒業生によって「士官学校校友会」が創設されると、幼年兵に対する顕彰が本格的に開始された。モリーノ・デル・レ

(左) 1881 年に建てられた顕彰オベリスク
(上) オベリスク前を行進する士官学校生

イ戦役の健闘を祝した 9 月 8 日の記念日には、毎回招待される参戦者が幼年兵に頌辞を送った。6 名の少年たちは次第に英雄視されるようになり、神格化さえ始まった。

**顕彰行事**　では、軍旗の逸話の起源はどこにあるのか。1878 年の士官学校教官ラス・グスマンの演説に、初めて軍旗に身を纏ったメルガルが登場する。旗と幼年兵を関連づけた最初の演説であるが、城壁から身を躍らせたことには触れていない[37]。士官学校校友会は毎年戦没者を称える記念行事を重ねることで、徐々に国民や政府にその重要性を認識させることに成功し、遂に 81 年、6 メートルの巨大な戦没者顕彰オベリスク（記念碑）建設にこぎ着けた。チャプルテペック丘下に建てられたこの記念碑には "1847 年 9 月 13 日の防衛で名誉の戦死を遂げた" 6 名の幼年兵の氏名が刻まれている。

　その後も毎年祖国の英雄を顕彰する慰霊祭が挙行されていった。1906 年、攻防戦で捕虜となり生き残った元幼年兵のイグナシオ・モリーナは、6 名がいかに戦いどのように戦死したかを克明に語っているが、軍旗のエピソードに関しては触れていない[38]。このモリーナの記録はその後巷間に広く流布し、幼年兵について執筆された文献にしばしば引用されている。1924 年、モンテネグロ大佐は士官学校公文書館の資料に基づいて 6 名の幼年兵について調査している。彼は軍旗を纏い投身したのはモンテス・デ・オカだとし、エスクティアに

ついては恐らく脱走したために記録がないという結論を出している[39]。熱狂的な幼年兵崇拝者のチャバリは 1960 年に発行した『栄光の士官学校』の中で、軍旗を纏って城壁から投身したエスクティアの勲を事実であると断言し、卑しい者たちが偉業を否定しようとしていると攻撃しているが、史料に基づいた反論ではない[40]。

　1924 年 9 月 13 日の式典はそれ以前とは異なり、政府が主催者となった。この時期から士官学校校友会は幼年兵の顕彰行事における影響力を失い、代わって大統領を中心とする行政府が、来賓としてではなく主催者として雛壇に席を占めるようになる。1920 年代に入ると、メキシコ全土に吹き荒れた革命の嵐がようやく収まり、オブレゴン、つづくカリェス両大統領はデ・ラ・ウエルタやセラーノなどの地方カウディーリョ（統領。私兵を養い中央政界進出をうかがう地方の政治ボス）の反乱を鎮圧し、軍人に対する支配を強化することによって、中央政府の政治基盤を確立していった。24 年の主催者の交代は、そのような時代背景が影響しているのではあるまいか。

　国防省は 1973 年、4 巻からなる『士官学校史』を刊行した。その第 1 巻 6 章に英雄幼年兵に関する記述がある。要約すると、チャプルテペック公園に 1881 年に建設された英雄幼年兵を称えるオベリスクに氏名を刻まれた兵士は、米墨戦争に参加した士官学校生であるとする見解である。当時存命していた 9 名の元幼年兵の記憶に基づいて、記念碑の正面には 6 名の英雄幼年兵の名が、他の三面には捕虜となった学生や将校や負傷者の氏名が刻字されている。他の文書に記載された兵の氏名と記念碑の氏名が合致しない場合は、国防省の公文書館に残された記録を調査した。それでも参戦の記録が発見できない場合は、開戦時に急遽志願兵として参加したために正式な記録が残されていないと判断し、補佐兵とした。1848 年の『司令官閲兵録』に未記載のメルガルとエスクティアを国防省は補佐兵とみなし、デ・ラ・バレーラに関しては技術将校の任務につくために攻防戦直前に退学したので名簿に記載されていないという見解を取っている。また、エスクティアが軍旗を纏って城壁から身を躍らせたという伝説は"事実に近い"という見解を述べ、エスクティアが落命したとされる断崖下の岩に顕彰プレートを設置した[41]。

　士官学校校友会は 1997 年に英雄幼年兵戦没 150 周年を記念して『チャプルテペック城の武勲』を発行した。この小冊子には 6 名の幼年兵の戦闘場面や敵

弾に倒れた様子がかなり克明に述べられている。添付された「城砦攻防戦参加学生の一覧表」には、戦死者 6 名、負傷者 3 名、捕虜となった学生 38 名（第 1 中隊 17 名、第 2 中隊 21 名）の氏名が記載してある。エスクティアに関しては、その死体が東の断崖下で発見されたと述べるのみで、城壁からの投身については触れていない[42]。

**伝説の捏造**　これまでは生き残った幼年兵の証言と軍人の演説・記録・著書を中心に幼年兵の実像の解明に紙幅を費してきたが、民間人は英雄幼年兵についてどのような見方をもっているのであろうか。作家のガブリエル・クエバスは『栄光の士官学校の百年』の中で次のように述べている。「エピソードをより崇高なものにするために理由も必要性もないのに事実を歪曲し、こじつけ、出来事が風化するのに任せ、愚かな伝説を捏造することによって、出来事の歴史的真実を高めるというより損なってきた。…旗にくるまった幼年兵が断崖〔引用者注：城壁のすぐ下は断崖になっていた〕から身を投げたなどというばかげた伝説で真実を捻じ曲げる愚鈍な努力は理解し難い」[43]。このように歴史の捏造を強烈に非難し、旗のエピソードを"ばかげた伝説"と一笑に付したのはクエバスが初めてである。しかし、クエバスは「愚かな伝説の捏造」を否定してはいるが、軍人の自己犠牲的祖国愛は賞賛しているので、逆に幼年兵の偉業を高める結果になっているのは皮肉である。一方歴史学者のカレーニョは、前述のようにメルガルが『司令官閲兵録』に記載されていないのは城外の恋人に会いに行ったからであると細かい説明をしながら、軍旗の件には一言も触れていない。カレーニョは民間人でありながら、ただ一人国防省の公文書館に入館閲覧を許可された人物である。軍にとっては幼年兵伝説を積極的に広めてくれる非常に好ましい研究者であると推測される。とはいえ、軍部に便宜を計ってもらった歴史家の彼としては、「歴史の捏造」にまで踏み込むことを躊躇したのではないか。彼の沈黙は意味深長である。同じ歴史家でもトーレス・ナッテルマンは、エスクティアが軍旗にくるまって城壁から身を投げたことや、モンテス・デ・オカが黒人兵と戦ったこと、あるいは米軍の将軍ワースが、年少にもかかわらず勇敢に戦って戦死したマルケスの額に接吻したことなどを描き、およそ歴史書というより小説の趣が濃い著書を残している[44]。デ・ラ・クエバは城の攻防戦を物語に仕立て、トーレス・ナッテルマンが描いたワースの接吻にも言及し

ているが、対象はマルケスではなくメルガルになっている[45]。『祖国の殉教者』という映画の台本を書いたテハ・サブレは、マルケスが旗を身に纏い城壁から身を投げるエピソードのあと、6名の戦死の報告で幕を閉じる筋書きにしている[46]。

　軍関係者の著書が幼年兵讃歌に終始していることに何ら不思議はないが、歴史書であれ、小説であれ、詩であれ、チャプルテペックの攻防戦を取り上げた民間人の作品にも、濃淡の差こそあれ、いずれも幼年兵を称え、彼らを英雄視し、果ては神格化する意図がみえる。

　さて、以上の軍人の証言・記録や民間人の著書を分析すると、まず軍旗を身に纏って城壁から投身したというエピソードは、当時の士官学校長のモンテルデはそれに何の言及もしていないこと、生き残りの幼年兵の証言や軍人の記録ではその実行者がエスクティアかメルガルかモンテス・デ・オカか特定できない上に、この最も"感動的な"エピソードそのものに触れない演説・文献もあること、サンチェス・ラメゴのように幼年兵を賛美する軍人すら強く否定していることから、捏造の疑いが濃厚である。祖国に生命を捧げた6名の幼年兵については、『司令官閲兵録』に戦没者と記載されたマルケス、モンテス・デ・オカ、スアレスの3名は、どのように戦ったかその詳細は不明であるが、祖国防衛のために戦死したのは事実であろう。しかし、一次史料に記載されていない他の3名のうち、デ・ラ・バレーラを除きメルガルとエスクティアの2名は理由はともあれ戦闘時に城塞にいなかった可能性がある。特にモンテルデの「士官学校高官・士官・学生・雇用者報告書」にも未記載のエスクティアはその存在そのものに疑問が残る。脱走の疑いさえかけられたこの幼年兵が後世、軍旗を身に纏い城壁から飛び降りる"主役"へとメキシコ史のなかで変身する理由を、他の5名に比較して信頼し得るデータが存在しないが故に捏造しやすい人物だからだと指摘する研究者さえいる[47]。

## 6▶英雄幼年兵の遺骨発見

**遺骨発見の経緯**　戦役後100年目に、英雄幼年兵をめぐる言説は急転回をとげる。1947年3月26日のラ・プレンサ紙の一面には"〔18〕47年の英雄幼年兵の人骨発見さる"という大見出しが踊っている。「百年前祖国のためにその青

幼年兵の「遺骨発見」を伝える記事（ラ・プレンサ紙、1947年3月26日）

春と理想を捧げた、チャプルテペックの士官学校の栄えある英雄的な幼年兵の遺体が、チャプルテペックの森の溝で発見された」と記事は続く。この記事を書いた同紙記者ソトマヨールは、『我らの英雄幼年兵』という著書で、特ダネをものにした経緯を詳細に陳述している。ソトマヨールや軍関係者の話を要約すると、発見に至る経緯は次のようなものである。マデロ政権時（1911～13）の陸軍省次官マヌエル・プラタ将軍は、ホセ・モンテシーノ将軍（1883～85年時の陸軍省高官）から幼年兵の埋葬場所を示す情報を入手していた。その後、フアン・マヌエル・トレア将軍は1926年、プラタ将軍から森への散策に誘われ、そのときプラタがモンテシーノに知らされた埋葬場所が、通称アウエウエテス・デ・ミラモン（アウエウテスはナワトル語でメキシコイトスギの木を意味）という場所の南の溝の中であることを聞いた。そのような軍人の証言を基に、47年3月1日、国防大臣のヒルベルト・リモンがトレアを責任者とする遺体発見チームを発足させ、発掘が本格化すると、チャプルテペックの演習場（現在は公園の一部となっている）の長であったルイス・カマレナはトレアを埋葬場所に案内した。カマレナは52年間森の管理人をしているティブルシオ・チャビラからその場所を聞いていたのである。チャビラは士官学校の司祭カラスコから伝えられた埋葬場所アウエウエテス・デ・ミラモンを1896年に掘ったところ、人骨を発見したが、湿気で傷んでいたので、別の場所に再埋葬し、その場所に目印のため大石を置いた。トレアはチャビラの話を根拠に3月20日に発掘を開始し、5日後に6個の人骨を発見したのである[48]。

人骨は国防省に移され、その後士官学校に保管されたのち、人類学・歴史学研究所の調査に委ねられた。4月1日、人類学者のルイス・リモンとフェリペ・モンテマヨール両名は次のような報告書を研究所に提出した。「人骨の分

離・再構成の結果、6体の男性の骸（むくろ）に該当する6個の頭蓋骨が鑑別された。そのうち5体は生理学的にみて若者のものであり、残りの1体は成人で前5体よりは年長である。6個の男性の頭蓋骨が6体の男性の骸に該当するかどうかは断言できないが、骸も6体であり、年齢と性別に関して同じ特徴が見られるので、該当する可能性がある」。両名は、6体に該当しない骨片が存在するものの、それは当時同じ穴に埋葬された別の死体であろうと推測している[49]。

4月24日、歴史調査委員会を構成するメンバーの任命権を国防大臣リモンに付与されたトレア将軍は、4名の委員を任命した。5月24日、委員会は調査報告書を提出した。以下にその関連箇所を抜粋する。

II）任命された専門家たちは、人骨に関する骨学的データと人類学的証拠から、6個の頭蓋骨と骨片はすべて男性のものであり、5体の若い骸と1体の成人の骸に該当するという合意報告書を提出した。成人に該当すると分類された頭蓋骨はフアン・デ・ラ・バレーラ中尉のものと考えられているが、彼は死亡したとき18歳であった。准尉として軍務に就くために士官学校を除隊した年齢は、申告した自筆の文書によって証明されている。
…

III）口承に基づく証言
A．…死体の埋葬者は士官学校軍医ラファエル・ルシオ氏、同校司祭パブロ・カラスコ氏、同校執事ラファエル・ランデロ氏で、学生たちとは個人的に面識があり親密な間柄で、米国の捕虜にはならなかった人々である。
B．前述の証言者たちが以下に挙げる証人たちに埋葬場所〔後に確認しやすい目印として選択された4本のメキシコイトスギの間〕を知らせた。そこには5人の学生と士官デ・ラ・バレーラの死体が一時的に性急に埋葬された。…モンテシーノ、プラタ両将軍は発見された場所に死体が移されたことをトレア将軍とカマレナ氏に教えた。…
VI）チャプルテペックには墓地があった記録はなく、また、1847年9月のものを除いて戦闘はなかった。ということは、発見された遺体がその戦闘において戦死した祖国の防衛者たちのものであることを証明している。
VII）ティブルシオ・チャビラ氏は、問題の人骨が、永眠した最初の場所から最近発掘された場所へ移動される際に自ら立ち会い、そのことを証言

第5章　米墨戦争と英雄幼年兵　145

した。

　以上の陳述から、発見された人骨は、模範的愛国心の無垢なシンボルであるチャプルテペックの英雄幼年兵に該当するという結論を容認するものである。祖国防衛のために名誉と利他的・純粋な模範を示した彼らに対して、政府と国民全体は例外なく威厳あるかつ唯一の形式で彼らの戦没百年を祝賀すべきである[50]。

**政府と軍の意図**　この調査委員会報告書に応えるために、メキシコ市総務局霊園課は1947年5月30日付で「市の106箇所の墓地を管理する19の事務所の公文書を調査したが、1847年の戦闘で殉死した幼年兵の埋葬記録書を発見できなかったことを証明する」という報告書をトレアに提出している[51]。この文書は幼年兵の埋葬地がチャプルテペックの森にあるということを間接的に証明しようとするものである。

　1947年10月28日には、大統領ミゲル・アレマン名で次のような大統領令を記した官報が発表された[52]。

> 1) 本年3月25日チャプルテペックの森で発見された人骨は、「チャプルテペックの英雄幼年兵」と巷間でシンボリックに伝承されている者たちの人骨であることを公式に認めるものである。1846年と47年の祖国の防衛者たちの霊を称えるために建設される記念碑に、しかるべき栄誉をもって保存、守護されるものである。
> 2) これらの人骨は陸軍士官学校長のもとへ移送される。

　調査委員会報告書はデ・ラ・バレーラの年齢を18歳とし、他の5名の兵たちは彼より若年としているが、サンチェス・ラメゴはデ・ラ・バレーラを20歳、スアレスを17歳、メルガルを18歳、エスクティアを20歳、マルケスを14歳、モンテス・デ・オカを年齢不詳としている[53]。仮に報告書を信頼して最年長者を18歳としても、14～16歳である他の5名の兵士との年齢の区別が人骨の調査によって可能なのかという疑問を払拭することはできない。また、幼年兵の人骨が森に埋葬されているという伝承が一部軍関係者の間に知られていたとしても、その発掘が1947年に"唐突に"実施されたことも不可解である。

委員会は報告書作成に関して極めて恣意的判断を下したと言える。委員会報告書と大統領令を一読すれば、その意図するところは一目瞭然である。政府と軍は没後100年を機会に英雄幼年兵の慰霊塔を建設し、国民の間に愛国心を高めようとしたのである。近代国家としての歴史が浅く、建国後の道程も決して平坦ではなかったメキシコでは、革命以降、特にナショナリズムの高揚が図られ、様々な表象が国家的シンボルとして十二分に利用されてきた。米墨戦争で戦死した士官学校の学生もその例外ではなかった。第二次世界大戦は終了したばかりで、戦争の高揚した気分が英雄崇拝に一役買ったことも否定できない。また、前年の46年にはメキシコ革命の集大成とも言える出来事として制度的革命党（PRI）が結成され、政権は安定度を増し、経済も好調であった。慰霊塔建設は、政府が教育にも本腰を入れ始め、国民の精神的統一と団結を重視した政策の反映とも言える。

## 結び

米墨戦争前や戦中に盛り上がったメキシコ人の反米意識は、マニフェスト・デスティニーという独善的イデオロギーをかざして他国の領土を略奪しようとした隣国に対しての、あからさまな敵愾心であった。当時の反米感情は、自国の独立と尊厳が脅かされるという危機感から生まれたものである。しかし、この国民感情は決して理性に裏打ちされたものではなかったので、メキシコは米国のように用意周到に戦闘体制を固めてから戦端を開いたわけではなかった。一方、政治的指導者たちは危機を前にして、一致団結するどころか、これ幸いと戦争を権力奪取の機会と捉えた。国内は分裂し、武器弾薬は不足するなかで、功名心ばかり強い無能な指揮官に率いられた士気の低い兵士が戦力では、当然悲惨な結果しか待ち受けてはいなかった。反米をスローガンとする一時的な戦意高揚現象は存在したが、まとまりある国民のコンセンサスはいまだ存在しなかったのである。テキサスやユカタンで激しい分離運動が勃発したことから明らかなように、独立後間もない発展途上のメキシコには「国民的団結心」が欠如していた。ルソーが指摘するような、国家に命を捧げるほどの愛国心は生まれていなかったし、また、命をかけるほどの「国家」も存在しなかったのである。敗戦後、打ちひしがれた国民は、隣国を憎悪と憧憬というアンビバレントな感情でみるようになり、この複雑な思いはメキシコの政治・経済・社会だけ

チャプルテペック公園入り口に1952年に建設された幼年兵慰霊塔

LOS TRES poderes de la Unión recordaron ayer el 153 aniversario de la caída de los Niños Héroes. El Presidente Ernesto Zedillo encabezó la ceremonia. (Foto de Benjamín Chaires)

大統領セディーリョの慰霊祭出席を報じた新聞記事(エクセルシオル紙、2000年9月14日)

でなく、文化にも多大な影響を及ぼした。

　現在、チャプルテペック城は公園となっている。公園に通じる正面参道は掃き清められ塵一つ落ちていない。メキシコの街頭ではよく見かける露店もここでは営業を禁止されている。参道の突き当たり、公園入り口には周囲を威圧する6本の白亜の慰霊塔が聳えている。公園のこの一角にだけは巷の喧騒や子どもたちの歓声も聞こえてこない。時折訪れる参拝者を除けば閑散としている。メキシコの侵略と残虐性を証明する歴史遺産として再建されたテキサスのアラ

モ砦が観光客で賑わっているのに比べると好対照である。殉死者をモチーフにした石像とそれを半円状に取り囲む10メートルの6本の塔を見上げると、メキシコ人なら誰しも厳粛な気分になるのではなかろうか。この敷地だけはまさに聖域なのだ。

　この聖域を建設した政府指導者の意図はよく理解できるが、冷静に考えてみると政府の称揚にはあまりにも誇張がないだろうか。城塞攻防戦に関する史料を国防省公文書館で読み返しながら、その考えが脳裏を離れなかった。米軍の砲撃の凄まじさに、800名以上いた城兵のほとんどは脱走し、踏みとどまった兵の大部分はさしたる抵抗も試みず、投降したのではないか。砲撃の標的にならなかった城下の守備兵はほぼ無傷で、士気も落ちなかったが故に激しく戦い、指揮官のシコテンカトルの戦死を含めて甚大な損害を出したのではないか。言い換えればそれは、対メキシコ戦の決着をつけようとした米軍の9月12日、13日の砲撃がいかに凄まじかったかを物語っている。メキシコ軍部は攻防戦における大量の脱走兵の存在に気づき、その対応に苦慮したことは史料からも読み取れる。地を裂くような砲撃で、学生たちの中には茫然自失となり、脱走することもままならない者もいたかもしれない。司令官のブラーボをはじめ、上官や古参兵たちは早々と投降してしまった。要するに惨敗である。しかしそんな中で、純粋な使命感に燃える学生の何名かだけが、侵入してきた敵兵に大胆に立ち向かっていったのではないか。この言うなれば「玉砕」的なイメージが、極めて誇張された形で政治的に利用されたのではないか。

　軍部は早くから「英雄幼年兵」に関する正確な情報を把握していたが、伝説化された学生たちのイメージが壊れることを恐れ、彼らに関する資料をあえて公開しなかった。国防省公文書館に残された出生証明書や入学記録から、彼らの年齢は、マルケスを除き実際には18歳前後の立派な「青年」たちであった。にもかかわらず、軍関係者は、人口に膾炙していたNiños（子どもたち）という誇張された表現を否定しなかった。また、一次史料に未掲載なために殉死が疑問視された2名は補佐兵という名目で「英雄」に加えられている。先行した伝説と記録された公文書との乖離が、その後の様々な憶測を呼ぶ原因となった。軍部と政府は、多様な民族から構成される国民の団結心を強化し、愛国心を鼓舞するために、国家の精神的統合のシンボルとして、伝説化・神話化された士官学校生を利用したと言える。

その意味では「鎮魂の碑」が建設される意味はあるわけだが、それにしてもオベリスクや6本の塔は、戦勝ではなく敗戦を記念したにしてはあまりにも高く巨大である。あの壮大な墓碑は、強国の侵略という祖国の危機において年少者を見殺しにした軍人と、国家の難局に正面から対峙してこなかった国民の良心の呵責の表れなのであろうか。あるいは、理不尽な侵略戦争を仕掛け、国土の過半を略奪した隣国に対する抗議の叫びであろうか。

注

1　Ramos, pp. 19–40.
2　*En Defensa de la Patria* … ; *Documentos históricos* ….
3　Macleod, pp. 369–382.
4　Vázquez, 1994, p. 49.
5　*Ibid*., p. 51.
6　*Ibid*., p. 55.
7　1833年8月、オースティンは首都に赴き、テキサスの処遇について、独立よりコアウイラから分離し1州にした方がよいと提起する。テキサスへの帰路、オースティンの分離案を知った州政府はサルティーリョで彼を逮捕する。この事件以降、オースティンはテキサスに残された道は独立しかないと思うようになる。Valadés, pp. 133, 139.
8　Vázquez, 1994, p. 76.
9　Vázquez, 1977, p. 199.
10　Chávarri, pp. 122–124.
11　Matute, p. 442. 米国はリオ・グランデ河を国境とみなしていたが、メキシコはテキサス領内を流れるヌエセス川を国境と定めていたので、戦争勃発時に両国の間には国境に関する見解の相違があった。米墨のパトロール隊の衝突は両河川に挟まれた緩衝地帯ともいえる地点で起きた。
12　米軍には、約70名のアイルランド人が聖パトリック大隊として参加していたが、戦争の大義に疑問を覚え開戦直後に米軍から脱走し、メキシコ軍に参加した。その後アンゴストゥーラ戦役からメキシコ軍と共に戦い、メキシコ市のチュルブスコでおよそ半数が戦死した。捕虜となった兵士たちは脱走兵として米軍によって絞首刑や銃殺刑に処された。メキシコ市のサン・ハシント公園には殉死した69名のアイルランド兵士の姓名が刻まれた石碑がある。Cox, pp. 17–19.
13　Moyano, p. 116.
14　Sánchez Lamego, p. 18.
15　Smith, I, pp. 88, 128–137, II, pp. 310–324.
16　Vázquez, 1977, pp. 265, 282.

17　Merk, pp. 10–15.
18　Price, pp. 9–16.
19　Vázquez, 1997, pp. 286–287.
20　Velasco Márquez, 1975, p. 75.
21　*Ibid*., pp. 79–81.
22　Velasco Márquez, 1997, pp. 333–335.
23　Sánchez Lamego, p. 5.
24　Roa Bárcena, T.II, pp. 582–583 ; Sánchez Lamego, p. 25.
25　サンタ・アナは最初援軍を派遣しなかった理由として、戦役報告書に「多くの守備兵が臆病風に吹かれて持ち場を放棄し、逃亡し始めたので、もし城塞が敵に占領された場合、城下の兵士は敵の格好の餌食になると判断し、撤退命令を出さざるを得なかった」と陳述している。これに対してブラーボは「城下の旅団長ランヘルに援軍を要請したが、『サンタ・アナ将軍閣下の命令なくば、救援すること能わず』と返答され、援軍を派遣されなかった」と暗にサンタ・アナを非難している。この時に始まるブラーボとサンタ・アナの確執は敗戦後も続くことになる。*Documentos históricos* …, pp. 30–34 ; Roa Bárcena, T.II, p. 610.

アイルランド人の聖パトリック大隊追悼記念碑

26　Sánchez Lamego, p. 28 ; Chávarri, p. 137.
27　Sánchez Lamego, p. 14.
28　米軍のウィルコックス将軍（参戦時は中尉）は『メキシコ戦争史』のなかで次のように述懐している。「これらの英雄的若者の行為は特筆に価する。黒板と本を置き、剣とライフルを取り、危険な場所の守りについた…」。ウィルコックスは捕虜となった士官学校生の数を約40名と記録している。Wilcox, p. 467.
29　6節で述べるように、1947年、戦役100周年を記念して英雄幼年兵を称える様々な公式行事・企画が立案され、その一環として英雄幼年兵の遺骨探しが行われた。同年3月、彼らのものと推測される人骨が発見された。その遺骨を収納し、彼らの武勲を称える慰霊塔建設が計画され、実際に完成したのが5年後の1952年であった。
30　*Lista de Revista de Comisario del Colegio Militar fechada el primero de julio de 1848*. 士官学校長モンテルデ以下、74名の生存者と3名の戦没者の名が記録されている。
31　Sánchez Lamego, pp. 42, 51, 55–58.
32　Carreño, pp. 13–19.
33　この報告書には、エスクティアを除く5名の殉死者の他に捕虜となった45名の生徒の氏名が記載してある。Sánchez Lamego, pp. 66–67.
34　*Ibid*., p. 35.
35　捕虜となった幼年兵の1人、ミゲル・ミラモンはその後、旅団長に昇進した。1860

第5章　米墨戦争と英雄幼年兵　151

年には保守派の大統領に任命され、改革派のフアレス軍を窮地に陥れた。フランスの干渉後、マクシミリアンが皇帝として送り込まれると、皇帝の軍事指揮官としてフアレス軍と再び干戈を交えた。しかし1867年、ケレタロで捕虜となり、カンパーナスの丘でマクシミリアンとともに銃殺された。

36  *Colección de discursos* …, discurso 16.
37  *Discursos pronunciados*, pp. 24–31.
38  Torrea, pp. 39–40.
39  Carreño, pp. 24–25, 63.
40  Chávarri, pp. 178–179.
41  *Historia del Heroico Colegio Militar de México*, T. I, p. 174.
42  *150 Aniversario, Gesta heroica del Castillo de Chapultepec*, pp. 2, 20.
43  Cuevas, pp. 88–92.
44  Torres Nátterman, pp. 11–12.
45  De la Cueva, pp. 141–167.
46  Teja Zabre, p. 121.
47  García Múñoz & Fritsche Acevedo, p. 75.
48  Sotomayor, pp. 96–100 ; Departamento del Distrito Federal, pp. 155–156.
49  García Múñoz & Fritsche Acevedo, p. 168.
50  Sotomayor, pp. 86–88.
51  Departamento del Distrito Federal, pp. 147–148.
52  *Ibid.*, p. 153.
53  Sánchez Lamego, pp. 50–61. トレアは幼年兵の年齢を 13～18 歳としている。Torrea, p. 40. 1997 年、幼年兵戦没 150 周年を記念して刊行された『チャプルテペック城の武勲』は、英雄幼年兵の死亡年齢を、デ・ラ・バレーラ 20 歳、メルガル 18 歳、マルケス 13 歳、スアレス 17 歳、モンテス・デ・オカ 18 歳、エスクティア 20 歳と記している。*150 Aniversario* …, pp. 6–7.

## 参考文献

Carreño, Alberto María, *El Colegio Militar de Chapultepec 1847–1947*, Victoria, 1972.

Chávarri, Juan, *El heroico Colegio Militar*, Libro Mex Editores, 1960.

*150 Aniversario, Gesta heroica del Castillo de Chapultepec*, Asociación del Heroico Colegio Militar, 1997.

*Colección de discursos pronunciados en los días 15, 16, 19 y 27 de septiembre de 1852 en celebridad de la Independencia Nacional*, Mariano Guzmán Imp. Mérida, 1852.

Cuevas, Gabriel, *El Glorioso Colegio Militar Mexicano en un siglo, 1824–1924*, La Impresora, 1937.

Cox, Patricia, *El batallón de San Patricio*, Chapultepec, Organo de la Asociación del Colegio Militar, años 1950–59.

De la Cueva, Hermilio, *Chapultepec : biografía de un bosque*, Libromex, 1957.

Departamento del Distrito Federal, *El Asalto al Castillo de Chapultepec y los Niños Héroes*, Colección : Conciencia Cívica Nacional,1983.

*Discursos pronunciados en el bosque de Chapultepec, el día 8 de septiembre de 1878*, México Socialista.

*Documentos históricos sobre la defensa de Chapultepec, 13 de septiembre de 1847*, Comisión organizadora de los homenajes del CL Aniversario de los Niños Héroes, Secretaría de Gobernación, Archivo General de la Nación,1997.

*En Defensa de la Patria 1847–1997*, Comisión organizadora de los homenajes del CL Aniversario de los Niños Héroes, Secretaría de Gobernación, Archivo Genaral de la Nación, 1997.

García Múñoz, María Elena & Ernesto Fritsche Acevedo, *Los Niños Héroes de la realidad al mito*, UNAM, 1989.

*Historia del Heroico Colegio Militar de México, 1823–1973*, 4 tomos, Secretaría de la Defensa Nacional, 1973.

*Lista de Revista de Comisario del Colegio Militar fechada el primero de julio de 1848*, Archivo Histórico de la Secretaría de la Defensa Nacional.

Macleod, William C., *The American Indian Frontier*, Routledge, London & New York, 1996.

Matute, Álvaro, *México en el siglo XIX*, UNAM, 1993.

Merk, Frederick, *Manifest Destiny and Mission in American History*, Knopf, New York, 1963.

Moyano Pahissa, Ángela, *México y Estados Unidos : origen de una relación 1819–1861*, SEP, 1987.

Price, Glen, *Origen of the War with Mexico ; The Polk-Stockton Intrigue*, University of Texas Press, Austin, 1967.

Ramos, Samuel, *El perfil del hombre y la cultura en México*, Colección Austral, Espasa-Calpe, 1994.

Roa Bárcena, José María, *Recuerdos de la invasión norteamericana*, Tomo II, Cien de México, 1991.

Sánchez Lamego, Miguel, *El Colegio Militar y la Defensa de Chapultepec en septiembre de 1847*, 1947.

Smith, Justin, *The War with Mexico*, 2 vols, The Macmillan Co., New York, 1919.

Sotomayor, Arturo, *Nuestros Niños Héroes*, Taller General de la Nación, 1947.

Teja Zabre, Alfonso, *¡Murió por la Patria! ; los Niños Héroes de Chapultepec*, Botas, 1938.

Torrea, Juan Manuel, *A cien años de la epopeya*, Beatriz de Silva, 1947.

Torres Nátterman, Elías, *Los Niños Héroes de Chapultepec*, S.E., 1955.

Valadés, José, *México, Santa Anna y la guerra de Texas*, Editorial Diana, 1981.

Vázquez, Josefina, *Mexicanos y Norteamericanos ante la guerra de 47*, Ateneo,1977.

——————, "Colonización y Pérdida de Texas," *Mitos en las relaciones México–Estados Unidos*, FCE, 1994.

——————, "El origen de la guerra con Estados Unidos," *Historia Mexicana*, #186, el Colegio de México, 1997.

Velasco Márquez, Jesús, *La guerra del 47 y la opinión pública(1845–1848)*, SepSetentas #196, 1975.

——————, "Regionalismo, partidismo y expansionismo ; La política interna de Estados Unidos durante la guerra contra México," *Historia Mexicana, #*186, el Colegio de México, 1997.

Wilcox, M.Cadmus, *History of the Mexican War*, The Church News Publishing Company, 1892.

# 第6章 外国石油企業の国有化
## ：資源ナショナリズム

### はじめに

　メキシコはスペインから独立して近代国家建設の道を歩み始めたが、米墨戦争の大敗によってその希望が打ち砕かれた。この国家の未曾有の危機に直面して、国家再建をめざす改革派の人々が立ち上がったが、その意図はフランスの干渉によって頓挫する。その後改革の旗手ベニト・フアレスが、フランスが送り込んだマキシミリアン皇帝を倒し、自由主義的改革に着手した矢先、急死する。その後の混乱を軍事力によって収拾し、独裁体制を敷いたのはポルフィリオ・ディアスである。だが一部の特権階級を優遇するディアス独裁政権にたいする人々の不満が爆発し、革命によってディアスは国外に追放された。このメキシコ革命には多くの大衆が参加し、政治的経済的不平等の撤廃や社会正義の実現をめざして闘争を繰り広げたが、革命後実施された政策は必ずしも国民を満足させるものではなく、革命の理想は次第に色あせていった。そのように革命精神が弛緩したときに登場したのがラサロ・カルデナスである。

　1938年3月18日午後10時、カルデナスは大統領府でラジオマイクを前にして、「外国石油企業の施設・財産を収用（国有化）する」という歴史的宣言を高らかに発した。固唾を呑んでこの瞬間を待ち望んでいた国民の喜びは爆発し、街頭に飛び出して、「メキシコ万歳」、「カルデナス万歳」を熱狂的に連呼した。後述するように、これは長期にわたりメキシコ経済を支配してきた欧米資本に対する挑戦の布告であり、メキシコのナショナリズムが頂点に達した瞬間であった。

　質素なメスティーソの家庭に生まれたカルデナスは青年期から革命運動に身を投じ、数々の戦功を立て、出身地のミチョアカン州の知事に選出された[1]。その後も1929年に創設された国民革命党（PNR）の総裁、内務長官、陸軍長官に就任するなど中央政府で活躍し、当時の権力者であった、プルタルコ・カ

リェスの厚い信任を得て、彼の後継者に指名され、国民の98％という圧倒的支持を得て1934年、39歳の若さで大統領に当選した。就任後、カリェスの影響力を排除し、メキシコ革命の理念ともいうべき社会正義と民主的共和国の実現をめざして数々の斬新な改革を断行した。カルデナスが歴代の大統領のなかで現在でも国民に最も人気がある秘密は、外国石油企業の国有化と歴史的な農地改革という大胆な政策を実行したことにある。6年の任期中に、1800万ヘクタールの土地を80万人の農民に分配し、自営農民の数を増大させた。また、集団共有地であるエヒードの活性化に努め、エヒード銀行を介して融資、技術指導、組合化促進を積極的に行った。さらに、外国人経営のプランテーションをも収用して、集団エヒードを創設し、農民の協同耕作・経営にも力を入れた。その他、武力闘争によって血塗られた革命に終止符を打ち、政治的安定化のために、労働者、農民、軍人、公務員の4部会を母体とするメキシコ革命党（PRM。1938年PNRからの改編。さらに46年、制度的革命党＝PRIとなる）を結成し、ラテンアメリカでは例外的に軍部が政治に介入しないシステムを作り上げるなど、カルデナスの功績は枚挙にいとまがない。

1936年に制定された収用法（外国資本の接収を定めた法）に依拠して鉄道を国有化した後、冒頭に述べたようにカルデナスによって実施された外国石油企業の収用は資源と結びついたナショナリズムの典型例である。この収用劇の進行過程で発揮されたカルデナスのカリスマ性、大衆動員力、人心掌握術、交渉能力には彼のポピュリスト（ポピュリズム＝大衆主義の立場をとる政治家）としての面目躍如たるものがある。メキシコは国家の危機に瀕して稀代の政治家を得、凄まじい外圧と対峙することができたのである。

本章では、「資源ナショナリズム」の典型と言われるメキシコの外国石油企業の国有化について検証する。まず、近代国家建設過程で生み出された独裁体制とそれが打倒されたメキシコ革命について、資源問題を軸に整理し、つづいて革命後からカルデナスの改革までをみていこう。

## 1▶ディアス独裁政権

**改革の時代から帝政へ**　メキシコは独立戦争後、イトゥルビデ帝国を経て共和国建設を達成したが、スペイン人支配者に取って代わったクリオーリョたちは

政権争奪に血道を上げ、政治的安定を築くことはできなかった。その上、新たに政治に参加することになった大衆を指導して国民国家を建設することもできなかった。ヨーロッパでは国民形成は漸進的プロセスを辿り、国家の構成に先んじたが、メキシコでは国家が国民に先んじたのである。西欧では王室、貴族、僧侶から構成される特権的支配階級にたいして、ブルジョアを核とする市民が話し合いを通じて、ときには暴力や武力によって自分たちの正当な権利を要求・獲得し、長い時間をかけて国民意識が形成された歴史がある。しかしラテンアメリカではそのような国民意識が形成される前に、独立によって突然国家が成立したために、支配者と大衆の間に時間をかけて国民の権利や国民意識が醸成される期間がなかった。

　米墨戦争で大敗した後、保守派が1853年にクーデターを起こし、亡命中のサンタ・アナを呼び戻した。しかし政権に復帰したサンタ・アナは、北部国境沿いのメシーリャを1000万ドルで米国に売却するガズデン協定（前章 p.130の地図参照）を結ぶという背信行為に走り、国民の猛反発を受けた。独裁者にこれ以上国の将来を託しておくことに不安を覚えた自由主義派の軍人や政治家たちは1854年、クーデターを起こしてサンタ・アナを追放した（アユトラ事変）。独裁者を放逐したものの、対米戦争とサンタ・アナ専制政治で被った政治的退廃、経済的損失、社会的混乱は負の遺産として国民に重くのしかかった。この国家存亡の危機に、先住民サポテカ族出身のベニト・フアレスを中心とする改革派と呼ばれる進歩的政治家たちが登場し、国家再建に一から取り組んだ。彼らは独立後の国家混迷の原因を反省して、植民地時代のスペインの諸制度とカトリック教会の支配がメキシコの近代化を阻害してきたと結論づけ、旧宗主国の遺制と教会の政治的経済的影響力を排除する指針を掲げた。新共和国がスペインに代わって模範としたのは英国、フランス、米国の政治理念や制度であった。改革派の理念は、連邦制、民主制、代議制、共和制の導入、政府がカトリック教会の運営に干渉する権利、副大統領制の廃止、教育・商工業・労働・結社の自由などを謳った1857年憲法に反映された。大蔵大臣のミゲル・レルド・デ・テハダは1856年、「永代所有財産解体法」を公布した。この通称「レルド法」は教会と民間団体が永代所有していた不動産の解体を意図するものであったが、教会の土地ばかりかインディオの共有地の解体も進行させた。没収されたこれらの土地は膨大な面積に及び、安値で有産階級に売却されたの

で、改革派がめざした自営農民の創出と土地の有効活用という近代化政策は逆に大土地所有者を生み出し、貧農層を増大させる結果になった。また保守派と結託し近代化を阻止する教会の存在を苦々しく思っていたフアレス政権は1859年、「改革諸法」を公布し、教会財産の国有化、修道院の閉鎖、宗教祝祭の廃止、結婚・戸籍登録・墓地管理の民事化を決定し、社会の諸制度から徹底的に教会勢力を削ぐとともに、没収した教会財産で国庫の増収を図った。

保守派はこれらの近代化改革案に激しく反対し、1858年、国内は「改革戦争」と呼ばれる内乱に突入した。内乱勃発時には保守派が戦いを有利に進め、フアレスらは国内外を逃げ回ったが、次第に勢力を盛り返した改革派が1861年に勝利を収め、3年間に及ぶ騒乱状態に終止符を打った。ようやく国内に平和が訪れるかと思われたとき、メキシコ進出を窺っていたフランスのナポレオン3世がメキシコの債務不履行を理由に軍を派遣し、オーストリア大公マキシミリアンを「メキシコ帝国」の皇帝として送り込んできた（マキシミリアン帝政時代、1864～67）。フアレスは再び追われる身となったが、南北戦争を終結させたアメリカ合衆国がフアレス政権を支援し、武器弾薬の補給を開始したことや、駐留仏軍がヨーロッパ情勢の緊迫化で本国に撤退するなど好条件が重なり、政府軍は勢力を盛り返し、1867年、ケレタロでマキシミリアン率いる仏軍を打ち破った。以後67年から72年までは「復興共和国時代」と呼ばれ、フアレスとその後継者セバスティアン・レルド・デ・テハダ（ミゲルの弟）によって、外資の導入による経済の活性化や軍隊の縮小、二院制の導入などの改革が推進された。しかし、1872年、フアレスの急死で改革派内部が分裂し、復興共和国時代は幕を閉じる。

**「秩序と進歩」のディアス体制**　フアレスの死後、クーデターを起こして1876年に政権の座についたのはオアハカ出身のカウディーリョ、ポルフィリオ・ディアスであった。ディアスは貧しい農家のメスティーソとして生まれ、3歳のときに父と死別し、刻苦勉励して大統領の地位まで上り詰めた人物であった。メスティーソの大統領就任は、近代国家の幕開けとともにクリオーリョ中心で進められてきたメキシコ政治に、それまで権力の中枢に関与できなかったエスニック・グループが参入してきたことの象徴であった。

ディアスはマヌエル・ゴンサレスに大統領職を譲った4年間（1880～84）を

含め、革命後権力の座を追われてヨーロッパに亡命する1911年まで、およそ35年にわたり政権を掌握し、独裁体制を敷いた。ディアス政権はシエンティフィコス（科学主義派）と呼ばれる官僚たちによって運営された。彼らの多くは、フアレス時代にフランスから帰国した医師ガビーノ・バレーダが設立したメキシコ高等学院で学んだ新しい世代で、フランスで当時一世を風靡したオーギュスト・コントの実証主義や[2]、英国で生まれた社会進化論の信奉者であった。ラテンアメリカにも多大な影響を及ぼしたフランス革命は、人間が自由、徳義、天賦人権の尊重によって無限に進歩できる可能性を提示する一方、ヨーロッパに道徳的無政府状態を生み出した。フランス革命の混乱を経験したコントは、社会科学によって道徳的無政府状態を秩序立った社会に変革しようとした[2]。コントは「服従することに慣れた市民」の育成に重点を置き、自由とは社会の中の法則に服従することであると提唱し、「最高級の知性を持つきわめて少数の人々による統治」を容認した。また、英国のハーバート・スペンサーは、ダーウィンが発表した進化論における「適者生存の法則」を人間社会に適用した「社会的ダーウィニズム」を提唱した。科学主義派はこれらの理論を発展させ、革命は進歩を阻害する足枷であり、科学に導かれた独裁は支持されるという見解を展開した。一部のエリート階級が政治を担い、「無知な国民」を労働に専念させることによって、社会の進歩と国の経済的発展・安定が達成されると考えたのである。「ディアス体制」と呼ばれたこの時代は、「自由と改革」が推進されたフアレス時代と異なり、「秩序と進歩」がスローガンに掲げられた。

　フランス人を父としてメキシコに生まれた大蔵大臣リマントゥールは、シエンティフィコスの代表的存在で、外資導入を円滑にするために勧業政策や法律改正を実施して、国内産業の発展、鉄道の敷設、港湾の整備、電信・電話網の拡大を図った。ディアス政権下では欧米企業の進出が目覚しく、その中でも米国企業は積極的に資本を投下した[3]。米国資本によって首都から北部国境のヌエボ・ラレドやシウダー・フアレスに延びる鉄道が建設され、米国との貿易関係が強化された。この時代、米国のメキシコへの関心が、領土拡張からインフラ整備事業や天然資源の開発といった経済進出に転換されたと言える。

　ディアスは国内の民族ブルジョアジーや外国人投資家・企業家を優遇することによって、経済を活性化し債務を履行することができたが、その陰には貧困と不正に喘ぐ大衆がいた。ディアス政権下では、形式的な国民統一は達成され

ディアス独裁を描いたオゴルマンの壁画（国立歴史博物館蔵）

たが、それは外国資本と結託した一部の特権階級が他の階層や先住民エスニック・グループを抑圧する形で実現された。特権階級を優遇するために下層階級は見捨てられ、貧富の差は拡大した。社会の周辺者を擁護したり、不正を糺そうとする新聞や知識人は弾圧を受けた。

　ディアス政権はグラムシが提唱した覇権理論、すなわち強制（軍隊と警察）と同意（文化と教育）によって政権を維持したと言える（1章 p. 20 参照）。しかし、政権末期のディアスは、長期独裁時代に鬱積した民衆の怒りの噴出を押しとどめることはできなかった。産業化によって生まれた労働者と土地を奪われた農民は欧米の自由主義的思想を吸収した知識人に導かれ、次第に自己の正当な権利に目覚めていった。二極分化したメキシコ社会には、緊張が漲っていた。張り詰めた糸は革命によって断ち切られることになる。

## 2▶ディアス時代の石油開発

**鉱山法**　ヌエバ・エスパーニャ時代にカルロス3世によって公布された「鉱山

に関する勅令」(1783) によれば、鉱山は王室に帰属し、国王が2つの条件を付帯して臣下に開発権を付与した。その2条件とは、国庫への納税と鉱山の開発である。鉱山主は鉱山を開発して生じた利益の5分の1を国庫に納める義務があり、この税金はキントと呼ばれた。2条件を遵守しない場合は権利を失った。王室に帰属していた諸権利は独立後、メキシコ共和国に移転した。フアレスは1863年、鉱脈は国家が直接支配権を所有し、その所有権を国民に譲渡するという従来の伝統的法律を再確認した。フランスの干渉で成立したマキシミリアン帝政時代には、鉱山は事前の権利取得なくしては開発が禁止された。植民地時代から復興共和国時代までのおよそ3世紀半の間は、土地の所有者には地表面の所有だけが認められ、不規則な鉱脈が連なる地下は地表の付属物ではないという理由と、豊かな鉱物資源を独占して国庫増収を図りたいという理由で、鉱山は国家に帰属すると解釈されていた。

　しかし、ディアス独裁政権下では、それまでの解釈が一変した。1884年の新鉱山法は、国に地下所有権を付与した伝統的解釈から離れ、地主に地上の所有権ばかりか地下に埋蔵されている石油等の鉱物資源の所有まで認めた。この解釈変更には、ディアス政権を支えたリマントゥールをはじめとする、自由主義的経済思想を持つ側近や外国人投資家が大きな影響を与えていた。20世紀初頭に金、銀、銅、鉛、亜鉛、石油等の鉱山開発を求めて、およそ1千の外国鉱山会社がメキシコに進出したが、その内の840が米国企業であった[4]。多数の外国鉱山会社が進出してきたのは、鉱山法による諸特権の享受と労働組合の未組織化による低賃金に誘引されたからである。

**石油企業の特権享受**　一方、メキシコにおける最初の油田開発は1876年に米国人によってベラクルス州北部トゥスパン地方で行われたが、コストが高すぎて失敗している。また、19世紀末、英国資本のロンドン・オイル・トラストと同社の株を引き継いだメキシコ・オイルの2社が、やはりトゥスパン地方で掘削を試み、原油を掘り当てたが、利益を上げられず放棄した。石油の商業的生産が始まった1901年に制定された石油法では、それ以降国内で設立された石油開発企業(国内・外資系を問わず)に国有の未墾地の開発権が付与されることになった。認可された石油開発企業には、石油埋蔵地域の土地収用税の免除をはじめ、精製機械、配管、ポンプ、タンク、樽、ガス計量器、建設用資材

などの輸入品に対する免税特権が与えられた。その上、開発に投資された資金には、10年間にわたり印紙税を除きすべての連邦税が免除された。さらに、生産品に対する輸出税も免除された[5]。このメキシコ最初の石油法の特典を享受したのは英国のピアスン、米国のワステカ、米・英・墨合弁のトランスコンティネンタルの3社である[6]。

ディアスの長男を重役に迎え入れていたピアスン社（1901年設立）は、課税対象となる国有地ではなく私有地を開発して原油を生産し、10％の法人税納入を免れた。国とピアスン社との開発契約では、企業は利益の7％を国庫に、3％をベラクルス州に納入する義務があった。契約では開発は国有の未墾地に限られ、私有地はその対象外であった。また、契約から7年以内に、80万ペソの投資を基に日産2千リットルの試験的石油精製所を設置する義務が課された。その代わり、各種の輸出入税の免除や、必要な国有の未開墾地を廉価で購入する権利を付与されるなどの特典があった。契約の第13条では、外国人が設立したものであろうとメキシコ企業として開発に参入すべきで、共和国の国内法に従い、自国政府に外交保護を求めてはならないと規定した。契約期間は50年とされ、1906年1月に調印された。しかし、私有地の試掘と開発を可能にする文言が契約の第4条に巧妙に盛り込まれた[7]。この第4条によって、上述のようにピアスン社は印紙税を除く納税義務を免れたのである。同社はその後、国有地に2、3の油井を掘削し、結果が出なければ私有地だけを開発し、豊富な原油を発見していった。その上に1906年から17年まで輸出税を、1906年から35年まで輸入税を一切免除されるという特典を享受したのである。これらの法外な諸特権が付与された裏には、ピアスン社の弁護士ロレンソ・エリサガの暗躍があった。エリサガはディアスの姻戚で、下院の院内総務であり、政府の目をくらます巧みな術策を用いた。この契約は翌1907年に設立された現地法人エル・アギラ社に移譲されたが、35年になってようやくカルデナスによって無効とされるまで存続した。

1908年に開発権を付与されたワステカ社の重役ハロルド・ウォーカーは、国との契約にあたって、中央高原へのパイプライン建設に対する連邦税が免除されれば、産業界や農耕地に石油が行き渡り、メキシコに経済的・社会的に大きなメリットがもたらされると公言したが、契約後10年間、パイプラインは敷設されることはなかった。企業の目的は法外な免税特権を獲得・享受するこ

とでしかなかったのである[8]。ワステカ社は中央高原にパイプラインを敷設できない言い訳として、不安定な治安、革命、ウエルタ将軍による権力強奪（1913〜14の反革命時代。次節参照）などを挙げたが、自社の本拠地であるワステカ地方にはカウディーリョが跋扈する反乱の最中、メキシコでも最良と言われるパイプラインを完成させていた。1912年に開発権を付与されたトランスコンチネンタル社にしても上記2社同様に、特典を悪用し、政府を欺き巨額の脱税を行い私腹を肥やした。

## 3 ▶ 1917年憲法（第27条）と米国の干渉

**メキシコ革命の経緯**　ディアスは1910年の大統領選で当選したものの、独裁政権継続に反対する勢力が全国各地で武装蜂起すると、1911年5月に大統領を辞任して、ヨーロッパへ亡命した。メキシコ革命の始まりである。ディアス独裁体制を打破した中心人物は、北部コアウイラ州の富裕な大荘園に生まれたマデロであった。マデロは青年期に欧米に留学した体験をもつ自由主義的思想の持ち主であった。この開明的大荘園主は、ディアス独裁体制を打倒し、民主政治を定着させることによって国の発展を図ろうとした。マデロの蜂起には、英国人のピアスンを重用するディアスに反感を抱く米国のスタンダード・オイ

1910年、ディアス政権により暴動の首謀者として逮捕されたマデロは保釈後米国へ亡命、国外から一斉蜂起を呼びかける。それに応じてメキシコ各地で武力闘争が始まった。メキシコ市に凱旋するマデロを描いたオゴルマンの壁画（国立歴史博物館蔵）

第6章　外国石油企業の国有化　163

ル社が資金援助したとも言われている[9]。一時は革命政権を樹立したマデロであったが、出自と利害の異なる革命勢力をまとめることはできなかった。政治の民主化を最優先課題としたマデロは、農地改革を要求して各地で蜂起していた急進的な農民軍の武装解除を要求したが、これに対して首都に隣接するモレロス州の農民革命家サパタが反抗して首都を離れ、北部のチワワ州では馬方出身のパスカル・オロスコが武装蜂起した。孤立したマデロにたいして1913年、ビクトリアノ・ウエルタ将軍が反乱を起こし、マデロを暗殺した。ウエルタと結託しマデロ政権の崩壊を陰で操ったのが駐墨米国大使ヘンリー・ウィルソンであったことはよく知られているところである[10]。

マデロ政権を簒奪した保守的軍人ウエルタが反革命的政府を樹立すると、各地の革命勢力は再び結集して、打倒ウエルタを掲げ首都へ進攻した。とくに北部の農民勢力は急進的な闘争をくりひろげた。チワワ州の牧童出身で強力な北部軍団を指揮したビリャとソノラ州の軍人指導者オブレゴンは、コアウイラ州知事カランサを統領に戴き、1857年自由主義憲法の精神復活をめざす護憲派勢力を形成した。一方、モレロス州の土地を求める農民たちはサパタを指導者として仰いだ。米国の支持を失ったウエルタが亡命すると、革命勢力間で覇権争いが始まった。1914年に動乱終結を狙ってカランサが開催したアグアスカリエンテス会議でビリャとサパタが手を握り、グティエレスを臨時大統領に選出したが、この決定に不満なカランサ派はベラクルスに撤退し、革命勢力は再び内紛に陥った。これら諸勢力の中で勝利を収めたのはカランサであった。オブレゴンがビリャ軍をセラヤで打ち破り大勢が決すると、米国の大統領ウィルソンは1915年にメキシコ共和国・カラ

北部軍団の司令官、ビリャ（右）。オゴルマンの壁画より（国立歴史博物館蔵）

ンサ政権を承認した。革命の内乱状態がほぼ鎮静化したのを見たカランサはこの機会を利用して翌16年、憲法制定議会を召集した。この議会は本来、フアレスに主導された改革派が1857年に制定した憲法を修正するために召集されたものであったが、参加した法律家や政治家たちはカランサの穏健な改革の意図をはるかに超えた急進的憲法を作成した（翌1917年成立）。メキシコ革命は、ディアス時代の自由競争による不平等な経済繁栄に反発し土地を要求する農民と待遇改善を求める労働者が主体となった闘争であり、民衆が自ら立ち上がり社会的平等を求めた社会主義的運動であった。こうした人々の闘いから生まれた1917年憲法には、社会改革の理念を中核に民族主義と反教会主義が謳われている。

**第27条と資源ナショナリズムの芽生え**　1917年憲法で特筆すべき条文としては、宗教団体の学校経営を禁止したうえで（カトリック権力の排除）、無償公教育を定めた第3条、大統領再選を禁止した第83条、8時間労働、婦女子と年少者の夜間労働禁止、最低賃金の保障、性別・国籍を問わない同一労働・同一賃金の保障、労働組合権などを定めた第123条などが挙げられる。ここでは外国石油企業国有化に直接関連する第27条を検証する。

　第27条は、土地の所有権は本源的に国家に帰属し、個人の私的所有権は国家が支配権を移転することによって成立するものと定めた。同条の「国家は公共の利益が求める制限を私的所有物に課す権利を有する」という文言は、大規模所有地の分割によって小規模自営農民を創設する国家主導の農地改革に法的根拠を与えている。また「石油および固体、液体…すべての鉱石もしくは資源の直接の支配権は国家に帰属する」という表現は、明らかに外国企業に支配された国内鉱業を念頭に置いて起案されたもので、外国石油企業収用の拠り所となった。さらに同条第1項は土地と地下資源に関する権利者をメキシコ国民・企業に限定したうえで、外国人は内国民待遇を受け入れ、自国政府の保護を求めないことが開発の権利に与る条件とした。また、外国人は国境沿い100キロメートル、海岸沿い50km以内の地域における土地の取得を禁止されたので、ベラクルス州沿岸に集中する油田開発が暗礁に乗り上げる可能性があった[11]。外国石油企業にとって、第27条は石油開発事業を根底から揺るがす由々しき条文であったので、多くの企業が同条を形骸化して既得権を維持することに躍

起になった。地下資源を国有化したい政府と、獲得した土地と資源を手放したくない企業との激しいせめぎ合いが始まったのである。当時世界の原油生産の25％を占めていたメキシコの石油が欧米の関心を引くに至ったのには、石炭から石油へ燃料転換が起こり、第一次世界大戦で石油需要が高まったという背景がある[12]。

　とくにメキシコの石油に最も多く投資していた米国の石油企業家、鉱山経営者、銀行資本家たちは第27条の公布に危機感を覚え、在墨米国人権利保護全国協会を設立して、メキシコ政府と対立した。彼らは1917年憲法発布以前に取得された利権への第27条適用は、所有権と契約の神聖を冒すものであり、承服しがたいと一貫して主張した。その根拠は、「いかなる法律も個人を侵害するような遡及性を有しない」という憲法第14条であった。これにたいしてカランサは、いかなる国もいかなる理由であれ、またどのような形態にせよ、他国の内政に干渉すべきではないというカランサ・ドクトリンを掲げ、国際法による外交問題解決の原則を採用して、欧米列強、とくに米国に対抗し、自国資源を守ろうとした[13]。資源ナショナリズムの萌芽である。

　1920年、カランサに代わったアドルフォ・デラ・ウエルタ政権は短命に終わったが、石油企業との衝突を避け、敵対関係を緩めた[14]。革命以来、米国はメキシコにたいして、政権交代ごとに国家としての承認を与えるかどうかを政治的かけひきの手段とした。同年12月に政権についたオブレゴンは、共和国の承認問題を盾に取った米国の強圧外交の前に、石油問題に関して一歩も前進することはできなかった。1917年憲法の遡及性に異議を唱え、不遡及の明文化を図る米国のテキサコ社に対して、オブレゴンは1921年、憲法制定以前に利権を獲得していた企業には第27条を適用しないという最高裁判決を通して、不遡及の原則を宣言して対米関係改善を図る。しかし米国務長官ヒューズは承認問題で譲歩しなかった[15]。だが米国企業も一枚岩ではなく、ディアス時代から革命時代にかけてメキシコ政府が発行した外債の返済を望む銀行家グループは不遡及問題を早期に解決しようとしていた。そこで、1923年メキシコ市のブカレリ街85番地で米墨双方が交渉の席に着き、3カ月の交渉の末、合意に至った。この「ブカレリ合意」は、1917年憲法の発効以前に踏査、掘削などの開発に着手していた企業の権利（ポジティブ・アクト）を認め、これへの第27条の適用を除外した。また、米国人所有の農地を接収する場合は現金で賠

償金を支払うという条項が入れられたが、政府には賠償金を賄うだけの予算がなかったので、この条項は事実上米国人の農地所有を承認することを意味していた[16]。石油問題と農地問題が一応の解決をみたので、米国はオブレゴン政権を承認した。

　ところがオブレゴンの後継者カリェスは、就任直後の1924年、「ブカレリ合意」改正のプロジェクトに取りかかり、同合意で承認された企業の利権の契約有効期限を50年に限定した新しい石油法を1925年に発令した。外国企業側はこの石油法に強い不快感を表し、掘削作業の放棄やメキシコからの撤退をほのめかして政府に揺さぶりをかけた。実際、長びく資源抗争でメキシコの原油生産量は落ち込み、新たな石油開発国としてベネズエラが注目を浴びていた[17]。米国政府がカリェス政権の承認撤回を匂わせる一方で、米国のカトリック教徒からはカリェスの反カトリック政策に対する非難が浴びせられた。種種の圧力に屈したカリェスは駐墨米国大使モローとの会談に臨み、1927年、カリェス＝モロー合意が成立した。1925年の石油法が改正され、1917年憲法制定以前に開発に着手していた所有者には無期限の埋蔵石油利権が与えられ、第27条の不遡及が認められた。しかし、石油企業は1917年憲法公布以後の地下資源の国有化は認めざるを得ず、既得権は確保したものの、うまみのなくなった新規油田開発を控えるようになった[18]。

## 4 ▶ 革命以降の石油開発

　1911年末に成立したマデロ政権は、初めて石油企業にたいして国内生産原油1トン当たり20センタボの印紙税を課したが、1年数カ月後に反動的軍人ウエルタに政権を強奪されたので、新税システムはほとんど機能しなかった。つづくカランサ政権は石油資源を守るという民族主義的政策を標榜したので、外国石油企業は、カランサ政権に敵対してベラクルス州北部で武装蜂起したカウディーリョ、マヌエル・ペラエスを利用した。ペラエスは企業から受け取る献金で私兵を養い、およそ7年間にわたって石油開発地域を支配下に置き、企業、とりわけスタンダード・オイル社とロイヤル・ダッチ・シェル社系列の石油会社に奉仕し、あらゆる手段で連邦軍に抵抗した[19]。

　なかでもスタンダード・オイル社系のワステカ社は、ペラエスの私兵を雇い、

悪質な犯罪行為を繰り返した。「グアルディア・ブランカ（白兵団）」と呼ばれるペラエスの私兵団を使って道路や開発地の占拠や封鎖を行ったのである。メキシコ燃料社が3本の油井を掘り、4本目を掘削しようとしたところ、白兵団が現れ、作業を中断させて作業員を追い出し、鉄条網を張りめぐらした。このように白兵団はワステカ社に所属しない人々に対して脅迫、妨害、拘禁といった侵害行為を頻繁に行った。また、ワステカ社は彼らに労働者の組合組織化を妨害させた上で、従順な労働者を集めて御用組合を結成した[20]。

　メキシコでの油井掘削は、地表に滲出するコールタールによって埋蔵原油層の位置が簡単に発見される上に、原油の噴出力が強力でポンプを必要としなかったので、開発費用が割安であり、企業にとってそれほど負担にはならなかった。しかも米国で実施されたような経験的技術に基づく掘削ではなく、ほとんど「放置型」の開発だったため、油井火災の放置や天然ガスの未利用によって貴重な天然資源が失われた。掘削の際に大量に発生するガスは、米国では鉄パイプで近郊の都市に配送され利用されるが、メキシコではほとんど放散燃焼されたのである。また油井が枯渇した際には有害物質の発生と地下水の汚染を防ぐために口を塞がなければならないが、そのまま放置されたために塩分や硫黄を含んだ水が噴出し、土地、河川、海が汚染されて農作物や漁業に重大な影響を与えた[21]。

　メキシコで最初に本格的に掘削された油井は1908年のサンティアゴ・デラ・マル3号井、通称ドス・ボカスであった。当時すでに発明されていたパイプのセメント注入法（原油湧出時に流出や引火を防ぐための基本的処置）を採用しなかったので、油井が火事になり、燃え尽きるまで放置された[22]。

　1910年、トゥスパン地方でリャノ4号井が掘削され、世界でも有数の原油の大量生産を記録した。エル・アギラ社所有のこの油井は、1938年まで28年間にわたって総計1億1800万バレル（1バレル＝約159リットル）の原油を生産した[23]。このリャノ4号井でもセメント注入法が用いられず、パイプと掘削機の間から原油が流出した。回避策としてパイプと掘削機の結合部分に200トンのセメントを埋め込んだが、パイプがその重量に耐えかねて埋没し、流出量が減少するどころか増大してしまった。また、漏電から油だまりに引火した後、油井塔に延焼し、結合部分が溶解して、湧出する原油に次から次へと火がつき、8カ月も燃え続けるという事故があった。ワステカ社を創立した米国人

表　メキシコの商業的石油生産量と輸出量（1901~37 年）

（単位1万バレル）

| 年 | 石油生産量 | 輸出量 |
|---|---|---|
| 1901 | 1 | — |
| 1911 | 1,250 | 90 |
| 1921 | 19,300 | 17,200 |
| 1932 | 3,300 | 2,200 |
| 1937 | 4,700 | 2,500 |
| 計 | 186,560.9081 | — |

　エドワード・ドヒニー所有のセロ・アスル 4 号井では、1916 年に掘削機を吹き飛ばす大爆発が起こり、吹き上げた原油の柱は地上 200 メートルまで達した。油井を制御するのに 9 日間を要し、その間 1 日に 26 万バレルの原油が噴出し続けた[24]。

　メキシコの石油の商業的生産は 1901 年に 1 万バレルで始まり、11 年には 1250 万バレルに急上昇し、21 年には最大の 1 億 9300 万バレルに達した。その後減少に転じ、32 年には 3300 万バレルに低下したが、それ以降再び上昇に転じ、37 年には 4700 万バレルまで回復した。1901 年から 37 年まで、公式記録では 18 億 6560 万 9081 バレルを生産した（37 億 2603 万 6245 ペソに相当）。原油輸出量は 1911 年に 90 万バレルで、その後 21 年に 1 億 7200 万バレル、32 年に 2200 万バレル、37 年に 2500 万バレルを記録した（表参照）[25]。

　メキシコの油井は自然湧出で生産年数平均は 8 年である。1930 年の最低平均生産量は油井当たり 1 日 85 バレルで、国有化後の 1938 年には 130 バレルに上昇した。一方、米国では高コストのポンプが使用され、その寿命は平均 5 年で油井当たりの日産は 7～8.5 バレルであったので、生産量だけをとればメキシコの油井のほうがはるかに高かったといえよう[26]。1901 年から 36 年までのメキシコにおける外国石油企業の総投資額は、メキシコ経済省の資料によれば 9 億 9304 万 8708 ペソで、総生産額は 35 億 4612 万 9423 ペソであったので、投資 1 ペソ当たりの生産額は 3.6 ペソとなるが、米国では同じ計算で 1.6 ペソにしかならない。シルバ・エルソグの個人的試算によれば、1901 年から 36 年までのメキシコにおける外国石油企業の総利益は 7 億 1488 万 456.74 ドルとなり、その間の投資額 2 億 7583 万 8530 ドルを差し引くと、純益は 4 億 3904 万

1926.74 ドルに達する[27]。

　このように石油企業が莫大な利益を上げる一方で、労働者たちは粗末な茅葺き小屋に住み、読み書きも教えられず、病気になっても治療を受けることさえできなかった。そのような劣悪な環境を忘れるために週末は無けなしの給料をはたいて酒場に入り浸り、ギャンブルにのめり込む労働者も少なくなかった[28]。労働者の権利と生活改善を保証した1917年憲法は、外国石油企業の利益追求に抗し切れず有名無実化していた。

## 5 ▶ 国有化宣言

**石油労働者の団結と労使紛争**　ベラクルス州で20世紀初頭に油田開発が開始されて以来、油田地帯に労働者を供給するために、周施人が隣接するタマウリパス、ヌエボ・レオン、サン・ルイス・ポトシ各州の農民を集めて契約を結ばせ、タンピコ（タマウリパス州）のような大きな町や石油施設に送り込んでいた。そのため石油労働者は当初、周辺各地からバラバラに集まってきただけで、組織化されていなかった[29]。しかし、石油企業の抑圧的な対応にもかかわらず、労働者たちは徐々に組合を結成していき、1935年には21の石油労働組合が存在していた。そして1936年、それらの労組が統一された「メキシコ連邦石油労働者組合」（STPRM）が結成され、労働法に則った集団労働契約を全外国石油企業に要求した[30]。しかし要求された給与増額に企業が同意しなかったので、STPRMは1936年11月、ゼネストに突入する構えをみせた。ストを回避するために政府が介入し、合意に至るための20日間の労使協議開催を提案したが、協議では何の成果も得られず、37年5月に物別れに終わった。

　そこでSTPRMはゼネスト突入を企業側に通達し、労働局と大統領が調停に入ったものの受け入れられず、37年5月末にストライキに突入した。スト期間中にも労使双方による協議が重ねられたが、何の進展もみられなかった。その間、燃料、ガス、ガソリンが全国で不足し、国の経済は徐々に麻痺していった。企業側は、石油製品の不足によって国民が石油労働者に反感を募らすと考えた。スト10日目になると、国中に不満感が蔓延した。企業側は新聞紙上で石油関連労働者がいかに高給取りであるかを声高に喧伝し、労働者の感情を逆なでした。また、労働者の要求は法外で、企業の支払い能力を超えているので、

とても呑むことはできないと主張しつづけた。

　STPRMは、これ以上ストを継続して国民生活に深刻な影響を与えることを憂慮し、労働法の定める連邦労働調停委員会に調停を申請した。調停委員会は企業の財政状況を分析し、その支払い能力を調査した上で、問題解決法を検討させる専門家を任命した。選任されたのは大蔵省次官エフライン・ブエンロストロ、経済省次官マリアーノ・モクテスマ、経済学者のヘスス・シルバ・エルソグの3名であった[31]。3名の専門家は30日間という短期間に結論を出さねばならなかった。3人は企業の帳簿、石油販売契約、世界市場の状況、業界の前例、技術レベル、運輸問題、労使問題など、企業が労働者の要求に応えられるかどうかを見定めるために必要なあらゆる調査を実施した。3人では短期間に調査し報告書を作成することは不可能だったので、多数の専門家からなる調査班を編成し、分担して調査に当たった。この調査班は弁護士、大学教授、技師、統計家、会計士、速記タイピストらおよそ100名で構成されていた。調査資料は2700枚に達し、報告書は100枚に及んだ。この最終報告書には専門家たちが到達した見解が40の結論に集約されている[32]。

　企業は1936年に労働者に4900万ペソを支払っていたが、翌年にはその額を5500万ペソにアップするとした。STPRMはこれにたいし、スト期間中にさらに1400万ペソの給与増額を提示し、1937年の支払い予定合計額は6900万ペソとなった。本来は調査班の報告書の結論第40条に提示された「1936年の金額に2600万ペソの増額が妥当」という見解に従い、7500万ペソが要求されるはずであり、労使間の差額は600万ペソであった。

　メキシコの連邦労働法によれば、労使双方は専門家による調査資料と報告書に対する反論がある場合には、それが提出されてから72時間以内に申し出なければならなかったが[33]、今回は調査書の膨大さに鑑みて、公平で十分な調査を行う必要から、調停委員会は両者に20日間の猶予を与えた。調査報告書が公にされた直後から、企業側は内外の新聞紙上で調査班に関する誹謗中傷を展開した。とりわけエル・アギラ社は、専門家たちが根拠もなく不正確なことを陳述していると舌鋒鋭く批判した。同社は、自社が調査班が指摘するような会社ではなく、純粋なメキシコ企業であり、ロイヤル・ダッチ・シェル社とは何の関係もないと主張した。両者の見解の相違は、調査班がエル・アギラ社の提出したデータを信頼しなかったことに起因する。同社は1934〜36年の間の平

均利益を約2200万ペソと記載しているが、調査班は約5500万ペソと見積もった。同社は1936年、全石油をカナダのイーグル・オイルの子会社であるイーグル・オイル・アンド・シッピング社に、1バレル1.96ペソで販売したと主張するが、同年に米国ニュージャージーのスタンダード・オイルの子会社は200万バレルの石油を1バレル3.19ペソで販売している。『ザ・ナショナル・ペトロレアム・ニュース』によれば、タンピコの石油平均価格は1バレル当たり3.28ペソである。調査班はこれらの情報から、エル・アギラ社が上記のような安値で石油を販売したとは信じず、差額にあたる利益は所得税を免れるために英国へ移譲したとみなす結論に達したのである[34]。

**石油企業の抵抗** 企業は不利な結論が出ることを危惧して、メキシコ産業界への融資の制限・中止を脅し文句にしたキャンペーンを新聞紙上で展開した。また、メキシコ銀行が1ドル3.60ペソの交換率を維持できないように外貨保有高を目減りさせる作戦を取り、政府に財政的圧力をかけた[35]。こうした企業側の圧力を、1934年に大統領に就任したカルデナスは終始徹底して非難した。労働者連盟総会での演説では次のように述べている。「石油企業は銀行からの強引な預金引き出しや新聞紙上での悪質なキャンペーン展開によって企業人心理を攪乱し、産業界への融資を制限あるいは拒否しようとしているが、それは彼らに有利な解決に持ち込むための不当な行為であり、自分たちの商業的利益獲得を図るために、調停の正常かつ公平な進展を阻害するものでもある」[36]。

　労働調停委員会は企業側の圧力にもかかわらず調査班が提出した報告書を受諾し、労働法に基づき同班が達した結論を妥当なものと裁決した。企業側はその裁決を不服とし、最高裁判所に庇護権を申請したが、1938年3月1日、最高裁は調停委員会の決定を支持した。企業側は1936年の給与4900万ペソに2600万ペソを上乗せした金額を支払う能力はないと弁明し、最高裁判決を拒否して、司法の判断に従う姿勢をみせなかった。米国政府は、財務長官がメキシコからの銀購入協定の破棄を匂わせ、圧力をかける一方で、駐墨大使ダニエルズがルーズヴェルト大統領の善隣外交政策を掲げることで、外交的バランスを取った。そのような米国の外交姿勢に対して、カルデナスは「米英は普段から民主主義の擁護、国家の主権尊重を標榜しているが、今回はそれが事実かどうか確かめる良い機会だ」と述べ、同時に「資源保護のためにはラテンアメリ

カ諸国の団結が問題解決の鍵である」とつけ加えている[37]。

3月8日、企業側の代表団が大統領の執務室を訪れ、従来の主張を繰り返したが、カルデナスは最高裁の決定を全面的に支持することを代表団に伝えた。同日、大統領は上院議員を前にして以下のように述べている。「政府は企業代表との会見において、専門家の調査によって算出された労働者に帰属する額が2630万ペソを超えることはないことに連邦政府が責任をもつことを、企業に通告しました。

ラサロ・カルデナス（1895～1970）

こうした譲歩にもかかわらず、企業は本件について裁決のなかに曖昧な記述条項があるとして、反論しています。…政府は社会経済状況の非常に重要な局面に立っていると認識していますが、これは我々の問題に度々干渉してきた石油企業に対して、国が真の政治的・経済的独立の立場を築くための絶好の機会でもあります。彼らは国の政治経済状況に干渉しようとしていますが、それを認めるわけにはいきません。政府は第27条と全法律を根拠に、常に経済的影響力を行使してきた企業の不当な特権を剥奪せざるを得ません。どのような状況であれ、いかなる困難に直面しようと、我々自身でそれを解決できます。思い通りにメキシコを支配してきた石油企業への経済的従属を終焉させるために払われるどのような努力も十分に価値があります。…我々はあらゆる部門の協力を得て前進できると確信しております」[38]。

企業は政府の経済政策を攻撃し、一方、労働者は全産業部門で労働を停止していた。閣僚も、暫定的な石油企業の差し押さえか完全収用かで分裂していた[39]。

**カルデナスの国有化宣言** このような閉塞状況を打開するために、大統領は劇的で断固とした解決策を取らざるを得なかった[40]。石油問題は単なる労使間の紛争から、メキシコという国とその国民の反帝国主義闘争へと変質していた。

第6章　外国石油企業の国有化　173

そしてついに1938年3月18日午後10時、本章冒頭で述べたようにカルデナスは、企業が調停に従わない場合は労働契約が破棄されることを定めた憲法第123条21項と1936年に制定された収用法を適用して、石油企業国有化を宣言する。ラジオで国民に告げられた宣言は以下のような内容であった。

　「石油企業は最高裁判決に服することを拒否したことによって、企業自身が労働調停委員会の裁定を不服として裁判所に提訴した経済的要求の全額〔7500万ペソ〕を労働者に支払わざるを得なくなった。連邦政府は、本件に関してすでに裁決が下され、結果が出されたことについて議論が蒸し返され、企業側の支払い不能宣言によって裁判所の判決が無効とされることを今後すべからく回避するための有効な手段を、法律の範疇で模索しなければならなかった。…一方企業側は、政府が冷静に対応しているにもかかわらず、独善的で狡猾なキャンペーンを内外で行った。…このような状況のもとでは、もはやわが国の法律に則り判決を強制遂行する手続を取らざるを得ない。…最高裁判決への服従を拒否することで石油企業が行政権に突きつけた問題は、単に司法の問題ではなく、明らかに緊急に解決すべき国家の決定的情況を意味する。それはまた国の全産業の労働者階級が要求する社会的利益であり、平和と、業務用の燃料動力を必要としているメキシコ国民の公益であると同時に、共和国に居住する外国人の公益でもある。今、石油企業の行為を黙認することは、メキシコ法のもとにおいてあくまでもメキシコ企業として設立されたことを忘れ、わが国の監督機関が課す命令と義務を逃れようとする外資の策略に国家の主権そのものが脅かされることにもなる。…政府は断固として現行の収用法を適用せざるを得ない。この適用は石油企業を服従・屈服させるためではなく、労使の労働契約が破棄されたことに対する処置である。最高裁がこのような解決策を決定した以上、政府が企業の施設を占有しなければ、石油産業は即座に麻痺し、他の産業や経済一般に計り知れない悪影響を与えることになる。…我々の石油開発は、わが国が民主主義を標榜する国々との間に維持する精神的連帯に微塵も反するものではない。今回発令する収用は、大衆や国民の間に生じる紛争と不利益を考慮することなく、国民の発展に必要性を感じず、またメキシコの石油を利潤追求のために高値入札者に売り渡すことに痛みを感じない集団という障害を除去するための措置であることを、それらの国々に対して確約したい」[41]。

　その後発表された大統領令は以下の4条からなる。

第1条：国家と公共利益のために、17の石油企業が所有する機械、設備、建物、パイプライン、製油所、貯蔵用タンク、交通網、輸送タンク、配送所、船舶、その他の動産・不動産を収用することを宣言する。

第2条：国家財産の管理者としての大蔵省の関与のもと、経済省は直ちに収用する資産の占有と所定の手続遂行に着手する。

第3条：大蔵省は石油企業に対して所定の賠償金を10年以内に支払うものとする。

第4条：本令は収用される企業の代表者に個別に通告し、連邦政府の「官報」に掲載すること。

3月23日、カルデナスの石油企業収用政策を支持するデモが首都で展開され、あらゆる階層から10万人以上が参加した。人々は「大統領を支持する」、「外国人は出て行け」、「祖国発展のために石油を使おう」といったプラカードを掲げたり、「カルデナス万歳」と口々に叫びながら、続々と中央広場に集まってきた。スタンダード・オイル、ワステカ、メキシカン・シンクレア・ペトロレアム（以下シンクレア社）、エル・アギラ等の社名が書かれた棺を担ぎ出してくる参加者もいた[42]。カルデナスの収用政策は愛国的行為かつ国民的権利の遂行とみなされ、外国企業の経済的支配に翻弄されてきたメキシコの民族意識が、資源ナショナリズムの形で最高潮に達した瞬間であった[43]。

米国の新聞がカルデナスを共産主義者と非難し、米軍の派兵を容認する記事を掲載すると、メキシコ国民の反米感情はさらに高まった。男たちは手持ちの武器で闘う姿勢を示し、女たちは宝石類を国に寄付した。また、日ごろからカルデナスの社会主義的政策を苦々しく思っていたメキシコ大司教さえ国有化を全面的に支持した[44]。

国際的石油企業はメキシコ政府が国有化を敢行するとは想像していなかった。彼らは自分たちの財力を過信し、「開発途上国」の一政府を倒すくらい朝飯前と高をくくっていた。かりにメキシコが石油企業の資産を収用しても、政府と労働者は石油産業をひと月も操業できないと侮っていた。米国人や英国人の技師に代わって、未熟練のメキシコ人が難しい掘削作業をこなせるのか。石油企業の報復を恐れて船主は船を貸そうとしないだろうし、唯一のタンカーである

サン・リカルド号がアラバマ州のモービルで修理中という状態で、原油の輸送ができるのか。さらに、原油輸送手段であるタンク車両を企業に掌握された状態で鉄道輸送が可能なのか。国際石油資本の圧力によって機械メーカーが部品調達を拒否している状態で、油井の掘削や製油作業が継続できるのか[45]。

しかし、このような危機的状況のなかで、メキシコ人労働者たちは慣れない仕事を克服するしかなかった。STPRMは産業の効率化をはかるために、地区ごとに地区委員、労働書記、監視委員から構成される評議会を結成することを明記した新しい管理プログラムを全33地区に送付した[46]。

さらに収用した企業を代替するために結成された石油管理評議会が組織再編に着手する一方、政府は国家のすべてのセクターに全面的支援を仰いだ。石油労働者はこうして整えられつつある環境のもとで懸命に働き、彼らの努力は次第に実っていった。少ない石油タンク車両を国鉄職員の協力でやりくりして石油が供給されたので、国民は通常の生活必需品の入手には困らなくなった。原油の海上輸送に関しては、輸送船のチャーターや小型タンカーの購入で凌いだ。さらに、エル・アギラ社と所有権をめぐって係争中だった1万バレル積載タンカーのサン・リカルド号の訴訟ではメキシコ側が勝訴し、船名を国有化宣言にちなんで「3月18日号」と変更したうえで、稼動できるようになった[47]。

収用後第1週目には、給料が支払われないという噂が流れたが、週末には5、10、20ペソ札で膨れ上がった給料袋が首都から飛行機で運ばれた。会計係が札束を仕分けし、労働者に配り終えたのは日曜日の午前2時のことであった[48]。1936年、労使間紛争から始まった石油問題が、1年4カ月を経てようやく一定の解決をみたのであった。

## 6▶カルデナスのポピュリズム（大衆主義）政治

**カルデナスのカリスマ性**　カルデナスは大統領就任前から、メキシコ革命の精神を忘れ保守化した政治路線を修正し、革命の所産である1917年憲法に謳われた「労働者と農民の権利の擁護」と「社会正義実現」を改めて政策化する必要性を感じていた。そのためには国民との相互の、直接の交流が不可欠と認識し、大統領選のキャンペーンでは全国津津浦浦を行脚(あんぎゃ)して、大衆が政治に何を求めているのかを知ろうと、彼らの声に謙虚に耳を傾けた[49]。労働者、農民、

中小企業主の話を何時間も忍耐強く聞き、彼らの置かれた困難な現状を理解しようと努めた。このように行政に対する不満をすくい上げる一方で、大衆を積極的に教育するという国のリーダーとしての重要な任務も忘れてはいなかった。一方的に政府に不平不満を言うのではなく、国民の一人一人が国民としての権利と義務を遂行することを説いたのである。国民はカルデナスの誠実で気さくな人柄と、貧しい人間にも分け隔てなく接する態度に魅了され、98％という圧倒的支持を与えて大統領に選出した。強い使命感と豪放磊落な性格を併せ持つカルデナスは、そのカリスマ性を大統領就任以前から発揮していたのである。就任後も、歴代の大統領が公邸としていた豪壮なチャプルテペック城には住まず、城に隣接するロス・ピノスの質素な公邸に引っ越すまでは、市内の自宅を住まいとしていた。また、自分の給与の半分を「国民生活改善プロジェクト」の資金に充当したことや、公式行事での燕尾服の廃止、1日1時間の大統領への電報による無料相談時間を開設したことなどで、カルデナスの人気は高まるばかりであった[50]。彼の大衆操縦術は、縁故者に行政ポストを約束したり、特定の支持者に補助金を付与したりする、伝統的な政治家の手法とは異なっていた。しかもカルデナスの長所はそのようなパフォーマンスをわざとらしくなく、自然にできることであった。その人心を掌握する資質は、ミチョアカン州の寒村ヒキルパンの質素な家庭で苦労して育ったことに由来するのであろう。カルデナスは、メキシコ革命によって建設された新しい国家の政治的安定化と経済的発展を実現することによって、ディアス独裁政権で搾取されてきた貧しい農民や労働者などの一般大衆に幸福をもたらそうとした。「人間カルデナス」が志したものは、真の大衆の味方となり、下層階級の権利を回復させ生活を向上させることであった。そのために「政治家カルデナス」は、ときには人心掌握の手段として大衆受けするような作為的行動をとることもあったが、その行為はあくまで彼の究極の目的である貧困の克服と社会正義の実現への手段であり、近代国家を創造するための手立てだったのである。

　革命の精神が全国各地に行き渡るには、大衆の抱える膨大な問題に取り組むための新しい指針が必要であった。カルデナスは技術者、知識人、公務員、教員が一体となって問題を分析し解決策を模索することによってメキシコ革命の理念が実現されると考えていた[51]。特に公務員には、上は大統領から下は地方の役人まで「大衆のリーダー」になることを課した。法的手段で大衆を管理し、

農民の話に耳を傾けるカルデナス（国本伊代氏提供）

いまだ燻ぶる反乱の芽を摘み取った上で、工業化による国の経済発展を図ることが肝要であった。そのためには国民の過半を占める農民と労働者の組織化による国家の統合が最優先課題であった。労働者はセクト化し、その分裂状態を雇用者に利用されていた。カルデナスは昇給、住宅改善、補償金制度、社会保険などを獲得するには、組合員間の闘争をやめ、統一戦線を結成することが必要だと労働者に説いた。

**改革の断行と大衆政党の結成**　カルデナスの経済政策の基本は農民に対する土地の分配であった[52]。土地の取得によって農業生産高を伸ばし、収入を得た農民が工業製品を購入すれば、国内市場が拡大し、その結果商工業が発展する。そして商工業の発展が労働者の所得上昇を誘発し、国全体の経済発展を促すと考えた。また、国内市場の拡大は農村労働力の移動を容易にするので、企業が多数の優れた人材を確保できる環境が整い、新市場の需要の増大により工場建設が盛んになり、工業化した近代国家が誕生するというプランを描いていた。民間企業の数が少なく、その規模も小さい発展途上国では経済発展の牽引力が国家に求められる。メキシコにおいても同様で、カルデナスが大統領就任時に発表した6カ年計画では、公共事業を推進して経済の活性化を図る、国家主導型の経済政策が採用された[53]。

　カルデナスの政策理念を実現するには、強大な影響力によって改革を阻んでいる先人の排除は避けて通れなかった。1924年に大統領に就任し、任期満了

後も国民革命党（PNR）の最高長老としてその後の3人の大統領（ポルテス・ヒル、オルティス・ルビオ、ロドリゲス）を陰で操ってきたカリェスと、1918年に結成されたメキシコ労働者地域連合（CROM）の書記長、ルイス・モローネスの2人である。カリェスは1929年、地方のカウディーリョ、公務員、労働者、農民のゆるやかな連合体であるPNRを結成して、中央集権的体制を整え、とかく政変の絶えなかった大統領交替を平和的に行うためのシステムを創設した。しかしそうした改革の一方で、折からの世界恐慌の影響で精鋭化する労働運動を弾圧するようになった。そしてメキシコ革命の目標であった農地改革への関心を失い、ついには大土地を所有する富豪に変身してしまった。一方、1920年代の労働界を牛耳ったモローネスは、労働者の利益の代弁者であることを忘れ、労働貴族へと変節し、商工大臣に就任した。この労働組合界のドンは労組を後ろ盾に政治家や資本家と癒着し、賄賂さえ受け取るようになっていた[54]。カリェス時代には2人の共謀によって頻発する労働争議が強圧され、農地改革も尻すぼみとなり、メキシコ革命の理念であった社会改革は後退した。かつての革命家たちは急進化を好まず、資本家との提携を模索し保守化した。

　カルデナスは大統領に就任すると、まずこの2人の影響力の排除に着手した。かつての最高指導者カリェスを国外に追放すると同時にカリェスの側近であったモローネスを逮捕した。カルデナスは2人を排除することによって、国家と大衆との間に生じていた溝を埋めようとした。その上で、御用組合化したCROMを離れ、メキシコ労農総連合（CGOCM）を結成したロンバルド・トレダーノと協力体制を築き、カリェス派を牽制した。階級闘争と反ファシズムをスローガンとする国際共産主義者のロンバルド・トレダーノは、カルデナスの労働者と農民を擁護する社会主義的改革に一定の理解を示し、カルデナス指導のもとでメキシコ労働者連合（CTM）を1936年に結成した[55]。また、カルデナスは農民統一組織委員会を発足させ、この組織を土台に250万人の農民が加盟する全国農民総連合（CNC）を1938年に立ち上げた。この2つの大衆的組織はカルデナスの強力な支持母体として機能した。そして、カルデナスは同年、PNRを改編して、労働部会のCTM、農民部会のCNC、公務員が主体の一般部会（FSTSE）、再編されて非政治化した軍部会の4つの部会から構成されるメキシコ革命党（PRM）を立ち上げたのである[56]。欧米先進国に伍する国家の建設に邁進していたカルデナスにとって、国民の大半を占める中下層階級から構

成される大衆政党を創設することが長年の夢であった。カルデナスが当初目指したものは、そのような大衆政党によってこそ実現される階級の融和による社会主義であった。そして彼は、天然資源と生産手段を無限に個人に委ね、人が人を搾取する個人主義的自由主義や、また逆に、国家が個人に代わって搾取者となり、国民から労働意欲を奪うような共産主義を肯定しなかった[57]。

**メキシコ・ポピュリズムの成果**　カルデナスの政治形態はポピュリズム（大衆主義）の典型と言える。ポピュリズムとは、労働者や工業ブルジョアジーなど新しい階層がカリスマ的政治家を擁立して政治を掌握しようとする政治運動である。ラテンアメリカでは19世紀末以降、工業の発展に伴う人口の増加、労働者の政治意識の自覚、普通義務教育の普及、選挙権の拡大などによって新しい社会層が生まれ、国家の成員の中に組み込まれた。これら大量の労働者、新興の都市中間層、工業ブルジョアジーなどの都市大衆層が同盟を結び、独立以来国を支配してきた大地主、輸出業者、鉱山主など一次産品輸出に依存した経済の受益者たちが行ってきた寡頭政治に挑戦し、旧勢力に取って代わろうとする政治運動を開始したのである。この運動は、1929年に発生した大恐慌によって世界経済がブロック化し、各国が輸入代替工業政策を採用したことによって、労働者の数が増加し彼らの発言力が増大したことでより高まりをみせる。少数の特権階級による支配に対抗して大衆の利益を代弁する政治システムが出現し、数を頼みに政治家を動かす新しい"ネーション"（国民）が誕生したのである。政治世界に新たに参入してきたこれらの人々は、多様な職域から構成される自分たち大衆層をまとめ得る強いリーダーシップを持ち、旧来の政治家と十分に対抗できる、カリスマ的政治家を必要としていた。大衆に担ぎ上げられたニュー・リーダーは、労働者保護、民族産業の保護・育成、階級同盟を標榜して求心力を発揮し、支持者の要求に応えた。新しいネーションを支持母体とするポピュリストは彼らの意向を国家運営に反映せざるを得なかった。そして欧米列強が軍事力を背景に政治的経済的に干渉してくるような国家の危機が訪れると、リーダーはナショナリズムを掲げ、ネーションを糾合して国益を守った。

　カルデナスは貧しい家庭に生まれたが、戦場で数々の手柄を立て軍の英雄となった。しかも聴衆を煽動する巧みな雄弁術と大衆を虜にするカリスマ性を備

えていた。彼は、PRMという国民的組織を後ろ盾に、大衆の政治参加と社会正義の実現に成功したのである。それは、血で贖う苦難の末に創造されたにもかかわらず、道半ばで放棄される危機に瀕したメキシコ革命の理念の復活であった。カルデナスこそメキシコ・ポピュリズムの権化といえる[58]。PRMは1946年、制度的革命党（PRI）と改称され、ここにメキシコ革命の理念は「制度化」されたのである。その後、PRIは2000年に野党国民行動党（PAN）のビセンテ・フォックスが大統領に就任するまで、武力ではなく選挙によって6年毎に大統領を輩出し続けた。PNR結成から数えれば70年間に及ぶ一党支配体制であり、ラテンアメリカの中でも珍しい長期安定政権となったのである。

## 7 ▶ 国有化以降の資源問題

**外国石油企業の外圧**　石油企業収用後、1938年6月7日にメキシコ石油公社（PEMEX）が設立された。米国政府は内政干渉を控えたが、収用を受けた石油企業による外圧はすさまじいものであった。スタンダード・オイル、シンクレア、ロイヤル・ダッチ・シェル各社は不法なボイコットによってメキシコ石油産業の息の根を止めようとした[59]。メキシコはオランダとフランスに石油とアスファルトを販売することに成功したが、両国の港に商品が到着すると、企業側は当該国の裁判所に「"盗まれた石油"を正当な所有者に返還するべきだ」と提訴した。この訴訟にメキシコは後年勝訴したが、当初、両国で進行した裁判によってメキシコ石油の取引が遅延し、新しい販路開拓の可能性を阻害した。しかし、前述したサン・リカルド号の訴訟ではエル・アギラ社に勝訴した。その後、キューバから別のタンカーを購入してクアウテモク号と命名し、2隻のタンカーを石油輸出に活用できるようになった[60]。

スタンダード・オイル社は『ザ・ランプ』という雑誌を創刊し、メキシコ政府を中傷する漫画を掲載した上、収用の賠償額は20億ドルに上ると米国社会に向けて喧伝した。彼らの狙いは米国務省にメキシコとの開戦を宣言させ、米国民の間に反墨感情を作り出すことであった。国務長官のハルは賠償金の支払い方法と期限や、収用された米国市民所有の土地の賠償についてメキシコ政府に問い合わせの覚書を送付したが、ルーズヴェルト大統領は企業側の扇動に乗ることはなく、善隣外交政策を貫いた[61]。一方英国政府も賠償金問題について

メキシコ石油公社（PEMEX）のガソリンスタンド（メキシコ市内）

覚書を発信したが、外交信義に悖る表現でメキシコ政府の対応を非難したので、メキシコ政府は1938年5月、駐英メキシコ大使館閉鎖を伝えた[62]。

　カルデナス内閣の農業大臣であったサトゥルニノ・セディーリョの武装蜂起も、石油企業の画策のひとつと言われている。このサン・ルイス・ポトシのカウディーリョは、自らの利権が損なわれるのを嫌い、カルデナスが推進する2つの政策、すなわち労働組合組織化と、自営農民創設のために土地を収用する農地改革に以前から反対していた。サン・ルイス・ポトシ州の地方選挙における候補者選定過程でセディーリョが党本部の決定に従わないのをみたカルデナスは、1937年8月、彼を農業大臣から罷免した。それ以降反乱の機会を窺っていたセディーリョは、石油企業国有化の2カ月後に武装蜂起したが、事前に反乱を予期して備えていた連邦軍に即刻鎮圧された[63]。この蜂起には収用された石油企業が資金援助し、裏で糸を引いていたという証言がある[64]。この事件は、メキシコ史上、カウディーリョによる最後の武装蜂起として記録に残されることになった。

**国有化の清算**　こうした石油企業の数々の妨害にもかかわらず、メキシコ石油産業は徐々に販売網を拡大していった。オランダとフランスでは石油とアスファルトの販売を妨害されたが、米国のステンドラップ社と少額のアスファルト取引が成立した。その後、米国ヒューストンのイースタン・ステート社への石油販売に成功した。さらなる石油売り込みのために、大蔵次官エドゥアル

ド・ビリャセニョールが連合国諸国に派遣された。しかし、フランスは英国の報復を恐れ、売買を控えた。ビリャセニョールはフランス政府にたいして、もし連合国側が購入しないなら、枢軸国（ドイツ・イタリア・日本）に売らざるを得ないという覚書を送った。その際、ドイツに売れば、ドイツの戦闘機や戦車がフランス軍と国民を攻撃することになるという多少脅迫めいた文言を挿入した。大蔵次官の対フランス策は功を奏さなかったが、イタリア政府とは交渉が進み、石油代金の代わりに1万バレル積載のタンカー3隻をジェノバで建造する契約が成立した。また、ドイツには1939年1月から8月まで、現物支払（工業製品と橋骨材）プラス代金の一部ドル払いという条件で、少量であるが石油を販売した。1940年には、米国石油企業のファースト・ナショナル・オイル社とも石油販売契約を締結した[65]。

メキシコ政府が断行した収用政策に対して、企業側が要求した賠償額は4億5000万ドルであった。この法外な要求額にたいして、政府はオルティス、パレーデス、ホルダンの3名の専門家を調査委員に任命し、賠償額を算出させた。3名の専門家たちは、土地、施設、パイプライン、船舶等の固定資産と、銀行預金、貯蔵原油、未払い債権等の流通資本が掲載された企業側の収支決算表を綿密に検討・精査し、賠償額を2億327万8185ペソ（約5650万ドル）とはじき出した。この賠償額には、1940年にすでに政府と合意に達していたシンクレア、ピアース・オイル、スタンフォード・カンパニー、ターミナル・デ・ロボスの4社の賠償額3060万ペソは含まれていない。両者を合計すると、総計2億3387万8185ペソとなる[66]。

シンクレア社は1939年、代理人に米国のパトリック・ハーリー大佐を任命し、独自にメキシコ政府との折衝を開始した。同社はポサリカ油田の原油4000万バレルの賠償金3200万ドルを要求したが、交渉の過程で1400万ドルに減額した。さらに交渉は続き、1940年5月1日、最終的に賠償金850万ドル、第1回支払い額は100万ドル、支払い期間は3年という条件で合意に達した[67]。この合意には、ルーズヴェルトの善隣外交政策と第二次世界大戦の勃発という外的要因が影響を与えていた。それに収用直後のメキシコ石油生産の急激な落ち込みも要因のひとつとして挙げられる。米国の石油生産量10億バレルに対してメキシコは460万バレルに過ぎず、メキシコ石油の戦略的意義は失われ、米国政府にとって石油問題は二次的意味しかもっていなかったのであ

る⁶⁸。

シンクレア社が単独でメキシコ政府と合意したことによって、賠償金問題における企業側の統一戦線が崩れた。米国政府は、「公共の利益」を前面に打ち出した主権国家による収用を承認したのである。しかし、スタンダード・オイルとロイヤル・ダッチ・シェルの2社との紛争はまだ解決していなかった。

1942年4月、米国全権大使モリス・クックとメキシコ側全権大使マヌエル・セバダ間での交渉の結果、スタンダード・オイル社系企業（子会社ワステカ社を含む）にたいする賠償金総額は2399万6000ドルと決定され、ようやく合意に至った。インペリオ・グループとは150万ドルで署名した。事前に合意していた米国系企業の賠償金総額はドル換算で約1000万ドルあり、米国系石油企業への支払い総額は約3500万ドルとなった⁶⁹。

1946年、英国系のエル・アギラ社との交渉が再開され、翌47年8月、賠償金8125万ドルを支払う協定書に政府は署名した（支払い通貨はドルで、当時1ドル4.85ペソ）。上記の支払い額のほかに、1938年3月18日から48年9月17日までの利子2559万4000ドル、48年9月17日から62年9月17日までの利子2339万5000ドルも支払う必要があった。これらの合計金額は1億3023万9000ドルに達した。協定書では15年間毎年9月17日に868万9000ドルを支払うことが取り決められた。途中でペソが1ドル4.85から8.65に切り下げられる不運もあったが、1962年9月、エル・アギラ社への最後の支払いが終了し、翌63年3月18日に石油企業収用25周年を祝う行事が催されたときには負債を完済していた⁷⁰。

## 結び

1988年の大統領選挙で、制度的革命党（PRI）の候補カルロス・サリナスに対して、民主革命党（PRD）から野党候補として立候補したのはカルデナスの息子クアウテモクであった。選挙戦は大激戦となり、辛うじてサリナスが勝利したが、集票作業中にコンピューターの不正操作があったのではないかという疑惑がもたれ、いまだに「当選したのはクアウテモクであった」と信じている支持者がいる。それまでおよそ60年も無敗を誇ってきたPRIを狼狽させたのは、クアウテモク自身への支持の大きさのみならず、父ラサロの人気がいまだ衰えていないことであった。ラサロ・カルデナスが死んでなお国民的英雄とし

て語り継がれている何よりの証拠であろう。

　独裁政権を打倒した革命後のメキシコは、新憲法によって国民国家の創設を国是とし、異なる階層と多様なエスニック・グループを統合した新国家の建設に取り組んだ。ディアス独裁体制への反省から、植民地以降の白人中心主義を是正して、「多様な人種の混血国」をメキシコの独自性と位置づけ、メスティーソが国の担い手とされた。国家の指導者である大統領にも、カルデナスのようなメスティーソ出身者が登場した。

　オブレゴン時代（1920～24）に文部大臣に任命されたバスコンセロスは、農村の生活改善と教育普及に取り組み、農村学校の設置によって識字率の向上に努めた。1934年には国民革命党（PNR）の方針として社会主義教育が打ち出されたのにともない、憲法第3条に「教育の世俗化と無償」が明記され、教育の社会主義化が盛り込まれた。言語教育ではスペイン語が国語として公認され、非識字者の先住民にスペイン語が半ば強制的に教えられた。植民地時代には王室の臣下であったインディオは、独立以降は法律的には他の社会階層と平等な権利を認められたが、実際には社会の周辺者とみなされていた。革命後の新しい共和国ではそれまで虐げられてきたインディオの復権が唱えられ、彼らの生活改善や文化保護が進んだが、現実にはマジョリティのメスティーソを中核とする国民国家という大枠の中に取り込まれ、同化されていくことになる（8章参照）。

　新憲法は地下資源を国家に帰属する財産とみなし、外国人の土地所有と資源開発を制限した。その結果、土地と石油資源の所有をめぐって外国資本との間に軋轢が生じ、革命後の政権を担当した歴代の大統領たちはこの問題の解決で苦境に立たされた。ついに、カルデナスが外国石油企業の国有化を決断し宣言すると、メキシコ国民は熱狂的に大統領の決定を支持した。この資源ナショナリズムは、英米の多国籍企業の不当な圧力に反発した全国民の熱狂的支持を背景に巻き起こったエモーショナルな民族感情であり、帝国主義への抵抗運動の一種と言える。そのように「国民的感情」が盛り上がった背景には、メキシコ革命によってエスニックの壁が取り払われ、公教育によって民衆の政治参加が可能になり、政治が大衆により身近なものになったことがある。

　外国石油企業の収用は、メキシコが革命を経て国民国家建設に成功し、人々が国民として一致団結して政府を支援する体制が整備されていたからこそ可能

になったのである。工業化によって生まれた労働者階級と都市中産階級に加え、土地を分配された農民が政治に参画し、E.H. カーが指摘したようにメキシコにも「大衆参加型のナショナリズム」が生まれたのである。そしてカルデナスは、メキシコ・ポピュリズムの体現者であった。

注

1 ラサロ・カルデナス（1895~1970）は 1895 年、ミチョアカン州のヒキルパンに、ダマソ・カルデナスとフェリシタス・デルリオの長男として生まれた。父ダマソは自宅の一部を改装した雑貨店を経営し、種や薬草などを販売していた。Krauze, p.7.
2 コントは諸科学に序列をつけ、第 1 に数学（代数学、幾何学、力学）、第 2 に天文学、第 3 に物理学、第 4 に化学、第 5 に生物学、第 6 に社会学を置いた上で、人間の思考形態を三段階に展開させ、第一の神学的段階から第二の形而上的段階を経て、第三の実証的段階に到達すると考えた。ミル、213 頁；本田、201 頁。
3 米墨の貿易高は 1860 年の 700 万ドルから 80 年の 1500 万ドル、90 年の 3600 万ドル、1900 年の 6300 万ドルへと急上昇している。Millor, p.16. 1877～78 年にメキシコの輸出の 42.1％ は米国向けであったが、1910～11 年には 76.4％ に激増している。また、輸入先でも米国は 1905～6 年に 63％ を占めた。García Cantú, pp.233–234.
4 Mancke, p.19.
5 Ashby, p.184；Person, p.36.
6 ディアス時代に石油開発で大成功を収めた企業家は、米国人のエドワード・ドヒニーとヘンリー・ピアース、それに英国人のウィートマン・ピアスンであった。ワステカ社を設立したドヒニーは 1916 年、日産 26 万バレルを生産するセロ・アスル 4 号井を掘り当てて財をなし、25 年に米国スタンダード・オイル社系のインディアナ・スタンダード社にワステカ社を売却した。1885 年にスタンダード・オイル社系のウォーターズ・ピアース社を設立したピアースは後にメキシコ中央鉄道の会長に就任した。ピアスンは 1907 年に現地法人エル・アギラ社を設立し、1918 年に多国籍石油企業の最大手ロイヤル・ダッチ・シェルに売却した。ディアスは米国企業の進出に警戒心を強めていたので、大蔵大臣のリマントゥールはピアースの独占を阻止するために、英国人のピアスンに 5 州にまたがる広大な未開墾国有地を払い下げた。その後ピアスンはトゥスパン地方で大油田を発見し、ピアースの灯油独占に挑んだために、両者は 1910 年代を通じて熾烈な価格競争を繰り広げた。Mancke, pp.20–22；Millor, p.20.
7 Silva Herzog, p.33.
8 *Ibid*., pp.35–36.
9 Mancke, pp.30–31.
10 マデロは民族主義的政策の一環として、外資への優遇措置付与を拒否したので、

ウィルソンはディアスの後継者とみなされていた保守的な軍人ウエルタに接近した。この時期、駐墨米国大使館は駐在大使、米国人企業家、メキシコ人の反政府政治家・軍人が密会を重ねる陰謀の温床となった。Millor, p.18.

11 革命はメキシコ市を中心とする中央高原を舞台に展開されたので、ベラクルス州の沿岸部に集中した油田地帯は直接革命の嵐に晒されることは少なく、外国石油企業による開発が進められていた。Millor, p.21.

12 1922年にメキシコ石油産業に投資された総額は10億5053万2434ペソで、その内訳は以下の通り。米国6億604万3239ペソ（57.7％）、英国3億5477万6199ペソ（33.8％）、オランダ7119万7308ペソ（6.7％）、メキシコ1158万2405ペソ（1.1％）、その他の諸国が693万3283ペソ（0.7％）である。Zavala, pp.188–189.

13 このようにカランサは不干渉主義を唱えたが、一方で石油企業の要請を受けた駐墨米国大使フレッシャーに「石油企業の国有化はしない」という言質を与えていた。カランサ・ドクトリンは1930年、当時の外務大臣であったエストラーダによって継承され、新政権の自動的・即時承認と民族自決主義（エストラーダ・ドクトリン）の土台となった。Grayson, p.15.

14 しかし米国はデラ・ウエルタが1921年にオブレゴン政権に対して反乱を起こした際に、デラ・ウエルタを見限り、オブレゴンに武器弾薬の供与と借款を与えた。Zavala, p.163.

15 オブレゴンは第27条問題を法律改正ではなく最高裁判決で解決しようとしたが、このことは政治論争が司法論争へシフトしたことを意味する。Ashby, pp.188–189.

16 *Ibid*., p.189.

17 外国人の石油開発に協力的なベネズエラに企業の関心が移ったのは当然であった。一方米国内でもオクラホマとテキサスで新油田が発見され、メキシコ石油はますます地位を低めた。Millor, p.23.

18 カリェス＝モロー合意以降、外国人の石油産業への投資額は、1923年の8億6200万ペソから38年の1億700万ペソへと約8分の1に激減した。Meyer, 1968, p.25.

19 Silva Herzog, p.39.

20 Ashby, pp.191, 195.

21 Millor, p.23.

22 ドス・ボカスでは掘削後すぐに、凄まじい油圧のためにクレーンと4インチ掘削パイプが完全に破壊された。このときセメント注入法を採っていなかったために火災が発生し、油井から300メートルの火柱が立ち上り、58日間燃え続けたのである。Mancke, p.26.

23 1907年に3000万ペソでピアスン社の現地法人として設立されたエル・アギラ社は、1911〜20年の間に1億6400万ペソの利益を上げ、株主に60％の配当を行った。1936年、同社はメキシコの全石油生産の59％を占めた。Ashby, p.188.

24 Mancke, p.26.

25 Silva Herzog, pp.63–65.

26  *Ibid*., p.66.
27  *Ibid*., pp.67–68.
28  Benítez, III, p.153.
29  Ashby, p.190.
30  STPRMが要求した集団労働契約の骨子は以下の通りである。①一部の企業側シンパ労働者を除く全労働者は労組によって管理される。②一時解雇の場合、企業が支払う賠償金は90日分の給与プラス、最初の6カ月間を除く雇用年数に25日分の給与を乗じた金額とする。③週40時間労働。④医療サービス供給。⑤非職業的事由による死亡の場合、企業は雇用年数に25日分の給与を乗じた金額に加えて60日分の給与と葬儀費用を支払う。⑥職業的事由による死亡の場合は1400日分の給与を支払う。⑦勤続年数に応じて25日から60日の有給休暇を設ける。⑧預金基金の設立。⑨労働者とその子弟用に奨学金を支給。⑩外国人技術者に代わるメキシコ人技術者の養成。⑪衛生的で快適な住居の供給。⑫総額2814万9560ペソの賃金昇給によって新契約が要求する年間労働コストのアップは6547万4840ペソである。Ashby, p.199.
31  Benítez, III, p.118.
32  40の結論のうち主な条項は以下の通り。Silva Herzog, pp.80–86.
   第1条：メキシコで操業する主要な外国石油企業（以下「外国石油企業」と略：筆者）は、米英両国経済において重要な位置を占める。
   第2条：外国石油企業はかつて国家と結びついたことはなく、その利益は常に国家利益に反する第三者のものであった。
   第3条：外国石油企業は社会進歩に貢献するような給与や税金を共和国に還元していない。
   第4条：外国石油企業は地下資源開発から莫大な利益を得ている。正確な金額は算出できないが、企業の多くは、少なく見積もっても10年以上前に投資額を取り戻している。
   第15条：メキシコの原油と石油製品の約60%がアメリカ合衆国と英国の2国に輸出されている。
   第16条：エル・アギラ社とその子会社は1936年に全生産量の59.20%を占めた。これは独占に他ならない。
   第17条：石油と石油製品の価格曲線はこの数カ月上昇傾向にあるので、石油産業の見通しは明るい。
   第19条：大部分の石油労働者の実質賃金は鉱山労働者より低い。
   第20条：大部分の石油労働者の実質賃金は国有鉄道労働者より低い。
   第21条：大部分の石油労働者の現在の実質賃金は1934年より16〜22%低い。現在の賃金が高いほど実質賃金との格差は少ない。
   第22条：アメリカ合衆国の石油労働者の1937年下半期の賃金は、1934年より7.84%増加している。

第25条：エル・アギラ社（他社も同様であるが）のディーゼル油国内価格は、海外価格より171.77％（1934～36）高い。
　　　第26条：エル・アギラ社（他社も同様であるが）のガソリン国内価格（1934～36）は、消費税を引いても海外価格より134.43％高い。
　　　第32条：メキシカン・ガルフ社を除き、被告石油企業の保有剰余金は年平均7900万ペソ（1934～36）である。
　　　第35条：アメリカ合衆国内に設立された主要石油企業は1935年に、投下資本に対して6.13％の利益を上げている。
　　　第36条：アメリカ合衆国内に設立された全石油企業の1931年における投下資本利益は2.76％であった。1932年は赤字であり、33年に2.70％、34年に2.20％、35年に1.44％であった。
　　　第38条：1935年に外国石油産業に投資された資本はアメリカ合衆国石油産業に投資された額の0.73％に過ぎず、メキシコでの石油生産は合衆国の4.05％である。
　　　第39条：1935年にメキシコで1バレルの原油を生産するのに8.64ペソ必要であったが、合衆国では48.12ペソであった。ここから、メキシコで必要な投資額はアメリカの17.96％にすぎない。
　　　第40条：1934～36年の3年間における被告石油企業の利益はかなり大きく、その財政状況はとてつもなく潤沢であるので、STPRMが要求した年間約2600万ペソの増額は完璧に支払い可能である。
33　1931年の連邦労働法第575条による。Person, p.30.
34　Silva Herzog, p.93. 調査班のシルバ・エルソグは次のようにも述べている。「エル・アギラ社の経営陣は、メキシコ人専門家にも英語の刊行物や国際的大企業の決算報告書を読める人々がいることに驚きの色を隠せなかった」。*Ibid*., p.95.
35　Cárdenas, 1972, p.381.
36　Cárdenas, 1978, T. I, p.278. カルデナスは外国石油企業を「メキシコの独立にとって最も危険な帝国主義の飛び地であり、癌のようなものである」と酷評している。Córdova, p.90.
37　Cárdenas, 1972, T. I, pp.387–388.
38　Cárdenas, 1978, T. I, pp.281–282.
39　Benítez, T. III, p.128. カルデナスは3月8日11時、閣僚会議を開き、企業が裁決に従わない場合に取るべき対策を協議した。大臣たちの意見は様々であったが、企業が不当に振る舞っているという点では全員が一致した。Cárdenas, 1972, p.387.
40　3月9日、カルデナスはサカテペックの精糖工場の竣工式に出席してからの帰途、21時頃に、クエルナバカ近くで車を停車させると、通信大臣のムヒカを車外に呼び出し1時間以上も2人だけで話をした。そのとき、石油企業が最高裁の裁決に従わない場合は外国企業を収用する決意をムヒカに伝えた。カルデナスはナチズムの台頭によって世界大戦の脅威が迫っている時期であることを考慮し、収用を発令した場合でも米国はメキシコ侵攻を思いとどまると判断した。Cárdenas, 1972, pp.388–

389.
41　Cárdenas, 1978, T. I, pp.282–288.
42　Benítez, p.151.
43　Valadés, p.237.
44　Bazant, p.167.
45　Silva Herzog, p.128 ; Benítez, p.148.
46　Ashby, p.196.
47　Silva Herzog, p.135.
48　*Ibid*., p.137.
49　カルデナスが選挙キャンペーン中に行った次のような有名な演説がある。「当選の暁には、労働者の皆さんへの義務を果たすことを名誉にかけて誓います。私の唯一の望みは、『ラサロ・カルデナスは革命の一兵卒として、また一市民として自らの約束を果たした』と、いつの日か語られることです」。Plenn, p.21.
50　Anguiano, p.47.
51　カルデナスは6年の任期中に1200の農村学校を建設し、教育予算を15%から20%へアップさせた。Person, p.27. 社会主義教育は学校と経済を結びつける意図に基づいていた。また高度の技術教育によって養われた技術力が生産を高めると考えた。Anguiano, p.85.
52　「私は農政主義者である。というのは農政は革命にとって基本であり、土地問題の解決は国家的必要性であり、農業発展を推進するからである」。カルデナスはミチョアカン州知事時代にこのように語っている。また、先住民共同体に、奪われた土地、森、水利権を返還し、彼らに協同組合の組織化を助言した。Córdova, pp.27, 33.
53　Anguiano, p.94. 国民革命党（PNR）は1934年、カルデナスの大統領就任と同時に6カ年計画を発表し、まず住民に必要な物資の供給を保障する独自の経済システム、およびそれと連動した国の組織化が必要であることを強調した。そして自給自足経済の形成をめざす世界の趨勢を見れば、正当な防衛の手段として経済ナショナリズム政策を採用せざるを得ず、これについてメキシコは歴史的責任を負うことはないと結論づけている。一方、1938年のメキシコ革命党（PRM）のプログラムは社会主義、富の国有化、現存する半植民地的状況の打破を標榜している。Zavala, p.188.
54　モローネスは国家機関と緊密に結びついたギャングに変節して、自らが私腹を肥やすのみならず、政治家の意向に沿って労働者を操るようになり、独立的労働運動を弾圧した。Córdova, p.67.
55　カルデナスは労働者にただおもねるような追従的組織を望んだわけではなく、組合員を守り、権利回復のために戦う、戦闘的組織を望んでいた。「奴隷ではなく同盟者」を欲していた。Córdova, p.70.
56　このとき、「軍部は戦争の仕掛け人から平和の担い手になった」。Córdova, p.142.
57　*Ibid*., p.75.

58 アンギアーノはカルデナスを「国民の同志、保護者、使徒」であり、「作業服のアジテーター」である、と手放しで賞賛している。Anguiano, p.64. しかしカルデナスは石油企業国有化後、政治経済的に体制固めが整ったと判断し、社会改革に歯止めをかけ始めた。収用はあくまで例外的措置だったのである。Córdova, pp.194–195.

59 国有化宣言の9日後（1938年3月27日）の『ニューヨーク・タイムス』によれば、石油企業は船積みされたすべてのメキシコ石油を海外で押収すると大々的に宣言したという。Person, p.64.

60 Silva Herzog, p.187.

61 *Ibid*., pp.188–189.

62 英国はメキシコ政府宛の覚書の最後に「期限の過ぎた支払いを即刻求める」と傲慢な表現を用いた。これに憤慨したメキシコ政府は駐墨英国大使オマリーを呼び出し、訂正を求めた。その際大使は、「窮したメキシコは早晩、撤退した企業に自国に復帰するよう懇願するだろう」と返答したという。Benítez, pp.158–159.

63 Brading, pp.202–209.

64 メキシコ労働者連合（CTM）の幹部ピニャ・ソリアの証言。Silva Herzog, p.146.

65 Silva Herzog, pp.192–193. また、ベニテスはメキシコが日本へも石油を販売したことに触れている。Benítez, T. III, p.162.

66 *Ibid*., p.145.

67 *Ibid*., pp.166–169.

68 Meyer, 1979, p.33.

69 Silva Herzog, p.203.

70 *Ibid*., p.205.

**参考文献**

Anguiano, Arturo, *El Estado y la política obrera del cardenismo*, Era, 1975.

Ashby, Joe C., *Organized labor and the Mexican Revolution under Lázaro Cárdenas*, University of North Carolina Press, 1967.

Bazant, Jan, *Breve Historia de México*, Ediciones Coyoacán, 1995.

Benítez, Fernando, *Lázaro Cárdenas y la Revolución Mexicana*, 3 tomos, FCE, 1986.

Brading, D.A. *Caudillos y campesinos en la Revolución Mexicana*, FCE, 1995.

Cárdenas, Lázaro, *Obras, I-Apuntes 1913–1940*, Tomo I, UNAM, 1972.

――――――, *Palabras y documentos públics de Lázars Cárdenas*：informes de gobierno y mensajes presidenciales de año nuevo 1928–1940, Siglo XXI, 3 tomos, 1978.

Córdova, Arnaldo, *La política de masa del cardenismo*, Era, 1974.

García Cantú, Gastón, *Las invasiones norteamericanas en México*, Era, 1974.

Grayson, George W., *Oil and Mexican foreign policy*, University of Pittsburgh Press, 1988.

本田喜代治『コント研究』法政大学出版局、1968。

Krauze, Enrique, *General misionero Lázaro Cárdenas*, FCE, 1995.

Mancke, Richard B., *Mexican Oil and Natural Gas*, Praeger Publishers, 1979.

Meyer, Lorenzo, *México y Estados Unidos en el conflicto petrolero*, El Colegio de México, 1968.

―――――――, *Las Perspectivas del petróleo mexicano*, El Colegio de México, 1979.

ミル、J.S.／村井久二訳『コントと実証主義』木鐸社、1978。

Millor, Manuel R., *Mexico's Oil, Catalyst for a New Relationship with the U.S.?*, Westview Press, 1982.

Person, Harlow, *Mexican Oil, Symbol of recent trends in international relations*, Harper& Brothers Publishers, New York, 1942.

Plenn, J.H., *Mexico Marches*, Bobbs–Merrill Company, Indianapolis, 1939.

Silva Herzog, Jesús, *Historia de la Expropiación de las Empresas Petroleras*, Instituto Mexicano de Investigaciones Económicas, 1964.

Valadés, José, *Historia general de la Revolución Mexicana*, Ediciones Gernika, 1985.

Zavala, Silvio, *Apuntes de historia nacional 1808–1974*, FCE, 1995.

# 第7章　エルナン・コルテスの遺骨発見
## ：スペイン主義の巻き返し

### はじめに

　メキシコは先住民インディオと彼らを征服したスペイン人の混血によって生まれた国である。この両者の血はおよそ5世紀にわたって混血をくり返してきたが、いまもって征服者の長であったエルナン・コルテス（2、3章参照）に注がれるメキシコ国民の目には冷たく醒めたものがある。大統領をはじめ政府や政党の指導者の演説では、マヤ・アステカなどの文明を築いた先住民を称える言葉はあっても、コルテス礼讃の言葉は聞かれない。たとえば16世紀以降、

ペルーの首都リマの大広場に立つピサロの銅像

ヘスス病院付属教会のコルテス胸像（1節参照）。メキシコでは数少ないコルテス像の一つ。1793年頃、マヌエル・トルサ作（p.198参照）

メキシコ同様にスペイン人に侵略されたペルーでは、首都リマの大広場で征服者ピサロの雄々しい騎馬像が周囲を睥睨しているのを見ても、スペイン的なものに比較的寛容であることがわかる。一方メキシコでは、なにかと歴史的記念碑の建設が唱えられるが、街ではコルテスの銅像はおろか、彼の名を冠した通りさえもまず見かけることはない。スペインによる征服と植民地統治時代を極端に否定し、アステカ最後の王クアウテモクや独立戦争期の建国者たち、それに革命期の英雄たちをことさら賛美するメキシコの国民性は、スペイン以降も米国やフランスなどの列強に侵略・支配された苦い経験から生まれた特有の民族主義に根ざしていると言える。

　1946年11月26日、何の前触れもなくメキシコの朝刊各紙に"コルテスの遺骨発見さる"という見出しが躍った。コルテスが創立したヘスス病院付属教会の壁龕(へきがん)から彼の遺骨が発見されたというのである。降ってわいたようなこのニュースにメキシコ中が沸き立った。国民は遺骨が本物なのかどうか、誰がいかなる意図で発掘したのかに興味津津であった。

　発掘者の一人デ・ラ・マサは発掘の意図を「歴史的調査以外のなにものでもない」と断言しているが、面妖なことに彼に協力を要請された歴史家エドムンド・オゴルマンは申し出を断っている[1]。その理由は明らかではないが、おそらく、メキシコ史上常に批判の対象となってきた征服者の遺骨を発掘するという行為が醸す物議を憂慮して、歴史家としての良心に従い最終的に参加を断ったのであろう。

　この発掘はメキシコ国民に征服者コルテスについて再考する機会を与えた。この機にコルテス支持、ひいては「スペイン主義」を叫んだのが、革命以降国民国家の中核となったメスティーソを横目に沈黙していたマイノリティのクリオーリョである。20世紀後半のメキシコでは、カルデナスの石油国有化で沸き立った排外的ナショナリズム（前章参照）はいまだ冷めやらず、文化においてはスペイン的なものが否定され、先住民文化や混血のバイタリティを称賛する風潮が主流となっていた。土着文化が再評価されればされるほど、インディオを残忍に殺戮したコルテスへの悪感情は増幅された。このような劣勢のなかで、「偉大な征服者」の遺骨発見を契機に、クリオーリョは自分たちのルーツと存在感を示そうとしたのである。

　本章ではこの「コルテス遺骨発見」という事件に際して、征服者が再び歴史

の表舞台に浮上したことにたいしてメキシコの人々がどのように反応したかを、当時の新聞報道を主たる資料に検討する。それによって、クリオーリョの巻き返しともいえる「スペイン主義」の称揚について考察する。なお、新聞記事はメキシコ国立定期刊行物資料館で収集したものだが、論調によって検証に偏向が生じるのを避けるために、革新・保守とりまぜて3紙（エクセルシオル、エル・ウニベルサル、ノベダデス）を選択し、これ以外にも興味深い記事であれば併せて検討の対象にした。

## 1 ▶ さまよう遺骨

**コルテスの遺言**　メキシコの征服と平定の功績を高く評価されたコルテスは、1529年にスペイン国王兼神聖ローマ帝国皇帝のカルロス5世から、2万3000人のインディオ家臣と22の町村を有する"オアハカ盆地侯爵"の称号を授与された。それによって、スペインの片田舎エクストレマドゥーラ地方の卑しい一郷士の身分から、人も羨む新世界の大貴族に立身出世し、人生の最盛期を迎えた。

　しかし、彼の栄華は長続きはしなかった。新大陸の征服と平定が概ね達成されると、新たな封建領主の出現を危惧する王室は、コルテスをはじめとする征服者たちの既得権に制限を加え始めた。エンコミエンダの世襲を禁じた1542年の「新法」はその最たるものである（3章4節参照）。

　コルテスは1540年にスペインに帰国したが、それは授与された諸権利を王室に再確認させるためと、彼に敵対する征服者や親族によって起こされた訴訟に対処し、弁明するためであった。ほんの10年前は彼を凱旋将軍として盛大にもてなした国王は、今回は謁見を申し込んでも会おうとすらしなかった。また、言を左右にして彼の権利裁可申請を取り上げようとしない宮廷官僚たちとの折衝に忙殺され、コルテスは憔悴しきっていた。彼自身「官僚との交渉は敵地を占領するよりも困難である」と述懐している。その上、果てしなく続く裁判に疲労困憊したコルテスは、それまで享受してきた特権が余人が経験できぬようなものだっただけに、凋落の失望にいよいようちのめされた。王室の裁可を待ち疲れたコルテスはついにメキシコに戻ることを決意する。しかし、長女ドニャ・マリアとアストルガ侯爵の嫡男との縁談が破談となった精神的ショッ

クに加えて赤痢を患い、ついに病の床に就いてしまった。死期の間近いことを悟ったコルテスは1547年10月12日、遺言状を認める(したた)と、セビーリャ郊外のカスティジェハ・デ・ラ・クエスタに退いた。しかし病は好転せず、臨終に際し終油の秘蹟を受け、12月2日、62歳で没した[2]。

　以下に、65項目からなるコルテスの遺言状の冒頭部分を参考のため要約紹介する。

　1) 自分がスペインで死亡した場合は、遺体は教区教会か最寄りの教会に埋葬し、相続人の判断によって10年後かそれ以前にヌエバ・エスパーニャに移すこと。そして、コヨアカン村に尼僧院を建設し、埋葬すること。

　2) スペインで死亡した場合は、遺言執行人の判断で葬儀を以下のように挙行すること。

　3) 遺体は主任司祭と一般司祭によってのみ移送されるのではなく、葬儀には市中にある全修道会の修道士を招聘すること。

　4) 死亡した日に自分の財産から費用を出し50人の貧者に衣服を与えた上で、葬儀に参列させ、式終了後、各人に1レアルずつ与えること。

　5) 死亡した日かその翌日、市のすべての教会と修道院でミサを執り行うこと。この他に、煉獄の魂のために千のミサを、ヌエバ・エスパーニャで死亡したかつての朋輩たちの魂のために二千のミサを、また忘却された無名兵士のために二千のミサを行うこと。

　6) 葬儀に参列する召使には喪服が供与され、死の半年後まで食事と手当が与えられること。以後息子〔マルティン〕の保護下に入らない者には給与の未払い分を与えること。

　7) 遺骨がヌエバ・エスパーニャに移送される際には、諸事を妻のフアナ・デ・スニガと家督相続者の判断に委ねること。

　8) 母と息子、娘の遺骨は、コヨアカン村にコンセプシオン〔「処女懐胎」の意〕尼僧院を建設し埋葬すること[3]。

　遺言状作成時、コルテスはかなり衰弱していたにもかかわらず、まだメキシコ渡航へのわずかな望みを捨てていなかったようである。遺言状に記された事細かい指示には、贅を尽くした葬儀を挙行することで自分の存在を誇示しようとする新興貴族の虚栄心と、自分の立身出世のために犠牲になった人々にたい

する自責の念が垣間見られる。また8) にある通り、メキシコの尼僧院に埋葬する際には、テスココ市のサン・フランシスコ教会に埋葬されていた母のカタリナと息子のルイスの遺体、それにクエルナバカに埋葬されていた娘のカタリナの遺体も一緒に埋葬することを言い遺した。

**遺骨の遍歴**　しかし、埋葬にかんするコルテスの願いは実現されることはなかった。コルテスの死後、彼の遺体は本人が予想だにしなかった数奇な運命を辿ることになる。遺体はまず1547年12月4日、喪主の嫡男マルティンによって、セビーリャ郊外のサン・イシドロ修道院にあるメディナ・シドニア公アロンソ・ペレス・デ・グスマンが所有する地下納骨堂に埋葬された。生前コルテスが公爵と懇意だったためである。だが、公爵が1550年に死亡したため、コルテスの亡骸は同修道院のサンタ・カタリナ祭壇の台座下に移されることになった。

　その後、実際に彼の遺骨が遺言通りヌエバ・エスパーニャに移送されたのは、死後19年経った1566年のことである[4]。しかもコンセプシオン尼僧院は建設されなかったので、テスココ市のサン・フランシスコ教会に埋葬されることとなった。彼にとって最も縁のある首都メキシコ市のサン・フランシスコ大修道院（コルテスが建設・寄贈したもので、コルテス家が保護者となっている）ではなく、テスココ市のサン・フランシスコ教会に埋葬されたのには理由がある。同年、コルテスの嫡男マルティンが、メキシコをスペインから独立させる陰謀に加担したことが発覚し（3章参照）、コルテスの遺骨を即座に首都の教会に埋葬することが憚られたのである。

　マルティンが没して40年後の1629年1月30日、コルテスの孫ペドロが死亡したとき、副王セラルボ侯爵とメキシコの大司教マンソ・デ・スニガは、ペドロとともに改めてコルテスの盛大な葬儀を執り行うことにした。場所は、首都のサン・フランシスコ大修道院に決定した。60年余りテスココ市に眠っていたコルテスの亡骸は首都に運ばれ、9日間にわたり徹夜の祈りとミサが捧げられた。葬儀は同年2月24日に行われ、大司教を長とする教会参事会、全信徒会それに多数の宗教団体が参列した。サンティアゴ騎士団が担ぐペドロの棺と聴訴官が担ぐコルテスの棺の後に、副王、大学教授、裁判官、聴訴官、軍人そして多数の民衆が続いた。300人のフランシスコ会修道士が祈禱とミサを捧

げた後、ペドロの棺は教会書見台脇の地下納骨堂に、ガラスの蓋の付いた金箔の木箱に納められたコルテスの棺は礼拝堂後方の鉄格子の扉がある壁龕に安置され、上部には「ここに名だたるエルナン・コルテスの遺骸眠る」というラテン語の墓碑銘が刻まれた[5]。それから 90 年近く後の 1716 年、礼拝堂が新築されると、棺はその後陣壁龕に移され、墓碑銘もそのまま移し替えられた[6]。

　さらに時は下って 1790 年 9 月 14 日、副王レビリャヒヘド伯爵（在位 1789～94）は、本国からの独立を図ろうとする植民地の不穏な動きを牽制するために、メキシコの建国者であるコルテスの遺骨を彼が創立したヘスス病院付属教会に移し、盛大な葬儀を挙行することを思い立つ。副王はオアハカ盆地侯爵領の管轄者サンタ・クルス男爵にその件を打診した。男爵が副王の意向をコルテス家の相続人テラノバ・イ・モンテレオネ公爵に文書で照会すると、公爵はコルテスと孫のペドロの遺骨再埋葬案に賛同し、その上コルテスの記念碑と胸像を製作することを提案した。しかし、サン・フランシスコ大修道院の神父が調査したところ、ペドロの遺骨はなぜか発見されなかったので、コルテスの遺骨だけが移送されることになった。建築家のホセ・デル・マソが 1554 ペソで大理石の記念碑製作を、サン・カルロス美術学院院長のマヌエル・トルサが 1500 ペソでブロンズの胸像と家紋の製作を引き受けた。

　1794 年 7 月 2 日、サン・フランシスコ大修道院に安置されていたコルテスの棺の受渡しの儀式が行われた。棺を開くと、レースで縁どりされ、黒い絹糸で刺繍された亜麻の布地にくるまれた遺骨が確認された。頭蓋骨は別にレースの布で被われていた。そのままの状態で再び閉じられた棺はヘスス病院付属教会に移送され、11 月 8 日、葬儀が挙行された。今回は 1629 年のときよりさらに絢爛たる式典となった。各界の貴顕が豪勢に飾りたて、多数参列した。民衆の歓心を買うために闘牛や音楽会も催された。

**再埋葬の背景：第二の征服**　ここで、なぜこのような再埋葬が行われたのか、当時の植民地社会の背景から探ってみよう。1700 年、カルロス 2 世の病死によってスペイン・ハプスブルク朝は断絶し、フランスのブルボン家の血を引くフェリーペ 5 世が即位した。ルイ 14 世（在位 1643～1715）の影響力がスペイン王室に及ぶことを懸念した英国、オランダ、オーストリアは連合してフランス・スペインに宣戦布告し、スペイン継承戦争（1701～13）が勃発した。戦況

は最初フランスに有利に展開したが、ポルトガルを味方につけた対仏連合軍がスペインに侵攻し攻勢に転じた。その後膠着状態が続いたが、オーストリアのカール大公が神聖ローマ帝国の皇帝を継承したことで事態は収束に向かう。フランスのスペイン王位継承権放棄を明記したユトレヒト条約によって戦争は終結し、スペイン王室とその広大な植民地を支配下に置くというルイ14世の野望は潰えた。スペイン・ブルボン朝の始祖フェリーペ5世（1700〜46）、後継のフェルナンド6世（1746〜59）、つづくカルロス3世（1759〜88）は17世紀以降長期低落傾向にあったスペイン帝国の建て直しに着手し、ハプスブルク王朝時代の旧弊な制度の改革を行った。なかでもフランスの中央集権的制度に倣ったインテンデンシア（監察官領）制の導入は、政治面のみならず、税の増収を目的とする財政面、さらに植民地に侵入する英仏を阻止する防衛的見地からなされた改革であった。植民地へのインテンデンシア導入に伴い、従来のコレヒミエント（代官領）とアルカルディア・マヨール（郡）は廃止された。コレヒドール（代官）とアルカルデ・マヨール（郡代）は職権を乱用し蓄財のために不正な徴税を行っていたので、国庫収入に損失を与えているとしてかねてから非難の的になっていた。インテンデンシアの下にパルティードと呼ばれる細分化された行政単位が設けられ、インテンデンテ（監察官）にはスペイン人官僚のみが任命され、コレヒドールとアルカルデ・マヨールに代わる新設のスブデレガード（代理官）に厳正な徴税を命じた。コレヒドールとアルカルデ・マヨールにはクリオーリョが多かったので、職を奪われた彼らの間に不満が燻った。経済面では新しい銀鉱山が発見され、坑道掘削・精錬・排水技術の向上によって銀の生産高が飛躍的に伸び、キント（5分の1税）の収入が増大した。また旧来の諸税を廃止しないままアルカバラ（売上税）やたばこの専売制を導入し、王室は植民地から容赦なく税を取り立てた。

　スペイン・ブルボン王朝の行った制度改革は、本国の財政再建のために植民地から効率的に税金を搾り取るためのものだったのである。そのために王室がヌエバ・エスパーニャに送り込んだ副王のひとりがレビリャヒヘド伯爵であった。伯爵は本国から緊急の送金命令が発せられるたびに、植民地の高位聖職者、貴族、商人、同業組合、市参事会から寄付を半強制的に徴収した。王命を忠実に実行した点では能吏であったろうが、植民地に生きる人々にとっては、本国への送金を最優先に考える冷酷無情な官僚に映ったことであろう。このように

18世紀の王室官僚たちは本国の命令に従い「第二の征服」と呼ばれるブルボン改革を実施し、植民地の本国への従属関係を強化した。税収を吸い上げることを第一義にしたそのような本国の政策にクリオーリョたちは不満を募らせ、ヨーロッパの啓蒙思想、米国の独立戦争や建国の理念、フランス革命の自由・平等の思想に影響を受けてさかんに独立を唱え始め、ヌエバ・エスパーニャ各地に不穏な空気が漂った。1793年、グアダラハラでフアン・アントニオ・デ・モンテネグロ神父を首謀者とする200人のクリオーリョによる独立の陰謀が発覚し、翌94年にはメキシコ市でガレオン船（メキシコ—フィリピン間の貿易に使われた船）の会計士フアン・ゲレロの独立の企てが摘発された。また同年末、ドミニコ会士ミエルは植民地支配を否定する異端的説教を行い、物議を醸した（4章参照）。このような不穏な情況下、植民地行政の安定を誇示しようとする副王はコルテスによるメキシコ征服の重要性を喧伝し、一方でメキシコでの布教活動の成功によって経済的基盤を築いた教会はこの機会を利用してその権勢を世に示そうとしたのである[7]。

　1810年9月16日に始まったメキシコの独立戦争は、21年8月24日に副王オドノフが調印したコルドバ条約によって事実上終結し、メキシコの独立は達成された。11年に及ぶスペイン軍との戦闘のなかで、メキシコ国民の間には反スペイン感情が頂点まで高まっていた。1822年初頭の議会では、メキシコの征服者エルナン・コルテスのあらゆる痕跡を抹殺するために彼の墓を暴き、その遺骨を引きずり回してから焼却しようという議案が提出された[8]。翌23年、独立戦争開始時に殉死したイダルゴやモレロスをはじめとする英雄たちの亡骸にたいして、首都の大聖堂で「名誉ある葬儀」を挙行することが決定されると、祖国の英雄と奸敵に関する見方はいっそう過激になった。市中では様々なビラがとびかい、「コルテスの遺骨を暴き、異端審問所が異端者を火刑に処したサン・ラサロで焼却しよう」と民衆を扇動した。

　墓の冒瀆を恐れた首都司教総代理のフェリクス・オソレスと、メキシコでのテラノバ公爵の代理人であったルーカス・アラマンは9月16日の夜、ヘスス病院付属教会の礼拝堂付き司祭頭ホアキン・カナレスに、コルテスの遺骨を安全な場所に隠すように命じた。彼らは一時的に中央祭壇の下に遺骨を埋め、煽動された民衆を押し留めることは困難と判断し、墓そのものをなくしてしまうことにした。そこで記念碑は解体され、胸像と家紋は当時イタリアのパレルモ

に住んでいたテラノバ公爵のもとへ送られた。このとき大理石の記念碑は病院に保存されたが、1833年、政府に任命された調査委員会が調べたときには、消失していた[9]。

1836年12月6日、中央祭壇下に密かに埋葬されていた遺骨は、湿気による劣化防止と「床下では死者が不憫である」という理由から、洗浄してから亜麻の布に包まれ、コルテスの遺骨であることを証明する埋葬証明書とともに秘密裡に別の場所に再埋葬された。この再埋葬に関して、アラマンがイタリアのテラノバ公爵に報告書を送ったという話が世間に伝わり、その時以来、遺骨も一緒にイタリアに送られたという風説が一般に信じられるようになった。またそのように信じさせるのが当時の関係者の意図であったと推測される[10]。

## 2 ▶ コルテスの遺骨発見

**糸口となった新聞報道**　以来巷間では、コルテスの遺骨は独立戦争のどさくさにイタリアのテラノバ公爵のもとに送られたという風聞が流布していたが、その一方で、ヘスス病院付属教会にいまだ隠されているのではないかと強く疑う人々もいた。

1912年、ヘスス病院付属教会のビセンテ・ディアス司祭が遺骨を探そうとしたが、徒労に終わっている。45年には歴史家のホセ・バラデスが発掘を試みたが、埋葬場所より50cm下の壁を掘ったためにやはり失敗に終わっている。エル・ウニベルサル紙は20年間にわたり独自に3回の調査を実施し、2回目の調査では、遺骨はヘスス病院付属教会に隠されているのではないかとルーカス・アラマンの子孫に問いただしたところ、アラマン家はそれを認めた。

同紙は1944年12月20日の記事で、3回目の調査結果を棺の鍵の写真付きで発表している。記事によれば、この鍵は代々アラマン家に伝わるもので、当時、ルーカスの曾孫に当たるアルフォンソ・アラマンが所有していた。ルーカスは胸像をイタリアへ送った後で遺骨と記念碑を隠し、棺の鍵をアラマン家の管理下に置いたのである。彼は臨終に際し、「鍵と埋葬の秘密は、コルテスの遺骨がメキシコの人々に敬意をもって認められる時期が来るまで後継者が厳守するように」という遺言を残した[11]。しかし、エル・ウニベルサル紙の執拗かつ的確な調査に窮して、アラマン家の当主は遺骨の隠し場所をしぶしぶ認めざ

> # Fueron Descubiertos los Restos de Cortés
>
> Estaban en lo que fué templo de Jesús Nazareno. Quedaron bajo la custodia del Director del Hospital establecido en ese lugar
>
> Por JACOBO DALEVUELTA
> Jefe de Información de EL UNIVERSAL.
>
> A las 21.45 horas de ayer, lunes 25 de noviembre de 1946, en las oficinas del doctor Benjamín Trillo, Director del Hospital de Jesús y Patrono de la Fundación del Marqués del Valle, fueron identificadas las cenizas del Conquistador de México, capitán Hernando Cortés, que permanecieron perdidas desde el 12 de marzo de 1827, en que las escondió el Capellán Mayor del Hospital de Nuestra Señora de la Concepción y Jesús Nazareno, Preb. Joaquín Canales.
>
> Cortés murió el 2 de diciembre de 1547.
> La exhumación de anoche es la quinta que se hace de las cenizas, en orden cronológico y de las que se tiene conocimiento históricamente documentado. A partir de hoy sólo el doctor Trillo sabrá dónde guardar el depósito que le fué conferido, hasta que se resuelva el sitio definitivo en que deban quedar las cenizas.
>
> (Sigue en la página 10 1a. columna)

コルテスの遺骨発見を伝える記事(エル・ウニベルサル紙、1946年11月26日)

るを得なかったのであろう。

**発掘から認定まで** エル・ウニベルサル紙のスクープから約2年後、1946年11月26日火曜日の朝刊各紙は一面トップで「コルテスの遺骨発見」のニュースをセンセーショナルに報じた。エクセルシオル紙は"ヘスス病院付属教会でコルテスの墓発見さる"という大見出しで次のように記事を続ける。

「1524年にコルテスによって創立されたヘスス病院付属教会の左壁で、24日日曜午後6時にコルテスの墓が発見された。格別の配慮が必要とされるので、発掘に携わった4名の研究者はこの発見をもたらした文書についてその出所を明らかにしていない。発掘者全員が一致して本物と断定したこの遺骨は、世界にセンセーションを巻き起こすであろう…」[12]。

このようにして突然、100年以上も秘密のベールに包まれていたメキシコの征服者の亡骸は再び白日の下に晒されたのである。遺骨は以下のような経緯で発見された。4人の発掘者は、メキシコ人の歴史学者アルベルト・カレーニョ(5章の幼年兵遺骨調査にも参加)とフランシスコ・デ・ラ・マサ、亡命スペイン人のフェルナンド・バエサ、キューバ人奨学生のマヌエル・モレーノである。発見の立会い人はヘスス病院院長トリーリョ、アラマン家当主アルフォン

ソ・アラマン、歴史学者のオロスコ、「コルテス研究学会」会長グラナドスである。発掘者の代表カレーニョの談話によれば、11月11日に彼の自宅に秘密裡に4人が集まり、その席で、バエサがコルテスの遺骨の正確な埋葬場所を記した文書のコピーを所有していることを告げた。その文書とは1836年12月6日、ルーカス・アラマンが作成し、首都司教総代理フェリクス・オソレス、司教座聖堂参事会員マティアス・モンテアグド、バシリオ・アリリャガ、フランシスコ・セニソが署名し、公証人のニコラス・パラディナが公正証書として署名した埋葬証明書の写しであった。バエサが提出したこの証明書の真正を確信した4人はトリーリョ院長に相談した後、当局の発掘許可書を得ようとしたが、手続きが思うに任せず、最後に文部大臣のハイメ・トーレス・ボデットから口頭による許可を取り付け、11月24日の日曜午前8時半から発掘作業を開始した。証明書には、遺骨は床から3バーラ（約2.5m）の高さの壁に埋葬されているとあった。まずカレーニョが、棺が埋葬されたとされるあたりの壁につるはしの一撃を加え、石灰、土、煉瓦、平石を除去する困難な作業を続けた後、ついに午後6時、棺を発見した。棺は長さ92cm、幅57.5cm、高さ18cmの大きさであった。その日の作業はここでいったん打ち切り、棺の監視をトリーリョ院長が任された。

　翌日の25日月曜日の午後9時10分、証人となる専門家や報道陣の面前で壁龕から棺が降ろされた。棺は教会からいったん外に運び出され、トリーリョ院長の執務室に移され、そこで解体作業が始まった。ビロードの覆いを取ると、厳重に密閉された鉛の容器が現れた。この容器を壊すと中に小さい錠前の付いた木箱があった。そこでアルフォンソ・アラマンが呼ばれ、先祖代々保管していた鍵で開けようとしたが、鍵が合わなかった（理由は不明）。仕方なくトリーリョ院長が鑿でこじ開けると、中からさらに鉛のカバーが現れ、それを剝すと、その中に半円形のガラスが嵌められた棺があった。ガラスごしに、証明書に記載された通り、遺骨をくるんだ包みが確認された[13]。

　28日、メキシコ共和国大統領アビラ・カマチョは大蔵省、文部省にたいして、コルテスの遺骨が納められた棺、遺品、容器、覆い、装飾品の保管を命じる法令に署名した。この大統領令は「歴史記念物および景勝地保存法」第13、14条に基づき、ヘスス病院付属教会を歴史記念物に指定し、同法第15、21条に従い、文部省がその管理を担うと定めた法令で、以下の4条文からなる。

1）国立人類学歴史学研究所が、遺骨が納められた棺およびその付属品、覆い、装飾品の管理を行うこと
　2）同研究所は同遺骨の真贋を決定するための調査委員会を設置すること
　3）同委員会が遺骨を真正と認めた場合は、人類学歴史学研究所がヘスス病院付属教会において遺骨保存のための適切な処置を取ること
　4）大蔵省国家資産局は本条文に基づき、人類学歴史学研究所がヘスス病院付属教会において十分な管理ができるように必要な措置を講じること[14]

　大統領令が遺骨をヘスス病院付属教会にそのまま保存するよう指定したのは、発見後、遺骨の納まり先について国民的議論が沸騰したので、その熱気を鎮静化する必要に迫られたからであろう。
　同28日、国立人類学歴史学研究所所長オルテガが主宰して、開棺が実施された。開棺前には大統領令が朗読され、調査委員会のメンバーが発表された。メンバーは国立歴史博物館館長シルビオ・サバラ、「コルテス研究学会」会長グラナドス、人類学歴史学研究所副所長エンシソ、国立人類学博物館館長ルビンである。トリーリョ院長が半円形のガラスを外してから、遺骨をくるんでいる布地をはさみとピンセットで開くと、中から脛骨と大腿骨それに金属の筒が現れた。院長が筒をやすりで削ると、中から100年以上も昔、メキシコ首都司教総代理オソレスらが署名した埋葬証明書を取り出した。カレーニョがこの歴史文書を朗読した後、調査委員が文書の目撃証人であることを証す証書に署名した。埋葬証明書の文言に違わない骨が発見されたことによって、後日の科学的調査を待つまでもなく、事実上この時点で本物のコルテスの遺骨であることが認定された[15]。

## 3 ▶ 埋葬証明書の出所

　遺骨発見当初から研究者、マスコミ、それに国民の関心を集めたのは、スペイン人の学究バエサが所有していた埋葬証明書の写しの出所である。11月26日の朝刊各紙は、メキシコ史を語るうえで不可欠な人物の遺骨発見を驚きをもって伝えると同時に、発見を導いた文書の出所に異常な関心を示した。しか

し、バエサをはじめ他の3人は、それが1836年の埋葬証明書の写しであると言うだけで、その出所については固く口を閉ざしていた。だが、日を追うにつれて徐々に真相が解明されていった。

　1836年に首都司教総代理オソレスら教会関係者が作成したコルテスの埋葬証明書は、オリジナル1枚の他に3枚の写しが取られた。オリジナルは司教座古文書館に保管されたが、写しの1枚目は遺骨と一緒に棺の中に納められ、2枚目はコルテス家の相続人であるイタリアのテラノバ公爵の手に渡り、3枚目は当時の駐墨スペイン大使館に保管された。そして1946年、100年以上にわたり大使館の文書庫に厳重に保管されていたこの3枚目の写しからさらに写しが取られ、バエサ青年の手に渡ったのである。

　エクセルシオル紙は、コルテス研究家でもあるスペイン亡命共和国政府[16]駐墨大使館のホセ・デ・ベニト次官が、大使館の文書庫から件（くだん）の文書を自宅に持ち帰り調査していたところに、友人のバエサ青年が訪れ、写しを取ったと推測している。バエサは信頼できる知人らに相談の末、メキシコ人研究者たちと接触し、写しを見せたというわけである。しかし、記者の質問を受けたバエサは、「問題の文書は別の場所で発見されたのであり、スペイン大使館から漏洩したのではない」と、友人のデ・ベニト次官の関与を強く否定している。歴史文書の漏洩について質問を受けた駐墨大使ルイス・ニコラウ・ドルウェルは、コルテスの遺骨がヘスス病院付属教会の壁から発見されたことは知っていると答えた後、「問題の文書は私の着任以来、一度として大使館から持ち出されたことはない」と断言し、次の声明文を発表した。

1）1836年、司教総代理の前でアラマンが作成した、コルテスの遺骨の新たな埋葬場所を示す証明書について、その写しの1枚は当大使館に保管されている。またもう1通はオアハカ侯爵〔コルテスのこと〕の当時の代理人であったルーカス・アラマンの子孫の手元にあると推測される。原本はメキシコ司教座古文書館に保管されているはずである。
2）〔1939年の〕大使館再建以来、コルテス文書は大使の管理下にあり、外部に漏らされたことはなく、また写しを取られたこともない。
3）征服者像は頻繁に論争の的になり、メキシコ人の間に不和を助長してきたので、スペイン大使館は介入すべきではないと認識している。

なお、この問題についてスペイン亡命共和国政府は「軽率な行動を取った人物たち」の責任を追及する手続きを開始した。
　エクセルシオル紙が立てたもう一つの仮説は、司教座古文書館に保管されていた原本から写しが取られて、バエサの手に渡ったのではないかというものである。しかし、真相は結局藪の中であった。そもそも、1910年に勃発したメキシコ革命以後、同古文書館では文書の紛失が頻発し、原本台帳では確認できないと発表したからである。
　バエサ当人は発見後のインタビューで次のように答えている。「私はスペイン人なので、コルテスについて意見を述べることはできない。それはメキシコ人に任せる。今回の発見はメキシコ史においてもスペイン史においても極めて重要である。ドン・エルナンド〔コルテスの尊称〕は祖国の歴史の重要な一部なのだから。再埋葬の儀式は歴史的性格のものであり、論争を巻き起こさないために個人的には宗教色を排除すべきだと思っている」[17]。

## 4 ▶ 国民の反応——コルテス＝スペイン賛歌

**各紙の論調**　遺骨が発見されるや、全国の様々な階層の人々から意見が噴出した。まず、「埋葬場所は公然の秘密であったが、遺骨発見によって引き起こされる面倒に巻き込まれるのを恐れて、この繊細な問題にあえて取り組もうとはしなかった」という、負け惜しみ気味の感想が数名の研究者から述べられた。また、「自分たちの名声を後世に残そうとした一部の歴史家が、永眠していた征服者の魂を叩き起こし物議を醸した」と発掘を強く非難する声も上がった[18]。
　しかし一方で、「コルテス上陸以前のメキシコには、相争い、憎しみ合ういくつかの部族が存在し、捕虜を捕えては血なまぐさい祭壇へ捧げていた。コルテスには他の偉大な人物たちと同様に欠点があったが、彼とともにメキシコの国民性が形成されたことは誰にも否定できない。真のメキシコ人ならそのことに気づき、心を平静にして、祖国の歴史に密接に関わる人物像について考える絶好の機会が訪れたと心得るべきである」[19]といった、この機会を利用してメキシコの征服者の実像を冷静に再構築しようとする意見も新聞紙上に数多く紹介された。

エクセルシオル紙は 11 月 27 日（発見の翌日）の社説で次のように述べている。「…数多くの不運も、大胆な指揮官、聡明な政治家、一級の植民者としてのコルテスの名声を曇らせることはできなかった。小人たちが彼の偉業を矮小化しようとする行動は逆効果をもたらし、真実は最終的には正当に評価された。ヌエバ・エスパーニャがその生をコルテスに負うことを否定する者がいようか？　民族の創造者が残してくれた広大な国土を保持することができずに隣国にその半分を奪われたからといって[20]、その原因をコルテスに帰することはできない。運命は栄えあるスペインの父権を拒むことに固執した者たちの忘恩を懲らしめているのである。…コルテスはアステカ族の首都テノチティトランを陥落させた軍事的才能だけを評価されがちであるが、ヌエバ・エスパーニャの植民者、太平洋の発見者としての業績も忘れることはできない。さらに、牛馬、小麦栽培、鉄製の鋤や鍬の導入はメキシコ経済の発展と繁栄にどれほど貢献したか計り知れない。また、アルファベット、スペイン語、カトリックを伝播することによって精神的文化的統一の基盤が築かれた。スペイン人と先住のインディオが混血することによって新しく生まれたメキシコ人〔メスティーソ〕という民族の存在もコルテスに負っている。…彼が遺言で死後その亡骸をメキシコに埋葬するように言い残したのは、彼のメキシコへの愛の証明に他ならない」[21]。

エル・ウニベルサル紙は同日一面トップに"遺骨の発掘が憎悪の発掘とならぬように"という見出しで次のような記事を載せている。「かの征服者は歴史上の人物であり、感情的な議論は差し控えるべきである。昨日センセーションを巻き起こしたコルテスの遺骨の発掘は、どんな理由であれ国民の分裂を誘い、感情と暴力をかき立てる原因になってはならない。相反するコメントがなされているが、歴史解釈は人それぞれである。これが分別ある大衆の見解であり、また著名な人々の個人的意見でもある」。同紙はさらに同日の社説で続ける。「現在のメキシコの民族意識——過剰で不必要な血と涙で形成された——の創造者がコルテスであることを誰も否定しない。現在のメキシコ人は二つの民族の混血の結果誕生し、独自の国民性を持つに至った。その一方の民族の優れた代表者を非難することは、その抑圧的な行為によって、その民族がますます感情的連帯を強める結果しか生まない。過去の怨念はいまだにドン・エルナンドの記憶を喚起するが、それも、冒瀆を避けるためにはほとぼりが冷めるまで遺

骨を隠した方が賢明であるという考えが取り越し苦労だと感じられるところまで減少している。保守主義者たちはコルテスの記憶を親スペインの旗印として利用しようとするいかなる望みも無意味であると知っており、遺骨に対する意義深い敬意を表することを望んでいるのに対して、自由主義者たちの大半は博物館の陳列ケースに納めることを要求している。多分、解決策はそのちょうど中間にあろう。征服者像の歴史的価値の認定をいまだに妨害している感情的要素を完全に払拭する一方で、安置されていた場所に遺骨を戻すことである。歴史の判断によって、彼が国家から賞賛されるにふさわしいとみなされるほど彼の記憶が十分に浄化されるまで、遺骨はそこに保存されるべきである」[22]。

　最後にノベダデス紙の同日の社説を紹介する。「歳月が流れても、その人について語るときに冷静でいられない人物がいる。征服者ドン・エルナンド・コルテスはその種の人間である。彼の名が語られるとき、その強烈な個性が周囲に響きわたる。それ故、他の重大な最近の出来事を差し置いて、スペイン人司令官の遺骨発見が今日のテーマとなっているのはなんら不思議なことではない。特にメキシコ人にとってコルテスというテーマは常に現在性を帯びているので、この出来事は様々な解釈を生み出す。しかし、コルテスは学者の単なる研究テーマであってはならない。…一つのイデオロギーを受け入れるにせよ拒むにせよ、コルテス以前には徹底して憎しみ合う部族しか存在しなかったところに、一つの民族性を生ぜしめたのは彼に他ならないという事実がある。今日のメキシコが征服によって生まれたのは事実である。残虐か文明か、貪欲か布教か、どのように理解しようとも、征服によってこそ、スペイン語を話し、メキシコを特徴づけるあらゆる要素を備えた今日の民族性が誕生したのである。これらの事実は歴史的共有財産として真摯に保存する価値がある。彼を否定することは、メキシコ人が形成してきた文化、政治、社会の各制度の起源を否定することにはならないだろうか？」そしてコルテスが遺言状で自身の埋葬先として指定したコヨアカン、偉大な死者を弔うにふさわしい首都大聖堂、コルテスがその建設を命じたことで征服者は血と富にだけ飢えていたわけではないことを証明したヘスス病院付属教会を候補地に挙げてから、「保管する場所がどこであれ、遺骨はメキシコ人やこの地を訪れる人々の尊敬を受けるようにすべきであり、観光客向けの珍奇な陳列品であってはならないし、ましてや憎悪や揶揄の対象とすべきではない…当局に高潔な文化の模範を示してもらいたい」と結ん

でいる[23]。

　各紙の記事を読んで感じるのは、遺骨発見を機に、それまで抑えられていた「コルテス賛歌」が一挙に噴き出したことである。保守・革新いずれの媒体にも、従来「無垢で無防備なインディオを虐殺した残忍な征服者」として否定的なイメージで語られてきた人物像を払拭し、「民族の創造者」として、また祖国の建設者として彼を肯定的に捉え、称揚する声が通底している。その背景には、メキシコの民族性に関わる歴史的理念の対立が窺える。

　1910年に勃発したメキシコ革命はおよそ10年間続き、その後、産みの苦しみを経ながら新しい国家が建設された。19世紀初頭のスペインからの独立と、その後約100年に及ぶ内乱と独裁の後に建設された新国家のイデオロギーは、表面上は白人文化を否定し、メキシコの民の60パーセントが属するメスティーソ（混血）文化を重視するものであった。そのような理念の下では、当然のことながら白人の征服者コルテスは否定された。この事件はある意味では、メキシコのスペイン系住民が遺骨発見を機に日頃の鬱憤を晴らした出来事とも言える。また、メキシコ史を、スペインに征服された被害者の視点からばかりではなく、「混血国家メキシコ」という現実を踏まえて捉え直し、祖国の誕生の過程を冷静に再検証しようとする視座が生まれつつあることを表してもいた。

**コルテス＝スペイン称揚派のアイデア**　遺骨発見に反応したのは報道機関だけではない。スペイン系を中心とする人々は各人各様、様々な行動を起こした。

　当時の最高裁判所長官のラミレスは、発見の6年前下院議員であった時に、マルドナド、リサラガ両議員と連名で一つの議案を提出した。それは次のようなアイデアであった。「苦痛と暴力を伴う血なまぐさい征服から、町、大学、道路、法、卓越した芸術が生まれた。コルテスは歴史上、最も優れた司令官の一人であるばかりか、母なるスペイン、永遠のスペインのシンボルである。他の帝国主義者たちのように敗者を根絶やしにすることなく、新大陸とヨーロッパ大陸双方の優れた文明を融合して新しい民族を創造したコルテスは、アメリカ大陸の燃える大地に花開く共和国の生みの親である。メキシコ国民の一人として、我々は以下の議案を提出するものである。①コルテスの名を下院議事堂に金文字で刻むこと。②市の大通りの一つにコルテスの名を付けること」。6年後の1946年、コルテスの遺骨が発見されるや、ラミレスはこの提案を再度

国民に示すことによって、コルテス賛歌を高らかに歌いあげようとしている[24]。

また、コルテス宮殿があったメキシコ市近郊の町クエルナバカのロータリークラブの代表がコルテス研究学会を訪ねて、「コルテス没後400年祭」(1947)を祝うために市の目抜き通りに記念の銅像を建設しようと提案した。それはやりすぎであるという冷静な意見も出されたが、この計画には、学会員の可半数が賛成したばかりか州知事も賛同した。

これに対して、クエルナバカのコルテス宮殿の修復が先決であるとして反対する研究者もいた。彼らは、革命後に画家のディエゴ・リベラによって宮殿のバルコニーに描かれた壁画をまず消すことを強く主張した。これらの壁画は嘘を極めて偉人を誹謗中傷するもので、断じて許せないという強硬な意見である[25]。リベラは、ヨーロッパ絵画の移入に終始していたメキシコ画壇に抗し、革命後の新時代メキシコにふさわしい「民衆のための芸術」をめざし、シケイロスやオロスコらとともに壁画運動を興した画家であった。クエルナバカ宮殿の他にも、サン・イルデフォンソ国立高等学校などに、識字率の低い大衆でも理解しやすい視覚的テキストとして、メキシコの歴史を具象的に描いた多くの壁画を遺している（本書カバー図版参照）。土着のインディオ文化をこよなく愛したリベラは、その一方で征服者を、とりわけコルテスを厳しく弾劾し、壁やキャンバス上に醜悪で矮小化したコルテス像を描いたために、スペインに愛着を感じる人々からは憎悪されていたのである。

メキシコ北部の工業都市モンテレイでは市の「スペイン・メキシコ友好協会」が、翌年の「コルテス没後400年祭」への参加を早々と表明している。グループの代表者は次のように語り、コルテスとスペインを称揚している。「我々はすばらしい征服者兼文明の伝導者に敬意を表する運動の先頭に立てると思う。かつてメキシコに属したアメリカ合衆国の都市には、ブラボー河の南〔メキシコのこと〕ほどではないがスペイン文化の痕跡が色濃く残っている。我々ほどにはスペインの血が濃くないにもかかわらず、征服者や修道士の作品を大切に保存していることには感心させられる。このことからも我々は、新大陸にやって来たスペインの英雄について多くのことを考えさせられる」[26]。

銅像建設や通りの命名などのような大がかりで人目を引く提案の他に、この機会を利用してコルテス自筆の手紙を集めた『コルテス報告書簡』や未刊史料の出版、講演会、シンポジウムなど、地味ではあるが学術的企画を試みようと

する研究者たちもいた。

　以上、コルテスに好意的な意見を紹介してきたが、革命以降これほどまでにメキシコの征服者を評価・擁護し、はては賞賛する声が国民から発せられたのは初めてのことである。有識者、大学教授、政治家ばかりか一般市民もここぞとばかりにコルテスの偉業を称え、彼こそメキシコ人のルーツであることを強調した。しかし注意すべきは、これらコルテス賛美の声はあくまで国民の一部のものにすぎなかったということである。コルテスをアステカ族を滅ぼした征服者としてではなく、優れたスペイン文化を新大陸に導入した文明の伝導者として評価した人々のなかには、メキシコ史を再検討しようとする一部の良識派もいたが、大半がスペイン系クリオーリョの人々であり、かつその絶対数は少数であった。彼らは革命以降、先住民文化やメスティーソ文化を国是とする潮流の前に口をつぐんできたが、コルテスの遺骨発見に触発され日頃の鬱積した感情を吐露したのである。確かに彼らはこの時ばかりは積年の密かな思いを表明できたが、発見の翌年（1947）にはコルテス擁護の声はぷっつり聞こえなくなる。スペイン主義の高揚は一時的現象だったのであり、スペイン系の人々はこの事件を契機に、非白人層がマジョリティのメキシコ社会では自分たちが文化的にマイノリティであることを図らずも露呈したのである。

## 5 ▶ 発掘の意図──没後400年祭の仕掛け

　新聞各紙によれば、20世紀に入り、コルテスの遺骨を発見しようとする試みはほかにもいくつかあったらしいが、いずれも発見にまつわる話が信憑性に欠けると判断し、本章ではあえて取り上げなかった。メキシコの征服者とはいえ死者の遺骨に、人々がそれほどまでに執着した背景には、聖人や偉人の遺骨・遺物を霊験あらたかなものとみるカトリックの影響があることは無視できない。しかしいずれにせよ、メキシコ史上、アステカ最後の王クアウテモクと並び、コルテスほど国民の脳裏に焼き付き、関心を持たれ続けた人物は稀である。

　死者を冒瀆する売名行為を行ったとして一部の識者から非難されたカレーニョは、発掘の意図を、翌年に迫ったコルテス没後400年における盛大な記念行事の一環として、厳粛な葬儀を挙行するためであったと公言している。し

し本心はもっと別のところにあったようだ。遺骨研究家として知られる彼は発掘の1カ月前、ペルーのクスコにあるメルセー教会で征服者のアルマグロ親子とゴンサロ・ピサロの遺骨が発見されたこと[27]に触発されたともいわれているが、それだけではなく、純粋な学究心・知的好奇心からコルテスの遺骨発掘に情熱を傾注したのも事実であろう。また、排外的民族主義に支えられたインディオ主義（次章参照）が横行する現状を苦苦しく思うスペイン憧憬派として巻き返しを企てたともいえる。しかし動機が売名行為であれ知的好奇心であれ、あるいはスペインへの愛着であれ、カレーニョを中心とする4人の研究者の最大の関心が征服者の没後400年祭にあったことは明白である。とは言っても、なぜ11月24日が発掘日に選ばれたのかという疑問は残る。12月2日がコルテスの命日なのだから、前日の12月1日の日曜日に発掘して翌日の2日に発表したほうが格段に効果的だったのではなかろうか。

　実はそこには別の理由があった。1946年12月1日はメキシコ全国民にとって6年に一度の記念すべき特別な日だったのである。任期が6年のメキシコの大統領制では、慣行として6年目の12月1日に必ず政権移譲の儀式が全国民注視の下に挙行されるのである。折しも1946年12月1日は、アビラ・カマチョからミゲル・アレマン新大統領へ政権が継承される日であった。11月の新聞は式典の準備、新大統領の政策、新閣僚の予想、外国からの来賓などについて連日詳細に報道している。そのような中で11月26日、新大統領に関する話題で沸騰していたその最中に、コルテスの遺骨発見のニュースが突然舞い込んだのである。それも命日の1週間前という絶妙のタイミングで。12月1日と2日の新聞は当然のことながら政権移譲のニュースで持ちきりで、コルテス関係の記事は1行も見あたらない。その後数日すると、散発的にコルテスに関する記事が見受けられるが、発見当初には比べようもない。これは筆者の極めて個人的な見解であるが、スペイン称揚派の4人の発掘者は没後400年祭を成功させるために事前に入念な計画を立て、新大統領就任記事で紙面が埋め尽くされるであろう2日を避けたのではないか。すなわち、国民の関心が政権移譲に集中する直前、大統領交代1週間前という間隙にあえてニュースを発表する効果を念頭に置いて、遺骨発掘日を決定したのではなかろうか。

## Los Amigos de España Conmemoran el Aniversario Luctuoso de Hernán Cortés

**GUADALUPE APPENDINI**

La Sociedad Mexicana de Amigos de España, A.C., organiza una serie de actos culturales, sociales y religiosos al conmemorar el 446 aniversario de la desaparición física de Hernán Cortés.

El día 5, a las 12 horas, en el Templo de Jesús Nazareno (20 de Noviembre y República de El Salvador), habrá una

SIGUE EN LA PAGINA SIETE

Actitudes del conquistador

スペイン系の人々によるコルテス追悼記事(エクセルシオル紙、1993年12月2日)。現在もスペイン系の人々の社交場である「スペイン人クラブ」を中心に、コルテスの偉業を讃える行事が毎年催されている。マイノリティながらスペイン主義はいまだ健在である

## 6 ▶遺骨、ようやく眠る

　遺骨発見に関する議論が鎮静化した翌年の5月13日、エクセルシオル紙はいくつかの国民の声を取り上げている。まずスペイン主義者の次のような意見が紹介されている。「コルテスの壮麗な霊廟を建設し、世俗の冷淡で非人間的で愚劣な葬儀ではなく、カトリックの典礼に則った、英雄が報われる真に価値ある荘厳な葬儀を行う絶好の機会である。立ちはだかる山塊を横断した彼の不屈の精神は、ハンニバル〔前247〜183頃、カルタゴの将軍〕、ナポレオン、サン・マルティン〔18世紀末〜19世紀半ばのアルゼンチンの軍人で、南米独立の英雄〕の偉業に匹敵する。インディオの征服者ではなく、スペインの血と言語によって統一された新しい国家の建設者としての記念碑をレフォルマ通り〔メキシコ市のメインストリート〕に建てるべきである。そうすれば先スペイン期のクアウテモクから、大航海時代のコロンブス、征服・布教期のコルテス、独立戦争期の愛国者、米墨戦争期の幼年兵まで、祖国の英雄たちのブロンズ像の輪が完成する」。

　このような考え方にたいして、スペイン的なものを拒否し、土着的なものに栄誉を与えようとする反スペイン主義者たちは、いかなるコルテス称揚の試み

にも反対していることを併記している。政府が、ほかならぬコルテス自身が建設したヘスス病院付属教会の壁龕に遺骨をそのまま保存し、新たにコルテスの墓であることを示すプレートを刻むだけの質素な埋葬を決定したことを挙げ、賛否両論ある人物の没後400年を祝う公式行事としては妥当なものではなかろうかと結んでいる[28]。

エル・ナショナル紙は、"征服者はメキシコ国民に不安と苛立ちを誘発する"という見出しで7月2日に次のような記事を載せた。「わが国が信任状を授与したある外国大使館の文書庫に1世紀以上も保管されていた文書を利用して、歴史を趣味とする発掘者たちによって、昨年無分別に墓が暴かれたが、将来、衆目を集めようとするこのような愚行によって再度遺骨が移動させられることがないように願う」。そして、国立歴史博物館館長で高名な歴史学者でもあるサバラの意見も掲載している。「私は〔記念碑や銅像建設などの〕有形の賛美には賛成でも反対でもない。あと400年待てば、記念碑は建てられているかも知れない。国民のコンセンサスが熟するまで待ったほうがよい。コルテスというテーマには様々な側面があるが、歴史的観点に絞れば、征服の事業とその後の植民活動は我々の歴史形成に不可欠であったと判断する。征服戦については、そこに人間のあらゆる偉業と不幸があったので、単純な定義や断定的判断を下すのは困難である。…記念碑建設について意見が割れているが、碑はすでに存在している。それは我々の肉体と精神である。記念碑はメキシコの民自身である」[29]。サバラはこのように述べて、スペイン寄りでもインディオ寄りでもない公平で建設的な考えを展開しようとしている。

マイノリティであるスペイン主義者たちの巻き返しにたいして、政府も次第に逃げ腰になっていった。7月30日午後4時、ヘスス病院付属教会で、カトリックの儀式も政治家の演説もなく、家紋、姓名、生年と没年それに再埋葬の年月が刻まれた石板(プレート)を壁に取り付けるだけの質素な埋葬が行われた。まずトリーリョ院長の執務室で公証人立会いの下、国立人類学歴史学研究所が遺骨の真正を証明した文書と、発掘されたときの証明書が朗読された。遺骨には鎖骨、歯、手と顎の一部が欠落していた。棺の中には遺骨調査書の写し、アビラ・カマチョ前大統領令の写し、発掘の発端となった埋葬証明書の写し、それに遺骨の写真が納められた。その後棺に修理された半円形ガラスが嵌められ、金糸の装飾が施された黒布で棺全体が被われて壁龕に入れられた。なお、エクセルシ

オル紙は、「式は文部大臣ビダルによって主宰される予定であったが、ビダルがその3日前に外科手術をしたために次官のチャベスが代行した」と、手術を口実に式を欠席した文部大臣の態度を皮肉まじりに伝えている[30]。

## 結び

　さて、前年に遺骨発見をこぞってトップ記事で扱った新聞各社は、1947年12月2日のコルテス没後400年記念日をどのように伝えたのであろうか。当初からコルテスに好意的な論評を下していたノベダデス紙は2日に"真実のコルテス"という見出しで次のような記事を載せた。「征服者、冒険者、統治者、地理学者、布教者、文学者として歴史に名を残したコルテスに比肩できるのはアレキサンダー、シーザーのみである。この400年間、コルテスの人格について様々な論議が戦わされてきたが、どれも骨と血からなるコルテスの本当の人間性を捉えていない。キリスト教を捨ててコルテスと絶縁することは、ウィツィロポチトリに回帰し[31]、スペイン語を捨ててモクテスマのナワトル語で〔部族的世界に後退して〕コルテスを非難することに等しい。土着の遺産と同様に、1521年から導入されたスペインの遺産も評価すべきである。両者の混血によってメキシコ国民が生まれたのであるから」[32]。このように同紙はコルテスを礼讃しながらも両文化の融合を強調している。

　スペイン本国では400年祭は国をあげて祝われた。ノベダデス紙は3日、コルテスの生まれ故郷、スペインのメデジンで盛大に開催された没後400年祭について伝えている。式典に先立ち、沿道の熱狂した民衆が見守るなか、スペインのグアダルーペ聖母像がグアダルーペ寺院からメデジンまで運ばれた。フランコの名代の外務大臣アルタホによって主宰された儀式には、ペルー、ドミニカ共和国、キューバ、エルサルバドル、アルゼンチン、エクアドルの外交官が出席した。メキシコ政府は当時のフランコ政権を承認していなかったのでメキシコの外交官の姿はなく、メキシコ歴史学会員のナランホ、メキシコ言語アカデミーのルビオそれに遺骨発見者のカレーニョが列席した。外務大臣アルタホは、記念式典はコルテスの偉業を偲ぶと同時にメキシコ・スペイン両国民の団結を強める機会である、という長い演説をぶった後で、神の意思と国民の投票によって選ばれたフランコは、天命に忠実な点でコルテス同様にスペインの英雄であると付け加えることを忘れなかった。その他、メデジン近郊の町メリダ

では没後 400 年記念祭の一環としてコルテスを扱った映画が上映され、このスペインの征服者に関する本の出版や芝居の開催が発表された[33]。

メキシコでは 2 日に、旧市街にあるサン・イルデフォンソ高校で記念式典が開催された。コルテス研究学会とメキシコ歴史学会によって主宰されたこの式典が唯一の民間の行事で、公的機関による催物は一切行われなかった。参加者がわずかな上に数名の遅刻者が出たので式は 30 分遅れで開始されるという始末であった。ノベダデス紙の記者は「忘れられた人々の墓場のようであった」[34] と寂しい式の模様を伝えている。エル・ウニベルサル紙は 4 日に現役軍人によるコルテス賞賛の記事を[35]、エクセルシオル紙は 2 日の記念式典でコルテス研究学会会員バリェが行った格調高い基調演説[36] を掲載しているだけで、前年の熱狂ぶりが嘘のようである。

こうして、スペイン主義者たちによるコルテス称揚・再評価の計画は失敗したのである。亡命スペイン人バエサが手に入れた埋葬証明書が発端となって、封印されていたコルテスに関して白熱した国民的議論が展開された。コルテスを自分たちのアイデンティティのシンボルとみなす白人系のクリオーリョ層は、メキシコ革命以降、スペイン的なものをタブー視し、先住民・メスティーソ文化を国のアイデンティティとした国家の方針に常々反感を抱いていた。彼らはマイノリティとして自分たちの屈折した感情を長年抑制していたが、コルテスの遺骨が発見されるや一気に自らを解き放った。自分たちの英雄を肯定し擁護する声は称賛の声へと高揚していった。そのようなコルテス賛歌にたいして、コルテスを自分たちのルーツとは容認しない圧倒的多数の人々から即座に反対の声が上がり、スペイン派は次第に押されていく。発見から 1 カ月の間はコルテスを再評価する新聞記事がいくつも掲載されたが、年が変わると、途端に減少した。このことは一時的に高まった国民のコルテスへの関心が薄れたことを示しているだけではない。研究者、政治家、実業家を含む一部のスペイン主義者たちが、コルテスを国の英雄として国民に認知させる世論を喚起できなかったことの証明でもあった。

現代のメキシコにおいて、スペイン的なものや欧米文化などが日常あからさまに否定されているわけではない。欧米文化が欧米系の人々の間で愛好され保存されている限り問題はない。だが、それを唯一の国家のアイデンティティとして認めろということになると話はまったく別である。そのような動きにたい

しては国民の大半から凄まじい反発が起きる。革命以降築き上げられた国家イメージへの誇り、革命の理念に基づいて確立された土着的・メスティーソ的アイデンティティがそれだけ根強いと言える。そして何よりも、メキシコの人口の大半を占める下層・中産階級の人々にとってコルテスを称えるということは、革命で大衆の諸権利がようやく獲得されたという歴史を捨て、白人特権階級を再び崇拝せよ、と言われることに等しかったのである。

その後、メキシコで公共の場にコルテスの銅像は建てられなかったし、また目抜き通りに彼の名がつけられることもなかった。メキシコ国民がわだかまりなくこの征服者を受け入れるには、サバラがいみじくも言ったように、「あと400年」待たなければならないのかも知れない。

注

1　De la Maza, p. 169.
2　Alamán, T. II, p. 44.
3　Martínez, 1990–1992, T. IV, pp. 315–341.
4　新聞各紙の報道では移送は1562年とあるが、実際は1566年。
5　Alamán, T. II, p. 54 ; Sodi de Pallares, p. 232.
6　De la Maza, pp. 160–161.
7　Alamán, T. II, pp. 55–57.
8　その後1822年5月6日、6月3日、8月12日の3回にわたり議案が提出された。
9　Alamán, T. II, pp. 59–60 ; Sodi de Pallares, pp. 236–237.
10　Martínez, 1990, p. 784.
11　*El Universal*, 1944/12/20.
12　*Excélsior*, 1946/11/26.
13　*Excélsior*, 1946/11/26; *El Universal*, 11/26; *Novedades*, 11/26.
14　*Excélsior*, 1946/11/29; *Novedades*, 11/29.
15　*Excélsior*, 1946/11/29; *El Universal*, 11/29; *Novedades*, 11/29.
16　メキシコ政府は、1939年スペイン内戦に勝利したフランコ将軍によって樹立された政権を認めず、本国を追われた亡命共和国政府を1945年に承認している。
17　*Excélsior*, 1946/11/28; *El Universal*, 11/28.
18　*El Universal*, 1946/11/28.
19　*Excélsior*, 1946/11/29.
20　1848年、米墨戦争の敗戦後、メキシコは国土の過半に相当する200万平方キロ以上を米国に併合された。5章参照。

21　*Excélsior*, 1946/11/27.
22　*El Universal*, 1946/11/27.
23　*Novedades*, 1946/11/27.
24　*Excélsior*, 1946/11/27; *Novedades*, 11/27; *El Universal*, 11/28.
25　*Excélsior*, 1946/12/3.
26　*Excélsior*, 1946/12/7.
27　*Excélsior*, 1946/11/27.
28　*Excélsior*, 1947/5/13.
29　*El Nacional*, 1947/7/2.
30　*Excélsior*, 1947/7/31.
31　2章で述べたように、アステカ族は守護神ウイツィロポチトリが求める戦士の心臓を獲得するために「花の戦争」を行い、敵の戦士を捕えて生贄とした。ここではこの守護神への回帰が、そうした部族的世界の「野蛮な」風習に立ち戻ることになると批判している。
32　*Novedades*, 1947/12/2.
33　*Novedades*, 1947/12/3.
34　*Ibid*.
35　*El Universal*, 1947/12/4.
36　*Excélsior*, 1947/12/10.

## 参考文献

Alamán, Lúcas, *Disertaciones sobre la historia de la República Megicana,* 3 tomos, Mégico, 1844.
De la Maza, Francisco, *Los restos de Hernán Cortés,* Cuadernos Americanos, 1947.
Martínez, José Luis, *Documentos Cortesianos*, 4 tomos, UNAM, FCE, 1990–1992.
─────────, *Hernán Cortés*, FCE, 1990.
Sodi de Pallares, María Elena, *Histoira de una obra pía(El Hospital de Jesús en la Historia de México)*, Ediciones Botas, 1956.

［新聞記事］
*El Nacional*, 1947/7/2.
*El Universal*, 1944/12/20–1947/12/4.
*Excélsior*, 1946/11/26–1947/12/10.
*Novedades*, 1946/11/26–1947/12/3.

# 第8章　クアウテモクの遺骨発見
　　　　　：インディヘニスモの高揚

## はじめに

　メキシコでは、"インディオ"という言葉には、総じて軽蔑の響きが込められてきた。スペインによる征服以降、先住民は貧困、怠惰、粗野の代名詞として軽視され、単なる安価な労働力、あるいは物言わぬ消費者として不当な扱いを受けてきた。およそ500年に及ぶ混血の結果、現在メキシコの国民の大半はメスティーソと呼ばれる白人とインディオの混血であり、白人や黒人あるいは東洋人と交わっていない人種的に純粋なインディオは国民の1割に過ぎない。そして今では、"インディオ"という言葉の定義のなかに、人種を越えた社会的要素、すなわち収入・地位・教育・家庭環境なども含まれ、非白人系の「劣悪な生活環境のなかで暮らす低所得者」を"インディオ"と呼ぶことも多い。

　しかしそれにもかかわらず、メキシコ国民を引きつけるヒーローのひとりはインディオの王クアウテモクなのである。このアステカ最後の王がいまだに一般大衆に根強い人気があるのは、彼が己の命を顧みずスペインの侵略者にたいして果敢に戦いを挑んだからである。近代国家建設以降も、列強がメキシコの内政に干渉してくると、国の指導者は抵抗のシンボルであるクアウテモクの名を高らかに叫びながら、国民に団結を呼びかけ、断固たる干渉の排除を表明してきた。政治経済の国家的危機が切迫すると必ずクアウテモクは民衆の前に呼び出され、彼を崇拝する者たちの精神的拠り所となる。

　クアウテモクが称賛される理由は、メキシコ人のヒロイズムにもよるが、そこには民族の英雄を国民統合の道具として利用する政治的意図も絡んでいる。20世紀初頭にメキシコ革命が達成されてから政府が打ち出した方針の一つにインディヘニスモ（インディオの権利擁護運動）がある。ポルフィリオ・ディアス独裁政権下において搾取・抑圧されてきた農民・労働者の権利を回復し、土地を奪回することによって被抑圧者を救済する。それがメキシコ革命の究極

の命題であった。この革命の理念に立脚すれば、ディアス政権下ばかりではなく、メキシコがスペインに征服されて以来、悲運を託ってきたインディオの権利回復・擁護運動が為政者や良心的知識人によって推進されるのは当然であった。しかしその一方で独立以降、前章でみたように、旧宗主国スペインに国家のアイデンティティを求めるグループも少数派ながら存在した。このスペイン主義者たちは、新国家が掲げるインディヘニスモとそれを包含したメスティーソ中心主義の政策を決して快くは思っていなかった。政府は、こうしたスペイン主義者を抑え込みつつ、メスティーソ中心主義政策を進めるために、インディオの存在を利用したのである。

　革命後の混乱がどうやら収拾され、ようやく人心が落ち着きを取り戻し始めていた矢先、1946年にメキシコの征服者コルテスの遺骨が発見された（前章参照）。すると3年後の49年、今度はアステカ最後の王の遺骨が発見された。この遺骨発見競争のような事態は、何を意味するのだろうか。

　本章は、スペイン系白人、先住民インディオ、メスティーソから構成される混血国家メキシコの国民が、インディオの王クアウテモクの遺骨発見を前に示した反応とその社会的背景を探るものである。

## 1 ▶ 王の処刑

　1521年8月13日、3カ月にわたる凄惨を極めた包囲攻防戦の末、アステカ帝国最後の王クアウテモクがスペイン軍司令官エルナン・コルテスの前に投降したことによって、メキシコ中央高原の覇者はその支配の幕を閉じた。テスココ湖の小島に建設された首都テノチティトラン（現在のメキシコ市）は水路・陸路いずれも敵軍に封鎖されたために、アステカの戦士は虫や草や木の皮しか口にするものはなく、飲み水といえば饐えた水しかなかった。体力は極度に消耗し、ただひたすら、祖先より受け継いだ勇猛心と、理不尽な外国の侵略者への敵愾心だけを支えに包囲に耐えていた。しかし、矢折れ刀尽き捕縛された王が敵軍の司令官の前に引き出されると、それまで付き従っていた家臣たちは一様に涙した、と従軍したあるインディオ兵は後日記録している。クアウテモクはコルテスが腰に帯びていた短剣を指差して、「全精力を傾注して戦ったが、武運つたなく敗れた。この上はその剣で胸を一突きに殺してほしい」と訴えた。

コルテス以下スペイン軍兵士は、この誇り高い王の潔い態度にみな感動したと伝えられている[1]。

コルテスは首都を征服すると、部下を四方に派遣して旧帝国の周辺部と他部族の支配する地域の征服と平定に当たらせた。しかし、1524年、イブエラス（現在のホンジュラス）遠征に派遣したコルテスの部下クリストバル・デ・オリーがこともあろうにコルテスの政敵と結託して、彼を裏切り反乱を起こしたのである。そこでコルテスはかつての部下を成敗しようと同年10月、大遠征を準備するが、征服後間もない首都にいまだアステカの民に影響力のあるクアウテモクを残していくことに危惧を抱き、彼と他の王族を連行することにした。中央高原のメキシコ市からメキシコ湾に出るまでの地域では、すでに人心が落ち着き治安も確保されていたので、さほど問題はなかった。しかし、ベラクルスからユカタン半島内陸部への行軍は困難を極めた。街道が不整備というより、道そのものが存在しなかった。熱帯のむせかえるジャングルの中を、どこから飛んでくるかも予測できない先住民の矢を警戒しつつ行軍しなければならなかった。疲労困憊したスペイン兵の身体に折りからの激しいスコールが打ちつけた。さらに、人馬の行く手を水嵩が増した沼沢地が塞いだのである。

この行軍の途上で、1525年2月、クアウテモクと、その縁者でタクーバ市の王テトレパンケツァルの両名が処刑されたのである。2人の王が処刑された真相に迫るために、まず当時実際に現場に立ち会った者の証言とその後の歴史家の見解を検証する。

**エルナン・コルテスの証言**　コルテスは1526年9月3日付で国王カルロス5世に送付した書簡（後に第5書簡と命名された）のなかで、クアウテモクの処刑に言及している。彼の言葉を要約すると、イブエラス遠征途中のある夜、メキシコ市出身のメヒカルシンゴ（洗礼名クリストバル）と名乗るインディオが、クアウテモクに謀反の噂があることを密告してきた。処刑が行われた場所はテルミノス湖に注ぐ川に面する町イサンカナクと記している[2]。イサンカナクは現在のカンペチェ州テルミノス湖に注ぐ6本の川のひとつの河岸にあったとされている[3]。

クリストバルによれば、クアウテモクたちは、スペイン軍が地元のインディオの襲撃に悩まされ、心身ともに衰弱しているこの道中こそ、反乱を起こして

彼らを殺し、王位と領土を奪回する絶好の機会である、としきりに密談していたという。クリストバルの密告を受けてコルテスが翌朝陰謀者を捕えてみると、全員が謀反を企てたことを白状した。そこで公開裁判を行い、クアウテモクとテトレパンケツァルの両首謀者には死刑を宣告したが、積極的に関与しなかった他の者たちの罪は不問とした。2人の王は、スペイン兵とインディオ従軍兵全員が見守るなかで、セイバ（パンヤ科の樹木、グァテマラの国樹）の大木に吊るされ絞首刑に処された。

　公開処刑の形式をとったのは、ひとつには以後の反乱・陰謀を未然に防止するための見せしめであり、もうひとつは、ジャングルでの飢餓と先住民の襲撃にさらされた異常な状況下で、パニック状態にあった兵士たちの精神の安定を図るために、弱者を生け贄に供した一種のカタルシス効果を狙ったためである。コルテスは第5書簡のなかで、王室を納得させ後の告発を回避するために、裁判がいかに公正かつ厳正に実施されたかを用意周到に陳述している。

**スペイン兵ベルナルの証言**　アステカ帝国征服後、各地を転戦していたスペイン軍兵士ベルナル・ディアス・デル・カスティーリョはグァテマラに落ち着いた。彼は年代記作家ロペス・デ・ゴマラが記した『メキシコ征服史』が一方的なコルテス礼讃に終始していることに憤慨し、一兵卒の見地から、報われずに倒れた無名戦士の鎮魂歌として『ヌエバ・エスパーニャ征服真史』を書き残した。征服者という立場はコルテスと同じであるが、コルテスが書き忘れたこと、あるいは故意に書き記さなかったことを彼の記録に読み取ることができる。

　コルテスのイブエラス遠征時、現在のベラクルス州コアツァコアルコスのエンコミエンダを下賜されていたベルナルは、途中からクリストバル・デ・オリーの討伐軍に合流した。『征服真史』によれば、タピアとフアン・ベラスケスというクアウテモクの2人の旧臣下がアカラン地方[4]でコルテスに王たちの謀反を密告したので、クアウテモクとテトレパンケツァルは処刑された。クアウテモクは、謀反は自分の発案ではなく他の者たちが考えたことであり、偶然謀議の席に居合わせただけで実行する意志など全然なかった、と弁明した。しかし、コルテスは無実を訴える王の申し開きに耳を貸さず絞首刑を執行した。かねがね2人を王族として敬い、あまつさえ道中では馬の飼い葉を調達するインディオを提供してもらったベルナルは両王の死をいたく悲しみ、処刑は不当

であり、全兵士が寝覚めの悪い思いをしたと述懐している。また、コルテス自身もどうやら処刑を後悔していたらしいと付け加えている[5]。

『トラテロルコ年代記』の記述　征服直後、土着語のナワトル語をスペイン語のアルファベットで表した『メシーカ国年代記』が記された。この年代記にはアステカ帝国を形成したメヒコ＝テノチティトランとトラテロルコ、それにアステカ族を傭兵として雇っていた旧支配者アスカポツァルコの3王朝の歴史が語られている。いずれも作者は不詳で[6]、その中の『トラテロルコ年代記』は1528年頃の作と推定され、インディオ自身が王朝の起源からスペイン人による征服までを記録した最も貴重な一次史料とみなされている。

その第30節から35節にクアウテモク処刑に関する記述がある[7]。それによると密告者はメシカトル・コソオルティクという侏儒の道化で、彼がコルテスの愛妾で通訳のマリンチェを介してアステカの王たちの謀議をコルテスに伝えたという。前出のコルテスとベルナルの証言と異なる点は、2人の王の他にテスココの王も処刑されたと記していることである。クアウテモク、テトレパンケツァル、それにテスココの王コワナコツィンの3名は、アカラン（ウエイモリャン）地方で犬のように首に縄をつけられてセイバの木に吊るされ、散々殴られた挙げ句、絞首刑にされた。作者は、一切の詮議なしに処刑を命じたコルテスと、同胞に味方しなかったマリンチェを暗に非難している。また、処刑後トラテロルコ族が密告者のメシカトルを讒言者呼ばわりしたことにも言及している。

歴史家イシュトリルショチトルの見解　イシュトリルショチトル（2章 p.36参照）は17世紀初頭に『テスココ王朝史概説』をナワトル語で編纂した。そのなかにコルテスのイブエラス遠征を記述した「スペイン人到来に関する第13記」が収録されている。「第13記」によれば、イシュトリルショチトルの高祖父フェルナンドが遠征隊に参加したという。この史書は部族讃歌の色彩が濃厚で、スペイン人コルテスよりもテスココ族の高祖父が主人公として活躍する場面が随所に見られる。問題の処刑については以下のように書き記されている。コルテスは、クアウテモク、コワナコツィン、テトレパンケツァルら9名が、宿営地での休息中にいかにも楽しげに、アステカの宮廷を懐かしむ会話に興じ

ているのを目撃した。コルテスは自軍の兵士が直面している困窮を見るにつけ、その雰囲気を座視できずに、団欒をやめるように王たちに頼んだ。すると彼らは、これは僚友を苦しめるためではなくこの惨状を忘却するための集まりであると答えた。そこでコルテスは以前からスパイとして彼らのあいだに潜入させていたコシュテメシ（クリストバル）というインディオを呼び、王たちを監視させた。集まりに参加したコシュテメシは他意のない会話であると報告したが、コルテスはコシュテメシを証人として王たちに謀反の濡れ衣を着せた。コルテスがクアウテモクとテトレパンケツァルの刑を執行した後、テスココ王のコワナコツィンを処刑しようとしたとき、家臣を従えたフェルナンド・イシュトリルショチトルがそれを制止した。その勢いに押されてコルテスがコワナコツィンの首にかけられていた縄を切ったので、テスココ王は命拾いをした。時は1525年2月の謝肉祭の火曜日、場所はアカランでの出来事であったという[8]。

　一方には宮廷を彷彿とさせるような雰囲気、他方には過酷な行軍と敵の襲撃。「第13記」の記述に信を置けば、この落差を危険視したコルテスは、軍の志気を保つためと、将来に禍根を残さないために事前に不安の芽を摘み取ったと思われる。

**マヤ文書の記述**　最後に、処刑が実施されたカンペチェ州のマヤ族の記録を検証する。このマヤ文書はアカラン＝ティシュチェル地方の正当な所有者であることを証明するために、メスティーソの首長マルティン・マルドナド・パシュボロンが祖父パブロの記録に依拠して17世紀初頭に作成したものである。マルティンの高祖父パシュボロナチャがこの地方の首長であったときにコルテス軍がアカランを通過した[9]。この時のパシュボロナチャの体験を孫のパブロ・パシュボロンがマヤ＝チョンタル語で記録し、それをもとに曾孫のマルティンが作成したのがこの文書である。これによれば、まずクアウテモクがパシュボロナチャに、不幸をもたらすスペイン人を協力して殺そうともちかけた。しかし実際は、スペイン軍は彼らを虐待するどころか、蜂蜜、七面鳥、トウモロコシ等の食料を提供するなど極めて友好的であった。パシュボロナチャはクアウテモクからその後何度も謀議をもちかけられたが、スペイン軍に二心で対応すべきではないと判断して、アステカ王の謀反計画をコルテスに知らせた。するとコルテスはクアウテモクを捕縛し、その3日後に洗礼を受けさせた後、斬首

に処し、セイバの木に首を打ち付けた[10]。(のちにパブロの娘カタリナはスペイン人フランシスコ・マルドナドと結婚し、マルティンをもうけた。祖父パブロが記録した文書のおかげで、マルティンはアカラン゠ティシュチェル地方の正当な所有者であることを王室によって認知されている。)

　以上の5つの証言を総合し、その骨子を整理してみよう。
①1525年2月の謝肉祭の頃、アステカの王族はコルテスによって処刑された。
②処刑は現在のカンペチェ州のテルミノス湖付近にあったアカラン地方で執行された。さらにその中心地イサンカナクと場所を特定する史料もある。
③絞首刑または斬首刑に処せられたのはクアウテモク、タクーバ王テトレパンケツァルの2人の王であるが、テスココ王のコワナコツィンを加える史料もある。
④密告者はトラテロルコ出身のクアウテモクを快く思っていなかった他部族のインディオ、メヒカルシンゴ(メシカトル、コシュテメシとも呼ばれる)で、洗礼名はクリストバルである可能性が高い。
⑤スペイン軍と同盟インディオ軍が引き起こしたチョルーラのインディオ虐殺事件でも、密告者の通報を増幅してコルテスに伝えた愛人兼通訳のマリンチェが今回も大きく関与している。
⑥コルテスはクアウテモクを謀反の咎で正式の裁判にかけ処刑したと報告しているが、実際は密林行軍という極度の緊張と疲労の中で発作的に行われた可能性がある。果たしてクアウテモクが本当に謀反を企んでいたかどうかは疑問が残る。

## 2▶独立後のクアウテモク評価──祖国愛のシンボル

　スペイン人の植民地支配が途についた16世紀前半には、モンテシノス、ラス・カサス等の修道士たちが「インディオ保護運動」を本国の王室に対して展開したので、王室は征服者たちによる常軌を逸したインディオ虐待を禁止する法令を発し、当時としては良心的対応を示した。しかし、同世紀後半以降、植民地統治機構の整備に伴い、本国の国庫増収政策が推進され、修道士の純粋な布教活動も希薄化・弱体化していくなかで、インディオの置かれた立場を理解

し、彼／彼女らが直面する問題に真摯に取り組む姿勢は失われていった。そのような状況下では、ヌエバ・エスパーニャ社会においてクアウテモクが想起されることはなかった。18世紀後半になるとヨーロッパの啓蒙思想が導入され、フランシスコ・クラビヘロのようなイエズス会士によって先スペイン期のインディオ文明を再評価する運動が起こり、クアウテモクが評価され始めた[11]。独立の気運が高まる19世紀に入ると、土着的なものへの関心はさらに募った。

　1810年に勃発した独立戦争はスペイン軍の頑強な抵抗を受け、一進一退の膠着状態が続いたが、ついに21年のコルドバ条約によってメキシコは独立を達成した。しかし、祖国建設の喜びもつかの間、メキシコ共和国は列強の侵略に晒された。テキサス領有を巡って勃発した米墨戦争では惨敗し、1848年に締結されたグアダルーペ・イダルゴ条約によって、テキサスはもとよりカリフォルニア、アリゾナ、コロラド、ニューメキシコなど国土の過半を喪失した。また1864年、債務不履行を口実にフランスのナポレオン3世によって送り込まれたマキシミリアン皇帝率いるフランス軍とは、67年に勝利を収めるまでの4年間にわたり、共和国軍は壮絶な戦いを強いられた（5章参照）。独立戦争と2度の苦い侵略戦争を経験したメキシコでは近代国家建設以降、当然のことながら救国の英雄たちは国家防衛のシンボルとして、また国民団結の精神的支柱として政府・国民の注目を集めることとなった。こうして19世紀後半、メキシコ各地で建国の英雄たちを称揚する行事や活動が盛んに行われるようになった。まず師範学校では新生国家の歴史教育の一環として、愛国心を発揚するために「建国の父」たちを崇拝する教育政策が取られた。スペイン軍に最後まで抵抗したアステカ王クアウテモク、独立戦争で殉死した聖職者イダルゴ、フランスの支配を駆逐したインディオ出身の大統領フアレスらが、公教育の場で祖国愛を鼓舞する手段として活用された。また、救国者たちの出身地では、彼らの銅像が建てられたり、目抜き通りにその名が冠せられた[12]。

　とりわけクアウテモクにたいする関心は高く、19世紀後半には、アステカ最後の王の銅像をメキシコ市のメインストリートであるレフォルマ通りに建設しようとする気運が盛り上がった。そのような熱気に促されて、大統領ポルフィリオ・ディアスは1877年、勧業省大臣ビセンテ・リバ・パラシオに命じて銅像のコンペを行い、建築家のフランシスコ・ヒメネスが当選した。彼はメキシコの古代芸術を生かしたスタイルで、クアウテモクの銅像の他に、タクー

(左) メキシコ市・レフォルマ通りに建つクアウテモクの銅像
(右上) 黄金のありかを白状させようとするスペイン兵によって
　　　 足を火炙りにされるアステカ王（銅像台座のレリーフ）

クアウテモク哀悼記念日に銅像前で伝統舞踊を披露する先住民（一九九八年二月二八日）

バ王テトレパンケツァル、テスココ王コワナコツィンとカカマツィン、トラスカラ王シコテンカトルのレリーフを製作することを発表し、彫刻家のミゲル・ノレニャと契約した[13]。落成式をいつにするかについては議論が分かれたが、結局、スペイン人による侵略の際、財宝（黄金）のありかを白状させるためにクアウテモクが足を火炙りにされた8月21日に行うことで落ち着いた。コンペから10年後の1887年8月21日、各界の貴顕が見守るなか、レフォルマ通りとインスルヘンテ通りが交差する市の中心地に、王たちのレリーフが刻まれ

第8章　クアウテモクの遺骨発見　227

た台座とその上に槍を構えて立つクアウテモクの像が完成した[14]。その後、毎年哀悼記念日（クアウテモクが処刑されたとされる2月28日）には、クアウテモクへの表敬記念行事が行われている。

## 3 ▶ アステカ最後の王の遺骨をめぐる騒動

**モトリニア文書**　1899年、首都の新聞各紙にクアウテモクの遺骨の所在に関する記事が掲載され、文部省特別委員会が専門家に調査を依頼したところ、即座にその信憑性が否定された[15]。ゲレロ州から発信されたこの情報は、一地方の流説の域を出ないものとしていつしか国民の記憶から消え去っていった。ところが50年後の1949年2月8日、「クアウテモクの遺骨埋葬について記した文書」が存在するというニュースが、突如としてエル・ウニベルサル紙に掲載された[16]。記事によれば、16世紀のフランシスコ会士トリビオ・デ・ベナベンテ、通称モトリニアが1523年、ゲレロ州イチカテオパン村にアステカ王の遺骨を埋葬したと記した文書が発見されたという。この記事にたいして、2月16日のエクセルシオル紙には、この文書は真っ赤な偽物であるという主旨の歴史学者マリアノ・クエバスの見解が発表された[17]。その概要は次の通りである。

①モトリニアは1524年5月13日にサン・フアン・デ・ウルア（ベラクルス）に上陸したのだから、彼が1523年に文書に署名できるはずがない[18]。
②記事によると発見された文書には「神父（Reverendo padre）トリビオ・デ・モトリニア」と署名されていたというが、モトリニアは生涯一度も「神父」と署名したことはなく、常に「修道士（fray）トリビオ・デ・モトリニア」、または「修道士トリビオ」と署名していた。この文書の署名は明らかに偽造である。
③クアウテモクは1525年2月の謝肉祭にコルテスによって絞首刑にされたのであって、この文書にあるように23年ではない。
④この文書の内容は、1670年生まれのフアン・アントニオ・オビエド神父によって執筆され、18世紀初頭に出版された『無知の追放』という活字本の註釈である。したがって16世紀の人物であるモトリニアが記したものであるはずがない。

⑤この偽文書によればクアウテモクはチョンタル族ということだが、まったくのでたらめである。チョンタル族は 15 世紀後半オアハカ地方からアステカの中心地に生け贄あるいは奴隷として連行されてきた人々であることを考えれば、メシーカ族（アステカ族）の最高首長に任命されるはずがない。
⑥この文書の文体は 19 世紀のものを模しており、古文書学者レオナード氏によれば書体は 20 世紀のものであることからも偽造は明らかである。

　文書発見のニュースにたいして最初の反論となったクエバスのこの見解は、文書捏造説の代表的なものでもあった。他の専門家も同様の結論を下した。2月 18 日のエル・ウニベルサル紙には、「クアウテモクは中央アメリカで死亡したはずであるから、方角違いの太平洋岸沿いのゲレロ州でその遺骨が発見されることはあり得ない」とする記事が載せられている[19]。これら遺骨の存在を否定する意見にたいして、20 日のエクセルシオル紙は、文書は本物である可能性が高く、イチカテオパン村では「メキシコの英雄の遺体がこの村に眠っている」というので大騒ぎになっている、と伝えている[20]。イチカテオパンは首都から直線距離にしておよそ 100 km 南西に位置する山間の村だが、人口過疎地であるために 350 万分の 1 の地図には記載されていない。1949 年当時、バスも通っていなかったこの村に行くのに、首都からは銀の町タスコを経由せねばならず、たっぷり 1 日かかった。当時は電気も学校もなく、道路も舗装されていなかった。村民はトウモロコシ畑を耕してなんとか生計を立て、年に 1、2度タスコに出かける以外は一生のほとんどを隔絶した村の中で過ごした。そのような僻地の村にアステカ最後の王が埋葬されているというニュースが飛び込んできたのであるから、村民の驚きは想像に難くない。
　さらに 24 日のエクセルシオル紙朝刊は、政府と州は英雄の出自と埋葬地を記したこの文書の分析・調査を実施すべきであるとする記事を載せている[21]。日毎に過熱する国民の好奇心と研究者の議論を放置するわけにもいかず、国立人類学歴史学研究所は古文書局局長でインディオ文化礼讃主義者の考古学者エウラリア・グスマンに調査を委任した。彼女が、オリジナルではないものの、モトリニア文書のコピーをイチカテオパン村で入手していたからである。グスマンによれば、件（くだん）の文書はイチカテオパン村のフアレス家に代々伝わる覚え

書きであり、1777年に原本から書き写されたもので、モトリニアのものと推測される花押(かおう)がある。1523年という署名年については、「3」と「9」という数字を、コピーを作成した写本家が写し間違えた可能性もあり、実際には1529年ではないかと暗示している[22]。その後グスマンはイチカテオパン村を再訪した折、自分の仮説に信憑性を与える地元の伝承を収集した。その報告を受けて、州知事レイバは、モトリニア文書とこの地方に代々言い伝えられてきた伝承記録がクアウテモクの埋葬地としているアスンシオン(「聖母昇天」の意)教会祭壇下の発掘を許可した。

**遺骨の発掘**　1949年9月21日、アスンシオン教会において、州知事代理、州議会議長、文部省官吏、国立先住民研究所(INI)職員、軍司令官、報道陣が一堂に会し、発掘の手順が決められた。翌22日には近隣のイスカプルツァルコ村の長老ミゲル・ガルシアが、クアウテモクの遺体は、絞首刑にされたイブエラスからメヒカパン、テシャルカマを経てイチカテオパンまで移送されたという古くからの伝承記録をグスマンに提出した[23]。また同日、州知事は「クアウテモクの墳墓があるこの歴史的な村イチカテオパン」に学校を建設し、電気と幹線道路を引く計画を発表した。

　9月27日のエクセルシオル紙は"イチカテオパン村でクアウテモクの墳墓発見さる"という見出しを掲げ、次のように記事を続けている。発掘では、柔らかい土に被われた矩形(くけい)の平石の下から楕円形の金属板が発見された。グスマン女史は銘文を探そうとマッチの火を近づけた。金属板をブラシで入念に刷くと、"1525–1529. Rey e S. Coatemo"という刻文が読み取れた。グスマン女史は目を潤ませて、「この場所こそ長年懸命に捜し求めてきた墳墓である」と宣言した。最初の数字1525はクアウテモクの没年を、次の1529は埋葬年を表し、文字は「クアウテモク王」(Rey y Señor Cuauhtémoc)という意味である[24]。9月28日のエル・ウニベルサル紙は一面トップに"英雄クアウテモクの遺骨イチカテオパンで発見さる"という見出しで次のような記事を掲載している。十字と「1525–1529」という数字、その下に「王コアテモ」と刻まれた銅板が発見されるや、村民は感激のあまり涙し、口々に「メキシコ万歳、クアウテモク万歳」と叫び始めた。教会の鐘が一斉に打ち鳴らされ、花火が打ち上げられた。州知事は3日間の祝日を布告し、州の全教会に祝鐘を鳴らすように命じた。州

ゲレロ州イチカテオパン村のアスンシオン教会内部に今も安置されている「クアウテモクの遺骨」

裁判所判事は「今日よりイチカテオパンは、メキシコの汚れなき英雄の遺骨を保管する祖国の祭壇となる」と宣言した[25]。29日には祖先から言い伝えられてきたアステカの財宝の隠し場所を州政府に報告するという村の長老の談話がエル・ナシオナル紙に掲載された[26]。

**遺骨フィーバー**　それまで他の歴史家や科学者から「遺物捏造者」として痛烈に批判されてきたグスマンは、銘文によって遺骨がクアウテモクのものである可能性が高まったことで攻勢に転じ、これらの遺物はいかなる議論にも勝る反駁の余地のない決定的証拠であるとして、彼女を非難してきた専門家たちに反論した。彼女を弁護するかのように、「遺骨の真正を疑問視する8名の専門家たちは王の呪いで近いうちに死ぬであろう」という噂が、地元のインディオの間に流れ始めた[27]。さらに、メキシコ国立自治大学学長にたいして、グスマンに名誉博士号を授与すべきだという提言がインディヘニスタ（土着主義者、後述）によってなされたり、大統領にたいしては国民科学賞を彼女に授けるべきだとする運動が展開された。一方、レフォルマ通りのクアウテモクの銅像前で、

第8章　クアウテモクの遺骨発見　231

その栄誉を称えるために首都の師範学校、高等専門学校、士官学校、軍医学校、中学校、小学校、幼稚園等から4万人が参加してパレードが行われた[28]。10月12日の国民祝日「民族の日」には、イチカテオパンではクアウテモクにたいする表敬記念式が実施され、上院を代表して2名の議員が参列した[29]。また同日、首都の下院議事堂でも同様の式典が催され、ゲレロ州知事とグスマンに新設の「クアウテモク勲章」を授与することが決定された[30]。連日のマスコミ報道によって、国中がクアウテモクの話題で沸きかえり、土着主義者たちは世論の支持を得てインディオ文化の象徴であるクアウテモクの重要性を声高に主張した。こうした世論の奔流に抗しきれず、政府もクアウテモク称賛を容認していった。

　メキシコを代表する国際的な画家リベラもこのアステカ王の肖像画製作に同意し、文部省がそれを買い取り全学校に複製を配布することを発表した[31]。リベラはクアウテモクの遺骨に関するニュースが新聞報道されてから、この問題にただならぬ関心を示し、遺骨発掘後は一貫して遺骨の真正を主張した。欧米とは異なるメキシコ独自の文化の確立を常に追求していたリベラは、インディオ文化にメキシコのルーツを発見し、狂信的ともいえる土着主義者として積極的にこの事件に関わっていった。リベラほど激烈にスペインの征服を非難し、インディオを熱烈に擁護した知識人もいない。

　国中が「遺骨フィーバー」に憑かれたなか、国立人類学歴史学研究所は考古学者のアコスタ、建築家のマルキナ、INI所長のカソを発掘協力調査のために派遣した。しかし、3人が文部省にたいして、調査結果によって生じる複雑な政治的・社会的問題への懸念を表明し、遺骨の信憑性について異議を唱えたので、遺骨を多角的に検証するため、各分野の専門家によって構成される調査委員会が発足した。委員会のメンバーは歴史博物館館長サバラ、人類学者のダバロとロメロ、考古学者のマルガイン、建築家ビショップ、陸軍大佐ウリティアと少佐タピア、その他化学者、カメラマン、人類学歴史学研究所事務長のオルテガであった。このメンバーにグスマンを加えて慎重な検討を重ねた結果、調査委員会は「文書と発見された遺物は信憑性に欠ける」という主旨の「予備報告書」を10月17日に文部省に提出したのである。

## 4 ▶ 調査委員会予備報告書

予備報告書の内容は以下の通りである。

1) 遺骨の人類学的検証

　発見された骨は1人のものではない。複数の死者に属する2本の左上腕骨と1対の大腿骨と2つの骨片、女性と推測される2対の腓骨と骨片それに子どもの数本の骨からなり、少なくとも5人のものが混交している。1人は間違いなく男性であり、2人目もおそらく男性であり、3人目の骨は女性のものである。あと2人は子どもと思われるが、性別は判別できない。年齢については1人目の男性は成人か青年、2人目は壮年、3人目は20歳以下の若い女性である。2体の子どもの骨はそれぞれ10～12歳と2～3歳と推定される。頭蓋骨は側頭骨を除いて1人の人間にほぼ該当し、女性のものである。側頭骨に関しては10～12歳の子どものものと思われる。発掘者たちの観察によれば、盗掘の痕跡はない。また、すべての骨にある程度の炭化が認められる。

2) 筆跡と刻文の鑑定

　シルビオ・サバラ博士の結論によれば、文書の内容も文字も16世紀のものではなく、また骨の上に置かれていた金属板（銅板）に刻まれた文字には文書の文字と同じ特徴が見られるので、これもやはり16世紀のものではない。この結論はテキストにおける表現方法、文字、数字の分析に依拠している。モトリニアの署名に関しては、彼が使用していたのとまったく異なるものと、19世紀に出版された彼の著書の復刻版を模倣したと推測されるものの2つがある。

3) 金属物検査

　発見された楕円形の金属板と槍の穂先状の金属薄片の調査をした専門家によれば、これらの金属物は銅を熱鍛造したもので、表面の錆は長期の酸化作用による、あるいは人工的に形成されたものという見解が示された。また、副葬品の数珠玉と指輪は銀と銅の合金であり、これらの金属遺物の古さは化学検査では断定できないとしている。

4) 考古学調査

　グスマン女史によって発掘が実施されたアスンシオン教会祭壇下の断面には下から上へ次のような重層が発見された。

①遺骨と銅板が発見された深さ75センチの小埋葬穴が掘られた岩盤上には、石と土で土塁が築かれている。

②土塁の石の上にはアステカ型の白土器の破片があった。この土塁上には堆積物が存在しないことから、長期間露出していたとは考えられない。

③土塁の上にある二重の不規則な白土層は、土塁の上に建てられた最初の教会内陣の基礎（日干し煉瓦の床）を覆っている。

④内陣の床下から石、モルタル、煉瓦の破片からなる詰め物と混在して発見された破片は、一部に金箔が張られ、加工された石から作られた柱頭と蛇腹の部分であろう。この建築物は、そのスタイルから19世紀のものと思われる。内陣の床下には、礼拝用祭具の一部とともに聖職者の柩を納めた古い墓がある。さらにその下には土に混じった膨大な数の骨が埋められており、巨大な納骨堂となっている。

⑤現在の内陣の床は1869年完成の最後の祭壇が作られたときのものである。ここから埋葬がどのような形態で、いつ行われたかを正確に断定することはできないが、文書と銅板の調査により提示されたデータを考慮すれば、埋葬は最初の祭壇の建設中に実施されたと推測される。副葬品（銀と銅の合金の数珠玉と指輪、紫水晶と水晶の破片）に関しては、時代を断定する十分な特徴が見られない。よって、今後も比較調査の対象となる。

　文書と銅板刻文の信憑性の欠如に基づく以上の理由、および遺骨の調査結果を考慮すると、委員会はゲレロ州イチカテオパン村で発見された遺物に関して、それらの人骨がクアウテモクのものであると断定を下す科学的根拠はないと結論する。

　本委員会は本報告書を提出するにあたり、メキシコ国民がクアウテモクにたいして抱く称賛と尊敬の念と、イチカテオパンの発見物の真正を確証する純粋に科学的な問題とを明瞭に分離することは時宜を得たことだと考える。

1949年10月17日[32]

このように報告書の内容は、科学的分析に基づき、遺骨の信憑性を事実上否定するようなものだった。「予備報告書」とわざわざ断わらざるを得なかったことや、最後の一文には、調査委員会が世論を配慮した苦衷が察せられる。

## 5▶新たな論争

**愛国主義か科学か**　調査委員会の予備報告書が遺骨の真正を事実上否定したことによって、クアウテモクをめぐる論争は新たな局面を迎えた。識者の間から「情熱と刺激に満ちた欺瞞と無知よりも、冷徹な真実を」という声が上がるかと思えば、上院・下院議員からは「調査委員会は真の愛国主義を忘れた売国奴だ」という非難の声明が出され、文部省に再調査が要求された。また、「骨が仮に偽物であろうが、本物だと言ってしまえばよい。それでクアウテモクの名声が傷つくわけでもなく、嘘も方便ではないか」という乱暴な意見を述べる議員もいた[33]。これにたいして国民から、「地元の便宜を計ろうとする卑小な望みを持った政治家たちによる軽薄な企みであり、デマと虚偽が政治家の良心を麻痺させている」とゲレロ州の政治家たちを非難する声が上がった。

　遺骨真正派も負けてはいなかった。「もし委員会が遺骨の真正を否定するならば、それはグスマン女史が蘇生させた王をまたしても葬ることになる。衒学者たちは再びクアウテモクを殺し、コルテスを称賛しようとしている。そのような擁護は、科学をよそおい、祖国に敵対するものである」。画家リベラはこのように、否定的結論を導いた者たちを国家の本質的価値に無知な反逆者であると罵倒している[34]。しかも、「高貴なインディオが、遺骨の真正を否認する者たちを壁に張り付け、ライフルで銃殺したとしても、それは歴史的正義である」と公言さえした。一方、渦中の人物グスマンは自説を曲げず、「骨は王と一緒に埋められた護衛の臣下たちのものである可能性がある。文書は質の悪い写しである。伝承ではクアウテモクはイチカテオパン生まれである。ディアス・デル・カスティーリョによれば、クアウテモクの母方の里はこの地方である」と述べている[35]。調査委員会の中でも意見は分かれていた。メンバーの1人であった考古学者のマルガインが、考古学上の調査に関する瑕疵を理由に報告書への署名を保留したことからもわかるように、報告書の内容は各委員の意

見を十全に反映した満場一致のものではなかったのである。

そのような論争が続けられるなか、委員会の予備報告書を全面的に覆す新たな報告書がメキシコ銀行科学研究所から発表された。所長キロス・クアロンはその中で、「発見された銅板は約400年前のものであり、教会の建築構造を考慮すれば、16世紀に埋葬されたものであろう。また骨は、25歳ぐらいで壮健な、上背のある1人の男性のものである」という見解を示した[36]。この結論にたいして国立人類学歴史学研究所所長のマルキナは、モトリニア文書は偽物であり、銅板の筆跡は19世紀のもので断じて16世紀のものではないと反駁した[37]。これにたいして遺骨真正派はマルキナを「クアウテモクの敵」呼ばわりし、論争は泥仕合の様相を呈した。

遺骨の真正をめぐって侃侃諤諤の議論が交わされるなか、クアウテモクへの表敬は様々な形で実施された。1949年11月19日の夜、文部大臣ビダルの呼びかけに応じて、1万人の夜間中学生が手に手に松明を掲げ、クアウテモクの名を連呼しながら市中を行進した。大統領アレマンは、メキシコの国民性形成に最も貢献した偉人の1人としてクアウテモクを顕彰する、と表明し、12月1日、国防大臣が指揮する5800名の陸軍が参加したクアウテモク表敬式典に出席した[38]。その他にもクアウテモクの新しい銅像建設や大通りの命名など、アステカ王を称揚する運動が意気軒昂に行われた。

**国民と政府の変化** 対立する2つの報告書によって世論が二分され、全国的な混乱が引き起こされたことを危惧した文部省は、最終的結論を出すために、1950年1月に第二次調査委員会を発足させた。歴史学と科学、歴史と神話・伝承、インディオ主義とスペイン主義の間で論戦は続いたものの、この時期あたりから国民の、クアウテモクの遺骨を通じた狂信的な愛国心の発揚は鎮まり始める。同時に、それまでのグスマンへの中傷が再び先鋭化していき、彼女を揶揄する記事や諷刺する漫画が新聞・雑誌に掲載されるようになった。政府は1950年を「クアウテモク年」と決定したものの、その記念行事を学校内に限定した。ここに、それまで闇雲に英雄崇拝を唱えていた政府の微妙な変化が感じ取れる。それでも下院議事堂の広間の柱にクアウテモクの名を金文字で刻むことを決定した大統領令が下されるなど、政府の対応は揺れ動いていた[39]。にもかかわらず、1950年2月26日を「クアウテモク没後425年祭」として記念

する式典がレフォルマ通りの銅像前で挙行されたことは、いかにアステカ王への国民の崇拝が根強いかを物語っている。しかも祝辞はナワトル語で述べられたのである[40]。

2月28日、キロス・クアロン率いるメキシコ銀行研究所チームは、260ページに及ぶ独自の報告書を大統領、文部省、それに首都の新聞各社に提出した。報告書の概要は次のようなものであった。「骨と金属板が発見された場所を調査した結果、埋葬は教会建設前に実施されたとみられる。墳墓には盗掘の痕跡はなく、逆に何らかの物品が持ち込まれた形跡もない。埋葬から発見まで骨がその場所にあったということは酸化現象と銅浸透顕微鏡検査が証明している。よって、骨と銅板は長期間同じ場所にあったことになる。銅板に刻まれた数字は王の死亡年と埋葬年を示している。発掘された骨のうち5本は1人の人間のものであり、性は断定できないが、小柄な若者である（グスマンは殉死した寵臣の骨と推測している）。骨片は幼児の側頭の一部である。これらを除く残りの骨は、頑丈で身長が高く眉目秀麗な25歳ぐらいの男性のものである。これらの特徴は、史書に描写されたクアウテモクの容姿と一致する」[41]。さらにメキシコ国立自治大学物理学研究所が、銅板の酸化は幾世紀も経たもので、決して人工的なものではないという検査結果を発表した[42]。これらの発表にたいして、国立人類学歴史学研究所所長マルキナは、従来の見解を変更するつもりはないとただちに反論した。今や論争は、メキシコ銀行研究所に支持されたグスマンと、人類学歴史学研究所を代表するマルキナの一騎打ちという体を成していた。

その後もイチカテオパン村の骨と銅板の真偽をめぐり、国民を二分する論争は1年以上も続けられた。そして1951年2月、第二次調査委員会による報告書が文部省に提出された。しかしその内容たるや、単に各専門家の調査報告が羅列されただけで、「最終的結論は保留、調査は継続」というものであり、世論の反発を恐れて結論を先送りにしたとしか考えられないものであった。

## 6 ▶ インディヘニスモとメスティーソ主義──均質な「国民国家」へ向けて

**人種主義と土着主義**　モトリニア文書に基づく墳墓の発掘が実施され、「クアウテモクの遺骨」が発見されていく過程において、前節までみてきたように

様々な見解がマスメディアを賑わせたが、大枠でまとめると、その底流にあったのは2つの相容れない思潮の角遂である。それを、インディオ主義とスペイン＝ヨーロッパ主義の対立とあえて定義しても許されるであろう。スペイン人到来以前の先住民文化に民族の価値と出発点を置くインディオ主義＝土着文化再評価主義と、スペイン人の征服・布教活動によって誕生した新世界のヨーロッパ的文化こそメキシコのアイデンティティであると主張するヨーロッパ主義は、19世紀に入ると激しく対立するようになった。

　この対立の背景には、独立後のラテンアメリカに影響を与えたヨーロッパの人種主義がある。「ヨーロッパ白人種は有色人種に優る」という、当時ヨーロッパで支持されていた人種決定論は、科学的実証性を標榜する社会的ダーウィニズムの適者生存論に裏づけされ、ラテンアメリカ諸国の知的エリートに強いインパクトを与えた。ラテンアメリカの知識人は人種論に関して大きく二分されていた。ヨーロッパ志向派は英国、フランスで提唱されたスペンサーの社会的ダーウィニズム、コントの実証主義、ゴビノーの人種不平等論、ルボンの選良主義を支持して白人種の優越性を再認識し、国造りの基礎を白人、特にアングロサクソン系に置くことを主張した。このような人種主義者として、アルゼンチンのドミンゴ・F.サルミエント、ホセ・インヘニエロス、カルロス・オクタビオ・ブンヘを挙げることができる。彼らは先住民を野蛮な民族として否定しただけではなく、白人と先住民との混血によって生まれたメスティーソも精神的・肉体的に白人種に劣り、近代国家建設の足枷になるとみなした。

　それに対して土着主義者はアメリカ大陸文化の重要性を強調し、有色人種は白人種に劣らないとして、新大陸の先住民やメスティーソを擁護した。まず文学者が先住民を主題とする小説を発表して、先住民の置かれている差別的状況を訴え、大衆の注意を喚起した。この先住民擁護運動はインディヘニスモと呼ばれ、社会の周辺者として取り残されているインディオを救済するという政治的性格を次第に帯びるようになった。国家は貧しさに喘ぎ世間から蔑視されている先住民に土地や教育の機会を与えることによって、彼らの社会参加を促した。しかし、国家が人道的立場からインディオ救済政策を立案・施行したことは事実であるが、そこには一方で彼らを「国民国家」に同化するという政治的戦略があったことを忘れてはならない。劣等人種として一般社会から疎外され

たインディオを国家の中に取り込み、全階層を糾合した「国民国家」を構築しない限り、国家の進歩と発展はない——これが独立後のメキシコの為政者たちの国家像であった。「国民国家」を建設してはじめて欧米並みの近代化への展望が開けると考えたのである。このような同化政策的インディヘニスモは、逆にインディオの文化・習慣・言語を拒絶するネガティブな状況を作り出した。救済の名の下に人間の尊厳を否定されたインディオのなかには、絶望してアルコール中毒に陥る者もいれば死を選ぶ者もいた。同化政策が裏目に出て、インディオの生活環境は悪化したのである。インディオ問題を真摯に考える人々はこのような憂慮すべき状況を反省し、インディオに誇りと尊厳を取り戻させる必要性を痛感した。そのために彼らの伝統・文化を尊重する施策が立案され、具体的には伝統音楽・舞踊・工芸の推進や先住民言語による教育が行われた。このように同化政策の行き過ぎを是正し、インディオの精神的自立を促す運動もインディヘニスモの一環である。

**メスティーソ主義**　一方、インディヘニスモと密接に関わる人種論としてメスティーソ主義がある。メスティーソ主義とは、白人とインディオの混血によって生まれたメスティーソを国家の中心に置く一種の人種主義である。ただ白人中心の人種主義と異なり、「理知的で行動力に優れた白人」と「生物学的に抵抗力の強いインディオ」の混血によって双方のポジティブな要素を受け継いだ人種が生まれるとみなす、新人種主義であると言える。文化の面から言えば、ヨーロッパ文化とアメリカ大陸固有の文化を融合させることによって、独創性豊かな新しいラテンアメリカ文化を創造しようとするイデオロギーである。メスティーソ主義者が求めるものは、人種の融合を超えた文化の融合と変容である。この文化変容が達成されれば、大衆＝メスティーソを中心とした国民統合が完成され、西欧と対等な近代国家が誕生する、と彼らは考えたのである。400年に及ぶ人種混交の歴史を持つラテンアメリカでは、白人、インディオ、黒人、メスティーソを人種の壁で仕切ろうとしても、生物学的に純粋な"人種"を抽出することは困難であり、そのような環境では人種的境界に位置するメスティーソを中核とする思想は、受容されやすいのである。

　19世紀のラテンアメリカでは少数のクリオーリョによる寡頭政治が台頭し、国の近代化を阻害していた。欧米先進国に追いつくためには、一部の民意しか

反映していない政治体制を覆し、国民全員が参加する国家を造ることが緊急の課題であった。白人人口が少なく、メスティーソとインディオが大半を占める国々、すなわちメキシコ、ペルー、ボリビア、エクアドル、グァテマラなどでは、白人寡頭政治はことさら深刻な問題を生み出していた。このような非白人国家では、近代国家の中枢を人口的マジョリティのメスティーソが担い、インディオを同化・統合した国民国家を建設しない限り、国の発展は望むべくもなかった。メスティーソを中核に据え、「後進的インディオ」の同化をめざす国家戦略の理論的根拠となったメスティーソ主義とインディヘニスモは、互いに深く作用し合う思想であり運動であった。

　メスティーソ主義とインディヘニスモはこうした非白人諸国で発展し、その研究者や運動家はメスティーソ主義者、インディヘニスタと呼ばれた。著名な論者としてはメキシコのフスト・シエラ、アンドレス・モリーナ・エンリケス、マヌエル・ガミオ、ホセ・バスコンセロス、ペルーのマヌエル・ゴンサレス・プラダ、ホセ・カルロス・マリアテギを挙げることができる。ここでは、メキシコの論者がどのようなインディヘニスモ論を展開したのかをみてみよう。

**インディオへの理解：シエラとモリーナ・エンリケス**　シエラは、メスティーソは「インディオが変質した人種」であり、ディアス時代に登場した中産階級の担い手で、そのバイタリティは無気力なクリオーリョを凌ぎ、国家に活力を与える、として、メスティーソを国家の中核と位置づけた。そして、独立戦争前後に現れた最もエネルギッシュで偉大な人物として、メスティーソの司祭であり、独立戦争の指導者であったホセ・マリア・モレロスを挙げた[43]。しかし、実証主義者でもあったシエラの混血化推進案は、ヨーロッパの白人種を移民として受け入れる点ではアルゼンチンの人種主義者と同様の視点に立つ。シエラは「後進的インディオ」を「進歩的白人」と混血させることによって、ダイナミックなメスティーソを創りだし、産業社会のブルジョアとして、寄生的なクリオーリョ特権階級と対抗させようとした。シエラは社会的弱者であるインディオの立場に理解を示してはいたが、彼らを国の主要な担い手とは考えていなかった。しかしシエラは、メスティーソを劣等人種とみなす人種主義者に対しては激しく反発し、旺盛な生命力に満ち溢れたメスティーソの優位性を主張した。メスティーソを国家の中核に据える視点からみればシエラはメスティー

ソ主義者と言えよう。

　モリーナ・エンリケスはシエラ同様に実証主義を修め、当初スペンサーの社会的ダーウィニズムに傾倒していたが、オトミ族が住民の大半を占めるメキシコ市近郊のオトゥンバ村に生まれ育った経験から、次第にインディオ問題に目覚め、彼／彼女らの生活向上のために農地改革に取り組んだ。彼は、「土地は社会のために存在するのであって、土地のために社会が存在するのではない」と主張し、インディオ農民への土地返還を提案した[44]。また、モリーナ・エンリケスはインディヘニスタであると同時にメスティーソ主義者でもあった。彼にとって、民族とは「長期間同じ環境条件のもとに暮らし、ある組織的均質性を獲得するに至った集団」であった[45]。彼のメスティーソ主義は民族の均質性の追求に起因し、同時に人種と国民意識の一体化を意味していた。しかし、モリーナ・エンリケスのメスティーソ主義はシエラとは異なり、インディオとクリオーリョとの混血よりもインディオとメスティーソの混血に重きを置いていた。彼はディアス時代末期に存在した、国民統合を阻む人種間の溝を懸念していたので、メキシコのような多様なエスノス集団から構成される国家においては、すでにいるメスティーソを核にしてインディオとの混血を促進し、人種的に混交したメスティーソ社会を作ることで民族的に統一された国家が建設されると主張したのである。ひとたびメスティーソが社会の中核として是認されれば、メキシコ社会は徐々にいっそう混血化し、民族的に統一された近代国家が生まれ、政治的経済的支配者であるクリオーリョに代わってメスティーソが農業や商工業部門で台頭し、国が発展すると考えた[46]。

　シエラ同様にモリーナ・エンリケスもモレロスの存在の重要性を指摘し、モレロスが独立直後の新国家を指導していれば、その後の政治的社会的混乱は回避できたと主張する。そしてフアン・アルバレス率いる自由主義勢力がカウディーリョの典型サンタ・アナの保守的・中央集権的体制を覆すべく武装蜂起したアユトラ事変（1854）こそ、メキシコの国民アイデンティティの出発点であったと規定する。アユトラ事変においてこそ、メスティーソ（のカウディーリョたち）が権力を掌握したからである[47]。モリーナ・エンリケスのメスティーソとインディオを核とする国民形成論は、クアウテモクを英雄視し、コルテスを悪漢として貶める見方にも現れている[48]。

　シエラとモリーナ・エンリケスがメスティーソの重要性を強調する理由は、

メキシコの人口構成をみれば明らかである。先住民を掃討した結果、国民の大半がクリオーリョとヨーロッパ移民から構成されることになったアルゼンチンと異なり、多様で人口も多いインディオを抱えるメキシコにとって、インディオを「同化」しメスティーソ色に近づけない限り、民族的に統一された「国民国家」の確立は困難であった。

**異種混交社会の創造：ガミオとバスコンセロス**　マヌエル・ガミオはベラクルスのクリオーリョ中産階級の出身であったが、学生時代からインディオ問題に関心を持ち、後にメキシコの人類学の父と呼ばれるようになった人物で、メキシコのインディヘニスモを語るうえで欠かせない研究者である。コロンビア大学で人類学者フランツ・ボアズの薫陶を受けたガミオは帰国後、当時の指導者に招かれて政府関係の職に就いた。カリェス政権では文部省次官、カルデナス政権では「アメリカ大陸インディヘニスモ研究所」の所長という要職を歴任し、当時の政権に思想的な影響を与えた。1916年に発表した代表作『祖国鍛造』にはガミオ思想の神髄が凝縮されている。インディオの経済的・社会的窮状をメキシコ社会の欠陥ととらえ、社会の周辺者を救済し、かつ国を発展させるには、インディオと対極にいる経済的・社会的に恵まれたクリオーリョとの混血が必要であるという理論を展開した。つまり、異種混交社会であるメキシコが進歩するには、後進性の象徴とされるインディオを混血化して国家のなかに人種的に取り込み、文化的均質性を確立することが肝要であると提言したのである[49]。ガミオはそのような人種的・文化的均質社会の確立によって国民の精神的統一を図り、「後進国メキシコ」にナショナリズムを打ち立てようとした。彼は、インディオはエネルギッシュで抵抗力を備え、生物学的に優れており、ヨーロッパ白人種に劣っているわけではなく、彼らの後進性は征服期に遡る歴史的産物であるとみていた[50]。ガミオは考古学者としても、テオティワカンの発掘など優れた業績を残している。彼がメキシコの古代遺跡に積極的に取り組んだ背景には、19世紀に模倣したヨーロッパ文化が、メキシコに根付かないばかりか国民を分断したという、西欧文化に対する不信感があった。メキシコに不似合いな外来文化ではなくメキシコ独自の文化を模索する過程で古代文明の重要性に気づき、過去への回帰を志したのである。ガミオはまた、インディオはすばらしい芸術的才能に恵まれているが、彼らには科学が欠如していると

指摘した。つまりインディオはアステカやマヤといった輝ける古代文明の担い手であったにもかかわらず、スペイン人に征服されて以降は搾取の対象としかみなされず、教育機会もまったく与えられなかったために経済的・政治的・社会的上昇のチャンスを奪われて、近代社会の底辺でもがいている存在である、と考えたのである。そこから、インディオを真に救済するには彼らを劣等者とする見方を改め、彼らに教育の機会を与え、経済的自立の道を開くことが重要であると同胞に訴えた[51]。このガミオの主張が政府に聞き入れられ、1920年代にはインディオを対象としたスペイン語教育が実施され、また技術修得のための学校が設立された。しかし、元来が実証主義者のガミオは後年発表した『新しいメキシコへ』のなかでは、選別や適応を重視する社会的ダーウィニズムに傾き、インディオの国民国家への同化を疑問視した[52]。そして、均質的国家の創設には白人種との混血が必要だとして、ヨーロッパ白人移民の導入計画を掲げた。

　ほかにも混血化を主張した知識人に、クリオーリョ中産階級出身のホセ・バスコンセロスがいる。バスコンセロスは1908年、当時の若手の代表的知識人であったアルフォンソ・カソやアルフォンソ・レイエスらとともに青年文芸家協会を設立し、メキシコ知識人のリーダー的存在であった。オブレゴン大統領に文部大臣に任命されたバスコンセロスは、地方農民のために農村学校を創設し、その普及に努めたほか、識字運動を推進し、壁画運動を推進するなど文化芸術の発展にも寄与した。その後、カリェス政権の打倒をめざして大統領選に出馬し敗北したが、その苦い体験も当代一流の文学者としての彼の名を貶めるものではなかった。バスコンセロスは代表作『普遍的人種』のなかで、白人、インディオ、黒人、東洋人の4人種が混交した第5の人種すなわち「普遍的人種」は、4人種の結晶による過去の超越であり、世界をリードする新しい人種だと主張した[53]。また、ラテンアメリカ全体で重要なことは、アングロサクソン文明を模倣するのではなく、新しい混血民族によってラテンアメリカ独自の文明を創造し、国家を超えてラテンアメリカ民族が団結することであると説いた。しかし、やはり当時の知識人の例にもれず実証主義や社会的ダーウィニズムを学んだバスコンセロスは、人種の混血による新しい民族の誕生を提示したものの、スペイン文化への愛着を捨てることができず、やがてインディオをメキシコの後進性の象徴あるいは二級民族とみなし、反インディヘニスモ的立場

を強めていった。バスコンセロスにとってアステカ、マヤ文明は活力のない野蛮な文明にすぎなかった[54]。

**インディヘニスタたちの理念と限界**　以上に紹介したアングロサクソン中心の人種主義を否定する4人の知識人たちの考え方には、インディヘニスモにたいする濃淡の差があるので、総括する必要がある。モリーナ・エンリケスは4名のうちでも最も土着主義的イデオロギーの持ち主である。それはメスティーソの彼が幼少から先住民に近い生活環境で育ったことが大きく影響している。彼は同じ村に暮らすインディオにじかに接する機会に恵まれていた。世間からは怠惰で無知と批判されるインディオたちが実は毎日畑仕事に勤しみ、繊細な工芸技術に優れていることをモリーナ・エンリケスは目の当たりにしていた。同じ人間でありながら、なぜインディオたちは貧しく、無知だとみなされるのかと自問するうちに、彼らが400年前の征服以降、常に支配と搾取の対象であったことに問題の本質があるのだと悟った。そして、彼らの貧困と無知は彼らに土地と教育の機会を与えれば解決され、白人やメスティーソと同じようなごく普通の市民生活を送ることができるという結論に達したのだった。モリーナ・エンリケスもメキシコ近代国家の行く末を案じ、インディオを、メスティーソを中核とする国民国家に同化させようとしていたことは事実であるが、彼の場合はインディオ文化を最大限に容認した人道的・多文化主義的インディヘニスモといえるであろう。

　クリオーリョのガミオが示したインディオに対する愛情も、モリーナ・エンリケスに劣るものではなかった。ガミオがインディオの才能を認め、彼らに土地と教育機会を与えれば彼らは自立できると主張した点は、モリーナ・エンリケスの見解となんら変わることはなかった。2人の異なる点は、ガミオがインディヘニスモを貫徹できなかったことである。ガミオは晩年社会的ダーウィニズムの傾向を強め、インディオの国家への同化の可能性に疑問を覚えて、白人主導の国造りに方針を転換した。しかし、この思想的転向をインディヘニスタからの変節と批判することは間違いである。彼の転向の背景には、インディオの社会的地位向上と国家への同化が進まないメキシコ社会全体の問題があった。ガミオの思想は著書『祖国鍛造』に遺憾なく表現され、同書はメキシコ・インディヘニスモの聖典とされている。

フスト・シエラはクリオーリョ出身者であり、実証主義者であった点でガミオと立場を同じくする。彼はインディオの悲惨な境遇を理解した点では確かにインディヘニスタといえるけれども、ガミオやモリーナ・エンリケスほどにはインディオの能力を高く評価していなかった。「後進的インディオ」と「先進的白人」の混血の結果生まれるメスティーソが国の将来を担うという論理を主張したことを勘考すれば、シエラはインディヘニスタというよりもむしろメスティーソ主義者の範疇に入るであろう。

最後にバスコンセロスは、インディオを野蛮な民族と軽蔑し、4人種による混血によって誕生する「普遍的人種」をラテンアメリカが求めるべき理想的人種とみなした。また彼は反アングロサクソン的思想家であり、生来スペインへの憧憬的傾向を脱することができなかったことを考えれば、むしろ反インディヘニスタであり、スペイン志向的メスティーソ主義者とみなすべきであろう。

## 7▶インディヘニスモの社会的影響

**先住民擁護政策の展開**　このように相互に複雑に作用し合う2つのイデオロギー（人種主義由来のメスティーソ主義と土着文化を重視するインディヘニスモ）はメキシコの政治に影響を与え、政治家たちに国民国家形成や国民教育における思想的根拠を提供した。19世紀半ばの改革派大統領ベニト・フアレスは、自身がオアハカのインディオであるにもかかわらず、先スペイン期の土着的要素を植民地時代のスペイン的特色とともに負の遺産として否認し、革命的とも言えるが一方では強引な数々の政策を実行した。当時フランスの実証主義哲学を修めて帰国したガビーノ・バレーダに教育改革を命じたのもその一環である。バレーダは公教育組織法を起草したほか、エリート教育機関としてメキシコ高等学院を創立した。この学院から輩出した実証主義者たちはディアス独裁時代に「科学主義派」として活躍し、メキシコの経済界や思想界に旋風を巻き起こすことになる（6章1節参照）。フアレスの死後、政権を奪取したポルフィリオ・ディアスは、独立後の国家理念の清算をしないまま、ヨーロッパ崇拝路線を採用し、多様なエスニック・グループから構成される国民の不平等感と不満を解消させることができなかったために、メキシコ革命を誘発した。ディアス独裁政権を打倒して誕生した革命政権は、新国家の公式理念を「土着

文化を尊重したメスティーソ主義」に置いた。国民の6割以上が混血であるメキシコ社会が必然的に至った結論と言うこともできよう。

　モリーナ・エンリケスもその草案作成に関与した1917年憲法（革命憲法）第27条第6項は、「先住民の農村共同体は〔農地改革で〕返還される土地、森林、水の権利を共同で享受できる」と謳い、過去に奪われた先住民の諸権利の回復を保障した。インディオの復権はメキシコ革命が掲げた理念の一つであり、その実現に向けオブレゴン、カリェス、カルデナスらの歴代大統領によって諸政策が推進された。オブレゴンは先住民の国民国家への統合と農村教育を促進し、カリェスは大土地所有者から土地を収用して農民に耕作権を付与し、農村共同体エヒードを創設した。この農地改革はカリェスの傀儡政権を担ったポルテス・ヒル、オルティス・ルビオ、ロドリゲスの3名の大統領によっても継続されたが、最大の功労者はカルデナスであった（6章「はじめに」参照）。土地を先住民共同体に返還する政策が採用されたのは、社会の底辺で搾取されてきた貧しいインディオ農民を救済するにはまず経済基盤の確立が急務とされたからである。

　一方、オブレゴンが本格的に開始した国民国家建設には、メキシコ革命によって生まれた新共和国を政治的・経済的に発展させるために国内の多様なエスニック・グループを均質化し、文化的に同質な社会を建設する意図があった。国内各地に分散し相互に隔絶したインディオ集団を国家の大枠に組み込む政策が取られた結果、少数の独立した集団の人種的・文化的差異は考慮されることなく、メキシコという国家に統合されることになった。歴代大統領によって推進された「先住民救済政策」の一環として、人類学・歴史学学校、人類学研究所、インディオ総局が創設された。これらの研究所や行政機関では共有地の返還、高い非識字率、低賃金などの先住民問題が取り上げられ、その解決策を模索する出発点となった。為政者とインディヘニスタは先住民の「救済」と「同化」にはまず彼らの直面する政治的・経済的・社会的諸問題を分析し検証する必要があると痛感したからである。そして、1940年にはミチョアカン州パツクアロで「第1回米州インディヘニスモ会議」が開かれ、先住民擁護運動はラテンアメリカで広く認知されることになった。

**インディヘニスモの衰退：20世紀後半の国際情勢のなかで**　　しかし、1940年

カルデナス政権が終わると、インディヘニスモも一時的に衰退した。後任のアビラ・カマチョとミゲル・アレマン両大統領は経済成長を促す内外の資本家の声を無視できず、カルデナスの社会主義的路線を大幅に修正したからである。だが、1948年アルフォンソ・カソを所長とする国立先住民研究所（INI）が創設されると運動は再び活性化され、インディオ問題を人類学的、社会学的、病理学的に研究する基礎が確立された。無医村、栄養失調、高い幼児死亡率、アルコール依存症などにたいする調査報告をもとに、対策が提言・実行された。また、先住民の精神的支えとなる固有の伝統文化の保護と育成、経済基盤確立のためのエヒードの確保や農業指導が行われた。

　革命以降提唱されたインディヘニスモが浸透していく状況の下、1946年にメキシコの征服者エルナン・コルテスの遺骨がスペイン憧憬派によって「発見」されると（前章参照）、それに対抗するかのようにその3年後、土着文化のシンボルたるクアウテモクの遺骨が、インディヘニスタのグスマン女史によって「発見」されたのである。アステカ王の遺骨の真偽はともあれ、この2つの発見は、スペイン主義とインディオ主義の長く根深い対立を象徴的に表している。1949年2月にモトリニア文書が明るみに出てから51年2月の第二次調査委員会報告書提出までの丸2年に及ぶ、全国民を巻き込んでの大論争は、実のところ、メキシコ人が自民族のアイデンティティを模索する大きな動きだったといえる。

　当初より遺骨の真正を確信していたカルデナスは、「遺骨真正承認闘争委員会」なる団体の名誉会長に就任し、グスマン派を全面的に支持した[55]。国民の間にいまだ絶大な人気を博す元大統領が味方についたことによってインディヘニスタたちは大いに活気づいたが、新たな火種が持ち込まれることにもなった。資本主義的経済成長に傾く世情の下、グスマンを「偽りの愛国心を国民に植えつけようとする共産主義者の手先である」と弾劾する声が、次第に高まってきたのである。「民族の英雄が、グスマンとその取り巻きの共産主義者の掌中に落ちた」と大袈裟に悲憤慷慨する者も現れた[56]。実際、労働組合、ソビエト大使館、メキシコ共産党、教員組合は彼女を支持し、その関係は親密なものであった[57]。1950年に朝鮮戦争が勃発すると東西両陣営の対決は熾烈化し、反共に傾いてゆく国際環境の影響をメキシコも免れることはできなかった。クアウテモク崇拝が共産主義と結びつくことを恐れた政府が、それまでの積極的英雄

支持から一挙にトーンダウンしたのにはそのような複雑な政治的事情があった。1950年9月27日、イチカテオパンで開かれた遺骨発見1周年記念式典に招待されていたアレマン大統領は、出席を控えている[58]。5節で述べたように第二次調査委員会が結論を先送りした背景には、当時の国際情勢と国内の政治事情が複雑にからみ合い、影響を与えていたのである。

## 結び

クアウテモクの遺骨を巡る論争はしかし、1951年で終結したわけではない。その後も現在に至るまで、「国家の危機」が叫ばれるたびに、王の亡霊は国民の前に呼び出され、国民統合のシンボルの役目を担わされている。1970年に大統領に就任したルイス・エチェベリアは、国連を中心に幅広い外交活動を展開し、第三世界のリーダーであることを自負していた。就任直後の最初の訪問国として、米国でもヨーロッパ諸国でもなく日本を選んだのは、第二次世界大戦後驚異的な経済発展を遂げ、欧米を凌駕する経済力を持つに至った日本を手本に国家の発展を図ろうとしたからである。エチェベリアは歴代大統領の中では、積極的にメキシコ・ナショナリズムを称揚することによって、米国と多国籍企業に最も距離を置いた人物のひとりである。彼はカルデナスを熱烈に支持していた。国民を前にした演説では常に先住民讃歌を唱えていたこの指導者は、1976年1月、遺骨の再調査委員会を設置する大統領令を発令した。発足した再調査委員会は、人類形態学者3名、法医学者1名、考古学者2名、建築家1名、古文書学者1名、化学者2名、言語学者1名、歴史学者2名の計13名の専門家から構成された。委員会は3年近い調査の末、1978年、7項目の基本的見解に依拠し、イチカテオパンの遺物をクアウテモクのものと断定するには科学的証拠が不足しているという主旨の最終共同報告書を提出した[59]。この「イチカテオパンのアスンシオン教会の調査に基づく最終報告書」の結論部分の概要を以下に挙げる。

　　イチカテオパン村のアスンシオン教会の建設年と入り口のアーチの要石に刻まれた「1539年」という年号の信憑性について、今日可能な科学的調査技術を駆使し、建築物の考古学的試掘、歴史文書と建築学上の形状分析を行い、以下の結論に達した。

1) イチカテオパンに建設された最初の教会は極小規模であり、現在の墓地内にあった。
2) アスンシオン教会の建設が開始されたのは早くても1550年で、主要アーチは1570年に建てられた。
3) 同教会の後陣、紋章、十字架等は16世紀の最初の3分の1世紀に遡る植民地建築の特徴を備えているが、辺境地域であることを考慮すれば、これらの建築様式は同世紀の後半頃に同村に導入されたと考えられる。
4) 同教会の工事は完成までの間に2度中断されている。まず角錐ドームを持つ礼拝堂が建てられ、その後身廊が追加された。
5) ファサード（建物正面）は1659年に完成したが、その後も何世紀にもわたり改修が続けられた。
6) アーチ要石に年号を刻文するという様式は教会建築としては例がなく、またその数字書体が16世紀の他の植民地建造物と似通っていないため、この年号は16世紀のものではない。また古文書学者の調査によれば、アーチの数字とモトリニア文書の数字は近年の作であり、筆跡照合分析の結果同一と判定された。

　よって、証拠として提出されたクアウテモクのものとされる遺骨が1529年にイチカテオパンのアスンシオン教会のサンタ・マリア主祭壇の下にモトリニアによって埋葬されたという文書と伝承は、教会の建設はその年より後になされたのであるから、事実ではない[60]。

　遺骨の真正を否定するこの結論はしかし、インディオ復権運動を消滅させることにはならなかった。というのは1970年代以降、政府主導のインディヘニスモに代わる新たな運動、インディオニスモが先住民復権運動の機軸として盛んになったからである。インディオニスモは、インディオが搾取や擁護の対象という客体性を脱し、自ら主体性を獲得する運動であった。1948年に創設されたINIが主導したインディオ対策はあくまで研究者の見地から提案されたものであり、当事者であるインディオ自身の視点は欠落していた。そのためINI設立後もインディオが能動的に問題提起する機会は生まれず、インディオが直面している問題の根本的解決には至らなかった。インディオ指導者たちは革命

以降の政府のメスティーソ主義を偏見と抑圧のイデオロギーとみなした。近代資本主義化進行の過程で、インディオは切り捨てられ、疎外感を深めていた。20世紀後半以降、制度的革命党（PRI）が推進する国民統合化政策のなかで、インディオは待遇改善の見返りに投票を要求される、単なる集票マシーンと化していた。そのような停滞した状況を打破しようと、先住民が自ら主体性を獲得しようとし始めたのである。インディオ自身が自分たちの過去を見直し、国家による同化政策のなかで、いかに固有の文化を守り通すかという強い意思を表明するようになった。このことは、それまで否定的に用いられてきた"インディオ"という言葉を、自立した民族を意味する言葉として自ら肯定し、誇りを持って使用するようになったことにも現れている。インディオニスモは他者から救済されることを目標とした消極的運動ではなく、インディオが自らの手で自分たちの未来を切り開く政策参加型の自立運動と言える。

　このような先住民自立運動を側面から支援したのはエチェベリアである。エチェベリア政権（1970〜76）は、それまでのインディオの子どもたちにたいするスペイン語による一言語教育を改め、スペイン語と母語によるバイリンガル（二言語）教育に変更した。エチェベリアが創設した文部省課外教育局（DGEEMI）によって推進されたインディオ二重言語$^{バイリンガル}$・二重文化$^{バイカルチャー}$政策は、つづくロペス・ポルティーリョ政権下、1977年の全国二重言語専門職同盟（ANPIBAC）や78年の文部省先住民教育局（DGEI）の創設につながった。ANPIBACは2万3000人のインディオ教員から構成され、児童のバイリンガル・バイカルチャー教育によってインディオの復権・自立とアイデンティティの確立をめざしている[61]。その成果として、先住民言語だけで編集された小学生用の教科書が1995年から無償配布されるようになり、現在では52の異なる先住民言語の教科書が作成され、インディオの子どもたちを対象としたバイリンガル教育は着実な進歩を見せている（終章参照）。

注
1　Díaz del Castillo, p. 368 ; León–Portilla, p. 135 ; Ixtlilxóchitl, T.I, p. 478.
2　Cortés, pp. 236–237.
3　グリアはイサンカナクの所在地を、首都から南東およそ900キロに位置する現在の

カンペチェ州カンデラリア川左岸にあるエル・ティグレ遺跡とほぼ断定している。Gurría, p. 65.
4 なお、アカランの所在地については、ウスマシンタ川流域とする説と、テルミノス湖に注ぐ複数の川の流域一帯とする説に分かれている。Toscano, pp. 227–228. 前述のイサンカナクはアカラン地方の中心地。
5 Díaz del Castillo, pp. 469–470.
6 『トラテロルコ年代記』の作者については、テノチティトラン包囲戦でスペイン軍に果敢に戦闘を挑み、彼らを最も悩ませたインディオ首長エカツィンであるという説が有力である。この勇猛なトラテロルコ族の戦士は首都陥落後、捕虜となった。コルテスのイブエラス遠征にクアウテモクをはじめとする他のアステカ王族とともに連行され、処刑を目撃した。遠征終了後、生地のトラテロルコに帰還し、同市の統治者になっている。かりに作者でないとしても、少なくとも同年代記作成に協力したインフォーマント（情報提供者）の1人であることは確実と推測される。Gurría, pp. 17–21.
7 *Anales de Tlatelolco*, p. 9.
8 Ixtlilxóchitl, T. I, pp. 502–503.
9 スペイン軍の襲来に恐れをなしたパシュボロナチャは自身の死亡説を流し、逃亡を計るが、スペイン人が危害を加えないことがわかるとコルテスの前に出頭し、恭順の意を表した。
10 Gurría, p. 51.
11 Clavijero, pp. 45–47, 416.
12 García Quintana, pp. 11–12.
13 *Ibid*., p. 25.
14 Chavero, pp. 28–29.
15 García Quintana, p. 47.
16 Jiménez Moreno, p. 168.
17 *Excélsior*, 1949/2/16.
18 エドムンド・オゴルマンは、モトリニアの著書『報告書』の解説の中で次のように述べている。1524年6月17日か18日にモトリニアを含む12名のフランシスコ会士がメキシコ市に到着したときに、クアウテモクを従えたコルテスが一行を出迎えた。したがってオゴルマンは、モトリニアはクアウテモクと面識はあったが、埋葬年とされる1529年にはウエショツィンコの修道院長に就任し、同年10月にはグァテマラに旅したので、イチカテオパンには足跡を残していないと推測している。Motolinía, CI, CV–CVII.
19 *El Universal*, 1949/2/18. なお、「中央アメリカ」は「カンペチェ州」とすべきで、記者の誤り。当時クアウテモクの処刑地は確定されていなかった。
20 *Excélsior*, 1949/2/20.

21 *Excélsior*, 1949/2/24.
22 *Excélsior*, 1949/3/21.
23 *Excélsior*, 1949/9/22.
24 *Excélsior*, 1949/9/27.
25 *El Universal*, 1949/9/28.
26 *El Nacional*, 1949/9/29.
27 *Excélsior*, 1949/9/30.
28 *Excélsior*, 1949/10/9.
29 *Excélsior*, 1949/10/12.
30 *Excélsior*, 1949/10/13.
31 *Excélsior*, 1949/10/12.
32 *Dictamen*···, pp. 201–204.
33 *Excélsior*, 1949/10/21.
34 *Excélsior*, 1949/10/19.
35 *Excélsior*, 1949/10/20.
36 *Excélsior*, 1949/10/25.
37 *Excélsior*, 1949/12/1.
38 *El Universal*, 1949/12/2.
39 *Excélsior*, 1950/1/27.
40 *Excélsior*, 1950/2/26.
41 *Excélsior*, 1950/2/28.
42 *Excélsior*, 1950/3/5.
43 Sierra, pp. 128–130.
44 Molina Enríquez, 1911, pp. 5–15.
45 Molina Enríquez, 1981, p. 104.
46 Basave Benítez, p. 61.
47 Molina Enríquez, 1960, pp. 23–24.
48 Basave Benítez, p. 73.
49 Gamio, 1982, pp. 12–13.
50 *Ibid*., pp. 10, 23.
51 *Ibid*., p. 24.
52 Gamio, 1987, pp. 33–35, 146–147.
53 Vasconcelos, p. 16.
54 *Ibid*., pp. 15–16.
55 *Excélsior*, 1950/8/11.
56 *Excélsior*, 1950/9/22.
57 *Excélsior*, 1950/8/1, 22, 26.

58　*Excélsior*, 1950/9/27.
59　メンバーの1人、法医学者のラモン・フェルナンデスは報告書に署名していない。
60　Lombardo de Ruiz, pp. 81–83.
61　Hernández y Hernández, pp. 259–270.


参考文献

*Anales de Tlatelolco, unos anales históricos de la nación mexicana y Códice de Tlatelolco*, Robredo, 1948.

Basave Benítez, Agustín, *México mestizo*, FCE, 1993.

Chavero, Alfredo, *Memorandum acerca de la solemne inauguración del monumento erigido en honor de Cuauhtémoc en la calzada de la Reforma en la ciudad de México*, Imprenta de J.F. Jens, 1887.

Clavijero, Francisco Javier, *Historia Antigua de México*, Porrúa, Sepan Cuantos, #29, 1976.

Cortés, Hernán, *Cartas de Relación*, Porrúa, Sepan Cuantos, #7, 1985.

Díaz del Castillo, Bernal, *Historia verdadera de la conquista de la Nueva España*, Porrúa, Sepan Cuantos, #5, 1976.

*Dictamen acerca del hallazgo de Ichcateopan*, Revista Mexicana de Estudios Antropológicos, 1950.

Gamio, Manuel, *Forjando Patria*, Porrúa, 1982.

―――――, *Hacia un México nuevo*, INI, 1987.

García Quintana, Josefina, *Cuauhtémoc en el siglo XIX*, UNAM, 1977.

Gurría Lacroix, Jorge, *Historiografía sobre la muerte de Cuauhtémoc*, UNAM, 1976.

Hernández, Natalio y Franco Gabriel Hernández, "La ANPIBAC y su política de participación," *Indianidad y Descolonización en América Latina*, Nueva Imagen, 1979.

Ixtlilxóchitl, Fernando de Alva, *Obras Históricas*, 2 tomos, UNAM, 1975.

Jiménez Moreno, Wigberto, *Los Hallazgos de Ichcateopan*, Historia Mexicana Tomo XII, julio 1962–junio 1963.

León–Portilla, Miguel, *Visión de los Vencidos*, UNAM, 1989.

Lombardo de Ruiz, Sonia, *La Iglesia de la Asunción de Ichcateopan en relación a la autenticidad de los restos de Cuauhtémoc*, UNAM, 1978.

Molina Enríquez, Andrés, *Filosofía de mis ideas sobre reformas agrarias*, Contestación al folleto del Sr.Lic.Wistano Luis Orozco, Imp. en Guadalajara, 1911.

―――――――――――, *Juárez y la Reforma*, Libro–Mex, 1960.

―――――――――――, *Los grandes problemas nacionales*, Era, 1981.

Motolinía（Toribio de Benavente）, *Memoriales o libros de las cosas de la Nueva España y de los naturales de ella*, UNAM, 1971.

Sierra, Justo, *México social y politico,* Obras completas Tomo IX, UNAM, 1977.
Toscano, Salvador, *Cuauhtémoc*, FCE, 1975.
Vasconcelos, José, *La raza cósmica*, Espasa–Calpe Mexicana, 1976.
　［新聞記事］
*El Nacional*, 1949/9/29.
*El Universal*, 1949/2/18–12/2.
*Excélsior*, 1949/2/16–1950/9/27.

# 第9章 歴史教科書論争
## ：現代ナショナリズムの様相

## はじめに

　メキシコは1821年の独立以来、公教育の充実に力を注ぎ、新国家の若い担い手を育成するために義務教育の普及を図ったが、独立戦争開始（1810～）以降70年に及ぶ内乱と列強の侵略で砲声は鳴り止むことなく、国庫は破綻し、人材は育成されず、教育システムはなかなか確立されなかった[1]。皮肉にもようやく学校教育が安定し始めたのは、19世紀末のディアス独裁政権下である。しかし、経済的発展と秩序の確立の陰に社会的矛盾を内包したディアス政権はメキシコ革命（1910）によって終止符を打たれ、1917年憲法の発布によってメキシコは近代国家へと大きく前進した。憲法第3条は宗教団体の教育への関与を禁止し、初等義務教育を謳いあげ、数回の改正を経ながらも現在に至るまで国民の教育権の礎となっている。この間、政府は国民の精神的統合を図るために、公教育の場において祖国の歴史を子どもたちに教授しようと試みたが、歴史教科書は極めてナショナリズムの色彩の濃いものであった。外敵の脅威に晒されることの多い新生国家としてナショナリズムの発揚は不可欠であり、教科書の編纂にもそれが強く反映されたことは自然の成り行きであった。

　独立直後、国家の近代化と過去の清算を提唱した自由主義者たちは、教会とスペイン文化の伝統を擁護してきた保守主義者たちに対抗して、それまで王と帝国に捧げられていた人々の忠誠心を新国家の学校教育においてどのように反映させるかに苦慮した。自由主義勢力と保守派の確執は米墨戦争での屈辱的大敗と領土喪失（1848）まで続いたが、その反省に立ち、19世紀後半の公教育においては、歴史教育を通して混乱する現状を克服できる市民を育成することに力点が置かれた[2]。その後も、反米主義という立場では一致しながらも、国家のアイデンティティを求めて、親スペイン主義の保守派と親インディオ的自由主義者の軋轢が続いたが、19世紀末にはこの「二つのメキシコ」を統一す

る必要性を説く教育者が現れるようになった。前章で述べたようにメキシコ教育界の父と言われるフスト・シエラは、過去を発展の過程とみなしてコルテス―クアウテモク論争を廃止し、国の誕生をイダルゴに集約することを提唱した[3]。イダルゴ自身はクリオーリョであったが、非白人下層階級を率いて独立戦争を戦った人物であり、「上下2階層＝白人と非白人」を集約・融和できる国民的英雄として申し分なかったのである。20世紀の革命後も、歴史教育によって国家統合を図る政府はシエラの融和的教育方針を継承し、教科書に登場する英雄はインディオの抵抗者クアウテモク、独立の父イダルゴ、米軍に抵抗した英雄幼年兵、フランス軍を打破したフアレス、革命の先駆者マデロ、外国石油企業を国有化したカルデナスらであり、教科書の歴史観は伝統的に排外的民族主義の傾向を帯びているのが特徴である[4]。しかし、1992年の歴史教科書改訂はそれまでの歴史観を大きく覆そうとするものであった。この改訂では過去の英雄観が大幅に変更されたばかりではなく、現代史に大胆に踏み込んだ記述が加筆されたために、国民の間に大論争を巻き起こした。メキシコでは教科書の無償配布が開始されてから5回の記述変更が試みられたが、本章はその中でも国民の注目を集めたこの1992年の改訂について、過去の文部省配布教科書と当時の新聞（エル・ウニベルサル紙）、雑誌（プロセソ誌）の記事を主な資料として、問題視された記述に焦点を絞って論争の経緯を検証するものである。それによって、現代メキシコにおいて独立から革命にいたる民族意識の系譜がどのように解釈され、ひいては「ナショナリズム」がいかなる形をとりつつあるのかが浮き彫りにされるだろう。

## 1 ▶ 教育改革史にみる歴史教育の変遷

「歴史と公徳心」教科　メキシコでは1917年憲法第3条によって初等義務教育が規定されたものの、その普及の道程は決して平坦なものではなく、小学校卒業者数は特に地方においては期待されたほど増加しなかった。公立小学校では大半の子どもが教科書を購入できないために学習効果が上がらず、中途で学業を放棄せざるを得ないという問題を抱え、一方教師は教科書なしに授業を行わねばならず、教育効果と進度の低下に切実に悩んでいた。そのため教科書を容易に入手できる私立の生徒との格差は開く一方であった。また、民間の出版

社が発行する文部省検定済みの複数の教科書の中から、教師が各自取捨選択していたために、学年間の継続性が損なわれるばかりか、教師が民間の出版社から賄賂を受けるという由々しき事態さえ招いていた。そこでこれら積年の懸案を解決するために、政府と教育関係者が予算の膨大な負担を顧みず決定したのが、小学校における教科書無償配布制度である。1959年、ロペス・マテオス大統領によって教科書無償配布国家委員会が設立され、教員、教育者が参加するコンクールによって国定教科書が決定されることになった。決定後は教育専門家グループの手に委ねられ、修正を経て印刷・製本され、配布されることになった。

　初の国定教科書となった1960年と翌61年の小学校低学年用各教科書の表紙には、独立150周年、革命50周年記念を意識してか、メキシコの誇る壁画家シケイロス、モンテネグロ、サクレ、レアル、アンギアーノらが描いたイダルゴ、モレロス、フアレス、マデロ、サパタ、ビリャ、カランサらの肖像が並んでいる。62年、各教科ごとに異なっていたこれらの表紙は、経費節約のためと教材に統一性を付与するために、「祖国の母」をあしらった装丁にすべて変更された。「祖国の母」は、右手に本、左手に国旗を持ち、純白のガウンを身につけた褐色の肌の女性像として寓意的に表されている。歴史教育は「歴史と公徳心」という教科のなかで実施され、内容としてはメキシコの先住民の生活や祖国の発展に貢献した偉人たちの事蹟が「正義、誠実、自由」といった倫理観を織り交ぜて紹介された。3年生では古代史に比重を置いたメキシコ通史が、4年生では植民地時代からメキシコ革命までが、5年生では新大陸の古代史とラテンアメリカ近代史が、6年生では世界史とメキシコの法制度がそれぞれ教科書の学習項目となっている[5]。

**1970~80年代：現実に密着した歴史**　教科書の無償配布が開始されて10年を経ると、メキシコ教育界は政治、経済、社会、科学等あらゆる分野での変化と進歩に対応するために教育計画とプログラムの見直しを迫られた。エチェベリア政権下の1972年、第1回教育改革の一環として、「現実を反映した教科書」に向けた修正と変更が実施された。新しい理念は、教育の継続性、科学性の重視、歴史意識開発の必要性、プログラムの相関性、生徒の社会への一体化という5つのコンセプトから構成されていた[6]。教科書は大幅に改訂され、「歴史と

公徳心」教科は地理も含めた「社会科学」に変更された。新教科書では、国にアイデンティティを付与する伝統の重要性が強調され、国民の統合と団結が称揚された。内容としては日常生活に関連する歴史的テーマが取り上げられ、歴史を生活から遊離したものではなく、現実に密着したものとして捉え、生徒の歴史への関心を高めようとする配慮が窺える。しかし一方ではマルクス主義が反映されているとして、教会関係者を中心とした保守派から批判された[7]。表紙はメキシコの玩具と民芸品を用いたデザインに一変し、学年・教科ごとにすべて異なるものになった。3年生ではメキシコ古代史、4年生では植民地時代からメキシコ革命までが、5年生では世界史が、6年生では世界およびラテンアメリカの近・現代史、それにメキシコ現代史が教科書の学習項目となっている[8]。

　その後も小学校の教科書は内容と表紙に若干の変更があったが、第2回目の教育改革が実施されるのは1980年のことである。改革の目的は、「小学校1・2年生教育において、プログラムに基づき1冊の教科書による一貫性を重視した教育を行うこと」である。この改革により、従来4冊の教科書で学習していた1・2年生の授業は、前・後半に二分され、1冊に統一された教科書と補助教材の切り絵本を用いて総合的な基礎学習を行うことが可能になった。教科書の表紙はまず小・中学生の生徒の写真に変更され、ついで1982年に子ども、鳥、蝶、魚を描いたイラストに変えられた。さらに87年には、メキシコの現代美術に親しませるために、第一線で活躍する造形美術家35名に表紙用イラストの製作を依頼した。芸術家たちの自由な発想で描かれたこれらの絵は、表紙として91年まで使用された[9]。

**第2回教育改革：効率的教育をめざして**　第2回教育改革から9年を経た1989年、第3回目の教育改革が提唱される。小学校低学年における中途退学者と落第者の増加を懸念して、読み・書き教育重視を再確認し教育レベル向上をめざすこの改革は、新しい時代の教育近代化の第一歩とされた。これらの指針に基づき、未就学児童から中学生までを視野に入れた初等教育に重点が置かれた。この改革に伴い、メキシコ合衆国を構成する各州の実状に適合した教育制度に基づき、最新の科学技術の進歩を反映した教材が作成されることになった。また、憲法第3条が謳うところの「社会における子どもの全人格的教育」

を実現するために、教員は子ども
たちに正義、民主主義、独立と
いった原則に基づく共生の心構え
を説くよう指導された。さらに、
生徒の個人的かつ集団的教育と、
教員の待遇改善も包括した教育プ
ログラム改革が実施されることに
なった。この「教育近代化」構想
に基づいて、1988〜94年の6年
間で2年毎・3段階の実施計画が
立案された。88〜89年の第1段
階では、現状の教科書の内容、教
育方式、教育システム、生徒の社
会参加の現状が分析された。90〜
91年の第2段階では、第1段階
での分析結果に基づき教員と教育
者の意見・助言を反映させた教育

1992年の教育改革で採用された問題の「メキシコ史」
教科書（小学4年生用）。表紙は「祖国の母」

近代化改革案が、文部省諮問機関である教育技術国家審議会（CONALTE）に
提出された[10]。92年に文部大臣に就任したセディーリョは前2段階の分析・改
革案をふまえ、同年5月に「教育近代化国民協定書」に署名した。この協定書
の意図は、初等義務教育の普及と充実のために、従来の中央集権的教育制度を
改め、教員管轄と財政を州政府に移管し地方分権的教育制度を確立することに
あった。その一環として、教材の質と内容の向上、および教員の研修を通した
教職のスキルアップが打ち出され、全国の教員は文部省が配布する教員用学習
指導要項に基づき、新しく設定された92〜93年度カリキュラムを実施するこ
とになった。こうした新しい教育モデルを教育現場に反映させるために、小学
校4・5・6年生用の新教科書が発行された。歴史教育の新機軸の一つは、学年
を越えた一貫性あるメキシコ史教育を行うために、従来の「社会科学」の教科
書に替えて、再び「祖国の母」を表紙に採用した「メキシコ史」の教科書が発
行された。上質紙を使い地図・写真・挿し絵をふんだんに入れたこの新教科書
が、国を挙げての大論争を招くことになる。

## 2▶1992年の歴史教科書論争

**新教科書の意図** 1992年5月の「教育近代化国民協定書」締結以来、新しい「メキシコ史」の教科書について、いくつかの論評はマスコミに登場していたが、本格的な論戦が開始されたのは8月以降である。

 8月4日、大統領サリナスは全国教員組合(SNTE)委員長ゴルディーリョの同席のもと、文部大臣セディーリョから小学校4・5・6年生用「メキシコ史」の新教科書750万部を受領した[11]。セディーリョは歴史教科書変更の理由として、20年間使用されてきた「社会科学」教科書は構成、テーマ、近代世界像、メキシコ史と社会についての説明において、現代メキシコ社会の実態と対応しなくなったという文部省の見解を発表した。ゴルディーリョもこれに応じ、「20年前の改革は期待通りの成果を挙げられなかった。教育は新しい現実に効率的に対応すべきである。人文・科学・技術の教育が自由と民主主義を実行する人間を形成する。停滞した社会ではなく常に可変的な社会を教える歴史教育が必要である」と主張した。2人の声明を受けて、サリナスは次のように語った。「教育近代化によって改良された教育内容は、メキシコの児童と若者に祖国史の評価を促し、知識をもたらす。現在の問題に対峙し、国の永遠の主権を保証するために自国史を記憶することは、メキシコ人の団結とアイデンティティ維持のために不可欠である」。さらに、「3つの思考言語」として国語、数学、歴史の重要性を訴え、今回の教育近代化プログラムにおける重点科目とすることを述べた。サリナス政権のこの教育改革の意図は、大統領の次の演説に如実に表れている。「メキシコは変化し、近代化していくが、豊かな文化と歴史に裏打ちされ、確固たる法と機関に支えられた国家としての継続性は維持される。グローバルな競争に参加することは、いまや国際的・社会的要請である。国際的孤立によって、新世紀の国の進路を危うくしてはならない。国の歴史を学ぶ上では、客観性と自己評価が不可欠である。国の歴史をよりよく知り、起源への愛と独自の運命の開拓を忘れることのないように。そして現代世界のダイナミズムの中で行動し、平和と権利、自由と効率を確信し、尊厳と公正を重んじる国家の実現に参加しよう」[12]。

**教員関係組織からの批判**　8月6日には、全国小学校教員会（CNMP）会長ボラーニョが、新教科書の内容を歴史認識の刷新に寄与するものとして評価しつつも、使い方次第では従来の英雄像を転覆する可能性があると警告し、この教科書を使用するか否かは個々の教員の方針に委ねられるべきであると述べた。ボラーニョの発言を引用してみよう。「新教科書は30年以上も現実から切り離されていた歴史的空白〔1960年以降、教科書が改良されていないことを指す〕を埋めようとする意図があり、現代史への接近に腐心している。前例にとらわれずテーマ別に簡潔で明瞭な記述がなされているが、情報が限定されているために多大な危険も孕んでいる。特に石油資源の問題、経済危機、"68年闘争"〔後述〕等の原因と結果については、〔サリナス〕体制とそれに追随する教育者のイデオロギーに影響されて偏向した解釈に陥っているきらいがある。しかし、これまで真実とみなされてきた英雄史観の殻を打ち破ることができるかもしれない。すべての英雄には光と影があり、完璧ではない。出来事と英雄の真実を知ることで、新世代は現実主義と公正さをもって過去を解釈できるようになるだろう」[13]。

一方、全国教員組合（SNTE）では新教科書をめぐり内部対立が生じていた。先に述べたように、8月4日にセディーリョからサリナスに新教科書が手渡さ

新教科書反対のデモを行う首都の教員たち。プラカードには「過去の英雄たちは我々の本質的な歴史の一部である」と書かれている（プロセソ誌、1992年9月21日）

れたときに、SNTE委員長ゴルデーリョは同席して、新教科書の内容を肯定している。このような委員長の政府寄りの姿勢は、SNTE組合員の教員から非難を浴びた。SNTEの幹部が1年以上前から新教科書の編纂が始められていることを知りながら、文部省にその内容を問い合わせることもなく、何ら対応策を講じなったことについて、教員の間から幹部批判の声が上がった。政府主導の教科書編集に歯止めをかけられなかったことについて現場の教員から突き上げられて、ようやくSNTE幹部は新教科書の内容の吟味を開始した。当初SNTE内部は一枚岩ではなく、新教科書に組織を挙げて反対していたわけではなかった。教科書が発行され、その内容が明らかになって初めて、批判の渦が巻き起こったのである。

　一方、全国教員協議会（CNTE）のメンバーの1人である心理学者は、新教科書には教育改革の理念が反映され、イラストは効果的だし文は簡潔で、生徒には平易でわかりやすいと表明した。また今回の改革で分量が減らされたことについては、教員自らの知識によって補う必要があると付け加えた。では現場の教員はどのような反応を示したか。ある教員は、「良い教育とは科目、教科書、教員の調和的統合により実現されるものであり、今回の教育近代化プログラムは教員によって吟味される必要がある。8月18～26日に実施される教員研修の場でプログラムに関する議論が展開されるだろう」と述べた[14]。

　8月19日には、"教員の大半は新教育プログラムを知らず"という見出しでSNTEの意見と見解が新聞に発表された。SNTEの広報担当官は、「研修に参加した教員の大半は新指導要項と歴史教科書の内容を知らなかったし、文部省の新教育プログラムについてはさらに何も知らされていなかった。教員は新プログラムを検討するために研修コースに参加するのだ」と発表した。CNTEは「文部省当局によって実現されなかった改革を真に実現し、独自の新プログラムを練るつもりである」と表明した。また、文部省が性急な改革を押しつけたために教員の調整と準備が遅れ、その影響を被るのは不完全な教育を受ける生徒であると文部省を非難した[15]。首都の教員たちは「過去の英雄たちは我々の本質的な歴史の一部である」というプラカードを掲げて、メキシコ市のソカロ広場と独立記念塔の前で政府に対して抗議デモを行った。

**野党の攻撃：政治化する教科書問題**　8月12日のエル・ウニベルサル紙には、

"歴史教科書は子どもたちを政治的に操作する"という見出しで、野党の民主革命党（PRD）議員有志による新教科書批判が掲載された。記事の中でPRD有志は「教育専門家、教員、父兄には何の相談もなく、たった2カ月で考案されたこの新教科書には、国の歴史についてほとんど客観的なビジョンを有していない。このような教科書は直ちに差し替えるべきである」と激しく攻撃した。彼らの批判項目を要約すると次のようになる。「①新しい歴史教科書は政府のすべての行動を正当化し、記述変更の基準を政府と与党である制度的革命党（PRI）にのみ置いている。わが国の長い歴史の中で、野党（国民行動党、共産党ほか左翼政党）、労働・農民組織の存在は消されている。1988年のPRIとPRDによって争われた大統領選は票の操作によってサリナスが不正に勝利したにもかかわらず、これを"接戦"とみなし、独裁者ディアスの再選を平和と経済的発展に結びつけている。③"68年闘争"を"ディアス・オルダス政権の神経症"に帰している。④対外債務問題を過少評価し、北米自由貿易協定（NAFTA）の危険性を隠蔽している。⑤歴史があたかもサリナス政権発足の1988年から始まるかのように示唆している」。PRDはこれらの点を総括し、「知識の偏向、イデオロギーの操作が如実に表れている」とこきおろした。このPRDの酷評を皮切りに、文部省と現政権の歴史認識にたいする批判の声が陸続と上がり始める[16]。

　さらに8月19日、PRD有志は「新教科書の矛盾、誤謬、欠落」を以下のように改めて詳しく提示した。「まずメソアメリカの領域把握が不正確である。テキサスのアメリカ合衆国への併合は"一州の独立"と記述され、サンタ・アナは領土を割譲したのではなく、"テキサス分離主義者を鎮圧した"と記してある。"68年闘争"については、責任者を挙げる代わりに"オリンピック開催地としてのイメージダウンを恐れる1人の男〔ディアス・オルダス大統領のこと〕の行為"と片づけている。ディアス独裁については、"反対勢力を交渉によって懐柔した、平和と安定の時代"と評価し、ディアスが教会には寛容で、外資を誘導し経済発展を促進したと記述している。"教育近代化"の産物であるこの教科書は、そこかしこで共和国大統領の独裁権を正当化している。三権のうち行政権に最も大きな権力を付与した革命以降の政治について、その理由を"メキシコは19世紀にふたつの大きな悪に悩まされた。それは指揮権の欠如による無秩序と権力の乱用による独裁である"として歴史的正当性を与えて

（左）文部大臣セディーリョを揶揄する諷刺画。イダルゴ、フアレスら過去の英雄たちがセディーリョを囲み、「博士、お手伝いしましょうか？」とアドバイスしている（エル・ウニベルサル紙、1992年9月13日、Alán 画）／（右）記者団から新教科書について質問を受け、困惑するセディーリョ（プロセソ誌、1992年9月21日）

いる。これでは子どもたちは、わが国の大統領制は体制を維持するためなら強権を発動できる制度であると結論づけることになる。経済危機の説明は常に国の指導者の個人攻撃・中傷に終わっている。たとえばエチェベリア政権は"給与アップとあらゆる分野における多大な投資を許したために借金をした"と暗に非難されている。1988年の大統領選の過程は3つの段落に要約され、言及されているのはサリナスだけである。4年生の教科書は分節化され過ぎており、個々のテーマの間の論理的継続性がない。図とイラストは悪くはないが、地図には古い地名が記されていたり、存在しない領土が表記されていたりと誤りが多い。教員用の新指導要項は、前の欠陥が改善されていない。また、国の印刷所ではなく、民間企業に委託したのはおかしい」[17]。

さらにPRDは8月26日、新たな批判を展開した。「新教科書には、歴史的事実を捏造して、米国と新しい関係を構築し、それに合致したメキシコ人を形成しようとする意図が窺える。メキシコの子どもたちに米国を信頼できる友好国と教えるのは間違いである。カルデナスは外国石油企業収用において、米国政府の理解を頼りにしたのではない。それに、テキスト編集をアギラル・カミンに代表される「ネクソス・グループ」[18] に委ねた理由を開示してほしい。彼らのような大統領に近い御用歴史家が、我々の歴史に対する自分たちの見解をメキシコ国民に押しつけるのには反対である」[19]。

以上のPRDの批判を読めば、新教科書のどの箇所が社会的に問題視されているかおおよそ見当がつくであろう。

翌27日には、教育評論家のタイボが、新教科書の編集に携わったのは47名で報酬は合計16億ペソ（約53万ドル）にものぼった、と内幕を暴露した。文部省高官は「それほど高額ではない」と否定したが、タイボは信頼できる筋からの情報としたうえで、「編集委員の報酬は3段階のピラミッドに分けられ、頂上が2人、中段が14人、下段が31人であったが、この3段階に16億ペソがどのように配分されたかはわからない」と語っている[20]。

28日には、PRD、国民行動党（PAN）、社会主義民衆党（PPS）の3党の国会議員が、750万部の教科書印刷において、国家予算の乱用と印刷会社選択に際しての収賄があったのではないか、という疑義を提出した[21]。

29日にはPPSの議員が、「米国の政治勢力と、国内の高位聖職者や財界の大物に配慮した教科書である」と非難し、これまで誹謗されていたイトゥルビデとディアスが復権し、国民の偉大な指導者であったイダルゴ、モレロス、フアレス、サパタ、ビリャが重要性を失っている点を批判した[22]。PANの議員は教科書の製作費に言及し、編集、製本、印刷、梱包に費された金額は、事前に提示された見積もりより70％も超過しているとして予算の乱費を指摘した[23]。

30日、大学研究員のキンタナは、新教科書には偏向した歴史観が見られ、教科書作成にあたっては従来通りコンクールを開くべきだったという意見を述べた。また、偏った歴史記述に関して、編集を委託された「ネクソス・グループ」のエリート主義がその要因であるという批判が思想界に噴出しており、さらにインディオたちからも反発を招いていると指摘した[24]。

同日、今回の教育改革は前文部大臣バルトレットの計画であったにもかかわらず、現職のセディーリョが責任を問われ、次期大統領候補としては手痛いイメージダウンであろう、という記事が掲載された[25]。当時、アスペ、カマチョ、コロシオと並び、セディーリョは有力な次期大統領候補だったのである。彼はエール大学の経済学博士の肩書きをもつ経済の専門家であり、前職は予算企画省大臣であった。経歴からしても教育問題は必ずしも得手ではなく、認識も浅かったのではないかと思われる。

8月末になると、メキシコ労働者連合（CTM）も論争に乗り出してくる。CTMは31日、「今週中にテキストの入念な分析を行うが、傘下の教員組合と密接に関わる問題なので今はコメントを差し控える」という声明を発表した。

**父兄、経済界、教会、インディオの評価**　しかし、新教科書を擁護する一部のグループもいた。全国父兄連合（UNPF）会長は、新教科書は改訂不可能な最終版ではないし、新しい英雄と彼らの時代は慎重に取り扱われており、真の歴史に導くものであると文部省を支持した[26]。

　9月に入ると、メキシコ経営者連盟（COPARMEX）も文部省支持を表明する。新教科書は歴史的事実に対して、非難も行き過ぎた称賛もない客観的な記述に徹しており、旧教科書より優れている。批判者たちは内容を見ずに編集者を攻撃する偏向的グループである。今回の改訂は、世界市場で競争できる人材育成への第一歩である。これが COPARMEX の見解であった[27]。

　エル・ウニベルサル紙の社説（9月24日）でも新教科書が評価されている。いわく、「新教科書は歴史を具体化したという点で、また国史の総合的パノラマを提示している点で、旧教科書より教育方法論の面で数段優れているし、その編集には多大な努力が払われている」。

　しかし、新学期が始まると新教科書に対する風当たりはますます強くなった。9月1日、PAN の有志議員たちは記者会見を開き、政府は教材選択の自由を奪い、父兄と教員の権利を侵害していると訴え、欠陥を埋める補助教材の使用許可を政府に求めた。同日、元文部大臣で現上院議員ムニョス・レドは、改訂への米国と国内右翼の圧力をセディーリョが否定しない限り、父兄と教師は新教科書をボイコットすべきであると提案した。同じ頃、セディーリョは小学校の始業式を訪れ、生徒に直接「メキシコ史」の真新しい教科書を手渡しながら、歴史を介して祖国と自国の文化を愛することを学ぶように説いた。UNPF 会長は、「教育近代化によって教育水準を上げるには、政府の干渉を最小限に留め、教育への広範な社会参加を求めるべきである。子どもの人格形成のためには教会の教育参加の機会を合法的に増やしていくことが望ましい」という見解を発表した[28]。憲法第3条で宗教団体の教育関与は禁止されているが、サリナス政権は教会との宥和政策を取り、ミッション系スクールでの教育は黙認していた。

　翌2日、教会指導者が初めて新教科書に関して口を開いた。フランコ司教は、教会が常に権力者の側につき、進歩の敵として描かれていると指摘して、新教科書を「不完全で事実の意図的な削除が見られる反宗教的なものである」と厳しく弾劾した[29]。

　4日、全国先住民協議会（CNPI）のリーダーは、「新教科書は歴史を歪曲し、

当局の教育方針を押しつけるものである。メキシコ史の教科書製作に関する国民参加の討論の場を設けよ」と要求した。そして、自分たちの起源、伝統、文化を守るために、新教科書反対のハンガーストライキも辞さないという強硬な抗議の姿勢を示した[30]。

## 3 ▶ 政府側の反駁──ネオリベラリズムという背景

「人材育成」の大義　その後も 10 月まで教科書批判は続いたが、様々な社会階層からの批判に対して、政府側も黙ってはいなかった。8 月 14 日、文部大臣セディーリョは、新教育改革の理念を公式に国民に説明した。「新しい国際競争とはすなわち教育システムの競争、各国の人的資源の質による競争である。資本は迅速に動き、テクノロジーは瞬時に国境を越えるこの時代、我々は情報・資本に国境が存在しない世界を生き抜かねばならない。サリナス大統領は困難を克服し、閉鎖的なメキシコ経済を国際競争に対応しうるよう改革した。一方メキシコの教育の歴史は 70 年にわたるが、質に関しては深刻な問題を抱えてきた。わが国はいま、大々的な変革を断行する偉大な挑戦に向かうのである。北米自由貿易協定（NAFTA）との関連で言えば、NAFTA 調印という変革への第一歩を踏み出すにあたり、特に教育こそ国の発展に役立つことを確認すべきである。現在の国際競争は数十年前とはまったく異なり、国家の発展はいかに質の高い人材を確保できるかに根本的に左右される。現在メキシコは多大な機会を与えられていると捉え、人材の質の向上に特別な努力をすべきである。大統領の考えはきわめて明快であり、NAFTA はメキシコ発展のひとつの機会である。この機会をのがさずわが国が恩恵に浴するか否かは、我々自身の努力にかかっている。通常以上の努力をしない限り、このチャンスを生かすことはできないであろう。そしてその努力の大半は、人材育成を担う教育界に傾注されなければならない。メキシコはいまだに教育途上国である。小学生の 10%が未就学であり、就学しても修了しない人数も 10 人中 4 人と多い。中・高等教育に関しては、生産部門が必要とする技術者や専門家の養成の他に、生徒の学力をより高める役割も担う必要がある。また、不必要な教員のストを回避するだけで、改革初年度からは労働時間を有効に活用できるのではないか。かつては大変有効だった教科書、授業、学習プログラムであっても、現在のわが国

に必要な教育的水準を満たしていない。これはメキシコ国民のコンセンサスである。今回の教科書の内容の改革は、父兄が子どもの教育に関して要求したことが基本になっている。今、子どもたちはわが国の歴史にかなり幻滅している。国のアイデンティティの一部を構成するのは、我々自身の歴史にたいする知識と誇りである。学習プランとプログラムの総合的改革は1993年度の実現をめざしているが、時間的制約があるため、緊急プログラムを9月の新学期から実施する。訓練された、意欲のある教員が必要とされるので、教員の役割の再評価と給与アップ、努力に見合った付加賃金の支給、教員の労働に対する社会的評価促進のために、種々の協定を実施しなければならない」[31]。

8月26日には、与党PRIが「新教科書は教育について知識のないグループが手っ取り早く書いたものではなく、見識の高い学者と経験豊かな教育専門家グループが入念に準備して執筆したものである」と反駁した。PRIはさらに、「我々は、1960年から数えて20億冊のテキストを発行し、この30年間、必要に応じて改訂してきたし、今後もテキストを完璧にするために常に国民の批判に対応する用意がある」と述べた[32]。

つづいて30日、PRIのある議員は「新教科書の目的は、祖国史への関心を高め、長年にわたり培われてきた我々の文化遺産を守ることによって、個人のアイデンティティと国の団結を強化することにある」と語った。記述の分量が少なすぎるという批判に対しては、「知識をコンパクトに凝縮した"情報カプセル"を通して教員と生徒間のコミュニケーションは生まれ、それらの情報の分析から発展して学習が進むので、問題はない」と答えた[33]。

9月3日、文部次官は「正誤表で対応しうる4カ所の誤記」を認めたうえで、ディアス期の経済発展の重要性を繰り返し、またサリナス政権の偏重という批判に対しては、「現政権の有意義な実績を隠す理由は何もない」と強調した後、「新しい教科書は過去のものより格段に優れている」と自画自賛気味に語った[34]。しかし、文部省の姿勢は次第に軟化していく。

**歴史観をめぐる政治的闘争：ネオリベラリズムという背景**　ここまでみてきたように、新教科書論争は、"歴史観をめぐる政治的闘争"であったと言えよう。サリナス政権はNAFTAを視野に入れ、「脱第三世界＝第一世界加入」をめざして経済政策を軌道に乗せるために、「教育近代化」という形で従来の歴史観

を変換しようとした。各界からの批判は、政府が経済政策に教育改革の衣を着せ、歴史観を変更しようとしたことに向けられたものだったのである。

　論争の主役は、幾重もの層をなしている。まず教育改革が教員の待遇に深く関わっていたために、当然文部省と教員組織の間で激しく論争が闘わされた。さらに、職業にかかわらず旧世代と新世代の歴史観の角逐がそこに反映される。従来の英雄が軽んじられ、かつて悪評高い独裁者だった人物が脚光を浴びているのを見て、旧世代が新教科書に反発したのは無理からぬことであった。そして、当然の帰結として論争は党派性を強く帯びてくる。サリナス政権に反対する野党、特に 1988 年の大統領選以来、与党 PRI を「仇敵」とみなす PRD が、現政権を擁護する新教科書を黙って見過ごすはずはなかった。教科書編集に携わった「ネクソス・グループ」は、政府の政策に都合のよい教科書を製作したことで「御用学者」と批判された。

　ここで、論争の背景となったネオリベラリズム（新自由主義）とサリナス政権について概観しておこう。1970 年代に米国で支配的であったリベラリズム（自由主義）は個人の競争を正当化する経済理論であったが、その個人中心主義は個人間の平等な競争が展開されるという前提のもとに容認されていた。自由放任的に個人競争を放置する理論ではなかったのである。したがって個人が自由に競争するために、人種差別の撤廃、男女間の平等、所得格差の是正など、社会的平等性も同時に確保されるべきと唱えられた。このようなパラダイムに基づき、政府は自由主義的競争社会の創設をめざす一方で、社会的弱者の救済にも配慮した。その結果ある程度の財政出動が容認され、必然的に「大きい政府」となった。しかし 80 年代に主流となったネオリベラリズムは、市場原理と福祉の調和を求めるリベラリズムから一転して、福祉政策を切り捨て徹底した個人主義と市場原理主義を標榜した。ネオリベラリズムは、アダム・スミスが 18 世紀後半に唱えた、「利己的な個人が市場において自由競争を行えば、自然に経済的均衡が実現され、社会的安定がもたらされる」という、自由放任と「神の見えざる手」による予定調和の復活に等しかった。

　メキシコは 1980 年代初めまで政府主導の経済政策を推進してきたが、累積債務危機に陥り、従来の政策は破綻した。それに代わって採用されたのが、市場メカニズムに信を置くネオリベラリズムであった。米国留学中にネオリベラリズムの洗礼を受けたサリナスは「脱第三世界＝第一世界加入」という目標達

成のために、能力主義に基づく「小さい政府」をめざした。サリナスは外資に大幅に門戸を開き、外国企業の誘致によって経済活性化と雇用の促進を図る一方で、国営企業の民営化、各種補助金の削減などを行い、福祉国家を否定した。その結果、経済成長率は改善されたが、極端な所得格差と失業者の増加を招き、新たな社会不安を引き起こした。サリナスが志向した効率主義的経済システムの構築は、メキシコ革命以降の政府主導の経済政策と真っ向から対立するものであっただけに、旧来の政策で恩恵を被ってきた人々、すなわち労働者、公務員、中小企業家、先住民から激しい反発を受けた。長年政府に保護されてきたこれらの社会的弱者が、ネオリベラリズムを信奉し、サリナス政権に追従するネクソス・グループによって編集された新しい歴史教科書を受け入れなかったのは当然であった。

## 4▶「68年闘争」のタブーを破る

　前節まで論争の概要と経緯を紹介してきたが、ここで、新教科書に見られる「歴史解釈の偏向」とは具体的にどのようなものだったのかを検証してみよう。批判の対象となった記述は数々あるのだが、ここでは特に国民各層の注目を集めた2点、教科書に初めて登場した「68年闘争」を本節で、再評価された「ディアス独裁政権」を次節で扱い、具体的な記述内容の検討を行う。
　「68年闘争」とは、1968年10月のオリンピック開催を控え、強圧的PRI体制に抗して民主化を求める学生たちによる反政府運動が激化し、集会を鎮圧しようと出動した陸軍との間に衝突が起こり、学生・市民に多数の死傷者を出した事件である。政府は事件の発端となった7月の学生スト集会を当初は警察機動隊の出動によって抑え込もうとしたが、市民を巻き込んだ反政府運動は全国の大学に飛び火した。政治の民主化、大学の自治権、政治犯の釈放、機動隊の廃止などを要求する学生運動の激化は機動隊では手に負えなくなり、政府はついに陸軍の介入を要請した。学生のスト・デモには教員・市民も参加し、メキシコ市のソカロ広場や街頭で抗議運動を展開した。デモを鎮圧するべく陸軍は抗議集会を解散させ、抵抗する者を逮捕した。そして10月2日夕方、学生・教職員の逮捕と軍の暴行に対してトラテロルコ広場で開かれた抗議集会において、陸軍が発砲するという事件が起きた。銃弾と砲弾が飛び交い、集会参

加者が逃げ惑う阿鼻叫喚のなか、多数の死傷者が出た。政府と陸軍は国家安全保障を理由に一部の記録しか公表していないために、数百名とも言われるこの通称「トラテロルコ事件」の犠牲者の正確な数は今もってわかっていない。この事件の背景には、1968年の学生運動の世界的高揚があったが、問題はむしろ国内のPRI支配体制にあった。メキシコは第二次世界大戦後、PRIを機軸とする政治的安定を確立して高度経済成長を遂げた。PRIは超階級的・職能横断的性格で国民の幅広い支持を集め、上・下院の議席をほぼ独占し、地方の市長選でも圧勝していた。しかしこの一党独裁に近いPRIの権威主義体制は次第に社会的弱者から遊離し、企業優先の政策に傾き、経済格差の是正や汚職追放を叫ぶ人々の言論の自由を弾圧する強権的体制へと変容していった。政治の民主化を求める学生と一部の市民たちは、経済成長の象徴であるオリンピックという巨大プロジェクト開催よりも、メキシコ社会に内包された矛盾を解決することが先決であると主張して抗議行動を起こしたのである。トラテロルコ事件は、高度経済成長の陰に隠された、メキシコの抱える社会的歪みが図らずも露呈した事件であった。

　1992年8月15日のエル・ウニベルサル紙は、新教科書におけるこのトラテロルコ事件の記述について、「本来小学校の歴史教科書に記載されるべきことではない」と軍部が激怒していることを伝えている。機嫌を損ねた陸軍を宥めるために、セディーリョは国防大臣に釈明を申し出ている[35]。では、陸軍が非公式にせよ不快感を示したトラテロルコ事件の記述を、小学4年生の新歴史教科書「メキシコ史」から見てみよう（p.75、ゴシック部分は原文のまま、以下同）。


　●**68年の危機**〔注：「68年闘争」のこと〕
　　メキシコは1968年の**オリンピック競技**を組織した。同年、学生騒乱の波がアメリカ合衆国、ドイツ、フランス、メキシコを揺るがせた。
　　・政府はこの運動にブレーキをかけようとした。オリンピック期間中〔国際的に〕悪いイメージを与えたくなかったので、厳格に対処したのである。陸軍は大学都市を占拠した。
　　・10月2日、陸軍は**トラテロルコ広場**で学生集会を解散させた。多数の人が死に、市は震撼した。"メキシコの奇跡"＊は終わりを迎えた。

＊筆者注：1952〜70年の18年間に、3人の大統領によって政治的安定の上に達成された高度経済成長のこと。

　4年生の新「メキシコ史」では、学生集会とオリンピック開会式の2枚の写真が添えられ、スペイン語で13行、単語数90語の短い記述である。過去の教科書では、トラテロルコの虐殺事件は一度として触れられたことはなく、せいぜい「1968年にメキシコでオリンピックが開催された」と1行で片づけられていたことを考慮すれば、短い記述ではあっても革命的変更と言える。次に、5・6年生用の「メキシコ史」を見てみよう（p.143）。

　**●68年の危機**
　　1968年の夏にメキシコで学生騒乱が発生し、オリンピック開催地としてのメキシコのイメージダウンを恐れていた政府を不安に陥れた。**グスタボ・ディアス・オルダス大統領政権（1964〜70）は厳格に対処したが、学生運動を解決するどころか、拡大させてしまった。**学生集会が開催されると政府が厳しくそれを取り締まるという状態が続いた。9月、陸軍はメキシコ市の国立自治大学と国立工科大学諸施設を占拠した。オリンピック開催数日前の10月2日、トラテロルコ広場での学生集会が陸軍によって解散させられた。血が流れ、市は震撼した。どれくらいの死者が出たのか不明である。"メキシコの奇跡"は終わるかにみえた。

　4年生のものと大筋は同じだが、大統領名を明記するなど、若干詳しくなっている。ちなみに、1974年改訂以来の「社会科学」の歴史教科書は、小学5年生が世界史、6年生が世界およびラテンアメリカの現代史と別々の内容だったが[36]、92年度は時間に追われてそれぞれの教科書を製作することができず、両学年共通の「メキシコ史」の新教科書が配布された。学年の違う生徒にまったく同一の教科書を使わせる乱暴なやり方は、この改革の性急さを如実に物語っている。
　ところで、本章2節（p.263）で紹介した、「68年の事件をディアス・オルダス政権の神経症に帰している」という野党PRDの新教科書批判が何を指しているかはこれで明らかだろう。この新教科書では「68年闘争」を、「オリンピック成功を妨げる学生運動に神経過敏になっていたディアス・オルダス政権

が運動を強硬に弾圧した」と表現しているのである。エル・ウニベルサル紙は8月23日に、"歴史と教科書"という見出しでこれらの記述を次のように批判している。「1968年に何が起こったのか？　これではディアス・オルダスと陸軍だけが最悪の役回りである。無償配布教科書に掲載された以上、これは現政府の公式見解と推測される。ディアス・オルダスは自分に関連する部分について〔故人だから〕何も言うことはできないが、陸軍は反論することができる。文部省がこの点について陸軍から何らかの抗議を受けたかどうか不明である。しかし、編集グループは軍の沈黙を彼らの了解と受け取るべきではない。軍はなぜ沈黙を守るのか？　当然、分別からである。68年の学生騒乱はまだ25年前のことだ。たとえ小学校の教室であろうとこのような新しい歴史的事実を分析していけないはずはない。しかし、学生や軍人など当事者のなかにはいまだに生存者もいることだし、公的な出版物である教科書にこうしたテーマを記載するのは先延ばしするべきだったのではないか。少なくとも、混乱を招くような短い記述は避けるべきではなかったのか。四分の一世紀は心を鎮静化するには十分ではない。また、編集に携わった知識階層がこのテーマを十分に分析したり、歴史家があの不幸な日々を再構築するのに必要な情報を入手していたとは考えられない。編集グループは、現代史を教科内容に包含するために解釈の難しいテーマに触れる必要があったとは思うが、性急だったのではないか。68年の件に関するこの結論について、関係者から公的抗議が挙がらないのは思慮深い行為である。文部省と国防省の間でのみ、我々の現代史の一こまについて議論が戦わされるのは、あまり愉快なことではないからである。3、4年後には、サリナス政権の分析も含めた歴史教科書を改めて作るべきである。その際編集グループが誰になるのか楽しみだが、もし歴史家がPRD党員であれば、どんな扱いになるかは容易に想像できる」[37]。皮肉を交えたこの論評には、新教科書の政治性に対する大衆の反感がうかがわれよう。

　それまでタブー視されていた「68年闘争」をあえて教科書に掲載したのは、新時代を切り拓く意欲に燃えたサリナス政権が過去を曖昧なままに放置せず、節目ある総括を決意したためと、激化する学生運動とそれを弾圧する軍部との対立という事態は国家の進歩にマイナスと判断したためであろう。ネオリベラリズムを信奉するサリナス政権は経済効率を最優先させ、NAFTA締結によって第一世界への昇格を意図していた。当然、社会正義と弱者救済を標榜したメ

キシコ革命の原点に戻るような左翼的学生運動は、国家の経済発展を阻害するとみなされた。学生の過度な政治運動は軍部の介入を招いて、社会不安を助長する。このような事実はたとえ過去のことであっても、外資の進出を阻害する懸念があった。サリナス政権は過去をも貫くネオリベラリズム的教育方針を内外に示し、経済政策への協力と信頼を勝ち取ろうとしたのである。

## 5 ▶ディアス独裁政権の再評価

　「68年闘争」に言及したのは新教科書が初めてであるが、「ディアス独裁政権」については過去の教科書でも扱われていた。ここでは、1974年の最初の改訂以降91年まで大幅な変更はなく使用されていた4年生用の「社会科学」教科書（以下「旧教科書」）と、92年度の4年生用「メキシコ史」（以下「新教科書」）の記述内容を、論争の焦点となった箇所に絞って比較検討してみよう。

　旧教科書では「メキシコ、近代へ」という項目の中でディアス期についてかなり詳細な説明がある。写真は小サイズの2点だけである。論争の的になった部分を拾ってみよう（p.101〜104）。

> ●ディアスの平和な時代の始まり
> 　フアレスは1858年からその死の1872年まで大統領の職にあった。その年、ポルフィリオ・ディアス将軍はフアレスの再選を阻止しようとしたが、失敗した。1876年、ディアスは再び武装蜂起して、権力を握った。彼の政権は1877〜1910年と長期間にわたった。ディアスは無秩序と戦争によるメキシコ国民の疲労感を利用し、いかなる犠牲を払っても秩序を押しつけようとした。メキシコは資本がなく、外国からの借款も受けられなかった。メキシコに貸し付けをしても返済できるとは誰も思わなかったからである。経済を建て直すには外国資本を誘致しなければならなかったが、革命が頻発する不安定な状態のメキシコに誰も**投資**しようとはしなかった。
> 　ディアスは自由主義者であったが、政争は国に甚大な危害を及ぼすと考え、意見の対立を排除することに努め、政府の機能の改善に専念した。平和は完全なものではなかったが、大勢の警官と兵隊によって秩序が維持された。
> ●ディアス期の繁栄

過去の英雄たちを吹き飛ばすディアスを描いた諷刺画（エル・ウニベルサル紙、1992年9月13日、Rubén 画）

　ディアスの長期政権下、2万4千キロの鉄道が敷設されたことによって、商業、農業、鉱業（金、銀、鉄、銅、鉛）が繁栄した。1900年には石油の開発が始まった。銀行が初めて創設され、商工業に貸し付けが行われるようになった。国庫も再興され、債務が返済されていった。これらはすべて経済発展のために重要であった。そして債務が期限通りに返済され始め、税金の徴収が組織化された。工業に関しては、発展したのは繊維、タバコ、ビールだけであった。農業は、モノカルチャー〔単式農法〕で効率的な土地開発ができるユカタン、モレロス、ラ・ラグナで発展した。豆やトウモロコシのような基礎食料の生産はまだ不十分であった。誰もが資本をもっていたわけではなく、また借金ができたわけでもなかったので、この発展の恩に浴したのは、わが国の資源を開発する認可を得た少数のメキシコ人と外国人に限られた。

　政府は開拓民を誘致しようとしたが、メキシコはアメリカ＊の他の国々ほど魅力的な土地ではなかったので、4千万ヘクタールの未開墾地は資金のある少数のメキシコ人と外国人に買い占められてしまった。こうして、ごく少数の所有者の手に広大な土地が集積する**ラティフンディオ**（大荘園）形成へ移行する傾向が先鋭化した。インディオも多くの土地を失ったので、その大半は自由のない荘園の作男として薄給で働かざるを得ず、また雇い主が経営する、品物を割高で売る掛け売りの店で日常品を買わされ、わずかな収入をふいにしなければならなかった。こうして借金が嵩んだが、あらゆる不正に耐えながら同じ雇い主のもとで働き続けなければならなかった。

● 独裁

　ディアスは独裁者としてメキシコを統治し、知事や市町村長からほぼ全権を奪い、国

第9章　歴史教科書論争　275

の政治を全面的に支配することができた。新聞記者を投獄し、時には、警官にストライキ参加者への発砲を命じた。新聞で政府を批判することも禁じた。

　彼の取り巻きの政治家たちは、メキシコには民主主義の準備ができていないと考えていたので、選挙は正常な形では実施されなかった。

　＊筆者注：スペイン語圏でアメリカという場合、南北両大陸を指す。

　次に新教科書の記述を見てみよう。第14章の「ディアス時代」は4ページにわたり、メキシコ全土の地図1枚、写真4点、絵画作品2点、イラスト2点を用いて簡潔な文章で説明してある（p.56～59）。

　●経済成長

　　ディアス期の経済における発展は重要であった。大臣のマティアス・ロメロとホセ・イベス・リマントゥールは行政改革を行った。政治的安定は外国資本の投下を促した。

　　・産業では、特に繊維と砂糖が成長した。銅や亜鉛のような鉱石の採掘も発展した。
　　・地方の生産物の輸出はディアス時代を通じて増加したが、農民の生活は向上しなかった。

　●鉄道と教育

　　ディアスは鉄道網を確立し、経済を活性化させて地方を結びつけた。

　　・主要な線路は首都と港、北部、アメリカ合衆国を結んだ。
　　・都市の上・中流階級のための教育施設が創設された。
　　・平和は外国からの影響を大きく受けた文化的繁栄を促進した。医学、工学、歴史、法律、芸術が発展した。

　●社会

　　19世紀末にはそれ以前より多くの社会的グループが生まれた。工業化によって企業経営者、技術者、労働者が生まれた。

　　・都市とその行政的・商業的機能の発展によって、専門家、会社員、商人、官僚の数が増加した。
　　・地方には地主、牧場主、農民、作男、日雇い労働者、牧童がいた。彼らの間には土地の不当な配分による大きな不平等があった。

　●不平等

　　ディアス時代に達成された経済成長は従来の社会問題を悪化させた。その恩恵が公平

に分配されなかったからである。ごく少数の人々が富裕化し、また生活水準を改善できた人々もいたが、大半は昔ながらの貧しい生活を強いられた。

・大荘園は貧しい農民から土地を奪った。インディオは貧困と不正に打ちひしがれた。
・成長の一部は外国投資によってなされたので、利益の大部分が国から流失した。

●独裁

　1857年憲法は適切に実施されたわけではなかった。ディアスは法と裁判官を直接監督した。

・市町村と州の長は投票では選ばれず、ディアスによって任命された。
・ドン・ポルフィリオ同様、多くの政治家が幾度も再選されたので、議員の老齢化が進んだ。
・ディアスに反対する政治家や新聞記者は、投獄されたり国外に追放されたりした。

　新旧教科書を比較すると、一目瞭然なのは記述の長さの違いである。比較的長めの文章が用いられている旧教科書にたいして、新教科書では、"情報カプセル"と批判された、10個にも満たない単語から成る簡潔すぎる文章が大半を占める。テーマ別の短い解説のあとはさらに個々の事実が箇条書きにされており、歴史を事件や事象別に暗記するには有効かもしれないが、関連性が希薄で、歴史を繋がりのある総体として捉えるには問題が多い。旧教科書がある種の物語のような流れを構築し、生徒が歴史に興味を覚えるような記述になっているのにたいして、新教科書はいかにも歴史を個々の知識の集合体とみなす傾向があり、歴史への関心を高めているとは言い難い。内容については、新旧ともにディアス政権の経済発展には一応の評価を与え、独裁と社会の不平等を批判してはいる。しかし、同じ批判にしても新教科書のほうが舌鋒が弱い。「独裁」の中味を細切れに並べることによって、その全体像が見えにくくなっているのである。新旧の記述内容の差異をより深く検討するために、5・6年生用の新教科書の記述も見てみよう。

　5・6年生用新教科書では、24章の「ディアス時代」、25章の「鉄道と進歩」、26章の「矛盾」の3章12ページにわたり、大判の地図や写真、絵、諷刺漫画入りで、やはり短い文章でディアス時代について書かれている。

　24章「国の平定」の項目には以下のような記述がある。「ディアスは教会と国家を分離していた宗教改革法の適用を事実上停止した。彼は**寛容な宗教政策**

によって教会とカトリック信者の指導者たちの支持を獲得することができた。国の平定はディアスのこの宥和政策の成果である」。過去の教科書では一度も言及されなかった教会宥和政策が取り上げられている。あたかも、当時始まったサリナス政権とカトリック教会の歩み寄りを暗示しているようでもある。「財政再建」の項目には次のようにある。「対外債務に関する交渉によって、国は経済を再建し、債権国との関係を正常化できた。国の平定と政府の海外投資家への便宜供与のおかげで、外国のメキシコ観は変化した」。この記述も従来の教科書と比較すると、かなり踏み込んでディアスの財政再建を評価していることがわかる。NAFTA締結を念頭に置いている政府が、自らの経済政策を正当化するためにこのように書かせている、と勘ぐられても仕方がない。また「政治」の項目では次のように記されている。「それまで立法権に対して立場の弱かった行政権の強化に努めたことによって、ディアス政権は政治的混乱を最小限に留めることに成功し、国の民主化より経済発展を優先させ、それまでの自由主義的"秩序と自由"というモットーを"秩序と進歩"に変更した」。これもサリナスの大統領権限の強化と経済優先主義に重なる。

25章「進歩のイメージ」の項目では、「鉄道は進歩そのものを表すイメージとなり、またディアス政権が達成した近代化のエンブレムとなった。ディアス政権の経済政策は荘園主、鉱山主、企業家、商人の利益と一致し、事業の黄金時代を築いた」と記述され、「経済」が再び強調されている。「新機軸」の項では、米国まで延長された鉄道のことがことさらに強調され、メキシコがディアス時代から北に目を向けていた印象を与えようとしている。また鉄道網の充実によって地方の産物に新しい市場が開け、地方経済が活性化したことも付け加えられている。「新工場」の項では、工業の発展と近代化によって、都市に増えていた労働者に雇用を提供したことを記し、経済の近代化が雇用創設に貢献したことを示唆している。そして極めつけは、25章を締めくくる次のような一文であろう。「繁栄する米国南西部と鉄道によって結ばれたメキシコ北部の都市には米国の企業が進出し、人々は仕事と機会を求めて北へ移動した」。これを読めば、小学生でも容易にNAFTAを連想するだろう。あるいは「労働者」の項の、「ストライキの鎮圧に米国のレインジャー部隊が出動し、多くの死傷者が出た」という記述を読んで、経済発展のためならば、反対者・批判者への暴力や社会的弱者からの搾取が許されると生徒は考えるかもしれない。

このように、全般的に国内の経済発展と米国経済への接近に関する記述が多いのが新歴史教科書の特徴である。"近代化"、"進歩"、"発展"、"成長"、"工業"、"投資"、"平和"…ディアス政権を肯定するこれらの言葉がふんだんに登場するのに反して、"独裁"という言葉は最後の部分に一度しか登場しない。それまで歴史学的にディアス期は独裁時代と規定され、国民の間にも「ディアス時代＝独裁」という図式が出来上がり、過去の教科書では"独裁"が強調されていた。新教科書はまさに従来のディアス像を転覆するものであった。それに、ディアスに尊称の「ドン」を付けて呼んだ教科書は初めてである。
　3節の終わりでみたように、サリナス政権の「教育改革」は、ネオリベラリズム政策の推進を目標としていた。ディアス独裁政権という歴史的事実は、明らかにそれに都合の良いように書き換えられようとしていた。ここまでみてきたような新教科書に対する国民の反発は、現政権の経済優先政策を正当化するために行われたこれらの見えすいた「書き換え」に対しての抗議であったといえよう。

## 6 ▶ 論争の結末──新教科書の打倒

　文部省は、1992年8月からおよそ1カ月にわたり四方から寄せられた攻撃に適切に対応できなかった。新教科書は配布され、新学期早々、教育現場には混乱が巻き起こった。この事態を何とか抑え込もうと、文部省は公式には強気の発言を繰り返していたが、最終的には教科書の記述変更を検討する話し合いのテーブルにつかざるを得なかった。9月6日のエル・ウニベルサル紙は"文部省と教員組合、初等教育改革で合意"と一面トップに見出しを掲げ、セディーリョとSNTE委員長ゴルディーリョの間で教育改革、特に小学4・5・6年生用教科書「メキシコ史」の記述について会談の場が持たれたことを報じている。この会談にはSNTEから全国55区の代表も参加した[38]。その結果、両者が合同で全国委員会を開催することで合意となった。これ以降は、それまでの非難の応酬や口論のレベルから、公的話し合いの場で可能な限り建設的討論を行うという新たな局面を迎えた。
　しかし9月11日、SNTEが新教科書の使用を拒否すると発表した。これに対して、文部次官は「連邦区のほとんどの小学校で教科書が配布され、すでに

生徒たちは積極的に授業に取り組んでいる。にもかかわらずSNTEが教科書を故意にしまい込んで使わないというのであれば、教育混乱の責任はSNTEにある」と非難した。それでも一方では新教科書が過渡的なものであることを再度強調し、教員の協力を求めた[39]。

9月20日、文部省は4回目の全国委員会での合意に基づき、歴史家、教育学者、教員、父兄が参加するフォーラムを25日から開催することを発表した。しかしこのフォーラムは、SNTEが当初要求したような自由参加による討論形式ではなく、文部省主催、期間2週間、全国から書面での答申を募る、というおざなりなものに変容してしまった[40]。

22日には与党PRIの幹部が「新教科書は旧作より格段に優れており、子どもたちにとっては効果的で魅力的な仕上がりとなっている。しかし、新教科書に関する国民各層の懸念と疑問を文部省は真摯に受け止めるべきである」と述べ、次年度の教科書作成に際しては再度改訂すべきという見解を表明した[41]。

また、教科書の配布をめぐって当局と教員の間で若干のトラブルがあった。9月23日、教科書無償配布国家委員会長官は「メキシコ史」の教科書700万部を全国の小学校に配布したと報告したが、全国小学校教員会（CNMP）会長から配布の遅延が指摘された[42]。また、10月13日には全国私立学校協会（ANEP）から、「私立学校の中にはいまだに歴史教科書が配布されていない学校があるが、従来通り国定教科書ではなく民間の教科書を用いるので、それほど支障はない」という声明が発表された[43]。私立では、国定教科書が配布されても水準と記述内容を理由に使用せず、独自に採用した文部省検定済みの市販の教科書を用いていたのである。メキシコの上流階級では子弟を私立学校に通わせるのが一般的であり、これらの人々は国定教科書には冷淡であった。

以後、論争はようやく収束に向かい始める。10月9日、文部省諮問機関である教育技術国家審議会（CONALTE）は、「メキシコ史」教科書に関するフォーラム（メキシコ市内3カ所で開催）を開始し、国民の意見を聴取しはじめた。10月15日のエル・ウニベルサル紙は、"文部省、小・中等教育の学習計画について諮問"という見出しで、文部次官がこのフォーラムで「満足すべき結果を得た」と述べたことを伝えている。さらに文部省が中心となり全国規模の33のフォーラムが組織され、大会で200近い報告が行われた。それらを参考にして11月に新たな諮問会議が招集され、より充実した新しい教科書を

めざして再度の改訂が行われることが決まった[44]。この席で文部次官は、歴史教科書に関する文部省の誤りをしぶしぶではあるが公式に認めた。SNTE は当初要求していた自由討論形式のフォーラムが実施されなかったことに不満をあらわにしたが、これに対して文部省は「形式上、新教科書編集に関する全国的意見聴取は完了した」と述べた。教員サイドは新教科書検討のやりかたについては文部省に押し切られる形になったものの、その後発行された 1993 年度の教科書を読むと、文部省が大幅に譲歩したことがわかる。

### 結び

では、国民（主に教員たち）が勝ち取った新たな教科書は、どのようなものだったのか。10 月、フォーラムによる意見聴取を終えた文部省は、1993 年度の新教科書の作成にとりかかろうとした。ところが教員、教育学者、歴史家、政治家、父兄など国民各層からあまりにも多様な意見が噴出したので、見解の統一に手間取り、新教科書の印刷が完了したのは新学期直前の 93 年 8 月のことであった。93 年度の「メキシコ史」の教科書は 4・5・6 年生共通で、メキシコが誇る風景画家ホセ・マリア・ベラスコの「太陽のピラミッド」を表紙にした全 79 ページの「1 部」と、現代画家ホセ・レイエス・メサの「共和国の勝利」を表紙にした全 103 ページの「2 部」からなる（「2 部」の印刷が完了したのは翌 94 年 3 月）。「1 部」はメキシコ古代史と植民地時代を、「2 部」は 19 世紀と 20 世紀を扱っている。92 年度は 4 年生で古代、植民地時代、19 世紀、20 世紀の各章を設けて概略的通史を扱い、5・6 年生では同じ章立てでより詳細に記述し、補完するというスタイルだった。教科書の構成そのものが根本的に改訂されたと言える。分量は 92 年の 2 学年合計 238 ページに対して、93 年は 182 ページと約 4 分の 1 減少している。しかし、"情報カプセル"と非難を浴びたことが反映されたのか、細切れの説明をやめ、叙述的記述に改めている。第 5 章「国家の統一」は、「ディアス期の平安」、「ディアス期の繁栄」、「社会と文化」、「ディアス独裁政権」からなり、74 年改訂の「社会科学」とほぼ同一項目から構成されており、74 年版を編集の参考にしたのは明らかである。内容的には、ディアス期の経済発展に対して一定の評価を与えてはいるものの、論争の焦点となった宗教宥和政策や「秩序と進歩」政策の過剰な評価は姿を消している。米国への接近に関しても「鉄道がアメリカ合衆国との国境まで延長

され交易を容易にした」という短い記述に留められ、NAFTA締結の正当化と批判された「北部の経済発展」には触れていない。軍部の怒りを買った「68年闘争」の記述も削除され、現代史のページで「メキシコは1968年にオリンピックの舞台となった」と1行で片づけられている。

　1994年以降は科目名が「歴史」と変更され、4年生でメキシコの古代から独立まで、5年生で世界史とラテンアメリカ近代史、6年生でメキシコの19・20世紀が扱われ、現在までほぼ改訂されることなく使用されている。1970年代以降の歴史教科書の変遷を俯瞰すれば、74年の「社会科学」の構成と内容が、92年の「メキシコ史」で一度は大きく変貌したものの、その後元に戻り現在までほぼ継承され、否定された過去の英雄も復活していることに気づく。

　1994年末、サリナスが任期終了に伴い大統領職を去った後、メキシコは経済危機に陥り、彼が希求した「第一世界の仲間入り」は、はかない夢に終わった。そして新教科書問題における失策によって一度は大統領候補から外れたセディーリョが、紆余曲折を経て大統領に就任した。

　1992年の歴史教科書改訂は、メキシコ革命以降続けられてきた国家組合主義的政策に異を唱え、NAFTAを新機軸に新自由主義経済を採用し、第三世界から第一世界への飛躍をめざしたサリナス政権の国家政策であった。その実現のためには、古臭い過去の英雄ではなく、新時代に相応しい人物像が必要であり、これまで目をそむけてきた事件を検証しなければならなかった。しかしサリナスの「歴史を再構築する」という意図は政治的な「歴史の改竄」として国民の強い反発を受け、新教科書は廃止の憂き目にあった。

　このように、ネオリベラリズムの潮流を背景としたサリナス政権の教育改革＝歴史観改造計画は、国民の反対に合い挫折した。メキシコの人々がこれを許容できなかった要素の一つに、政府が教科書を通して、親米路線を国民に浸透させようとしたことがある。だが、現代メキシコのナショナリズムは、21世紀のいま、1992年の新教科書をどのように捉えるだろうか。結果的に国民の反対が実を結んで新教科書は廃止され、ほぼ元の姿に戻った。しかし、論争後に作成された教科書は一見伝統的歴史観・価値観に戻っているようにみえるが、詳細に読めばそれは希釈され、当たり障りのない内容に改変されている。21世紀のメキシコは過去の反米主義の伝統から遠ざかり、親米的な国民感情を抱きつつある。19世紀半ばの米墨戦争敗戦以来、メキシコ人の心に深く根を

張っていた反米感情や、カルデナス政権のもとで沸騰した反米ナショナリズムは、確実に過去のものとなりつつある。

ではメキシコ・ナショナリズムは、米国に追随することで雲散霧消してしまったのかといえば、それは違う。メキシコ・ナショナリズムは、米国との角逐をも含めたこれまでのすべての歴史を通して、独自の民族性を形づくっているのである。「終章」では、ここまで扱ってきた事象・事件を、「メキシコ・ナショナリズム」という一本の糸で通す作業を試みてみよう。それによって、メキシコ・ナショナリズムの現在の姿も浮かびあがってくるだろう。


注
1 現代のメキシコでは教育システムは整備され、国の政策の比重も大きい。本章が扱う 1992 年当時のメキシコの国家予算総額は約 87 兆ペソで、そのうち文部省予算は 28.5 兆ペソ（約 33％）を占める。近年総予算の約 3 割が教育に割り当てられ、政府がいかに教育を重視しているかがわかる。また全国の小学校数は 1960 年の 540 万校から 1994 年には 1540 万校となり、34 年間で約 3 倍に増加している。
2 Vázquez de Knauth, p. 47.
3 *Ibid*., pp. 68–70, 125, 184.
4 Martínez Silva, p. 28.
5 小学 4 年生「歴史と公徳心」教科書。
6 Comisión Nacional de los libros de textos gratuitos, pp. 47, 51.
7 Martínez Silva, p. 28.
8 小学 4 年生「社会科学」教科書。
9 Comisión Nacional de los libros de textos gratuitos, pp. 57–59.
10 *Ibid*., pp. 65–67.
11 ちなみに小学校の全教科の教科書の総発行部数は、無償配布が開始された 1960 年の約 1760 万部から、94 年には 1 億 5000 万部に増加している。
12 *El Universal*, 1992/8/5.
13 *El Universal*, 1992/8/7.
14 *El Universal*, 1992/8/9.
15 *El Universal*, 1992/8/19.
16 *El Universal*, 1992/8/12.
17 *El Universal*, 1992/8/19.
18 新歴史教科書は作家アギラル・カミンが主宰する文芸誌『ネクソス』の編集・執筆陣グループによって執筆された。これに対し、新教科書の内容を詩人オクタビオ・パスが主宰する文芸誌『ブエルタ』のグループが痛烈に批判したのを皮切りに両者

は激しい論戦を展開し、教科書論争は"インテリ戦争"とも言われた。

19　*El Universal*, 1992/8/26.
20　*El Universal*, 1992/8/27.
21　*El Universal*, 1992/8/28.
22　*El Universal*, 1992/8/29. プロセソ誌827号（1992年）は、旧教科書ではかなりの紙幅を割かれていたクアウテモクに関する記述が新教科書ではわずか2行半に過ぎないと指摘している。
23　*El Universal*, 1992/8/29. プロセソ誌834号（1992年）は、前文部大臣バルトレットが発行を命じた1992年度用の「社会科学」の教科書が約640万部も倉庫に眠ったままであり、これは教科書の二重印刷で、100億ペソの税金の浪費であること、また新教科書が、5月に編集を開始し8月に完成というようにきわめて性急に製作されたものであることを指摘して、文部省を厳しく非難している。
24　*El Universal*, 1992/8/30.
25　*Ibid*.
26　*El Universal*, 1992/8/31.
27　*El Universal*, 1992/9/26.
28　*El Universal*, 1992/9/2.
29　*El Universal*, 1992/9/3.
30　*El Universal*, 1992/9/5.
31　*El Universal*, 1992/8/15.
32　*El Universal*, 1992/8/27.
33　*El Universal*, 1992/8/30.
34　*El Universal*, 1992/9/4.
35　*El Universal*, 1992/8/15.
36　本章1節p.257で述べたように、第1回教育改革による最初の教科書改訂計画が発表されたのは1972年であるが、歴史教科書の記述が実際に改訂されたのは74年のことである。
37　*El Universal*, 1992/8/23.
38　*El Universal*, 1992/9/6.
39　*El Universal*, 1992/9/11.
40　*Proceso*, No. 830, 1992.
41　*El Universal*, 1992/9/22.
42　*El Universal*, 1992/9/23.
43　*El Universal*, 1992/10/13.
44　*El Universal*, 1992/10/15.

## 参考文献

Comisión Nacional de los libros de textos gratuitos, *35 años de Historia*, 1994.

Martínez Silva, Mario, *Las Polémicas sobre los libros de texto Gratuitos*, Los libros textos gratuitos, 1982.

Vázquez de Knauth, Josefina, *Nacionalismo y educación en México*, El Colegio de México, 1975.

［新聞・雑誌］

*El Universal*, 1992/8/4–10/15.

*Proceso*, No.827–834/1992.

［教科書］

*Mi libro de cuatro años*; *Historia y Civismo*, SEP, 1969.（小学4年生「歴史と公徳心」）

*Ciencias Sociales,* cuatro grado, SEP, 1974.（小学4年生「社会科学」）

*Mi libro de Historia de México*, cuatro, quinto, sexto grado, SEP, 1992.（小学4・5・6年生「私のメキシコ史」）

*Lecciones de Historia de México*, primera parte, segunda parte, SEP, 1993.（小学4・5・6年生「メキシコ史1・2部」）

*Historia*, cuatro, quinto, sexto grado, SEP, 1994.（小学4・5・6年生「歴史」）

# 終章──メキシコ・ナショナリズムが築いた多民族共存社会

　本書はメキシコ史上、「国民」や「国家」のアイデンティティをめぐる闘いのシンボリックな事件や事象を取り上げ、帰納的にメキシコのナショナリズムを分析し、その上でメキシコのナショナリズム生成の流れを構築しようと試みたものである。従来、共通の文化、言語、宗教、歴史、精神などをネーションの基本要素として、多様なナショナリズム論が展開されてきたが、メキシコのナショナリズムを考察する上で、メキシコ独自の要素を抽出し、その民族意識の系譜を明らかにできれば、世界でも稀な多民族共存社会のダイナミズムを解明できるのではないか。これが本書執筆の動機であった。

　メキシコ固有のアイデンティティを表現するものとして、これまで様々な人物や事件、事象が取り上げられてきた。本書で取り上げたケツァルコアトル、トラスカラ族、コルテス父子、クアウテモク、グアダルーペ聖母信仰、英雄幼年兵、外国石油企業の国有化、歴史教科書論争についても、それらの一つひとつを扱った論文や著作はおびただしい数になる。しかしこれら複数の対象を古代から現代までのメキシコ通史の流れの中で関連づけ、メキシコのナショナリズムと民族的アイデンティティの生成を考察した研究書はこれまでなかった。これらの要素を筆者なりの観点で「メキシコのナショナリズム」形成史として編み上げてみようと試みたわけだが、成功しているか否かは読者の判断に委ねるしかない。

　**古代社会**　ナショナリズムとは国民国家が誕生した18世紀以降の概念であることを勘考すると、メキシコ古代社会にそのような概念を探すことには無理がある。しかし、言語、宗教、人種、領土といった原初的な紐帯によって構成される血縁的共同体の重要性が昨今見直されていることを考えれば、古代社会の部族主義もナショナリズムの原型と言えるのではないか。そのような観点から、

コーンや今中の理論に基づき、アステカとトラスカラの抗争もナショナリズムのひとつのテーマとして提示した。また、「古代世界では社会の安定化のために支配階級が社会を水平的分割線で区切り、階層の差異化を図る」というゲルナーの理論を応用し、トラスカラ社会の分析を試みた。

さらに、階層化された古代部族社会の分析には、より根源的な目的もあった。古代世界の部族神ケツァルコアトルの存在と、メキシコ人のアイデンティティに及ぼしたその影響力を解明するという狙いである。「ケツァルコアトル＝羽毛の蛇」は、征服後に生き残ったインディオとその末裔によって語り継がれ、彼らの情報や焚書を免れた絵文書をもとに、カトリックの僧やスペイン人の年代記編者たちはヨーロッパ化されたケツァルコアトル像を作り上げていった。古代のキリスト教布教を正当化するために創造された「ヨーロッパ白人伝道者＝ケツァルコアトル渡来説」は、アメリカ大陸固有の伝承ではなく、スペイン人を中心とする当時のヨーロッパ人に共通した言説であり、ヨーロッパによる新大陸の歴史の「読み替え」であった。サイードのオリエンタリズム論に倣えば、西欧によるニュー・ワールドイズム（新世界観）論とでも表現できようか。この言説は17世紀末にシグエンサ・イ・ゴンゴラによって聖トマスと結びつけられて普及し、18世紀末にミエルのグアダルーペ新説を生み出す根拠となった。このように考えれば、古代メキシコのケツァルコアトル信仰は変質しながらも18世紀末まで健在であったと言える。聖トマスと同一視された「羽毛の蛇」はグアダルーペの聖母と結びつき、クリオーリョのアイデンティティ確立とスペインに対抗するナショナリズムの誕生を促したという点において、独立を指導したクリオーリョ階層の精神的基盤に深く関わっていたのである。

**クリオーリョ・ナショナリズム**　クリオーリョ・ナショナリズムが植民地時代後半にすでに存在したというアンダーソンの指摘は的を射ている。本書では、その萌芽が征服直後にあったことを解明するためにマルティン・コルテスの陰謀事件を検証した。マルティンらクリオーリョ第一世代には、わずかではあるが宗主国からの離反の芽がすでに生まれていたのである。スペイン人の血を引きながら、出自が植民地というだけで本国人と差異化されるクリオーリョの苦渋は、インディアス新法公布による特権の剥奪によって始まった。マルティンの挫折はその後のクリオーリョたちの煩悶の歴史の序曲であった。このときにス

ペイン人とは異なる「クリオーリョ意識」が生まれたといっても過言ではない。

また、陰謀事件では二次的役割しか果たさなかった異母兄のマルティンが歴史舞台に登場した意味は大きい。スペイン人のコルテスを父に、先住民のマリンチェを母に生まれたマルティンは新大陸で最初のメスティーソ（混血）である。祝福されて生まれてきたわけではないメスティーソが300年にわたる植民地時代に次第に力を蓄え、独立戦争ではクリオーリョと連携して祖国独立の立役者に変身し、20世紀の革命以降は国民国家の中枢となったことを考えれば、マルティンはメキシコの宿命を背負って誕生したと言える。マルティンの内に秘めたエネルギーと逞しさは、温室育ちの異母弟の柔弱さと対照的で、将来のダイナミックなメスティーソ層の台頭を予感させる。

**反スペイン主義への多民族の共闘**　植民地時代はスペイン王朝によって公的ナショナリズムが構築された。その支配体制にかげりが見え始めた18世紀末、副王レビリャヒヘドはコルテスの銅像製作や壮大な葬儀によって征服者を賞賛し、スペイン主義を称揚しようとする。しかし、水面下ではスペイン主義を容認できないクリオーリョたちの複雑な感情が鬱屈していた。植民地時代後半のクリオーリョ知識人はメキシコ独自のアイデンティティを模索し、それは当然のことながら宗主国スペインの否定につながった。一方、スペイン人とクリオーリョ特権階級に支配されていたインディオ、メスティーソ、黒人階層は、政治・経済活動への参加が許されていなかったことや低い識字率のせいで、支配階級に対抗してアイデンティティを形成するには至らなかった。だが、独立戦争で反スペイン主義的クリオーリョと非白人下層階級との間に共闘関係が構築され、両者の結合が最終的にスペインからの独立を勝ち取る推進力となった。その触媒となったのはグアダルーペの聖母である。下層階級の民間信仰の対象であったこの聖母は、クリオーリョ知識人によってメキシコに起源があることが理論的に根拠づけられ、非白人層とクリオーリョを繋ぎ、共属意識構築の媒体の役割を果たした。

**独立戦争とメスティーソの台頭**　衰弱していたスペイン帝国との独立戦争が11年と長期化した原因は、クリオーリョ層の大半が戦争の続行に危惧を覚え、王党軍に寝返ったからである。クリオーリョ司祭イダルゴによって火蓋が切られた

独立戦争はイダルゴが倒れた後、モレロスによって引き継がれる。このメスティーソ司祭が率いる独立軍には先住民、メスティーソ、黒人など下層階級の人々が参加し、副王軍を悩ませた。怒濤のごとく町や荘園や鉱山を焼き討ちする独立軍を見て、独立に積極的だったクリオーリョたちは、被支配層の台頭を目の当たりにし、自分たちの特権が脅かされることに気づき、次第に王党派に加担していく。モレロスの反乱はクリオーリョの既得権を剥奪し、それまで温存されてきた身分社会を転覆する危険性をはらんでいたのである。モレロスが捕虜となり銃殺された後、独立軍の指導者となったのはゲレロであった。ゲレロは副王軍大佐イトゥルビデと手を結び、イグアラ綱領の発表によって実質的に独立が達成された。クリオーリョの長たるイトゥルビデが反乱軍の指導者ゲレロと連携したことは、クリオーリョがスペインとの同盟関係を破棄することを意味した。メスティーソのモレロスとゲレロの台頭は、メキシコにおけるスペイン人、クリオーリョに次ぐ第三の社会勢力の誕生を象徴していた。メスティーソの台頭によって、それまで白人特権階級が牛耳っていた政治への非白人大衆層の参加が可能となり、メキシコ近代化の第一歩が踏み出されたのである。

**立ちふさがる米国の脅威**　独立を達成すると、新国家の国民たちは君主制に愛着を覚えるスペイン主義者と、後進性の象徴として宗主国の遺制をすべて否定する反スペイン主義者に分かれた。前者は保守的なクリオーリョであり、後者は米、英、仏を発展モデルとみなす自由主義的クリオーリョおよび初めて国政に参加を認められた軍閥メスティーソである。イトゥルビデがメキシコ皇帝に指名されたのは、スペインの君主制を国のモデルとして支持する保守派の意向が反映された結果であった。

　スペインという脅威を排除して独立を達成し、近代国家建設の途についたメキシコの前に立ちふさがったのがアメリカ合衆国である。19世紀の米国はヨーロッパの新大陸への干渉をモンロー主義（欧米両大陸の相互不干渉を主張する米国の外交原則）によって牽制しつつ、英国、フランス、スペインとの外交交渉によって領土を拡大し、ふたつの大洋に君臨する大陸国家建設に成功した。その拡張主義の理論的根拠となったのがマニフェスト・デスティニーである（5章参照）。民主主義と経済的繁栄を新大陸に広げることは自国の天命で

あると主張するこの理論は、自由で開かれた新しい連邦共和国の発展には不可欠な考え方であった。しかしこの新たな大国は、「正義の樹立、国内の静穏、福祉の促進、自由の恵沢の確保」（合衆国憲法前文）と宣言しながら、白人社会の経済発展のために黒人を犠牲にする奴隷制を維持するという矛盾をはらんでいた。世界のどの国よりも長く、この独善的論理の犠牲になってきたのがメキシコである。自由民主国家の普遍化を提唱しながら、実際は非民主的に隣国の主権を蹂躙するという米国のダブル・スタンダードの欺瞞は、メキシコの歴史をみれば明らかである。米国の隣国への干渉はメキシコ共和国成立直後から始まった。モンローに任命された駐墨全権公使ポインセットはメキシコの自由主義者の秘密結社ヨルキーノ派を擁護して、保守派のエスコセス派と対抗させ、メキシコの内政に干渉した。この干渉が米墨戦争（1846～48）の引き金となる。駐墨大使館を介してメキシコの政治に露骨に干渉する米国の手法は百年後のメキシコ革命まで続いた。

　列強同士の凄まじい弱肉強食の領土争奪戦が繰り広げられる19世紀の国際政治舞台で、メキシコは新共和国建設も束の間、米国の侵略を受け、その餌食となった。米墨戦争での予想もしなかった惨敗によって、反スペイン的国民感情は吹き飛ばされ、それまで近代化のモデルとしてきた米国への警戒感、嫌悪感、劣等感が国民の間に急速に広まった。隣国に反感を覚えながらも模範としなければならないというメキシコのジレンマがここに生まれたのである。3千kmにわたって国境を接する隣人が、世界最大の超大国として自国を脅かすという悲劇が始まった。フランスの干渉（1863～67）さえ、隣国からの軍事的・経済的援助を仰がなければ解決できなかったのである。

　米墨戦争後、つき合いにくい隣人を抱えることになったメキシコ人の感情は複雑であった。植民地時代スペインに向けられていた劣等感は今や、屈折した感情として米国に向かうようになった。こうした背景から、メキシコの心理学者サムエル・ラモスはメキシコ人の行動原理が劣等感に基づくと唱えた。ラモスへの反論として、メキシコ人の本質を「孤独」と規定したのは詩人オクタビオ・パスである。いずれにせよ、米国の干渉と闘わねばならなかったメキシコの心性を表していよう。

　以上のような米墨関係を総括すれば、メキシコの近代ナショナリズムはひとつには米国という大国からの独立を維持する運動、あるいは米国による併合を

回避する運動と言えるかもしれない。そして、メキシコの指導者たちは米国という脅威を外に作り出すことで国民を精神的に統一し、国体を維持してきたとも言えるのである。

**反米ナショナリズムの形成**　19世紀末から20世紀にかけて、独裁者ディアスは欧米資本の導入によって経済発展を成功させた。ディアスが米国を警戒し、英国と競合させることでその脅威を殺ごうと意図したことは、英国人の石油開発者ピアスンに肩入れしたことからも明らかである。19世紀から醸成されたこのような米国への警戒心は、ナショナルなものの探求へと向かった。クアウテモクや英雄幼年兵の顕彰はそのような国民感情の表れである。スペイン人征服者コルテスに最後まで抵抗したインディオの王と大義なき侵略戦争で殉死した士官学校生は、反米のシンボルとなった。

　20世紀初頭の革命後も政治的・経済的になにかと干渉してくる米国に毅然として反旗を翻したのが、カルデナスであった。外国石油企業の収用は資源＝経済ナショナリズムの典型であるが、この出来事の経済的側面だけを強調してはメキシコの国民意識は見えてこないであろう。大衆がなけなしの宝石を供出してまでカルデナスを支えた背景には、米墨戦争以降、メキシコに影を落としてきた北の巨人に対する積年の反感や、自国を経済植民地化しようとするヨーロッパの帝国主義への根強い不信があった。E. H. カーが指摘した「大衆ナショナリズム」がポピュリズムという形で表出したのが、石油企業国有化をはじめとするカルデナスの政治であった。だが、カルデナスの反米的外交はその後、後継者たちによって継続されたわけではなかった。米国の意向を一貫して無視できるほどメキシコの政治的・経済的基盤は強固ではなかった。民族自決を掲げたエストラーダ・ドクトリンを外交方針として再確認し、自主外交を表明することが精一杯の抵抗であった。米国が立ちはだかっている限り、メキシコの外交政策は「負け惜しみ」気味の、防衛的な要素を払拭できないと言える。

**ネオリベラリズム時代の多民族共存**　第二次世界大戦後は、米国との間にやや距離を置いた協調関係が築かれた。しかし、メキシコ革命の精神である「社会変革」を標榜し、富の偏在の是正と国民生活の向上をめざして取られた組合主義的国家経営の方針は継続され、歴史教育では相変わらず独立、改革、革命の功

労者たちが英雄として教えられた。この路線に変更を試みたのがサリナスである。ネオリベラリズム（新自由主義）経済をモットーとするこの気鋭の経済学者は大統領に就任すると、メキシコの第三世界的地位に満足できず、欧米の仲間入りをめざし北米自由貿易協定（NAFTA）の締結（1992）に踏み切った。新しい国家を夢見る元首にとってそれまでの歴史認識は時代錯誤に映り、サリナスは歴史教科書の抜本的改革に着手した。過去の英雄たちは居場所を失い、他の英雄に地位を譲らなければならなかった。「一流国」の仲間入りをするには経済改革とともに歴史観の変革が不可欠で、それまで決して友人とは考えてこなかった隣人に接近する必要があった。米国の大学院を修了したサリナスにとって、米国の思想はそれほど違和感のあるものではなく、またサリナスの世代は歴史認識の変更にさして抵抗を覚えない人々である。そしてサリナスの路線変更は宗教界との関係にも及んだ。メキシコ革命以降、歴代の政府は国家の改革と近代化を阻む桎梏としてカトリック教会を排除してきたが、サリナス政権は教会に歩み寄り、その存在を肯定的に捉え、ローマ法王庁との関係修復を試みた。宗教活動を大きく制限した憲法第130条が改正され、宗教団体に法人格が認められたのはその証である。この両者の協調関係は歴史的出来事として新教科書にも記載された。

　しかし、祖国の苦闘の歴史を尊重する人々は自分のアイデンティティを否定されたと感じ、この新しい歴史教科書に猛烈に反発した。結局、この新教科書は廃止の憂き目に合うが、NAFTAは発効し、メキシコは米国の経済圏の中に組み込まれ、「一流国の仲間入り」どころか経済的従属関係は深まるばかりである。こうしたサリナスの一連の政治・経済政策に対して、国民の側から異議申し立てがなかったわけではない。NAFTA発効同日の1994年元旦には、マヤ系先住民集団から成るゲリラ組織・サパティスタ民族解放軍（EZLN）が、協定締結を貧しい人々を切り捨てる政治として糾弾し、武装蜂起した。先住民の権利回復・反グローバリゼーションを掲げるEZLNの活動は、スポークスマン「マルコス副司令官」らの斬新な戦略も手伝い、国際的に注目を浴びている。しかしながら、こうした運動が現在のメキシコ人の心性を代表しているかといえば、そうではないだろう。21世紀のメキシコでは、ほとんどの若者が150年前に失った広大な領土のことなど忘れているし、反米感情も薄らいでいる。メキシコの国民感情を形成してきた米国への脅威論は風化し、経済的グ

ローバリゼーションの浸透にともない、新世代は英語を修得して外資に就職することを希望している。ネオリベラリズムによる国家という枠組の排除は、メキシコのナショナリズムをも漂白しようとするかのようである。

だがそれでも、すべてのメキシコ人がネオリベラリズムの荒波に飲み込まれたわけではない。メキシコ革命は多様なエスニック・グループの統合、メスティーソ中心主義の国民国家建設を経て制度化され、先住民はこの国家プロジェクトに組み込まれた。しかし、インディオたちは政治的装置としての客体的インディヘニスモを脱し、主体的インディオニスモという自らの足場を築きつつある。彼らの戦略変更は1970年代以降国家の指導者にも支持され、バイリンガル教育による多文化主義がメキシコの方針となった。このことは1991年の憲法第4条修正に反映されている。20世紀の終わりに、メキシコの国民統合の理念はメスティーソ主義から多民族共存主義へと転換されたのである。

**インディオ文化が尊重される社会の力**　外部世界の人間が、メキシコ市の街頭で物乞いをするインディオの母子を見かけて、メキシコのインディオが抱える貧困に根ざす社会問題を理解したと錯覚し、彼らに同情するのは皮相的な見方である。伝統的農村共同体が崩壊して、先住民の困窮者が都市に流入し、貧困、犯罪、スラム化などの新たな都市問題が発生している。都市住民となった先住民が深刻な問題に直面していることは事実であるが、都市先住民の姿だけを見て先住民像を語るのは一面的すぎるであろう。グローバリゼーションはメキシコの僻地の村にまで浸透しつつあるが、この荒波に飲み込まれることなく伝統的農村社会を維持している地域もある。チアパス、ユカタン、オアハカ、プエブラ、ベラクルス、ナヤリ、チワワなど先住民人口が比較的多い州には、太古から続く真のインディオ世界が広がっている。これら23州には先住民伝統地域として国立先住民研究所（INI）傘下の96地域センターが設置されている。駐在研究員たちはインディオの農業技術の進度、識字率、健康状態を調査する一方で、不法な土地占拠や違法な雇用契約によってインディオの諸権利が侵害されないように監視している。不当行為が行われた場合は、地元の政府機関へ連絡するとともに全国先住民協議会（CNPI）の協力を得て、問題の解決に当たっている。しかし創生期と異なり、最近のINIの活動は積極的にインディオの生き方に介入するのではなく、彼らの伝統・文化の独自性を尊重した側面的

支援に徹している。これは、主体はインディオであって、職員はあくまで黒子であるという方針がINIにも浸透してきたことによる。インディオを「愚鈍な弱者」とみなし彼らを庇護するという視点は21世紀のメキシコにおいてはもはや時代の外である。彼らは愚かでも怠惰でもない。国民国家に統合されたように見えても、実は固有の伝統・文化を守りしたたかに生きている。
　彼らが一番溌剌とするのは祭りや伝統行事のときであろう。チワワのタラウマラ族は「ラ・ボーラ」（球）と呼ばれる競技で休むことなく3日も4日もボールを蹴りながら走り続ける。その持久力が注目され、メキシコ市のマラソン大会に何度も招待されている。ナヤリのコーラ族は聖週間に白と黒の縞模様のボディ・ペインティングをほどこし、幼子キリストを探し回る。カトリックの習慣を習合した、コーラ族固有の伝統行事である。祭りの期間中は撮影・録音が禁止され、この掟を破った者には部外者であろうとボディ・ペインティングの罰が科される。チアパスのチャムーラ族は「死者の日」にロウソクと花で墓地を飾り、蘇ってくる先祖たちをご馳走でもてなし、ともに朝まで飲み明かす。
　そしてオアハカのゲラゲッツァ祭。「ゲラゲッツァ」とは「相互扶助」の意である。7月の第3、第4月曜日にオアハカ市で開催されるこの民族の互助祭ほどインディオの主体性が発揮される行事はないだろう。オアハカ州の7地区を代表する舞踊チームが、郷里の伝統舞踊を外国人観光客も混じった大観衆の前で披露する。音楽にあわせて踊る男女のなんと生き生きと躍動していることか。その自信に満ちたステップとまぶしいばかりの笑顔に観衆は心から魅了される。この姿から、「愚鈍」だとか「劣等」などという言葉は思いつくはずもない。この舞踊の祭典はオアハカ州政府主催であるが、祭りを主体的に企画・運営しているのは地元の先住民（ミステカ、サポテカ、マサテカなど複数の部族）を中心とする若者たちである。踊り・音楽・衣装には各地区の伝統が生かされているが、国立芸術学院（INBA）が側面から適宜助言する場合もある。ここでも行政機関は間接的に先住民の文化・伝統育成に関わり、脇役として彼らを見守る役割である。祭りの開催中は「トウモロコシ女神コンテスト」、郷土料理展、伝統的機織と陶芸の講習会、地酒のメスカル試飲会、コンサート、チェス競技大会、自転車競技会など多様なイベントが催される。オアハカ州政府は「コーヒー祭り」を同時開催して、州の特産物の宣伝にも余念がない。ま

オアハカのゲラゲッツァ祭。伝統的な衣装に身を包み、みな生き生きと踊っている

た、オアハカ市以外の市町村でも小規模ではあるがゲラゲッツァ祭が開かれる。

　オアハカではインディオの祭りによって州全体が活気づき、先住民と非先住民の共存状態が生み出されている。この背景には、資源に乏しくこれといった産業もない州を活性化するために、中央と州の両政府が先住民文化をひとつの商工・観光産業とみなし、彼らの存在を積極的に利用しているという経済的側面がある。政府当局がインディオの伝統文化を観光資源として必要とする以上、インディオの伝統文化の保護・育成に積極的に関わらざるを得ない。しかし、このことがマイナスに働くとは限らない。このように経済面からインディオ文化が擁護・奨励されていくうちに、次第に社会の側にインディオ文化を尊重する力が養われ、共に社会を作っていく状態が生まれているのだ。

**精神世界を守る運動：多民族共存社会の未来**　オアハカ州にはINIの20の地域センターがあり、全国二重言語専門職同盟（ANPIBAC）の教員と協力して、インディオの子どもたちにミステカ語やサポテカ語などの先住民言語とスペイン語のバイリンガル教育を行っている。オアハカでバイリンガル教育が成功したのには、ANPIBACの二代目委員長であるフランコ・ガブリエル・エルナンデスの存在が大きい。彼はオアハカのミステカ族の出身で、組織の運営理念に関わる部門の責任者であった。バイリンガル教育のなかで先住民教員が教育的・財政的問題に直面し、地方組織では手に余る場合は、このミステカ族の指導者は首都まで出かけ、文部省の先住民教育局（DGEI）に直訴して、問題の解決を図った。また、先住民が自分たちの意思で結成したANPIBACの活動はバイリンガル教育に限られているわけではない。ANPIBACの究極の目的は「ミステカ国」とか「マサテカ国」といったインディオ国家の建設である。ただし先住民運動を政治化すると政府の介入を招く恐れがあるために現在は教育運動に専念しているのである。彼らが夢見る「インディオ国家」の実現への道のりは平坦ではないが、少なくともインディオがそのような具体的なコミュニティ計画を表明できる時代は到来しているのである。オアハカのゲラゲッツァ祭や二重言語教育を媒介とした先住民文化の復活は、他の伝統的先住民地域でも生じており、チャタジーの言う民族文化の本質である「精神世界を守る運動」は着実な歩みをみせている。インディオニスモの成果は確実に上がり、国民国家への同化の過程で喪失の危機に瀕していたインディオ独自の世界が復活している

のである。

　これは官製の客体的インディヘニスモからの脱却であり、政府がメキシコ革命以降推進してきた国家プロジェクトの終焉を意味する。メキシコ・ナショナリズム形成の原動力となった大衆＝メスティーソが主導してきた国造りには、その長い歴史的過程のなかで白人層や先住民が翻弄されてきた。しかし、この非メスティーソ層がメスティーソ文化に完全に同化させられたわけではない。スペイン系白人以外にも、移民としてメキシコにやって来た米国人、英国人、フランス人、ドイツ人、ユダヤ人、アラブ人、日本人などの子孫はメキシコ社会に溶け込み、多民族社会の構成員となりながらも、それぞれの固有の伝統・文化を守っている。メキシコの人口的マジョリティはメスティーソである。しかしだからと言って、それ以外の人々が自分たちの考え方を主張できず、抑圧されてしまう社会ではない。多様なエスニック・グループは異なる意見をぶつけ合い、反発し合い、問題を抱えながらも、人口約1億の異種混交社会の中で共存している。現在のメキシコの多民族共存社会は、スペインからの独立以降、誇り高いメキシコの民衆が統合と差異化を繰り返しながら、闘い抜き積み上げてきたものである。

　21世紀、「グローバル・スタンダード」が唱えられ、世界は均質化へ傾きつつある。「多様性尊重」の見せかけの裏で、たとえば「英語は地球の標準語」といった標語が闊歩し、社会的経済的格差を正当化するネオリベラリズムの浸透によって、効率主義と経済的豊かさがあらゆることの尺度になっている。貧しい人々を「敗者」として周辺化し、政治的・文化的マイノリティを異質なものとして排除する傾向はいよいよ強まるばかりである。人間や文化の差異への視野が極端に狭まっているこのような時代に、違う人間それぞれの生き方を違うままに互いに認めあい、ときに摩擦を生みだしながらも尊重するメキシコ社会に、私たちは真の多民族共存、異文化理解への重要な視座を見出すことができよう。

\* \* \* \* \* \* \*

　最後に、繰り返し拙稿を丹念に読み返し、問題点のご指摘と適切なご助言を頂いた新評論の吉住亜矢氏、出版をご快諾頂いた同社前会長の二瓶一郎氏、そして本書の出版をお勧め下さった早稲田大学の飯島昇藏氏に衷心から感謝の意を表したい。以上の方々のご尽力がなければ、本書は日の目をみることはなかったであろう。なお、本書は刊行に際して、早稲田大学から学術出版補助費を受けている。

2004 年 8 月　筆者

# 関 連 年 表

| 西暦 | メキシコの出来事 | 世界の出来事 |
|---|---|---|
| BC2000 | メキシコ盆地でトウモロコシ栽培が始まる | |
| BC 200 | メキシコ盆地に都市国家テオティワカンの建設始まる | |
| AD 300～600 | テオティワカンの発展と繁栄 | |
| | マヤ諸都市国家の興隆 | |
| 7世紀半ば | テオティワカンの滅亡 | |
| | ティカル、パレンケ、コパンなどマヤ諸都市国家の繁栄 | |
| | 都市国家ショチカルコ、カカシトラの発展 | |
| | ケツァルコアトル神を信仰する宗教体系の確立 | |
| 900～1200 | トルテカ・チチメカ族の興隆。都市国家トゥーラの繁栄 | |
| 1200～1400 | 中央高原の群雄割拠時代 | |
| 1325頃 | アステカ族、テノチティトランに定住 | |
| 1376 | アカマピチトリ、アステカの都市国家テノチティトラン初代王に即位 | |
| 1427 | イツコアトル、テノチティトラン第4代王に即位 | |
| 1428 | テノチティトランが都市国家アスカポツァルコを滅ぼす | |
| | テノチティトラン、テスココ、タクーバの三国同盟によってアステカ帝国が成立 | |
| 1440 | モクテスマ1世、アステカ第5代王に即位 | |
| 1478 | アステカとタラスコの戦い | |
| 1486 | アウイソトル、アステカ第8代王に即位 | |
| 1492 | コロンブス、アメリカ大陸を「発見」 | 1492 グラナダ城陥落 |
| 1493 | ローマ教皇アレクサンドル6世、大教書を発布（スペインの新大陸所有の認可） | |
| | | 1494 トルデシーリャス条約締結 |
| 1499 | コロンブス、エスパニョーラ島にエンコミエンダを導入 | |
| | | 1500 カブラル、ブラジル北東部に到達 |

| | | | |
|---|---|---|---|
| 1502 | モクテスマ2世、アステカ第9代王に即位 | | |
| | インディアス初代総督オバンド、エスパニョーラ島に着任 | | |
| | | 1503 | スペイン王室、エンコミエンダ制を承認 |
| 1511 | ドミニコ会士モンテシノス、エンコメンデロをインディオ虐待で非難 | | |
| 1512 | ブルゴス法公布 | | |
| 1517 | コルドバ遠征隊、ユカタン半島に上陸 | 1517 | スペイン、カルロス1世即位 |
| 1518 | グリハルバ遠征隊、メキシコ湾岸を探検 | | |
| 1519 | エルナン・コルテス、ベラクルスに上陸 | 1519 | マゼランの世界周航（〜22） |
| | トラスカラ、コルテスと同盟 | | |
| 1520 | アステカ王モクテスマ2世の死。クイトラワクの即位と死。クアウテモク、即位 | | |
| 1521 | コルテス、アステカ帝国を滅ぼす | | |
| 1524 | 12名のフランシスコ会士、メキシコに到着 | 1524 | スペインにインディアス諮問会議設置 |
| 1525 | アステカ最後の王クアウテモク、処刑される | | |
| 1528 | フアン・デ・スマラガ、メキシコ市司教に着任 | | |
| | アウディエンシア（聴訴院）、メキシコ市に設置 | | |
| 1535 | ヌエバ・エスパーニャ初代副王アントニオ・デ・メンドーサ、メキシコ市に着任 | 1535 | ピサロ、インカ帝国を征服 |
| 1542 | インディアス新法公布 | | |
| 1545 | インディアス新法第30条撤回 | 1545 | トリエント公会議開始（〜63） |
| | ラス・カサス、チャパ（現チアパス）司教として着任 | | |
| | サカテカス銀山発見 | | |
| 1547 | エルナン・コルテスの死 | | |
| 1550 | ルイス・デ・ベラスコ、第2代副王に着任 | | |
| | ラス・カサスとセプルベダのバリャドリード論争 | | |
| | | 1556 | スペイン、フェリーペ2世即位 |
| 1563 | 第2代オアハカ盆地侯爵マルティン・コルテス、メキシコ市に到着 | | |
| 1566 | マルティン・コルテスの陰謀発覚。アビラ兄弟、処刑される | | |
| | ガストン・デ・ペラルタ、第3代副王に着任 | | |
| 1568 | 第4代副王にマルティン・エンリケスが任命される | | |
| 1572 | イエズス会、メキシコで布教活動を開始 | | |

| | | | |
|---|---|---|---|
| | | 1580 | スペイン、ポルトガルを併合 |
| | | 1581 | オランダ独立宣言 |
| | | 1588 | スペイン、無敵艦隊敗北 |
| 1624 | 副王ヘルベスと大司教セルナの対立による暴動の発生 | | |
| 1629 | エルナン・コルテスとペドロ・コルテスの葬儀（メキシコ市） | 1640 | ポルトガル、スペインから独立 |
| 1648 | ミゲル・サンチェス、グアダルーペの聖母に関する論文を発表 | 1649 | 英、清教徒革命 |
| | | 1690 | 英・仏植民地戦争勃発 |
| | | 1700 | スペイン、ブルボン王朝創始 |
| | | 1701 | スペイン継承戦争（～13） |
| | | 1713 | ユトレヒト条約締結 |
| 1735 | メキシコ市でペストが流行 | | |
| 1746 | グアダルーペの聖母、ヌエバ・エスパーニャの守護神となる | 1750 | マドリード条約締結 |
| | | 1756 | 七年戦争開始（～63） |
| | | 1763 | パリ条約締結 |
| 1767 | スペイン植民地からイエズス会士追放される | 1776 | アメリカ合衆国独立宣言 |
| | | 1777 | サン・イルデフォンソ条約締結 |
| 1780 | クラビヘロ、『メキシコ古代史』をイタリアで刊行 | 1789 | フランス革命 |
| 1790 | 副王レビリャヒヘド、コルテスの記念碑を建設 | | |
| 1793 | グアダラハラでクリオーリョの独立の陰謀が発覚 | | |
| 1794 | ミエル師、グアダルーペの聖母顕現についての説教を行う | | |
| 1799 | マチェテスの陰謀発覚 | | |
| | | 1806 | ナポレオン、大陸封鎖令 |
| | | 1808 | ナポレオン、スペイン占拠 |

| | | | |
|---|---|---|---|
| 1810 | イダルゴ神父、武装蜂起（独立戦争開始） | | |
| | | 1812 | 米英戦争（〜14） |
| 1814 | モレロス、アパツィンガン憲法を公布 | | |
| | | 1815 | 神聖同盟成立 |
| 1819 | アダムス＝オニス条約締結 | | |
| 1821 | オースティン、テキサス入植を許可される | | |
| | イトゥルビデ、イグアラ綱領を発表 | | |
| | 副王オドノフ、コルドバ条約に調印（メキシコの独立達成） | | |
| 1822 | ミエル師、メキシコに帰国 | | |
| | イトゥルビデ、皇帝アグスティン1世として即位 | 1823 | 米、モンロー宣言 |
| 1825 | グアダルーペ・ビクトリア、メキシコ共和国の初代大統領に就任 | | |
| 1827 | スペイン軍最後の砦サン・フアン・デ・ウルア、陥落。ミエル師死去 | | |
| 1830 | テキサスと隣接地域への外国人入植が禁止される | | |
| | 中央集権主義を法制化した国家基本法が公布される | | |
| 1836 | サンタ・アナ、アラモ砦を陥落 | | |
| | サンタ・アナ、捕虜となり、ベラスコ条約を結ぶ | | |
| 1837 | アメリカ合衆国、テキサスの独立を承認 | | |
| 1840 | ユカタン地方、独立宣言 | 1840 | 中国（清）、アヘン戦争（〜42） |
| 1841 | サンタ・アナ、政権を握る | | |
| 1844 | エレーラ、暫定大統領に就任 | | |
| 1846 | パレーデス、暫定大統領に就任 | | |
| | 米墨戦争開始 | | |
| | サンタ・アナ、大統領に就任 | | |
| 1847 | チャプルテペック城の陥落 | | |
| 1848 | グアダルーペ・イダルゴ条約の締結 | 1848 | 米・カリフォルニアで金鉱発見 |
| 1853 | サンタ・アナ、メシーリャ地域を米国に売却 | | |
| 1854 | アユトラ事変 | 1854 | クリミア戦争（〜56） |
| 1855 | サンタ・アナ、追放される | | |
| 1856 | レルド法公布 | | |
| 1857 | 1857年憲法公布 | 1857 | 欧州経済恐慌 |
| 1858 | 改革戦争開始 | | |
| 1861 | フアレス軍勝利 | 1861 | 米、南北戦争（〜65） |
| | | 1863 | 米、奴隷制廃止 |
| 1864 | マキシミリアン大公、メキシコ皇帝として即位 | | |

| | | | |
|---|---|---|---|
| 1867 | マキシミリアン皇帝、処刑される | | |
| | | 1868 | 日本、明治維新 |
| 1871 | フアレス、大統領に再選 | | |
| 1872 | フアレスの急死 | | |
| 1873 | メキシコ市とベラクルス市間に鉄道が開通 | | |
| 1876 | ディアス、暫定大統領に就任 | | |
| 1877 | ディアス、大統領選挙で勝利 | 1877 | ロシア・トルコ戦争（～78） |
| 1884 | 新鉱山法公布 | | |
| 1893 | リマントゥール、大蔵大臣に就任 | | |
| | | 1894 | 日清戦争（～95） |
| | | 1898 | 米西戦争 |
| | | 1899 | 南ア戦争（～1902） |
| 1901 | 石油法公布 | | |
| | | 1904 | 日露戦争（～05） |
| | | 1907 | 英・露・仏三国協商成立 |
| 1908 | バスコンセロス、青年文芸家協会を設立 | | |
| 1909 | マデロ、再選反対党を結成 | | |
| 1910 | ディアス、大統領に当選 | | |
| | メキシコ各地で反乱 | | |
| 1911 | ビリャ、チワワで政府軍を破る | 1911 | 中国、辛亥革命 |
| | ディアス、フランスへ亡命 | 1912 | 中華民国成立 |
| | マデロ、大統領に就任 | | |
| | サパタ、アヤラ綱領を発表 | | |
| 1913 | ウエルタ、マデロを暗殺 | | |
| 1914 | カランサ、暫定大統領に就任 | 1914 | 第一次世界大戦勃発／パナマ運河開通 |
| | アグアスカリエンテス会議 | | |
| 1915 | オブレゴン、ビリャ軍をセラヤで破る | | |
| | 米国、カランサ政権を承認 | | |
| 1916 | ガミオ、『祖国鍛造』を発表 | | |
| 1917 | ケレタロで新憲法が公布される | 1917 | ロシア革命 |
| | カランサ、大統領に就任 | | |
| 1919 | サパタ暗殺 | | |
| 1920 | カランサ暗殺 | 1920 | 第一次大戦終結、国際連盟発足 |
| | オブレゴン、大統領に就任 | | |
| 1921 | メキシコの石油生産、世界第2位となる | | |
| | | 1922 | ソビエト社会主義共和国連邦成立 |
| 1923 | ビリャ暗殺 | | |
| | ブカレリ合意の締結 | | |
| 1924 | カリェス、大統領に就任 | | |
| 1925 | カリェス、石油法を改正 | | |

| | | | |
|---|---|---|---|
| | バスコンセロス、『普遍的人種』を発表 | | |
| 1926 | クリステーロの乱 | | |
| 1927 | カリェス＝モロー合意成立 | | |
| 1928 | オブレゴン、大統領に再選直後暗殺される | 1928 | パリ不戦条約調印 |
| 1929 | カリェス、国民革命党（PNR）を結成 | 1929 | 世界恐慌 |
| | | 1933 | 米、ルーズヴェルト大統領就任。善隣外交開始 |
| 1934 | カルデナス、大統領に就任 | | |
| 1936 | メキシコ労働者連合（CTM）結成 | 1936 | スペイン内戦勃発 |
| | カルデナス、カリェスとモローネスを追放 | | |
| 1937 | 鉄道国有化 | | |
| 1938 | カルデナス、石油国有化を発表 | | |
| | カルデナス、国民革命党（PNR）をメキシコ革命党（PRM）に再編 | 1939 | 第二次世界大戦勃発 |
| | メキシコ石油公社（PEMEX）設立 | | |
| | セディーリョ、サン・ルイス・ポトシで武装蜂起 | | |
| 1940 | アビラ・カマチョ、大統領に就任 | | |
| | シンクレア社との賠償金額が合意に至る | 1941 | 日米開戦 |
| 1942 | ワステカ社（スタンダード・オイル系）との賠償金額が合意に至る | 1945 | 第二次大戦終結、国際連合発足 |
| 1946 | メキシコ革命党（PRM）が再編されて制度的革命党（PRI）が誕生 | | |
| | エル・アギラ社（ロイヤル・ダッチ・シェル系）との賠償金額が合意に至る | | |
| | エルナン・コルテスの遺骨発見 | | |
| | ミゲル・アレマン、大統領に就任 | | |
| 1947 | コルテスの遺骨、再埋葬される | | |
| 1948 | 国立先住民研究所（INI）設立 | 1948 | イスラエル建国 |
| 1949 | クアウテモクの遺骨発見報道 | 1949 | 北大西洋条約機構（NATO）成立／中華人民共和国成立 |
| | | 1950 | 朝鮮戦争勃発 |
| | | 1951 | サン・フランシスコ講和条約 |
| | | 1953 | 米、アイゼンハワー大統領就任 |
| | | 1959 | キューバ革命 |
| 1960 | 無償教科書配布開始 | | |
| | | 1961 | 米、ケネディ大統領就任 |

| | | | |
|---|---|---|---|
| 1962 | 外国石油企業への賠償金完済 | 1962 | キューバ・ミサイル危機 |
| | | 1963 | 米、ケネディ暗殺 |
| | | 1965 | 米、北ベトナム爆撃開始 |
| | | 1967 | 中南米非核武装地域条約（トラテロルコ条約）締結 |
| 1968 | トラテロルコ事件（68年闘争）<br>メキシコ・オリンピック開催 | 1969 | 米、ニクソン大統領就任 |
| 1970 | エチェベリア、大統領に就任 | 1973 | ベトナム戦争終結／第一次石油危機 |
| | | 1974 | 米、ニクソン辞任 |
| | | 1975 | ラテンアメリカ経済機構設立 |
| 1976 | ペソ切り下げ、変動相場制へ移行<br>ロペス・ポルティーリョ、大統領に就任 | | |
| 1977 | 全国二重言語専門職同盟（ANPIBAC）設立 | 1977 | 米、カーター大統領就任／パナマ運河新条約調印 |
| 1978 | 文部省先住民教育局（DGEI）設立 | | |
| 1979 | ローマ法王、メキシコを訪問 | | |
| | | 1980 | イラン・イラク戦争 |
| | | 1981 | 米、レーガン大統領就任 |
| 1982 | 金融危機発生、銀行国有化<br>デラ・マドリー、大統領に就任 | 1982 | フォークランド紛争 |
| | | 1985 | ソ連、ペレストロイカ開始 |
| | | 1986 | ソ連、チェルノブイリ原発事故 |
| 1988 | サリナス、大統領に就任 | | |
| | | 1989 | 米、ブッシュ（父）大統領就任／ベルリンの壁崩壊／米ソ首脳、冷戦終結宣言（マルタ会談） |
| | | 1990 | イラクのクウェート侵攻／東西ドイツ統一／米ブッシュ政権、米州自由貿易圏構想発表 |
| 1991 | 憲法第4条、第27条、第130条改正 | 1991 | 湾岸戦争／ソ連邦解体 |

| | | |
|---|---|---|
| 1992 | 文部省、新教科書「メキシコ史」を配布、全国的に論争が巻き起こる | 1992 ユーゴ解体／ボスニア紛争／ヨーロッパ連合条約調印 |
| | | 1993 米、クリントン大統領就任／ヨーロッパ連合（EU）発足 |
| 1994 | 北米自由貿易協定（NAFTA）発効<br>チアパス州で、サパティスタ民族解放戦線（EZLN）が武装蜂起<br>経済協力開発機構（OECD）加盟<br>文部省、改訂教科書「歴史」を配布<br>セディーリョ、大統領に就任<br>金融危機（テキーラ・ショック）発生 | 1995 世界貿易機関（WTO）発足 |
| 1997 | 民主革命党（PRD）のクアウテモク・カルデナス、メキシコ市長当選 | 1998 コソボ紛争激化 |
| 1999 | ローマ法王、メキシコを訪問 | 1999 EU統一通貨ユーロ誕生／米、パナマ運河返還／NATO軍ユーゴ空爆 |
| 2000 | 国民行動党（PAN）のフォックス、大統領に就任。PRI一党支配体制の終焉 | 2000 南北朝鮮首脳、平壌で初の会談 |
| | | 2001 米、ブッシュ（子）大統領就任／9月11日、米国同時多発テロ事件。米、アフガン攻撃開始、タリバン政権崩壊 |
| | | 2002 日朝首脳会談 |
| | | 2003 米・英軍侵攻によりイラク戦争開始。フセイン政権崩壊／日本、イラクに自衛隊派兵 |
| 2004 | 日墨自由貿易協定が締結合意に至る | |

# 人名索引

## ア行

アウイソトル　Ahuízotl　37
アギラル・カミン、エクトル　Aguilar Camín, Hector　264
アビラ、アロンソ・デ　Ávila, Alonso de　74, 75, 76, 77-78
アビラ、ヒル・ゴンサレス・デ　Ávila, Gil González de　75, 77
アビラ・カマチョ、マヌエル　Ávila Camacho, Manuel　203, 212, 247
アラマン、ルーカス　Alamán, Lucas　96, 117, 131, 200, 201, 203, 205
アルバレス、フアン　Álvarez, Juan　241
アレクサンドル6世（教皇）　Alexander VI　59, 62
アレマン、ミゲル　Alemán, Miguel　146, 212, 236, 247, 248
アーレント、ハナ　Arendt, Hannah　22
アンギアーノ、マリア　Anguiano, María　42
アンダーソン、ベネディクト　Anderson, Benedict　16-17, 84, 115, 116, 288

イサベル女王　Isabel, la Reina　61
石川一雄　16
イシュトリルショチトル、フェルナンド・デ・アルバ　Ixtlilxóchitl, Ferdnando de Alva　36, 38, 223
イダルゴ、ミゲル　Hidalgo, Miguel　90, 116, 200, 226, 256, 265, 289
イトゥルビデ、アグスティン・デ　Iturbide, Agustín de　96, 117, 156, 265, 290
今中次麿　19-20, 288

ウエルタ、ビクトリアノ　Huerta, Victoriano　163, 164, 167
ウォーラーステイン、イマニュエル　Wallerstein, Immanuel　22

エギアラ、フアン・ホセ　Eguiara, Juan José　113
エスクティア、フアン　Escutia, Juan　138, 139,
140-141, 142, 143
エチェベリア、ルイス　Echeverría, Luis　248, 250, 257, 264
エレーラ、ホセ・ホアキン　Herrera, José Joaquín　132, 134
エンリケス、マルティン　Enríquez, Martín　81, 92

オゴルマン、エドムンド　O'Gorman, Edmundo　97, 104, 194
オースティン、スティーヴン　Austin, Stephen　128-129, 131
オースティン、モーゼス　Austin, Moses　128-129
オドノフ、フアン　O'donojú, Juan　200
オバンド、ニコラス・デ　Ovando, Nicolás de　61
オブレゴン、アルバロ　Obregón, Álvaro　141, 164, 166-167, 246
オロスコ・イ・ベラ、マヌエル　Orosco y Berra, Manuel　77

## カ行

カー、E.H.　Carr, E.H.　14, 186, 292
カソ、アルフォンソ　Caso, Alfonso　37, 232, 243, 247
ガミオ、マヌエル　Gamio, Manuel　37, 240, 242-243, 244
カランサ、ベヌスティアノ　Carranza, Venustiano　164, 165, 166, 167
カリェス、プルタルコ　Calles, Plutarco　141, 155-156, 167, 179, 242, 243, 246
カルデナス、クアウテモク　Cárdenas, Cuauhtémoc　184
カルデナス、ラサロ　Cárdenas, Lázaro　155-156, 172-181, 184-186, 194, 242, 246, 247, 248, 256, 264, 283, 292
カルロス5世　Carlos V　65, 72, 93, 195, 221
カレーニョ、アルベルト　Carreño, Alberto　139, 142, 202, 203, 204, 211-212, 215
ガンテ、ペドロ・デ　Gante, Pedro de　94

308

キロガ、バスコ・デ　Quiroga, Vasco de　94
クアウテモク2世　Cuauhtémoc II　194, 211, 213, 219, 220-228, 235-236, 247, 256, 287, 292
クエバス、ガブリエル　Cuevas, Gabriel　142
クエバス、マリアノ　Cuevas, Mariano　228-229
グスマン、エウラリア　Guzmán, Eulalia　229-230, 231, 232, 234, 235, 236, 247
グスマン、ヌニョ・デ　Guzmán, Nuño de　63
クラビヘロ、フランシスコ・ハビエル　Clavijero, Francisco Javier　41, 43, 100, 113, 226
グラムシ、アントニオ　Gramsci, Antonio　20, 160
グリハルバ、フアン・デ　Grijalva, Juan de　63
クロケット、ダヴィッド（デビー）　Crockett, David　131

ゲルナー、アーネスト　Gellner, Ernest　18, 23, 288
ゲレロ、ビセンテ　Guerrero, Vicente　117, 290

ゴメス・ファリアス、バレンティン　Gómez Farías, Valentín　132
コルテス、エルナン　Cortés, Hernán　28, 32, 43, 44, 45, 46, 47, 49, 57, 63, 68, 70, 71, 193-198, 206-211, 215-217, 220-222, 223-224, 225, 247, 287, 289
コルテス、マルティン（兄）　Cortés, Martín, el Bastardo　70, 75, 77, 83, 289
コルテス、マルティン（弟）　Cortés, Martín, el Legítimo　58, 70, 72, 73-81, 83, 112, 197, 287, 288
コルテス、ルイス　Cortés, Luis　70, 75, 77, 80
コルドバ、フランシスコ・エルナンデス・デ　Córdova, Francisco Hernández de　63
コロンブス、クリストファー　Columbus, Christopher　57, 59, 60, 213
コワナコツィン　Cohuanacotzin　223, 224, 225, 227
コーン、ハンス　Kohn, Hans　20, 49, 288
コント、オーギュスト　Comte, Auguste　159, 238

## サ行

サアグン、ベルナルディーノ・デ　Sahagún, Bernardino de　31, 36, 93-94
サイード、エドワード　Said, Edward　21, 288
サパタ、エミリアノ　Zapata, Emiliano　90, 164, 265
サバラ、シルビオ　Zavala, Silvio　204, 214, 232, 233

サリナス、カルロス　Salinas, Carlos　184, 260, 263, 264, 266, 267, 268, 269, 270, 273, 274, 278, 279, 282, 293
サンタ・アナ、アントニオ・ロペス・デ　Santa Anna, Antonio López de　131, 132, 133, 136, 137, 139, 157, 241, 263
サンチェス、ミゲル　Sánchez, Miguel　95, 113
サンチェス・ラメゴ、ミゲル　Sánchez Lamego, Miguel　139, 141, 146

シエラ、フスト　Sierra, Justo　240, 244-245, 256
シグエンサ・イ・ゴンゴラ、カルロス・デ　Sigüenza y Góngora, Carlos de　100, 110, 113, 116, 288
シコテンカトル（子）　Xicoténcatl, el Joven　42, 45, 46
シコテンカトル（父）　Xicoténcatl, el Viejo　39, 42
シルバ・エルソグ、ヘスス　Silva Herzog, Jesús　169, 171
シンプソン、レスリー　Simpson, Lesley　81

スアレス、ビセンテ　Suárez, Vicente　138, 141
スアレス・デ・ペラルタ、フアン　Suárez de Peralta, Juan　77, 79, 92
スコット、ウインフィールド　Scott, Winfield　133, 136, 137
スターリン　Stalin　14
スニガ、フアナ・デ　Zúñiga, Juana de　70
スピヴァク、G.C.　Spivak, Gayatri Chakravorty　21
スペンサー、ハーバート　Spencer, Herbert　159, 238, 241
スマラガ、フアン・デ　Zumárraga, Juan de　64, 91, 94
スミス、アンソニー　Smith, Anthony　14-15, 16
スミス、ジャスティン　Smith, Justin　133

聖トマス　Santo Tomás　96, 98, 100, 101, 102, 103, 104, 107, 114, 116, 288
セディーリョ、エルネスト　Zedillo, Ernesto　259, 260, 265, 266, 267, 271, 279, 282
セディーリョ、サトゥルニノ　Cedillo, Saturnino　182
セプルベダ、フアン・ヒネス・デ　Sepúlveda, Juan Ginés de　66-67

## タ行

タンコ、ルイス・ベセラ　Tanco, Luis Becerra

人名索引　309

95, 99, 113

チャタジー、パルサ　Chatterjee, Partha　20, 21, 297
チャベス、サルバドール　Chávez, Salvador　24
デ・ラ・バレーラ、フアン　De la Barrera, Juan　138, 139, 141
デ・ラ・マサ、フランシスコ　De la Maza, Francisco　95, 194, 202
ディアス、ポルフィリオ　Díaz, Porfirio　155, 158-160, 161, 163, 177, 219, 226, 245, 255, 263, 265, 268, 274-279, 281, 292
ディアス・オルダス、グスタボ　Díaz Ordaz, Gustavo　263, 272, 273
ディアス・デル・カスティーリョ、ベルナル　Díaz del Castillo, Bernal　222, 235
ディエゴ、フアン　Diego, Juan　90-92
デイビーズ、クロード・ナイジェル　Davies, Claude Nigel　36, 37
テソソモック、エルナンド・アルバラード　Tezozómoc, Hernado Alvarado　34, 36
テトレパンケツァル　Tetlepanquétzal　221, 222, 223, 224, 225, 227
デラ・ウエルタ、アドルフォ　De la Huerta, Adolfo　166

ドゥアルテ、マヌエル　Duarte, Manuel　100, 110, 116
ドゥラン、ディエゴ　Durán, Diego　36, 100, 116
トバル、フアン・デ　Tovar, Juan de　100, 116
ドヒニー、エドワード　Doheny, Edward　169
トピルツィン、セ・アカトル　Topiltzin, Ce Acatl　32, 100
トマス・アクィナス　Thomas Aquinas　66
トルケマーダ、フアン・デ　Torquemada, Juan de　36, 38, 94, 98, 100, 101
トレア、フアン・マヌエル　Torrea, Juan Manuel　144, 145

## ナ行

ナポレオン3世　Napoleón III　158, 226

西川長夫　21

ヌニェス・デ・アロ、アロンソ　Núñez de Haro, Alonso　97, 105, 111, 116

ネルボ、アマード　Nervo, Amado　125

## ハ行

橋川文三　10
パス、オクタビオ　Paz, Octavio　291
バスコンセロス、ホセ　Vasconcelos, José　185, 240, 243-244, 245
バルデラマ、ヘロニモ・デ　Valderrama, Jerónimo de　72-74, 75, 76, 81
バレーダ、ガビーノ　Barreda, Gabino　159, 245
パレーデス、マリアノ　Paredes, Mariano　132, 134
バーロウ、ロバート　Barlow, Robert　36
ピアスン、ウィートマン　Pearson, Weetman　163, 292
ビクトリア、グアダルーペ　Victoria, Guadalupe　117
ピサロ、ゴンサロ　Pizarro, Gonzalo　64, 212
ピサロ、フランシスコ　Pizarro, Francisco　58, 194
ビトリア、フランシスコ・デ　Vitoria, Francisco de　66
ピニャ・チャン、ロマン　Piña Chan, Román　37
ヒメネス・モレノ、ウギベルト　Jiménez Moreno, Wigberto　36
ヒューストン、サム　Houston, Sam　131
ビリャ、フランシスコ　Villa, Francisco　164, 265

フアレス、ベニト　Juárez, Benito　155, 157, 158, 161, 165, 226, 245, 256, 265, 274
フィヒテ、ヨハン　Fichte, Johan　13
フェリーペ2世　Felipe II　70, 72, 80, 81
フェルナンデス、ホセ・ホアキン　Fernández, José Joaquín　113
フエンレアル、セバスティアン・ラミレス・デ　Fuenleal, Sebastián Ramírez de　63
フォックス、ビセンテ　Fox, Vicente　181
プライス、グレン　Price, Glen　134
ブラーボ、ニコラス　Bravo, Nicolás　136, 137
ブローディング、ダヴィッド　Brading, David　116
フロレンシア、フランシスコ　Florencia, Francisco　95, 113
フンコ、アルフォンソ　Junco, Alfonso　96-97

ヘイズ、カールトン　Hayes, Carlton　11, 20, 49
ベガ、ラッソ・デ・ラ　Vega, Lasso de la　95,

310

ペラエス、マヌエル　Peláez, Manuel　167-168
ベラスコ、ルイス・デ（子）　Velasco, Luis de, el Hijo　75, 76, 77
ベラスコ、ルイス・デ（父）　Velasco, Luis de, el Padre　72-74, 81
ペラルタ、ガストン・デ（ファルセス侯爵）　Peralta, Gastón de　79, 80
ポインセット、ジョエル　Poinsett, Joel R.　130
ポーク、ジェームズ　Polk, James　126, 132, 133, 134, 135
ボトゥリニ、ロレンツォ　Boturini, Lorenzo　100
ホブズボウム、エリック　Hobsbawm, Eric　22
ボルンダ、イグナシオ　Borunda, Ignacio　102-105, 107, 110, 111

マ行

マキシミリアン　Maximilian　155, 158, 226
マーク、フレデリック　Merk, Frederick　134
マシシカツィン　Maxixcatzin　39, 45
マデロ、フランシスコ　Madero, Francisco　163-164, 167, 256
マリンチェ（ドニャ・マリーナ）　Malinche　70, 223, 225, 289
マルケス、フランシスコ　Márquez, Francisco　138, 143
丸山真男　9
ミエル、セルバンド・テレサ・デ　Mier, Servando Teresa de　90, 96-102, 105-109, 111-112, 114-118, 200, 288
ミラモン、ミゲル　Miramón, Miguel　139
ムニョス・カマルゴ、ディエゴ　Muñoz Camargo, Diego　41, 42
メルガル、アグスティン　Melgar, Agustín　138, 139, 140, 141, 143
メンドーサ、アントニオ・デ　Mendoza, Antonio de　63, 64, 71
モクテスマ1世　Moctezuma I　37, 44
モクテスマ2世　Moctezuma II　32, 37, 47, 63
モトリニア（トリビオ・デ・ベナベンテ）　Motolinía（Toribio de Benavente）　39, 228, 233
モリーナ・エンリケス、アンドレス　Molina Enríquez, Andrés　240, 241, 244, 246
モレロス、ホセ・マリア　Morelos, José María　200, 240, 241, 265, 290
モローネス、ルイス　Morones, Luis　179
モンテシノス、アントニオ・デ　Montesinos, Antonio de　61, 64, 225
モンテス・デ・オカ、フェルナンド　Montes de Oca, Fernando　138, 140, 141
モンテルデ、マリアノ　Monterde, Mariano　137, 139, 143
モントゥファル、アロンソ・デ　Montúfar, Alonso de　92, 93
モンロー、ジェームズ　Monroe, James　291

ヤ行

ヤニエス、アグスティン　Yáñez, Agustín　82
山口圭介　13

ラ行

ラス・カサス、バルトロメ・デ　Las Casas, Bartolomé de　41, 64-67, 94, 225
ラファイエ、ジャック　Lafaye, Jacques　113
ラモス、サムエル　Ramos, Samuel　126, 291
リベラ、ディエゴ　Rivera, Diego　210, 232, 235
リマントゥール、ホセ　Limantour, José　159, 161, 276
ルーズヴェルト、フランクリン　Roosevelt, Franklin　172, 181
ルソー、ジャン・ジャック　Rousseau, Jean-Jacques　12, 28
ルナン、エルネスト　Renan, Ernest　13
レイエス、アルフォンソ　Reyes, Alfonso　97, 243
レビリャヒヘド、フアン・ビセンテ　Revillagigedo, Juan Vicente　198, 199, 289
レルド・デ・テハダ、セバスティアン　Lerdo de Tejada, Sebastián　158
レルド・デ・テハダ、ミゲル　Lerdo de Tejada, Miguel　157
ロペス・デ・ゴマラ、フランシスコ　López de Gómara, Francisco　44, 222
ロペス・ポルティーリョ、ホセ　López Portillo, José　250
ロペス・マテオス、アドルフォ　López Mateos, Adolfo　257

ロルダン、フランシスコ　Roldán, Francisco
　60
ロンバルド・トレダーノ、ビセンテ　Lombardo Toledano, Vicente　179

# 事項・地名索引

＊「ナショナリズム」、「民族」の項は取っていない。

## 略号

ANPIBAC　全国二重言語専門職同盟
CGOCM　メキシコ労農総連合
CNC　全国農民総連合
CROM　メキシコ労働者地域連合
CTM　メキシコ労働者連合
DGEI　先住民教育局
EZLN　サパティスタ民族解放戦線
INI　国立先住民研究所
NAFTA　北米自由貿易協定
PAN　国民行動党
PEMEX　メキシコ石油公社
PNR　国民革命党
PRD　民主革命党
PRI　制度的革命党
PRM　メキシコ革命党
SNTE　全国教員組合
STPRM　メキシコ連邦石油労働者組合

## ア行

アウディエンシア→聴訴院
アグアスカリエンテス会議　164
アシエンダ（荘園）　68
アスカポツァルコ　33, 34, 223
アステカ
　——族　20, 33-34, 38, 49, 101
　——帝国　27-28, 32, 36, 37, 44, 45, 47-49, 57, 63, 103, 220, 288
アストラン　33
アダムス＝オニス条約　127
アメリカ合衆国（米国）　1, 125, 126-127, 131, 132-136, 147, 158, 166, 172, 175, 181, 183-184, 200, 248, 264, 265, 269, 278, 281, 282, 283, 290-292, 293
アユトラ事変　157, 241

イエズス会　17, 226
イグアラ綱領　117
イチカテオパン村　228, 229, 230, 231, 232, 234, 248, 249
イブエラス　231, 223

インディアス　61, 62
インディアス諮問会議　63, 65, 66, 80
インディアス新法　63-64, 66, 68, 70, 81, 82, 195, 288
インディオ（先住民）　1, 2, 17, 18, 46, 48, 59, 60, 61, 62, 63, 64-68, 69, 72, 83, 89, 90-91, 93, 98, 101, 113, 114, 127, 128, 157, 160, 185, 193, 194, 207, 210, 211, 219-210, 225-226, 232, 238-245, 246, 247, 249-250, 266, 288, 289, 290, 293, 294-297, 298
インディオニスモ　249-250, 294, 297
インディヘニスタ　231, 240, 244, 245, 246, 247
インディヘニスモ　2, 219-220, 238-239, 240, 241, 244-248, 249, 294
インテンデンシア（監察官領）　199

ウイツィロポチトリ　20, 33, 34, 41, 48, 98, 109, 215
ウエショツィンコ　36, 38, 49

英雄幼年兵　138-147, 149, 213, 256, 287, 292
エクストレマドゥーラ　100, 195
エスニック
　——・グループ　10-11, 160, 185, 246, 294, 298
　——・ナショナリズム　11, 15-16
エスノセントリズム　15
エスパニョーラ島　60, 61
エヒード　156, 246, 247
エンコミエンダ　58-68, 70, 78, 79, 81, 82, 195
エンコメンデロ　59, 64, 65, 67, 68, 71, 72, 74, 78, 79

オアハカ（州）　28, 68, 195, 245, 294, 295, 297
オコテロルコ　38, 43, 45
オトミ語　39
オトミ族　45, 46, 241
オレゴン　132, 135

## カ行

改革諸法　158
改革戦争　158
外国石油企業国有化　155, 156, 165, 173-176, 185, 264, 287, 292
カウディーリョ　141, 158, 163, 167, 179, 182, 241

313

科学主義派→シエンティフィコス
カカシトラ　29, 31
ガズデン協定　157
カトリック　1, 59, 61, 62, 67, 114, 132, 134, 157, 165, 167, 207, 211, 278, 288, 293
カマシトリ　41, 42
カミナルフユ　29
カランサ・ドクトリン　166
カリェス＝モロー合意　167
カルプリ（血縁的農村共同体）　34

キアウイツトラン　38
教科書無償配布制度　257
共和制（共和国）　12, 13, 96, 117, 157

グアダラハラ　71, 200
グアダルーペ・イダルゴ条約　226
グアダルーペの聖母　2, 89-95, 98-102, 104, 107-116, 215, 287, 288, 289
グアダルーペの四福音史家　95, 113-114
クエルナバカ　210
クリオーリョ（植民地生まれのスペイン人）　2, 17-18, 58, 71, 72, 74, 75-76, 81-84, 90, 95, 96, 110, 112-116, 156-157, 158, 194, 199, 200, 211, 216, 239, 240, 241, 242, 244, 256, 288-290
　──主義　112-116
クルワカン　34, 101
君主制　76, 132, 290

ケツァルコアトル　29, 31, 32, 41, 47, 98, 104, 108, 114, 116, 287, 288
ゲレロ州　37, 228, 235

コアトリクエ　93, 98, 103
鉱山法　161
国民革命党（PNR）　155, 179, 185
国民行動党（PAN）　181, 263, 265, 266
国民国家　2, 12-13, 15, 17, 22, 23, 157, 185, 238-239, 242, 243, 245, 287, 289, 294, 295, 297
国民主義　9, 10, 23
国立人類学歴史学研究所　204, 229, 232
国立先住民研究所（INI）　230, 247, 249, 294, 295, 297
国家主義　9, 10
コヨアカン　196, 208
コルドバ条約　200, 226
コンキスタドール（征服者）　57-58, 59-60, 64

## サ行

催告　62
サパティスタ民族解放戦線（EZLN）　293
サポテカ語　38, 297
サラマンカ大学　66
サン・フアン・デ・ウルア　117, 228
サン・ルイス・ポトシ（州）　132, 170, 182
サンティアゴ信仰→聖ヤコブ信仰

シエンティフィコス（科学主義派）　159, 245
資源ナショナリズム　156, 165-166, 175, 185, 292
社会的ダーウィニズム　159, 238, 241, 243
ショチカルコ　29, 31
神権政治　20
新自由主義→ネオリベラリズム
人種主義　15, 22, 238, 239, 240, 244

ステート　9, 10
スペイン継承戦争　198-199
スペイン主義　194, 195, 211, 213-214, 216, 220, 236, 247, 289, 290

制度的革命党（PRI）　147, 181, 184, 250, 263, 268, 269, 270, 271, 280
聖トマス＝ケツァルコアトル説　100, 108, 110, 116
聖ヤコブ（サンティアゴ）信仰　114
石油法　161, 167
セビーリャ　196, 197
セロ・ゴルド　133
1917年憲法　165, 170, 176, 255
　──第3条　165, 185, 255
　──第27条　165-167, 246
全国教員組合（SNTE）　261-262, 279-280, 281
全国二重言語専門職同盟（ANPIBAC）　250, 297
全国農民総連合（CNC）　179
先住民→インディオ
先住民教育局（DGEI）　250, 297
1857年憲法　157, 165

想像の共同体　16-17, 116

## タ行

大教書（教皇アレクサンドル6世の）　59, 62, 66
大衆主義→ポピュリズム
多極収差　16

タクーバ　34, 221
タマウリパス州　170
タラスコ　34, 35, 37, 49
タンピコ　133, 170

チャプルテペック城　133, 136-137, 148, 177
聴訴院（アウディエンシア）　63, 71, 79, 81
チョルーラ　31, 36
チワワ州　164, 294, 295

ティカル　29
帝国主義　21, 185, 292
ティサトラン　38, 45
テオチチメカ族　38, 39
テオティワカン　29
テオテナンゴ　31
テキサス　127, 128-131, 132, 134, 135, 136, 147, 226, 263
テスカトリポカ　32
テスココ族　34, 38, 223
テノチティトラン　27, 34, 63, 220
テパネカ族　34, 38
テペヤック　90, 91, 92-93, 94

トゥスパン　161
トゥトゥテペック　37-38, 49
トゥーラ　31-32, 98
独立戦争　2, 83, 90, 116, 200, 226, 240, 255, 289, 290
トトナカ族　36, 44
ドミニコ会　64, 65, 92, 93, 96
トラスカラ　38-46, 49, 288
　一族　27, 41, 49, 63, 287
トラテロルコ　90, 223
トラロク　29
トリエント公会議　93, 110
トルーカ　31
トルテカ・チチメカ族　31
奴隷制　129, 132, 135

ナ行

ナワトル語　38, 39, 99, 100, 102-103, 104, 110, 215

ヌエバ・エスパーニャ（新スペイン）　63, 64, 71, 95, 96, 112, 113, 116, 127, 196, 197, 200, 207, 226
ヌエボ・レオン州　117, 170

ネオリベラリズム（新自由主義）　3, 61, 269-270, 273, 274, 279, 282, 293, 294, 298
ネクソス・グループ　264, 265, 269, 270

ネーション　9, 10, 14, 17, 23, 180, 287

農耕―識字政治体　18-19

ハ行

バイリンガル（二言語）教育　250, 294, 297
バチカン→ローマ法王庁
パトリオティズム　11-12
バリャドリード論争　66-67
汎アフリカ主義　15

プエブラ（州）　31, 36, 133, 294
ブカレリ合意　166-167
副王制　63, 71-72
部族主義　19-20, 28, 49, 287
復興共和国時代　158
フランシスコ会　64, 92, 93, 94
フランス革命　13, 14, 159, 200
ブルゴス法　61
ブルボン改革　199-200

米国→アメリカ合衆国
米墨戦争　125-126, 132-136, 147, 155, 226, 255, 291
壁画運動　210, 243
ベラクルス（州）　63, 117, 161, 162, 164, 165, 167, 170, 294
北米自由貿易協定（NAFTA）　263, 267, 268, 273, 278, 282, 293
ポストコロニアル　20-21
ボナンパック　31
ポピュリズム（大衆主義）　156, 176-181, 292

マ行

マニフェスト・デスティニー　126, 134, 147, 290
マヤ文明　28, 29, 243, 244

ミステカ　37
ミチョアカン（州）　35, 94, 155, 177
民主革命党（PRD）　184, 263-264, 265, 269, 272
民族虚構論　21-22
民族主義　9, 10, 23

メキシコ革命　90, 155, 156, 163-165, 176, 177, 181, 209, 216, 217, 219, 245, 255, 270, 273, 274, 292
メキシコ革命党（PRM）　156, 179, 181
メキシコ高等学院　159, 245
メキシコ石油公社（PEMEX）　181
メキシコ連邦石油労働者組合（STPRM）　170-

事項・地名索引　315

171, 176
メキシコ労働者地域連合（CROM）　179
メキシコ労働者連合（CTM）　179, 265
メキシコ労農総連合（CGOCM）　179
メシーリャ　157
メスティーソ　1, 17, 18, 83, 113, 114, 155, 158, 185, 194, 207, 209, 211, 217, 219, 220, 238, 239, 240, 241, 244, 245, 289, 290, 294, 298
　――主義　239-240, 241, 245, 250
メツティトラン　36, 49, 98
メデジン　215

モトリニア文書　228-230, 236, 247, 249
モリーノ・デル・レイ　133, 139
モレロス州　164
モンテレイ　210
モンロー宣言　135, 290

ヤ行

ヨビ族　36, 37
ヨビツィンコ　36-37, 49

ラ行

リオ・グランデ河　132, 133, 134, 136

歴史教科書論争　256, 260-270, 287
レルド法（永代所有財産解体法）　157-158

68年闘争　261, 263, 270-274, 282
ロシア革命　14
ローマ法王庁（バチカン）　59, 62, 105, 106, 111, 293

**著者紹介**

山﨑眞次（やまさき・しんじ）

1948年長崎県生まれ。メキシコ国立自治大学博士課程退学。現在、早稲田大学政治経済学部教授。ラテンアメリカ史専攻。
［主要論文］「ナショナリズムの定義」（『早稲田大学政治経済学部教養諸学研究』2003）、"Imágenes sobre los Niños Héroes de Chapultepec I, II, III"（同 2001・2002）、「米墨戦争と英雄幼年兵」（同 1999）、「メキシコの歴史教科書論争」（同 1998）など。
［主要著書］『スペインの政治―議会君主制の「自治国家」』（共著　早稲田大学出版部　1998）、『入門者のためのスペイン語個人レッスン』（白水社　1999）、『NHK話せるスペイン語』（日本放送出版協会　1998）。
［訳書］M. レオン＝ポルティーヤ『インディオの挽歌―アステカから見たメキシコ征服史』（成文堂　1994）、同『古代のメキシコ人』（早稲田大学出版部　1985）。

　　　　　メキシコ　民族の誇りと闘い
　　　　　多民族共存社会のナショナリズム形成史　　　　（検印廃止）

2004年9月25日　初版第1刷発行

|  |  |
|---|---|
| 著　者 | 山　﨑　眞　次 |
| 発行者 | 武　市　一　幸 |
| 発行所 | 株式会社　新　評　論 |

　　　　〒169-0051 東京都新宿区西早稲田 3-16-28
　　　　　　　　　　電話 03（3202）7391
　　　　　　　　　　振替 00160-1-113487

定価はカバーに表示してあります　　装　丁　山田英春
落丁・乱丁はお取替えします　　　　　　　　根本貴美枝
　　　　　　　　　　　　　　　　　印　刷　新栄堂
　　　　　　　　　　　　　　　　　製　本　河上製本

Ⓒ山﨑眞次 2004　　　　ISBN 4-7948-0637-X　C 0022
　　　　　　　　　　　　　　　　Printed in Japan

## 新評論　好評刊・ラテンアメリカを学ぶ本

新鮮で豊かなラテンアメリカ像の構築に向けて！日本初の総合的研究シリーズ
■ラテンアメリカ・シリーズ（全7巻）　A5並製・平均300頁

1　〔全面改訂版〕**ラテンアメリカ　政治と社会**（松下洋・乗浩子編）3360円
　1990年代以降の劇的変化を射程に入れ、ラ米政治の現在を多角分析。

2　**ラテンアメリカの経済**（小池洋一・西島章次編）3360円
　経済発展の諸相・産業と企業等を検討し、改革の道を歩むラ米経済を読み説く。

3　**ラテンアメリカの国際関係**（細野昭雄・畑恵子編）3360円
　新国際経済秩序形成におけるラ米の実像と、日本が果たすべき役割を考察。

4　**ラテンアメリカ　人と社会**（中川文雄・三田千代子編）＊改訂版刊行予定
　各地域に棲む人々の固有の文化価値体系や民族性の考察を通じて社会の多様性を探る。

5　**ラテンアメリカ　子どもと社会**（奥山恭子・角川雅樹編）3675円
　さまざまな階層の子どもが置かれている現状を歴史・社会・文化的に考察。

6　**ラテンアメリカ　宗教と社会**（G.アンドラーデ・中牧弘允編）3360円
　カトリック教会と社会の関わりや、土着の信仰、新しい神々の動向を考察。

7　**ラテンアメリカの環境と開発**（水野一・西沢利栄編）3675円
　リオ地球サミット以後の動向をふまえ、開発と環境破壊の現状と対策を探る。

★　　★　　★

〔改訂新版〕**概説ラテンアメリカ史**（国本伊代）　A5並製・296頁・3150円

**ラテンアメリカ研究への招待**（国本伊代・中川文雄編）　A5上製・388頁・3675円

**ラテンアメリカ世界を生きる**（遅野井茂雄・志柿光浩・田島久歳・田中高編）
　　　　　　　　　　　　　　　　　　　　A5上製・338頁・3360円

**ラテンアメリカ　家族と社会**（三田千代子・奥山恭子編）　A5並製・304頁・3360円

〔OD版〕**ラテンアメリカ　都市と社会**（国本伊代・乗浩子編）　A5並製・388頁・5145円
　＊本書はご注文を頂いてから制作するオンデマンド商品です。詳しくは新評論営業部へお問合せ下さい。

**ラテンアメリカ　新しい社会と女性**（国本伊代編）　A5上製・390頁・3675円

**メキシコの歴史**（国本伊代）　A5上製・424頁・5040円

**チリの歴史**（J.エイサギルレ／山本雅俊訳）　A5上製・912頁・12600円

**新しい考古学と古代マヤ文明**（J.A.サブロフ／青山和夫訳）A5上製・256頁・3675円

**ニューメキシコ**（加藤薫）　A5上製・312頁・3360円

**文化・開発・NGO**（T.ヴェルヘルスト／片岡幸彦監訳）　A5上製・290頁・3465円

**フェア・トレード**（M.B.ブラウン／青山薫・市橋秀夫訳）　四六上製・384頁・3150円